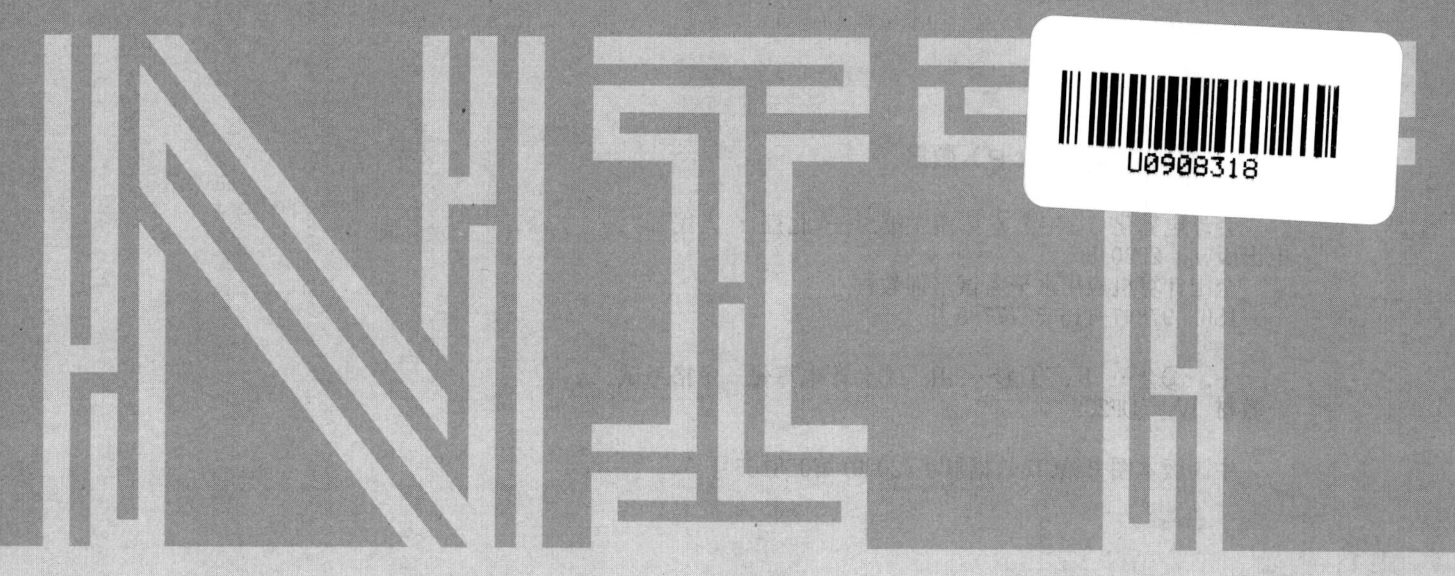

全国计算机应用水平考试培训教程

会计电算化 中级

彭赓◎主编

人民邮电出版社
北京

图书在版编目（CIP）数据

会计电算化 : 中级 / 彭赓主编. -- 北京 : 人民邮电出版社, 2020.8
全国计算机应用水平考试培训教程
ISBN 978-7-115-53777-5

Ⅰ. ①会… Ⅱ. ①彭… Ⅲ. ①会计电算化－资格考试－教材 Ⅳ. ①F232

中国版本图书馆CIP数据核字(2020)第058165号

内容提要

本书是在充分研究全国计算机应用水平考试（National Applied Information Level Test，NIT）“会计电算化（中级）”科目的考试大纲及考题的基础上编写而成的。全书共 4 章，分别讲解了用友财务管理软件的应用、金税三期报税系统的应用、外贸企业出口退税申报系统的应用，以及 Excel 软件的应用等内容。

本书内容翔实、结构清晰，通过大量的实际操作全面讲解了相关软件或系统的使用方法，并配以大量的案例和练习题来引导读者快速掌握会计电算化的应用知识与基本操作。

本书可作为各类院校财务会计类相关专业学生参加 NIT“会计电算化（中级）”科目考试的辅导用书，也可作为会计从业人员的参考用书。

◆ 主　　编　彭　赓
责任编辑　张天怡
责任印制　王　郁　马振武
◆ 人民邮电出版社出版发行　　北京市丰台区成寿寺路 11 号
邮编　100164　　电子邮件　315@ptpress.com.cn
网址　https://www.ptpress.com.cn
大厂回族自治县聚鑫印刷有限责任公司印刷
◆ 开本：880×1230　1/16
印张：15
字数：406 千字　　2020 年 8 月第 1 版
印数：1 – 2 000 册　　2020 年 8 月河北第 1 次印刷

定价：49.80 元

读者服务热线：(010)81055410　印装质量热线：(010)81055316
反盗版热线：(010)81055315
广告经营许可证：京东市监广登字 20170147 号

前 言

根据我国“科教兴国”战略，我国要在加快工业化进程的同时加快信息化的发展，加大信息技术的普及力度，大量培养应用型信息技术人才，以满足国民经济信息化进程的需要。

鉴于社会的客观需求，教育部考试中心推出了全国计算机应用水平考试（National Applied Information Level Test，NIT）。该考试由教育部考试中心主办，以社会需求为导向，面向中职、高职等学生，考查考生的实际操作能力和理论应用能力。NIT采用系统化的设计、模块化的结构、个性化的教学、规范化的考试和国际化的标准，给用人单位提供了一个科学、客观、统一、公正的标准，能更好地促进我国信息技术的普及和发展，有利于科学、系统地培养应用型信息技术人才。

NIT在保留原有单科合格证书的基础上，根据用人单位对从业人员岗位知识的要求，推出了高级综合应用证书。目前开设有高级办公软件应用证书、高级Web前端设计证书、会计信息管理（初级）证书、会计信息管理（中级）证书。考生通过报考指定单科必考科目及选考科目并取得合格证书后，即可获得相应高级综合应用证书。关于NIT的详细信息可访问中国教育考试网。

“会计电算化（中级）”科目是取得会计信息管理（中级）证书的必考科目之一。本书紧扣该科目考试大纲的要求，旨在帮助考生掌握考纲要求的技能，使考生不仅能够顺利通过考试，更能够在实际工作中熟练应用相关技能。

○● 本书内容

本书以“会计电算化（中级）”科目的考试大纲为依据，在全面覆盖考试大纲各考点的基础上，分章对相关知识进行讲解。全书共分为4章，各章内容分别如下。

- **第1章：** 以用友U8为例，详细介绍了用友财务管理软件的各种应用与操作方法，主要包括账套管理、初始设置、总账管理、往来管理、出纳管理、报表管理、固定资产管理等内容。
- **第2章：** 详细介绍了金税三期报税系统的应用，分为日常报税操作和非日常报税操作。日常报税操作主要包括申报增值税、季度预缴企业所得税、申报个人所得税、申报附加税（费）、申报更正；非日常报税操作主要包括填写企业所得税汇算清缴申报表、办理税收减免备案、申请延期申报、申请汇算清缴结算多缴退抵税等内容。
- **第3章：** 详细介绍了外贸企业出口退税申报系统的应用，分为外贸企业出口退税基本知识和外贸企业出口退税申报系统操作。外贸企业出口退税基本知识主要包括出口退（免）税制度概述、外贸企业出口退税条件、外贸企业办理出口退（免）税的流程；外贸企业出口退税申报系统操作主要包括外贸企业出口退税申报系统基本操作、外贸企业退（免）税备案、外贸企业一般贸易退税申报、设置出口退（免）税无纸化等内容。
- **第4章：** 详细介绍了Excel软件的应用，主要包括利用Excel管理表格数据、利用Excel规范管理报表格式、利用Excel进行财务数据分析、Excel函数的基本应用、利用Excel处理会计日常经济业务。

○● 本书特色

在充分研究NIT后，本书在前期设计和后期编写上都做了精心的准备和安排。本书主要特色介绍如下。

- **完善的知识体系：** 每章一开始会对该章内容的考试情况进行介绍，如分值、重难点内容等，

然后通过“本章知识体系一览表”将本章所有内容进行归纳汇总，使考生清楚需要学习的内容，并知道应该重点学习哪些内容等，以提高学习效率。

- **详细的操作讲解**：NIT注重实际操作和应用，除必备理论知识外，本书每一章都通过操作讲解的方式，配以清晰的操作步骤和对应的图片示例，让考生可以更为牢固地掌握各种会计电算化软件和系统的操作方法。
- **丰富的考题示例**：为进一步让考生感受考试氛围，各章讲解中都给出了一定的考题示例，一方面让考生可以检查自己是否掌握了所学的知识，另一方面也让考生为以后的考试提前热身。
- **提供延伸小栏目**：在讲解各种操作应用时，为了让考生更加准确地掌握知识点和操作点，并更加全面地进行学习，书中通过“名师点拨”和“知识拓展”等小栏目及时对操作重难点进行讲解，拓展与操作相关的其他知识，帮助考生深化对相关知识的理解。
- **同步强化练习**：每章最后会提供若干同步强化练习题供考生练习，一方面帮助考生巩固所学知识，另一方面方便考生检查知识掌握的情况。

本书的配套资源

本书提供有丰富的配套资源，包括讲解过程中涉及的一些素材文件和效果文件，同步强化练习题的参考答案和解析，以及题库练习软件。其中题库练习软件主要提供章节练习、题型精练、组卷练习、错题重做等板块。

本书的作者团队

本书由彭赓主编，参与本书资料搜集、整理、编写、校排、配套资源制作等工作的人员有黄宇浩、肖庆、李秋菊、黄晓宇、蔡长兵、牟春花、熊春、李凤、蔡飓、廖宵、蔡雪梅、李星、蒲加爽、杨楠等。

在本书编写与出版的过程中，尽管编者精益求精，但书中难免有不足之处，恳请广大读者批评指正。本书责任编辑的联系邮箱为zhangtianyi@ptpress.com.cn。

编　者

目　录

第1章　用友财务管理软件的应用

1.1　账套管理……………………………2

1.1.1　账套管理的作用……………………2

1.1.2　注册系统……………………………2

1.1.3　建立账套……………………………3

1.1.4　设置操作员…………………………5

1.1.5　修改账套……………………………8

1.1.6　输出账套……………………………9

1.1.7　引入账套……………………………10

1.2　初始设置……………………………12

1.2.1　登录账套……………………………12

1.2.2　建立部门档案及人员档案…………13

1.2.3　建立客户分类及客户档案…………14

1.2.4　建立供应商分类及供应商档案……15

1.2.5　建立计量单位组及计量单位………16

1.2.6　设置会计科目………………………17

1.2.7　设置币种及汇率……………………21

1.2.8　录入期初余额并进行试算平衡……22

1.3　总账管理……………………………23

1.3.1　设置总账系统参数…………………23

1.3.2　填制凭证……………………………25

1.3.3　查询凭证……………………………27

1.3.4　修改凭证……………………………28

1.3.5　作废、整理与删除凭证……………30

1.3.6　审核凭证……………………………32

1.3.7　记账与恢复记账……………………35

1.3.8　期间损益结转………………………37

1.3.9　对账与结账…………………………39

1.4　往来管理……………………………42

1.4.1　采购与付款业务……………………42

1.4.2　销售与收款业务……………………52

1.5　出纳管理……………………………59

1.5.1　查询日记账…………………………59

1.5.2　支票管理……………………………63

1.5.3　银行对账管理………………………65

1.6　报表管理……………………………69

1.6.1　自动生成财务报表…………………69

1.6.2　设置报表公式………………………72

1.7　固定资产管理………………………77

1.7.1　初始设置……………………………77

1.7.2　固定资产增加………………………83

1.7.3　固定资产变动………………………85

1.7.4　计提折旧……………………………86

1.8　同步强化练习题……………………87

第2章　金税三期报税系统的应用

2.1　日常报税操作………………………90

2.1.1　申报增值税…………………………90

2.1.2　季度预缴企业所得税………………102

2.1.3　申报个人所得税……………………105

2.1.4　申报附加税（费）…………………114

2.1.5　申报更正……………………………115

2.2　非日常报税操作……………………116

2.2.1　填写企业所得税汇算清缴申报表…116

2.2.2　办理税收减免备案…………………123

2.2.3　申请延期申报………………………124

2.2.4　申请汇算清缴结算多缴退抵税……127

2.3　同步强化练习题……………………129

第3章　外贸企业出口退税申报系统的应用

3.1　外贸企业出口退税基本知识………131

3.1.1　出口退（免）税制度概述…………131

3.1.2　外贸企业出口退税条件……………134

3.1.3 外贸企业办理出口退（免）税的流程 ······ 135

3.2 外贸企业出口退税申报系统操作 ······ 136

3.2.1 外贸企业出口退税申报系统基本操作 ······ 136

3.2.2 外贸企业退（免）税备案 ······ 141

3.2.3 外贸企业一般贸易退税申报 ······ 143

3.2.4 设置出口退（免）税无纸化 ······ 150

3.3 同步强化练习题 ······ 152

第4章 Excel软件的应用

4.1 利用Excel管理表格数据 ······ 153

4.1.1 数据的输入 ······ 154

4.1.2 数据的编辑与保存 ······ 163

4.1.3 数据的保护 ······ 168

4.1.4 数据的验证 ······ 171

4.2 利用Excel规范管理报表格式 ······ 174

4.2.1 报表中的图片处理 ······ 174

4.2.2 页面设置 ······ 180

4.3 利用Excel进行财务数据分析 ······ 188

4.3.1 利用筛选功能分析数据 ······ 188

4.3.2 利用数据透视表分析数据 ······ 190

4.4 Excel函数的基本应用 ······ 196

4.4.1 公式与函数的基础知识 ······ 196

4.4.2 求和函数的应用 ······ 201

4.4.3 求平均值函数的应用 ······ 205

4.4.4 最大值和最小值函数的应用 ······ 208

4.4.5 货币的时间价值相关函数的应用 ······ 209

4.4.6 固定资产折旧额计算相关函数的应用 ······ 212

4.4.7 查找函数的应用 ······ 214

4.5 利用Excel处理会计日常经济业务 ······ 218

4.5.1 制作会计凭证表 ······ 218

4.5.2 登记日记账 ······ 221

4.5.3 登记分类账 ······ 224

4.5.4 编制工资明细表 ······ 227

4.6 同步强化练习题 ······ 229

附录 同步强化练习题参考答案及解析

用友财务管理软件的应用

本章主要以用友U8为例，介绍用友财务管理软件的基本使用方法，重点包括账套管理、初始设置、总账管理、往来管理、出纳管理、报表管理以及固定资产管理7个方面的内容。

本章内容在考试中所占分值约为35分，主要考查内容为总账管理、往来管理、出纳管理及固定资产管理。

▼ 本章知识体系一览表

章节		主要内容
用友财务管理软件的应用	账套管理	（1）账套管理的作用（★★★） （2）注册系统（★★） （3）建立账套（★★） （4）设置操作员（★★） （5）修改账套（★★） （6）输出账套（★） （7）引入账套（★）
	初始设置	（1）登录账套（★） （2）建立部门档案及人员档案（★★） （3）建立客户分类及客户档案（★★） （4）建立供应商分类及供应商档案（★★） （5）建立计量单位组及计量单位（★★★） （6）设置会计科目（★★） （7）设置币种及汇率（★★） （8）录入期初余额并进行试算平衡（★★）
	总账管理	（1）设置总账系统参数（★★） （2）填制凭证（★★★） （3）查询凭证（★） （4）修改凭证（★★） （5）作废、整理与删除凭证（★★） （6）审核凭证（★★） （7）记账与恢复记账（★★） （8）期间损益结转（★★） （9）对账与结账（★★★）
	往来管理	（1）采购与付款业务（★★★） （2）销售与收款业务（★★★）
	出纳管理	（1）查询日记账（★★） （2）支票管理（★★） （3）银行对账管理（★★★）
	报表管理	（1）自动生成财务报表（★★） （2）设置报表公式（★★★）
	固定资产管理	（1）初始设置（★★★） （2）固定资产增加（★★★） （3）固定资产变动（★★★） （4）计提折旧（★★★）

1.1 账套管理

账套是用友财务管理软件存放某个会计核算对象的所有会计业务数据的载体，一个账套只能保存一个会计核算对象的业务资料，而进行账套管理是使用用友财务管理软件进行会计核算的前提。

1.1.1 账套管理的作用

账套管理就是对账套以及数据库实体进行管理。账套管理的作用包括账套的建立、修改、输出和引入。其中，账套的修改只能由账套主管操作，而账套的建立、输出和引入由系统管理员进行操作。

- **建立账套**。账套可以存放企业的会计数据与信息，为企业建立账套是会计电算化的一个重要环节，在建立账套的过程中会涉及很多与日后核算相关的内容。为了方便操作，用友U8提供了建账向导，以引导用户建立账套。
- **修改账套**。在完成账套的建立后，操作人员如果发现部分参数需要修改，或者当初设置的参数已经不适合当下企业的经营需要时，可以进行账套修改操作。需要注意的是，并不是所有信息都可以修改，部分系统关键信息在账套建立后便无法修改，如账套号、启用会计期。
- **输出账套**。输出账套是指将系统产生的数据备份到硬盘、光盘等存储介质中，一方面能保证数据安全，另一方面便于数据传输。
- **引入账套**。引入账套是指将系统外某账套数据引入本系统中。

知识拓展

一般来说，一个企业只需要建立一个账套，但如果一个企业旗下有几个独立核算的经济实体，也可以建立多个账套。各账套保持独立，建立、删除或修改任意一个账套中的数据，不会对其他账套产生任何影响。

【例题·单选题】账套管理的作用不包括（　　）。

A. 建立账套

B. 修改账套

C. 重置账套

D. 引入账套

【解析】账套管理的作用包括建立账套、修改账套、输出账套和引入账套，因此C选项符合题意。

【答案】C

1.1.2 注册系统

注册系统是建立账套的基本前提，首次使用用友U8时，需要以系统管理员的身份进行注册，其具体操作如下。

（1）成功安装用友U8后，单击桌面左下角的“开始”按钮，在弹出的“开始”菜单中选择【所有程序】/【用友U8+V12.51】/【系统服务】/【系统管理】菜单命令，此时将打开“用友U8［系统管理］”窗口，选择【系统】/【注册】菜单命令，如图1-1所示。

（2）显示用友U8的登录界面，在“用户名”文本框中输入“admin”（初始密码为空），单击 登录 按钮即可完成系统注册操作，如图1-2所示。

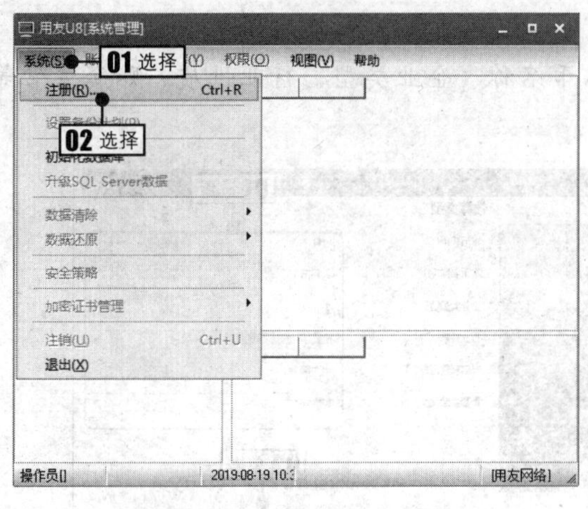

图1-1 选择“注册”命令

图1-2 进行系统注册操作

【例题·单选题】下列关于用友U8的说法中，正确的是（ ）。

A. 以系统管理员的身份注册系统时，用户名为demo，密码为空

B. 以系统管理员的身份注册系统时，用户名为admin，密码为demo

C. 在“系统管理”窗口注册系统

D. 在“系统注册”窗口注册系统

【解析】用友U8默认的系统管理员账号为admin，初始密码为空，其中账号即用户名，因此A、B选项不正确；用友U8系统注册应该在“系统管理”窗口进行，因此C选项正确，D选项不正确。

【答案】C

1.1.3 建立账套

建立账套可简称为“建账”，在建账过程中会涉及账套信息、单位信息、核算类型和基础信息等各种属性设置，以满足不同企业或组织对账套的不同需求，整个建账过程可以借助用友U8提供的建账向导轻松完成，其具体操作如下。

（1）注册系统后，在“系统管理”窗口中选择【账套】/【建立】菜单命令，此时将打开“创建账套”对话框。在建账方式的设置界面选中“新建空白账套”单选项，单击下一步(>)按钮，如图1-3所示。

（2）进入账套信息的设置界面，在该界面设置账套号、账套名称、账套语言、账套路径和启用会计期等信息，然后单击下一步(>)按钮，如图1-4所示。

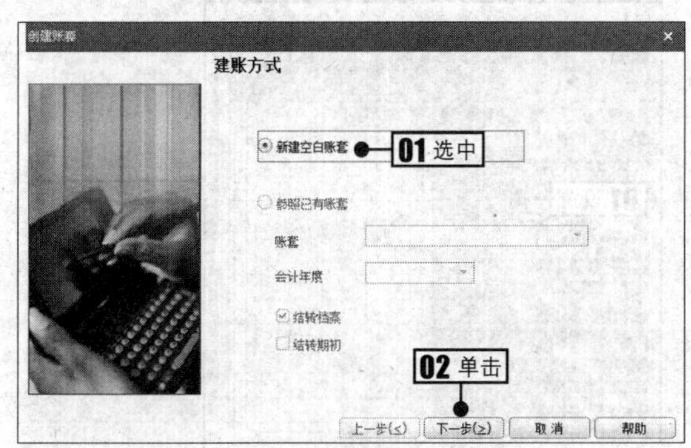

图1-3 选择建账方式

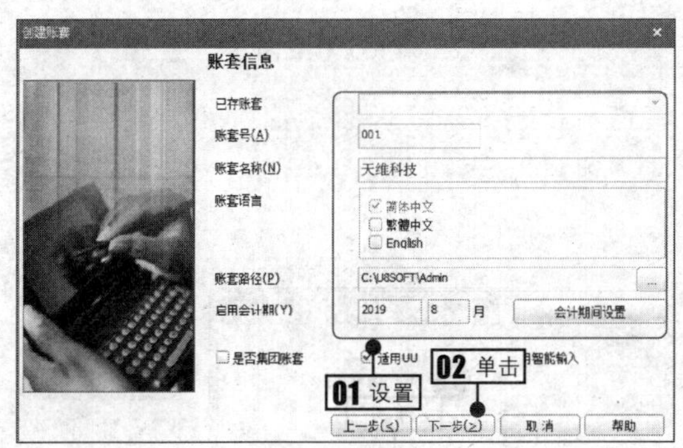

图1-4 设置账套信息

（3）进入单位信息的设置界面，根据需要设置单位名称、单位简称、单位地址、法人代表、邮

政编码等信息后，单击下一步(≥)按钮，如图1-5所示。

（4）进入核算类型的设置界面，设置本币代码、本币名称、企业类型、行业性质、账套主管等信息，然后单击下一步(≥)按钮，如图1-6所示。

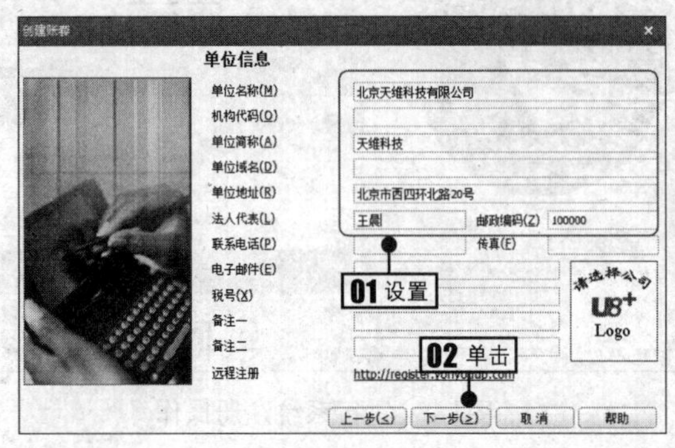

图1-5　设置单位信息

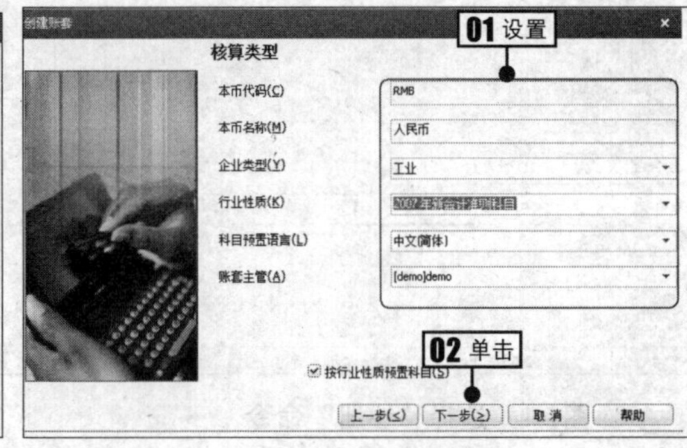

图1-6　设置核算类型

（5）进入基础信息的设置界面，根据实际情况选中对应的复选框。如存货较多，需要分类时，则可选中“存货是否分类”复选框，完成设置后继续单击下一步(≥)按钮，如图1-7所示。

（6）进入“开始”的设置界面，单击完成(F)按钮，确认创建账套，如图1-8所示。在打开的“创建账套”对话框中单击是(Y)按钮，表示立即创建账套，如图1-9所示。

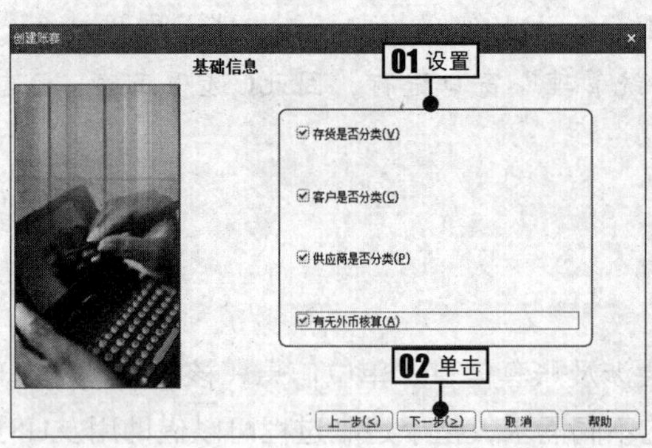

图1-7　设置基础信息

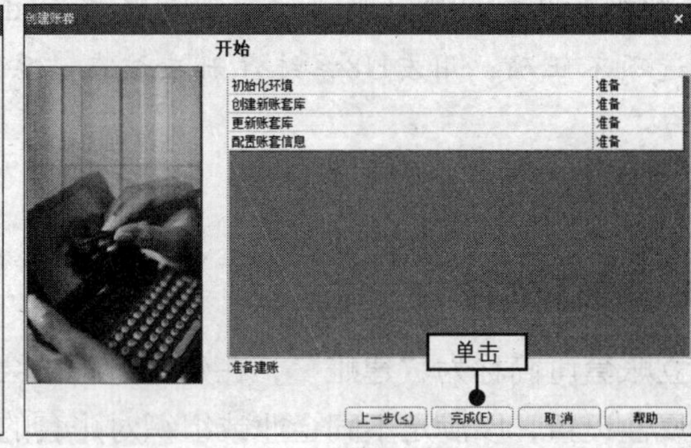

图1-8　单击“完成”按钮

（7）系统将自动创建账套，创建后将打开“编码方案”对话框，在该对话框中可设置各项目的编码方案，如编码长度、编码级数、每级的编码长度等，这里将科目编码级次的第2级和第3级均设置为“2”，设置好以后单击确定(O)按钮，如图1-10所示。

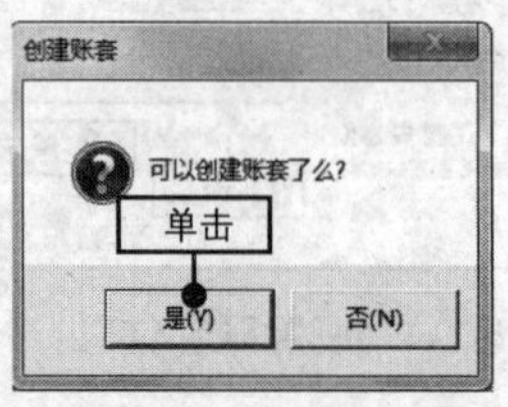

图1-9　确认创建账套

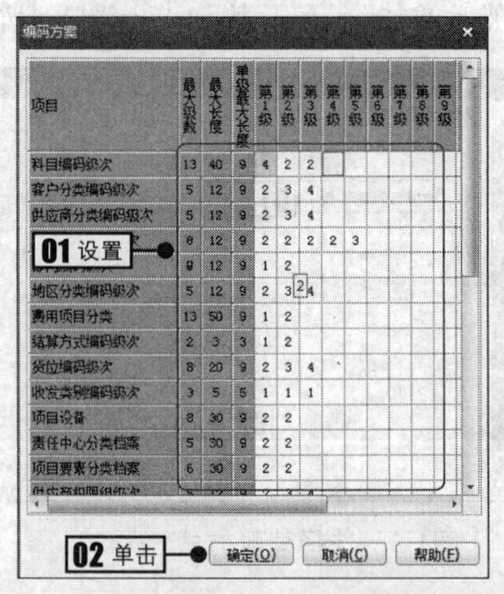

图1-10　设置编码方案

（8）系统将打开“数据精度”对话框，根据需要设置各项目的小数位，单击确定(O)按钮，如图1-11所示。

（9）此时系统会提示账套创建成功，在打开的“创建账套”对话框中单击是(Y)按钮，如图1-12所示。

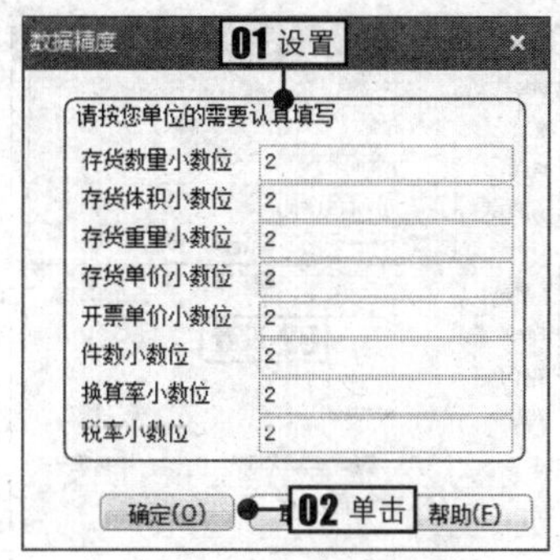

图1-11　设置数据精度

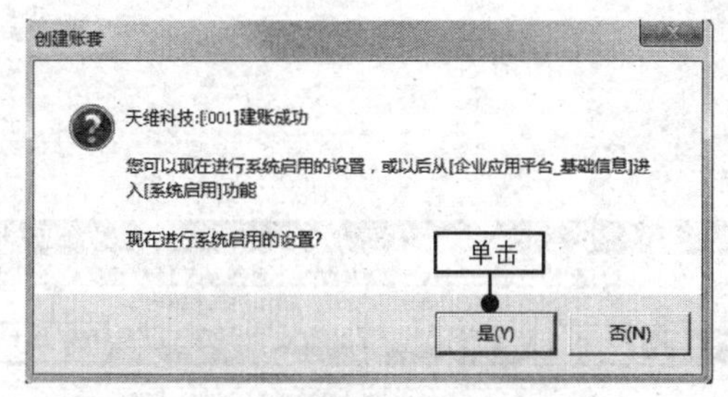

图1-12　提示账套创建成功

（10）在打开的“系统启用”对话框中，选中需要启用的系统模块对应的复选框，并在打开的“日历”对话框中设置启用日期，单击确定按钮后，在打开的“提示信息”对话框中单击是(Y)按钮即可，如图1-13所示。

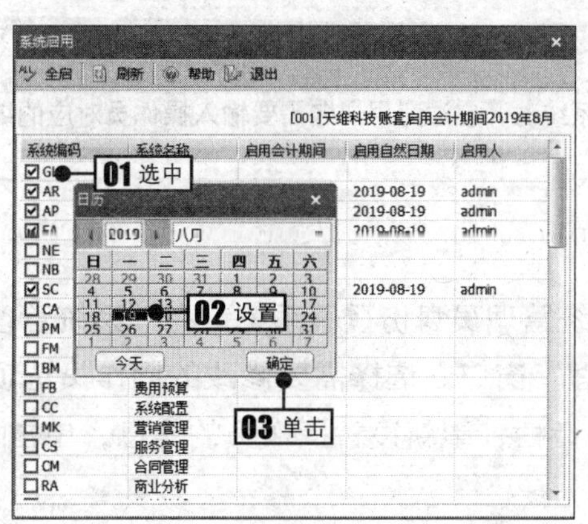

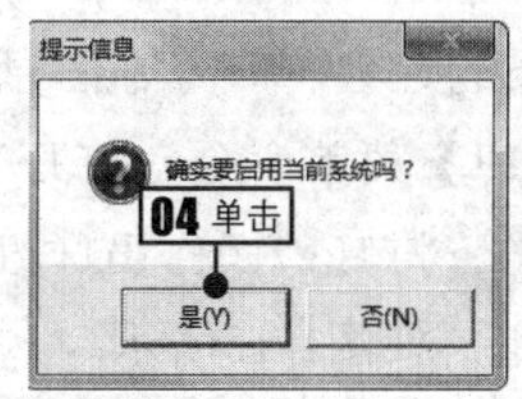

图1-13　启用系统模块

知识拓展

建立新账套的一般流程：以系统管理员身份注册系统→执行建立账套命令→设置账套信息→设置单位信息→设置核算类型→设置基础信息→确认创建账套→设置编码方案→设置数据精度→完成创建。

【例题·单选题】在创建账套时，需要设置的基础信息不包括（　　）。

A. 存货是否分类　　B. 客户是否分类

C. 供应商是否分类　　D. 固定资产是否分类

【解析】在创建账套时，需要设置的基础信息包括存货是否分类、客户是否分类、供应商是否分类和有无外币核算。因此，D选项符合题意。

【答案】D

1.1.4　设置操作员

操作员是指拥有登录系统的权限并能够使用账套的人员，如账套主管就是具有特殊权限的一类操作员。为了保证数据的安全和会计工作的顺利开展，需要为账套设置操作员。

1. 增加操作员

以系统管理员身份登录系统后，在“系统管理”窗口中选择【权限】/【用户】菜单命令，打开“用户管理”窗口。单击窗口中的“增加”按钮，打开“操作员详细情况”对话框，在该对话框中设置操作员的编号、姓名、口令等信息后，单击增加按钮和退出按钮，如图1-14所示。

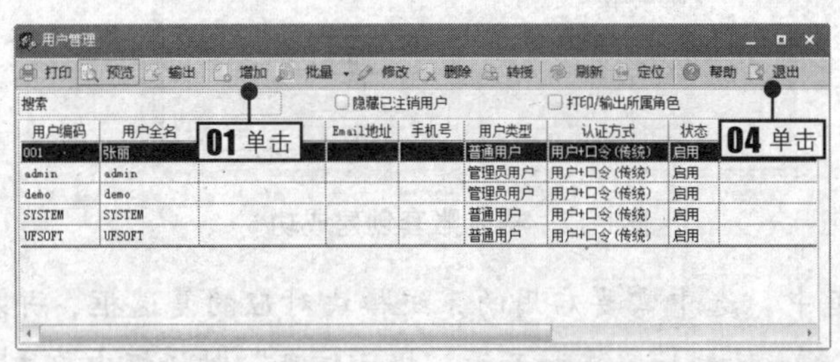

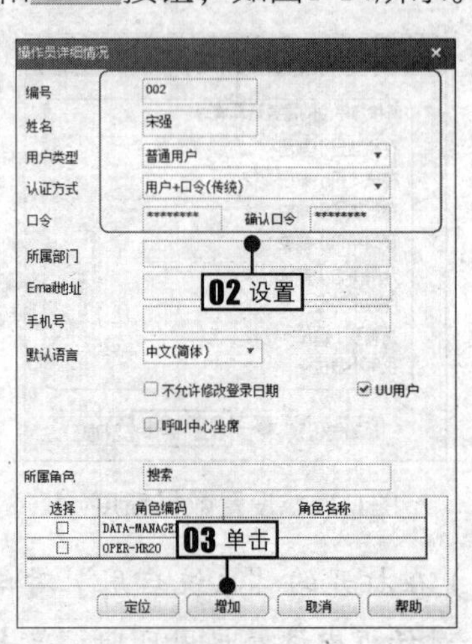

图1-14　增加操作员

名师点拨

操作员详细情况至少包括编号和姓名。在以操作员身份登录系统时，应注意用户名需要输入操作员对应的编号，而不是操作员的姓名。

2. 修改操作员

当需要修改操作员的姓名、口令等信息时，以系统管理员身份登录系统，在“系统管理”窗口中选择【权限】/【用户】菜单命令，打开“用户管理”窗口。选择需要修改的操作员选项，单击上方的“修改”按钮，打开“操作员详细情况”对话框，重新设置操作员的信息，单击确定按钮，最后单击退出按钮，如图1-15所示。

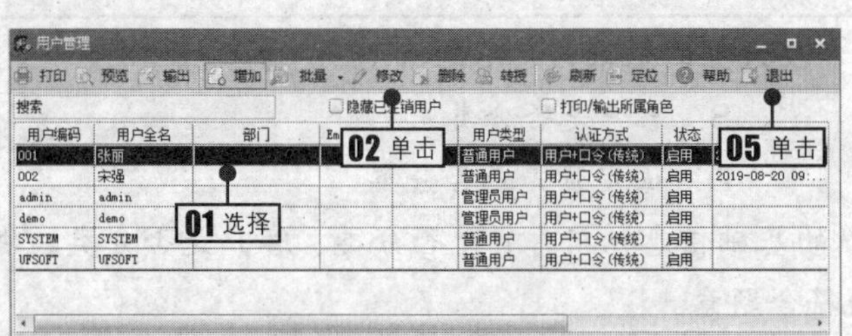

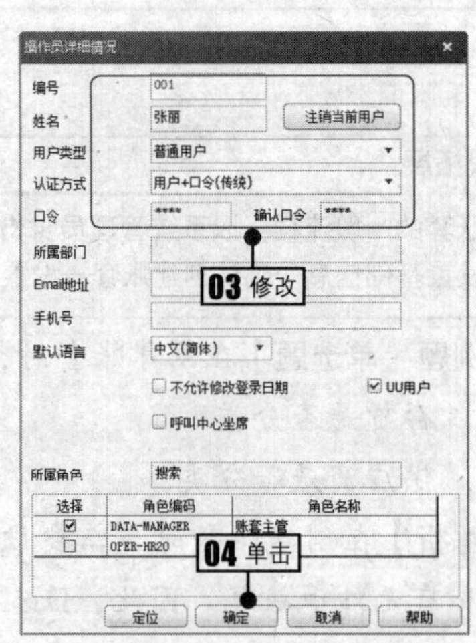

图1-15　修改操作员

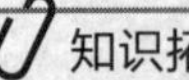知识拓展

如果要修改操作员口令，一定要将“口令”与“确认口令”文本框中的信息进行同步修改，使二者保持一致。

3. 删除操作员

删除操作员可以防止应取消操作权限的操作员继续操作账套，其方法为，打开“用户管理”窗口，选择需删除的操作员对应的选项，单击“删除”按钮，在打开的“系统管理”对话框中单击 是(Y) 按钮，如图1-16所示。

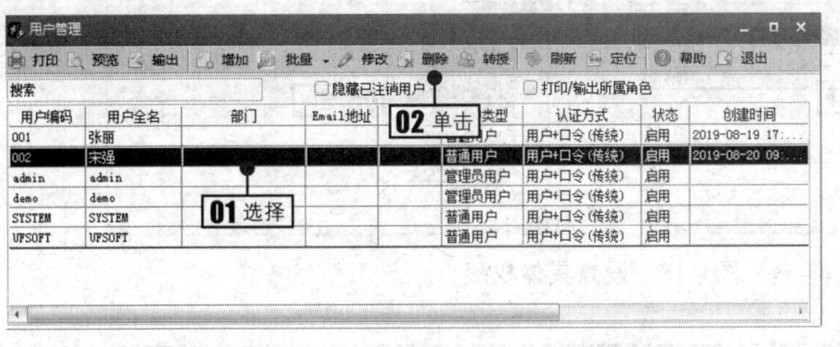

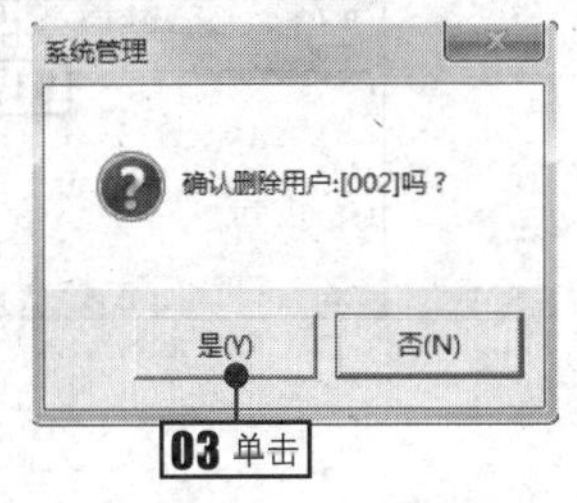

图1-16 删除操作员

> **知识拓展**
>
> 若不想删除某个操作员，同时也不想该操作员有登录账套的权限，则可以将其注销，其方法为，按修改操作员的方法打开“操作员详细情况”对话框，单击 注销当前用户 按钮，即可注销所选操作员；单击 启用当前用户 按钮则可重新将其启用。

4. 设置操作员权限

操作员权限决定了该操作员能在该账套中执行哪些操作。设置操作员权限能有效地进行会计分工和监督管理。设置操作员权限的方法为，以系统管理员身份登录系统，在“系统管理”窗口中选择【权限】/【权限】菜单命令，打开“操作员权限”窗口，然后按以下不同的方法设置操作员权限。

◆ **账套主管**。若企业要将某操作员设置为账套主管，只需在“操作员权限”窗口中选择该操作员对应的选项，在左上方选择对应的账套和会计年度，然后选中“账套主管”复选框，在打开的“系统管理”对话框中单击 是(Y) 按钮，最后单击 退出 按钮，如图1-17所示。

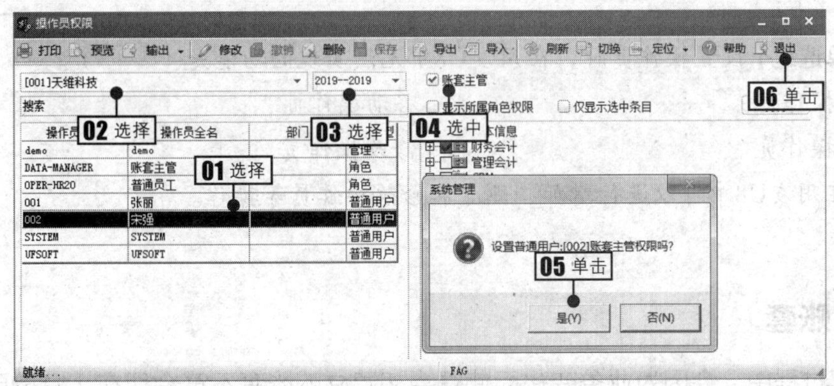

图1-17 设置账套主管

◆ **具体权限**。若企业要为某个操作员设置具体权限，如设置其专管审核凭证工作，则可选择该操作员对应的选项，在左上方选择对应的账套和会计年度，然后单击上方的“修改”按钮，在右侧列表框中选中“审核凭证”对应的复选框，单击“保存”按钮，最后单击 退出 按钮，如图1-18所示。

图1-18　设置具体权限

知识拓展

在用友U8中，系统管理员与账套主管的相关情况和功能是不同的，具体的区别如表1-1所示。

表1-1　系统管理员与账套主管的区别

区别	系统管理员的相关情况和功能	账套主管的相关情况和功能
权限的赋予人	软件系统	系统管理员
系统管理的权限	全部	部分
数量	一般只有一个	一般没有限制
用户名	admin（系统默认）	demo（系统默认），可增加
初始密码	无（可修改）	demo（可修改）
允许的操作	登录系统、管理账套、设置操作员、分配操作员权限、监控系统运行	维护/修改账套、管理年度账、分配操作员权限
不允许的操作	修改账套、输出年度账数据、登录总账等子模块	建立、输出账套，增设或注销操作员

【例题·单选题】设置操作员时，在用友U8中无法实现的功能是（　　）。

A. 增加操作员　　B. 移动操作员

C. 删除操作员　　D. 修改操作员

【解析】在用友U8中可以进行增加、删除和修改操作员等操作。

【答案】B

1.1.5　修改账套

企业在运营过程中，会因为业务变化而使得当初建立的账套不符合现在运营的要求。例如，建账时未使用客户分类，但由于客户越来越多，需要进行分类才便于管理，此时就需要以账套主管的身份登录系统，并对账套进行修改，其具体操作如下。

（1）单击桌面左下角的“开始”按钮，在弹出的“开始”菜单中选择【所有程序】/【用友U8+V12.51】/【系统服务】/【系统管理】菜单命令，此时将打开“系统管理”窗口，选择【系统】/【注册】菜单命令。

（2）显示用友U8的登录界面，在“用户名”文本框中输入账套主管的用户名“001”，输入其对

应的密码，选择需要修改的账套，单击 登录 按钮，如图1-19所示。

（3）返回“用友U8［系统管理］”窗口，选择【账套】/【修改】菜单命令，如图1-20所示。

图1-19　登录系统

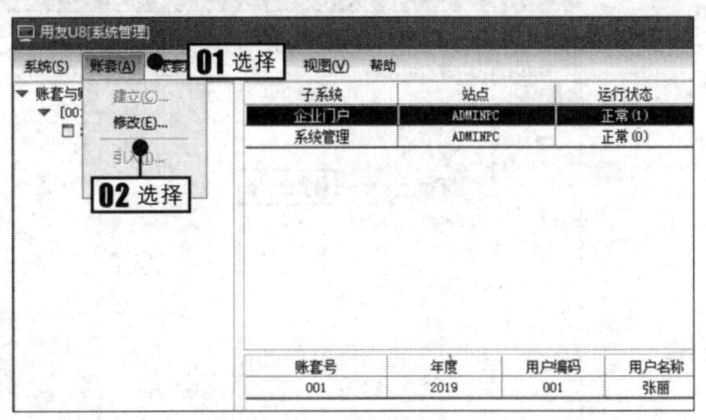

图1-20　选择“修改”命令

（4）打开“修改账套”对话框，按照建立账套的流程依次对账套的各种信息进行修改，然后单击 下一步(>) 按钮，如图1-21所示。

（5）在打开的“修改账套”对话框中单击 是(Y) 按钮确认修改，如图1-22所示。

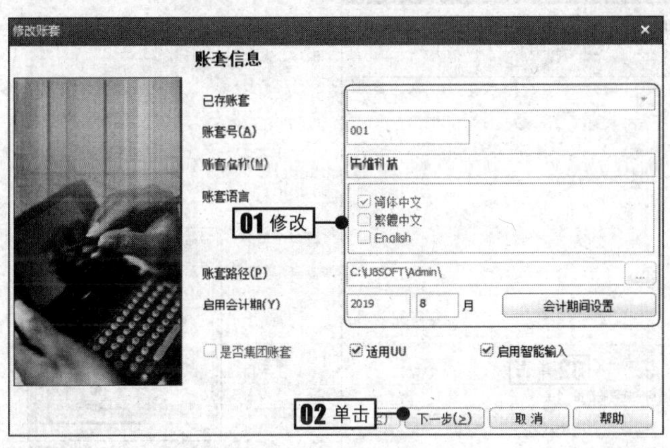

图1-21　修改账套信息

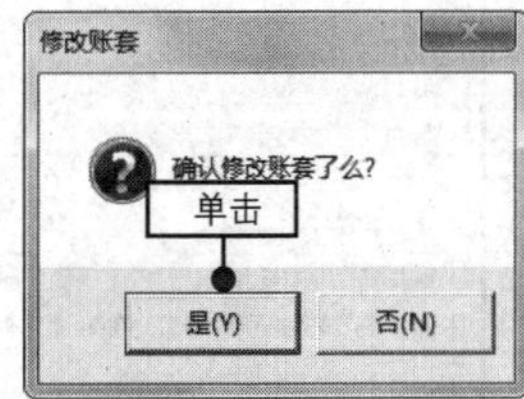

图1-22　确认修改账套

1.1.6　输出账套

会计数据对企业来讲是非常重要的信息，为保证数据安全，企业通常需要对数据进行备份。在用友U8中，操作人员输出账套就能备份所有会计数据。输出账套，就是指将账套数据从用友U8系统中复制到其他存储设备上（如硬盘和光盘）。输出账套的具体操作如下。

（1）以系统管理员身份注册系统，然后在“用友U8［系统管理］”窗口中选择【账套】/【输出】菜单命令，如图1-23所示。

（2）打开“请选择账套备份路径”对话框，在其中选择账套数据输出的文件夹，单击 确定(O) 按钮，如图1-24所示。

（3）打开“账套输出”对话框，在其中选中“选择”列下需要输出的账套对应的复选框，单击 确认(O) 按钮，如图1-25所示。如果需要删除账套，则可选中“删除当前输出的账套”列下需要删除账套对应的复选框。

（4）账套输出完毕后会打开“系统管理”对话框，提示输出成功，单击确定按钮即可完成账套输出，如图1-26所示。

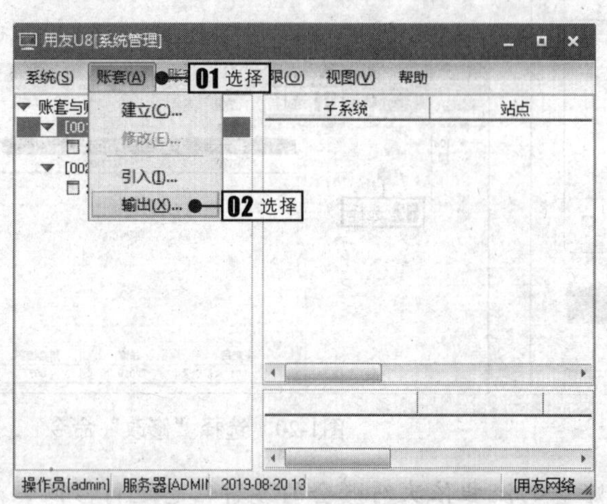

图1-23　选择“输出”命令

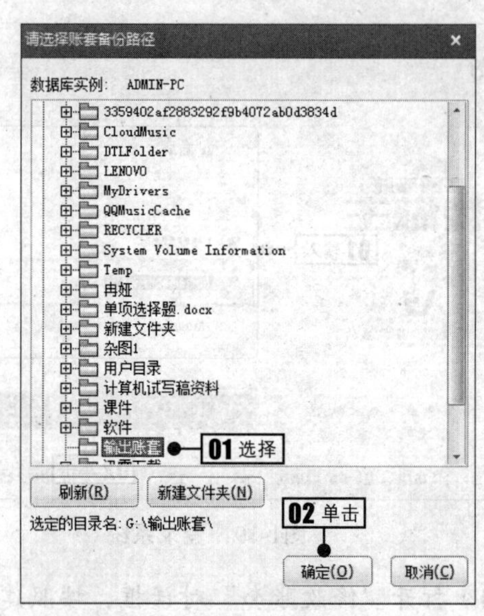

图1-24　选择保存路径

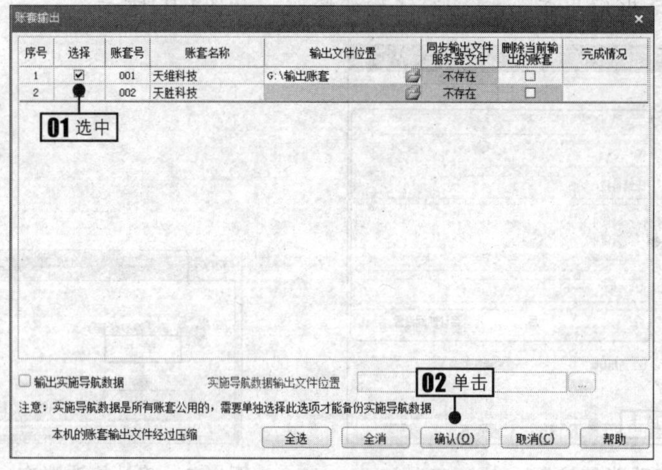

图1-25　选择需要输出的账套

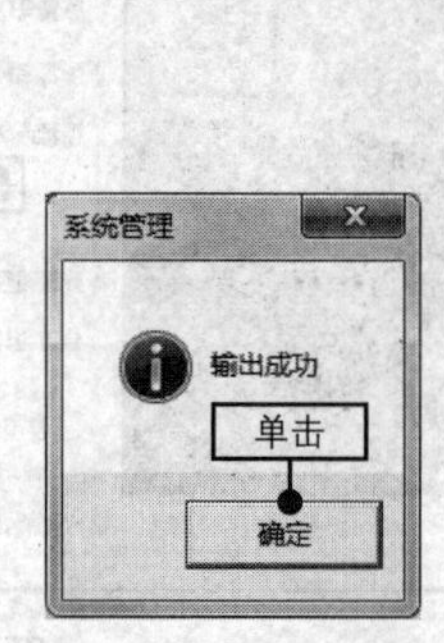

图1-26　输出成功

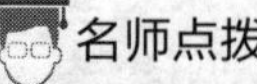

名师点拨

为了更好地管理备份的账套数据，建议财务人员创建一个专门用于存放备份账套数据的文件夹，将账套数据统一存放在其中。

1.1.7　引入账套

对于完成备份操作的账套，操作人员可以在需要使用时，利用用友U8的引入账套功能将其重新导入系统中，以便使用其中的数据，其具体操作如下。

（1）以系统管理员身份注册系统，然后在“系统管理”窗口中选择【账套】/【引入】菜单命令。

（2）打开“账套引入”对话框，单击选择备份文件(E)按钮。在打开的“请选择账套备份文件”对话框中选择需要引入的账套数据文件，单击确定(O)按钮，如图1-27所示。

（3）在打开的“系统管理”对话框中，单击确定按钮，如图1-28所示。

（4）打开“请选择账套引入的目录”对话框，在其中选择账套引入的文件夹，单击 确定(O) 按钮，如图1-29所示。

（5）打开“账套引入”对话框，此时对话框中将显示引入账套的信息，确认后单击 确认(O) 按钮，如图1-30所示。

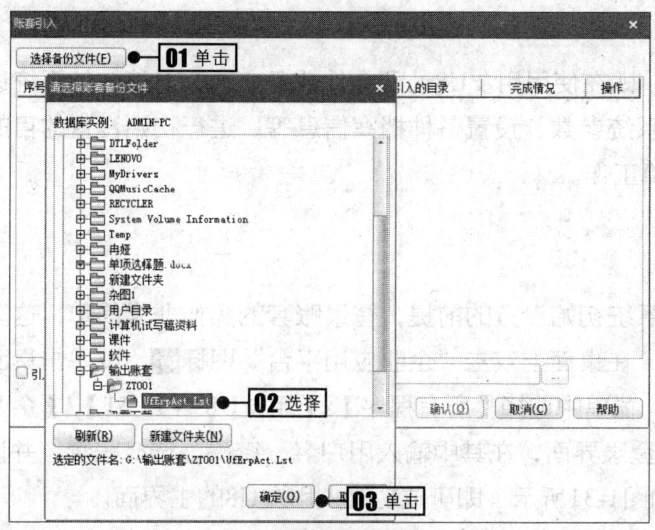

图1-27　选择需要引入的账套数据文件

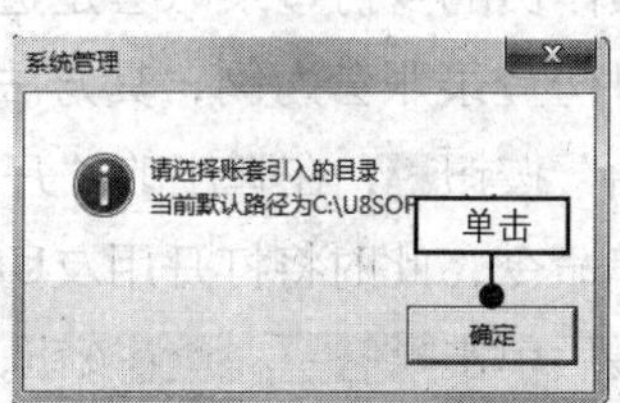

图1-28　单击“确定”按钮

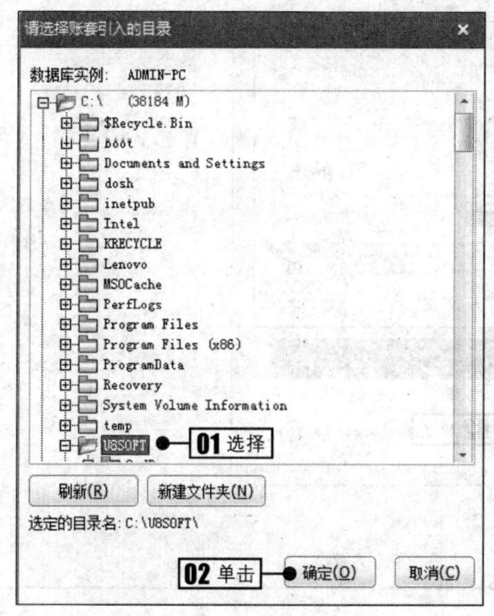

图1-29　选择引入账套路径

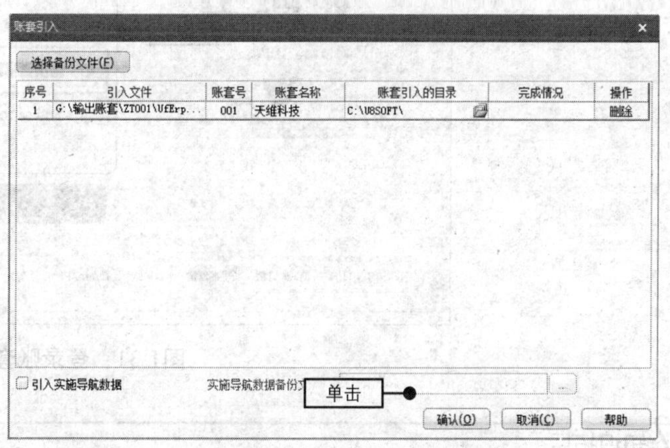

图1-30　单击“确认”按钮

（6）引入成功后，系统会自动打开提示对话框，提示引入成功，单击 确定 按钮即可。

知识拓展

如果所选待引入的账套已经存放在用友U8中，那么引入该账套时，用友U8会打开询问对话框，询问是否进行覆盖操作，即将已经存在的账套替换为引入的账套。如果需要覆盖，单击 是(Y) 按钮即可。

【例题·多选题】在用友U8中可以对账套进行的操作有（　　）。

A. 创建账套　　B. 修改账套

C. 引入与输出账套　　D. 禁用账套

E. 删除账套

【解析】操作人员可以使用用友U8对账套进行创建、修改、引入、输出、删除等操作。

【答案】ABCE

1.2 初始设置

初始设置是指系统的初始化操作，即在使用用友U8处理会计业务之前，对该软件系统进行适合企业自身情况的初始化设置，如设置系统参数、设置各种档案信息等。进行初始设置的目的是使企业更高效、更准确地完成各种会计核算工作。

1.2.1 登录账套

以操作员的身份登录账套是进行系统初始设置的前提，登录账套的操作非常简单，这里以账套主管的身份登录账套为例，其方法为，在桌面上双击“企业应用平台”图标，或单击桌面左下角的“开始”按钮，在弹出的“开始”菜单中选择【所有程序】/【用友U8+V12.51】/【企业应用平台】菜单命令，此时将打开用友U8的登录界面，在其中输入用户名、密码，选择账套，并设置操作日期，最后单击 登录 按钮，如图1-31所示，即可成功进入用友U8的主界面。

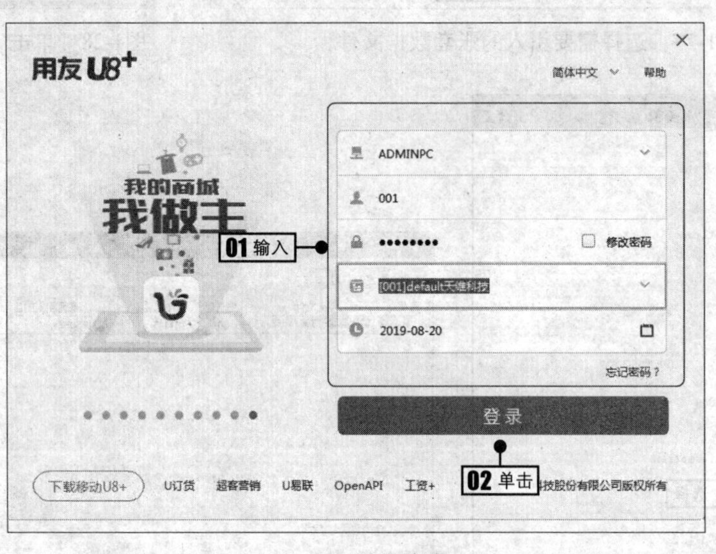

图1-31 登录账套

知识拓展

双击“企业应用平台”图标，在打开的登录界面中以某个操作员身份登录，此操作的目的是进入账套并执行各种具体的会计核算、管理操作；而打开“系统管理”窗口，通过【系统】/【注册】菜单命令打开登录界面，以系统管理员或账套主管的身份登录，此操作的目的是为了管理账套或设置操作员及其权限。两种操作虽然都是登录，但有本质的区别，应注意区分。

【例题·多选题】登录用友U8时，应依次输入操作员的（　　）。

A. 姓名　　B. 编号

C. 密码　　D. 员工工号

E. 部门代码

【解析】登录用友U8时应依次输入操作员的编号和密码。

【答案】BC

1.2.2 建立部门档案及人员档案

企业在进行财务核算和相关会计业务处理时，会涉及企业部门档案及人员档案。企业在进行初始设置时，需要建立企业的部门档案与人员档案。

1. 建立部门档案

部门档案主要包括部门编码、部门名称、负责人、部门属性等信息，建立部门档案的具体操作如下。

（1）在用友U8主界面中单击“业务导航”按钮，在打开的页面中选择“基础设置”栏下的“基础档案”选项，然后在右边的列表中选择“部门档案”选项，如图1-32所示。

（2）在打开的“部门档案”页面中，单击“增加”按钮，然后在右侧区域输入相关信息，其中部门编码要符合编码方案的原则。单击“保存”按钮即可完成部门档案的建立，如图1-33所示。

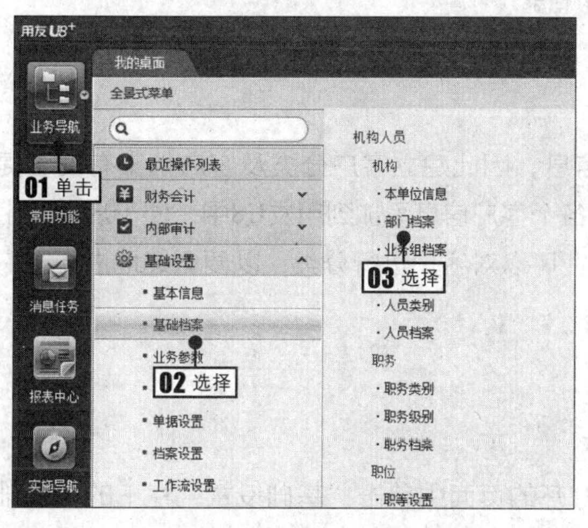

图1-32 选择“部门档案”选项

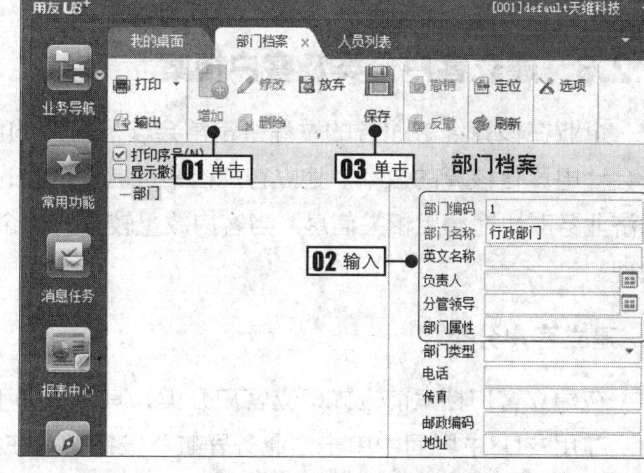

图1-33 建立部门档案

2. 建立人员档案

人员档案主要包括人员编码、姓名、部门等信息，建立人员档案的具体操作如下。

（1）在用友U8主界面中单击“业务导航”按钮，在打开的页面中单击“基础设置”栏下的“基础档案”选项，然后在右边的列表中选择“人员档案”选项。

（2）在打开的“人员列表”页面中，单击“增加”按钮，如图1-34所示。

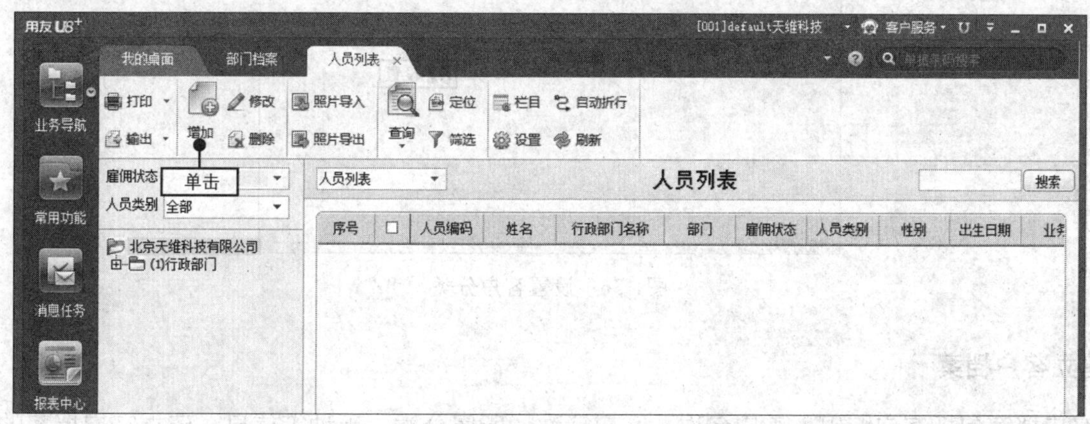

图1-34 单击“增加”按钮

（3）在打开的“人员档案”页面中填写人员基本信息，其中带“*”的为必填项，填写完成后

单击“保存”按钮保存即可，如图1-35所示。

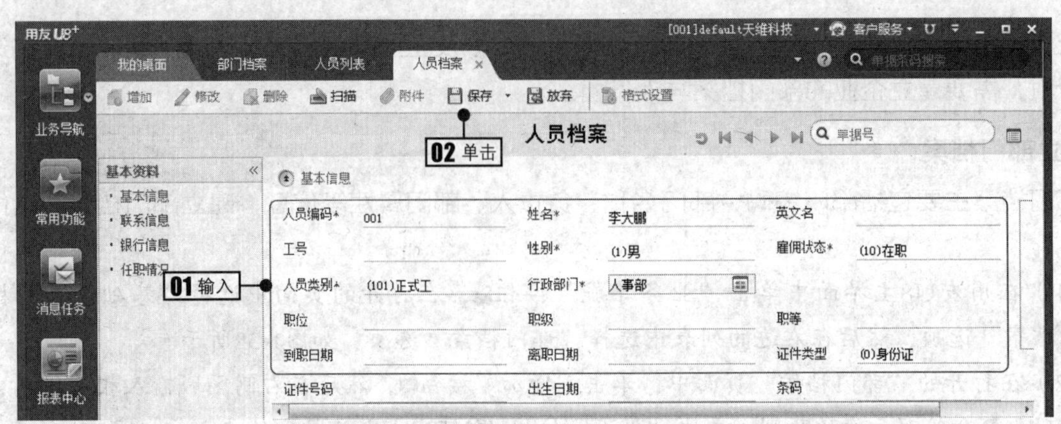

图1-35　建立人员档案

1.2.3　建立客户分类及客户档案

企业在核算经济业务的过程中常常会涉及客户的信息，因此建立客户分类及客户档案有助于提升会计电算化核算的效率。建立客户档案是指将企业的各个客户信息添加到用友U8中，便于后期发生经济业务时快速调用相关信息。当客户数量较多时，企业可以对客户进行分类，以便更好地进行客户管理。

1. 建立客户分类

在建立客户档案前应先建立客户分类，其方法如下。

在用友U8主界面中单击“业务导航”按钮，在打开的页面中单击“基础设置”栏下的“基础档案”选项，然后在右边的列表中选择“客户分类”选项。打开“客户分类”窗口，单击“增加”按钮，在下方区域输入客户分类的编码、名称等信息，单击“保存”按钮保存即可，如图1-36所示。

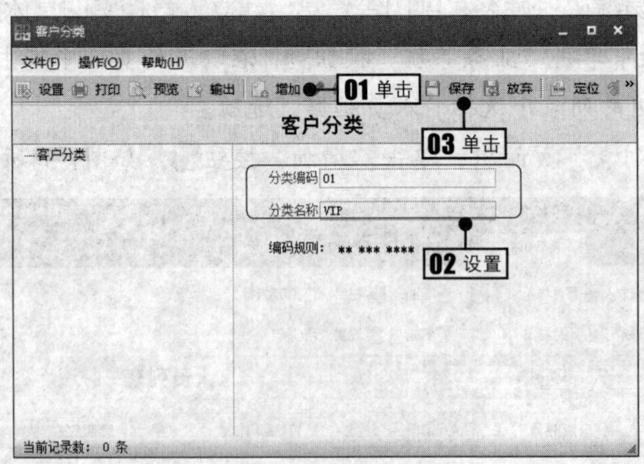

图1-36　设置客户分类

2. 建立客户档案

客户档案包括客户编码、客户名称、客户简称、所属分类、币种等信息，建立客户档案的具体操作如下。

（1）在用友U8主界面中单击“业务导航”按钮，在打开的页面中单击“基础设置”栏下的

“基础档案”选项，在右边的列表中选择“客户档案”选项。

（2）打开“客户档案”页面，单击“增加”按钮。在打开的“增加客户档案”页面中设置客户信息，然后单击“保存”按钮保存即可，如图1-37所示。

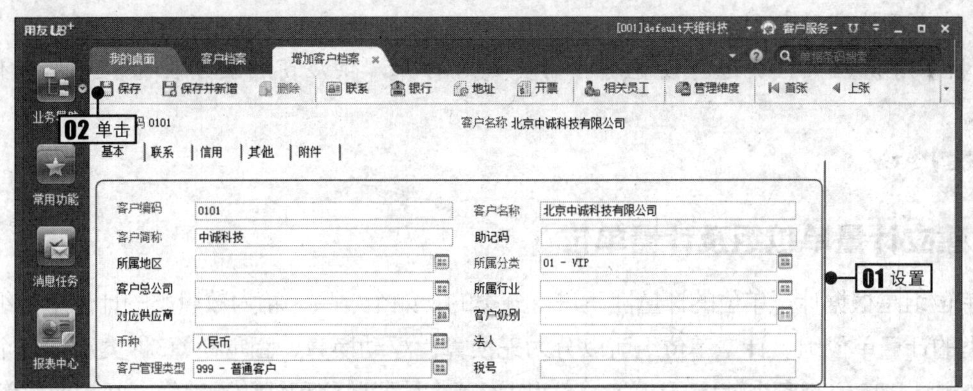

图1-37 设置客户信息

1.2.4 建立供应商分类及供应商档案

除了客户，企业也要与供应商发生很多经济往来，因此也需要建立好供应商分类及供应商档案。

1. 建立供应商分类

建立供应商分类的操作与建立客户分类的操作类似，其方法如下。

在用友U8主界面中单击“业务导航”按钮，在打开的页面中单击“基础设置”栏下的“基础档案”选项，在右边的列表中选择“供应商分类”选项。打开“供应商分类”窗口，单击“增加”按钮，在下方区域输入供应商分类的编码、名称等信息，单击“保存”按钮保存即可。

2. 建立供应商档案

供应商档案包括供应商编码、供应商名称、供应商简称、所属分类、币种等信息，建立供应商档案的具体操作如下。

（1）在用友U8主界面中单击“业务导航”按钮，在打开的页面中单击“基础设置”栏下的“基础档案”选项，在右边的列表中选择“供应商档案”选项。

（2）打开“供应商档案”页面，单击“增加”按钮。在打开的“增加供应商档案”页面中设置供应商信息，然后单击“保存”按钮保存即可，如图1-38所示。

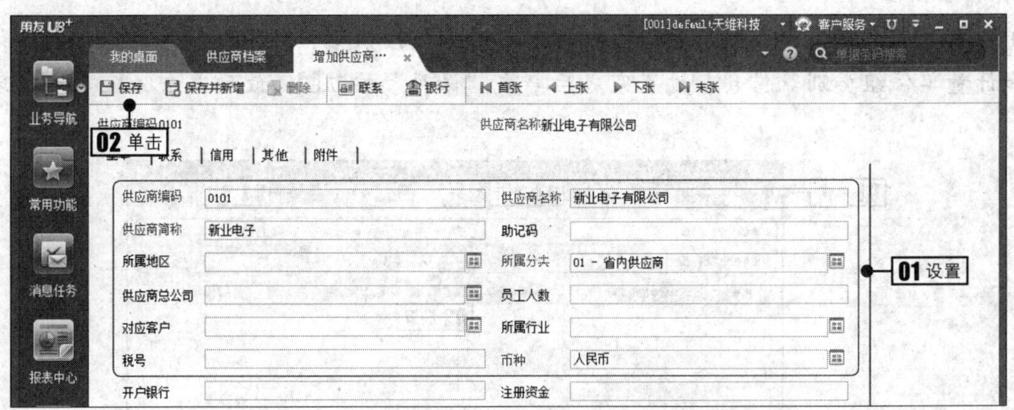

图1-38 设置供应商信息

【例题·多选题】对供应商档案进行设置时，需要先后打开（　　）页面。

A. 供应商档案　　B. 供应商列表

C. 增加供应商档案　　D. 供应商分类

E. 供应商档案列表

【解析】对供应商档案进行设置时，需要先后打开“供应商档案”页面和“增加供应商档案”页面。

【答案】AC

1.2.5 建立计量单位组及计量单位

计量单位组是根据计量单位的计量性质进行分类的，如个、只、箱为数量类的计量单位组，分米、米为长度类的计量单位组。计量单位组可以分为无换算、浮动换算、固定换算3种类别，每个计量单位组中有一个主计量单位和多个辅计量单位，还可以设置主计量单位和辅计量单位之间的换算率。

◆ **无换算计量单位组**。该计量单位组下的所有计量单位都以单独形式存在，各计量单位之间不需要输入换算率，系统默认所有计量单位均为主计量单位。

◆ **浮动换算计量单位组**。若某计量单位组被设置为浮动换算率，则该计量单位组中只能包含两个计量单位，也就是说，浮动换算计量单位组只支持双计量单位（即1个主计量单位、1个辅计量单位）。

◆ **固定换算计量单位组**。若某计量单位组被设置为固定换算率，则该计量单位组中可以包含多个计量单位，且每一个辅计量单位对主计量单位的换算率不为空，如长度计量单位组的主计量单位为米，那么作为其辅计量单位的厘米的换算率就应为0.01。

下面讲解在用友U8中建立计量单位组及计量单位的方法，其具体操作如下。

（1）在用友U8主界面中单击“业务导航”按钮，在打开的页面中单击“基础设置”栏下的“基础档案”选项，在右边的列表中选择“计量单位”选项。

（2）打开“计量单位”窗口，单击分组按钮，如图1-39所示。

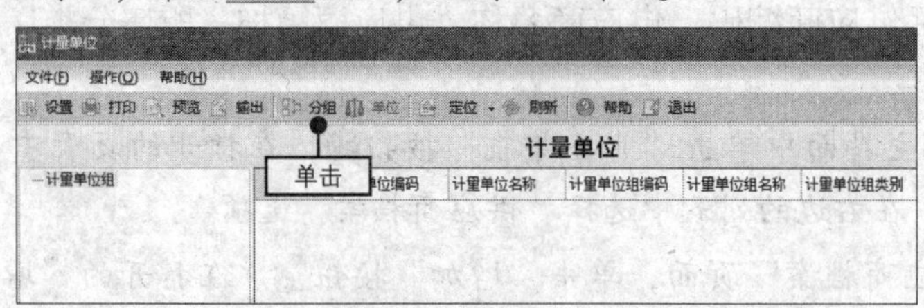

图1-39　单击“分组”按钮

（3）在打开的“计量单位组”对话框中单击“增加”按钮，设置计量单位组编码、计量单位组名称和计量单位组类别等信息，设置完成后单击“保存”按钮，最后单击退出按钮，如图1-40所示。

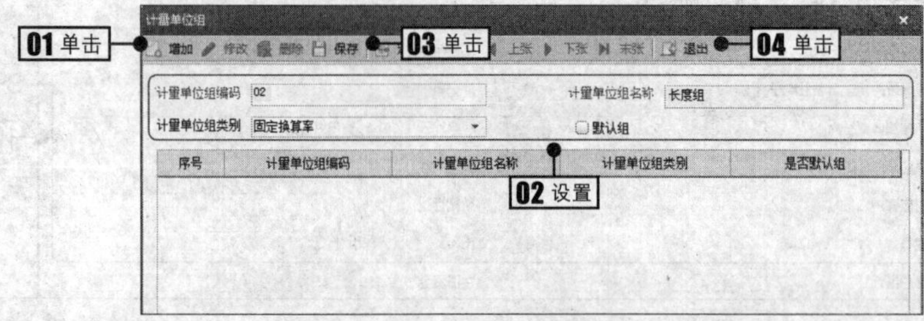

图1-40　设置计量单位组

（4）返回“计量单位”窗口，选择需要添加计量单位的计量单位组，单击 单位 按钮。

（5）打开“计量单位”对话框，单击“增加”按钮，设置计量单位米（计量单位编码：0201；计量单位名称：米；计量单位组编码：02；换算率：1），单击“保存”按钮，如图1-41所示。再设置计量单位厘米（计量单位编码：0202；计量单位名称：厘米；计量单位组编码：02；换算率：0.01），单击“保存”按钮，最后单击 退出 按钮。

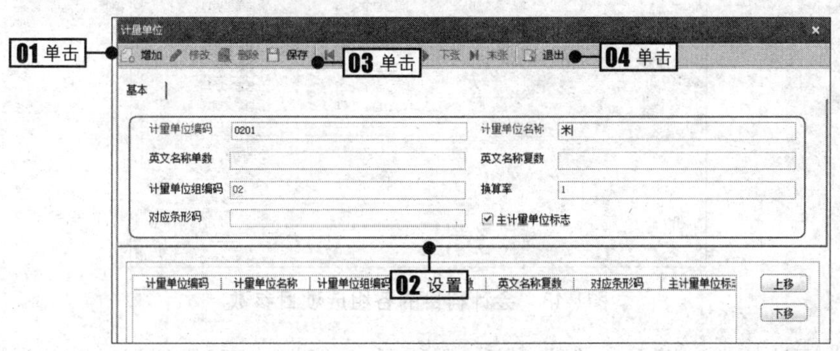

图1-41　设置计量单位组

【例题·单选题】以下不属于计量单位组类别的是（　　）。

A. 无换算计量单位组　　B. 浮动换算计量单位组

C. 固定换算计量单位组　　D. 单一换算计量单位组

【解析】计量单位组可以分为无换算、浮动换算、固定换算3种类别。

【答案】D

1.2.6　设置会计科目

会计科目对于会计核算来说具有关键性的作用，只有合理地设置会计科目才能使企业的会计核算更具有效率，从而适合企业的经营需要。

1. 认识会计科目

会计科目可以分门别类地反映经济业务的核算资料，并为登记总账和编制财务报表等奠定基础。如图1-42所示，图中的科目即为用友U8系统自带的会计科目。如图1-43所示，该图中的各项参数即为会计科目的各组成项目参数。下面详细介绍会计科目的各个组成项目。

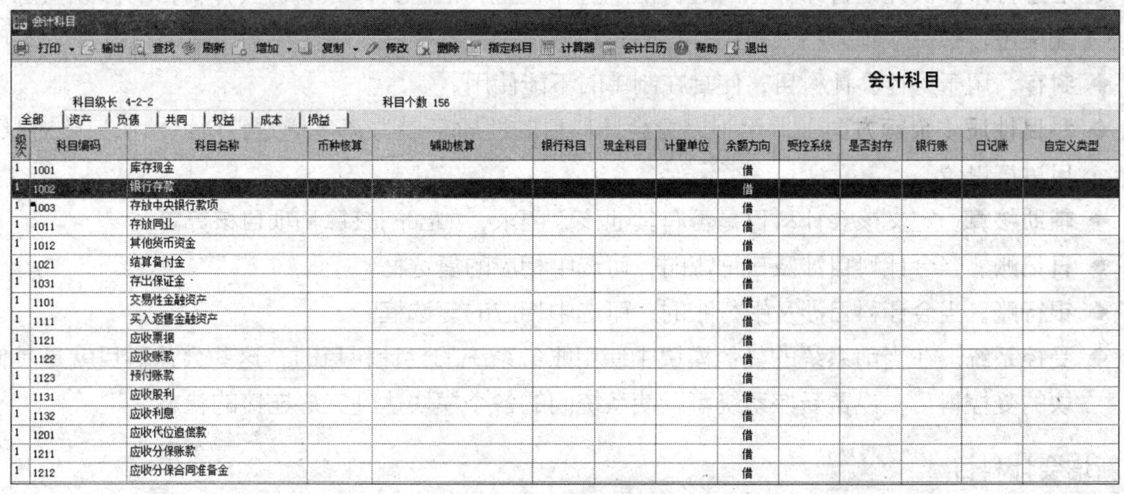

图1-42　系统自带的会计科目

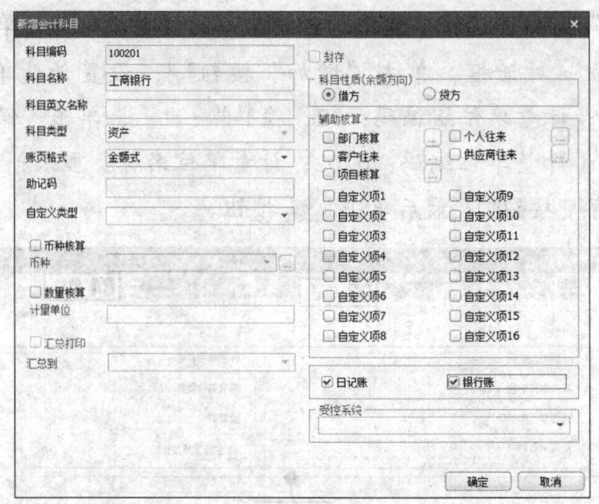

图1-43　会计科目的各组成项目参数

- **级次**。以阿拉伯数字表示，“1”代表1级科目，“2”代表2级科目，以此类推。
- **科目编码**。由数字、英文字母等符号组成，必须按其级次的先后顺序建立且必须唯一。
- **科目名称**。包括中文名称和英文名称，两种名称不能同时为空，其中中文名称最多允许输入10个汉字。
- **科目类型**。若行业性质为企业时，科目类型包括资产、负债、所有者权益、成本和损益、共同类等；当行业性质为行政单位或事业单位时，科目类型包括资产、负债、净资产、收入及支出等。
- **账页格式**。定义该科目在账簿打印时默认的打印格式，包括金额式、外币金额式、数量金额式以及赫尔外币数量式等账页格式。
- **助记码**。设置助记码可以在需要录入科目的地方输入助记码，系统将自动把助记码转换为科目名称，以提高录入速度。
- **币种核算**。选中“币种核算”复选框后才可设置币种，以标示该会计科目的外币种类，如美元和日元等。
- **数量核算**。选中“数量核算”复选框才可设置有数量核算的会计科目的计量单位。
- **汇总打印**。供凭证打印输出时进行汇总打印设置，汇总打印只有在会计科目的修改状态下才能设置。
- **封存**。用于封存会计科目，使其在制单时不能使用。
- **科目性质（余额方向）**。用于设置会计科目的性质是借方还是贷方，科目性质只能对1级科目进行设置。
- **辅助核算**。定义该会计科目是否有其他核算要求，如部门核算和项目核算等。
- **日记账**。当会计科目涉及日记账时，可选中相应的复选框。
- **银行账**。当会计科目涉及银行账时，可选中相应的复选框。
- **受控系统**。在当前系统的其他模块中使用账务系统的会计科目时，这些会计科目就是其他模块的受控科目，设置受控系统可以使系统间的各个模块达到无缝连接的状态。

2. 新增会计科目

下面以设置银行存款的2级科目（科目名称：工商银行；科目编码：100201；涉及日记账和银

行账）为例，介绍新增会计科目的方法，其具体操作如下。

（1）在用友U8主界面中单击“业务导航”按钮，在打开的页面中单击“基础设置”栏下的“基础档案”选项，在右边的列表中选择“会计科目”选项。

（2）打开“会计科目”窗口，选择银行存款科目所在行，单击“增加”按钮，如图1-44所示。

级次	科目编码	科目名称	币种核算	辅助核算	银行科目	现金科目	计量单位	余额方向	受控系统	是否封存	银行账	日记账
1	1001	库存现金						借				
1	1002	银行存款						借				
1	1003	存放中央银行款项						借				
1	1011	存放同业						借				
1	1012	其他货币资金						借				
1	1021	结算备付金						借				
1	1031	存出保证金						借				
1	1101	交易性金融资产						借				
1	1111	买入返售金融资产						借				

图1-44　单击“增加”按钮

（3）打开“新增会计科目”对话框，在其中输入科目编码和科目名称，选中日记账和银行账复选框，其他项目保持默认设置，单击确定(O)按钮，如图1-45所示。

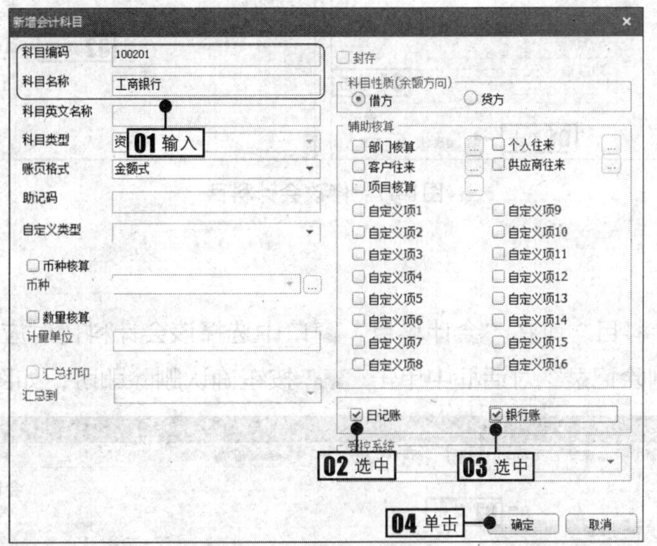

图1-45　新增会计科目

（4）返回“会计科目”窗口，此时可以看到新增的会计科目信息，单击退出按钮即可，如图1-46所示。

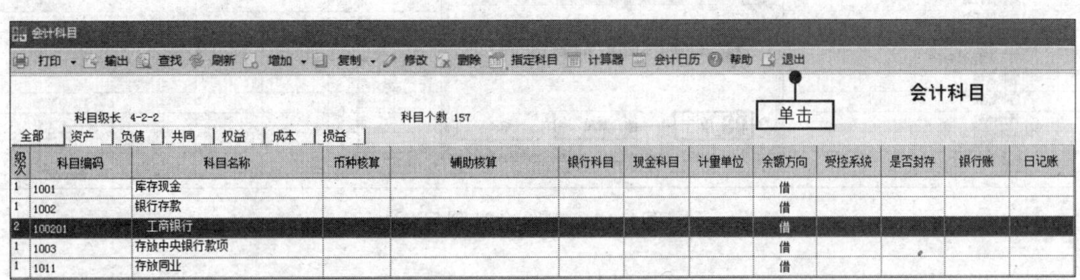

级次	科目编码	科目名称	币种核算	辅助核算	银行科目	现金科目	计量单位	余额方向	受控系统	是否封存	银行账	日记账
1	1001	库存现金						借				
1	1002	银行存款						借				
2	100201	工商银行						借				
1	1003	存放中央银行款项						借				
1	1011	存放同业						借				

图1-46　查看新增的会计科目

3. 修改会计科目

如果要修改会计科目，应在使用该会计科目之前进行修改，否则将无法进行修改操作。下面以

修改“库存现金”科目为例讲解修改会计科目的方法，其具体操作如下。

（1）在用友U8主界面中单击“业务导航”按钮，在打开的页面中单击“基础设置”栏下的“基础档案”选项，在右边的列表中选择“会计科目”选项。

（2）打开“会计科目”窗口，选择库存现金科目所在行，单击“修改”按钮，打开“会计科目_修改”对话框。

（3）单击 修改 按钮，然后选中“日记账”复选框，单击 确定 按钮完成修改，然后单击 返回 按钮即可，如图1-47所示。

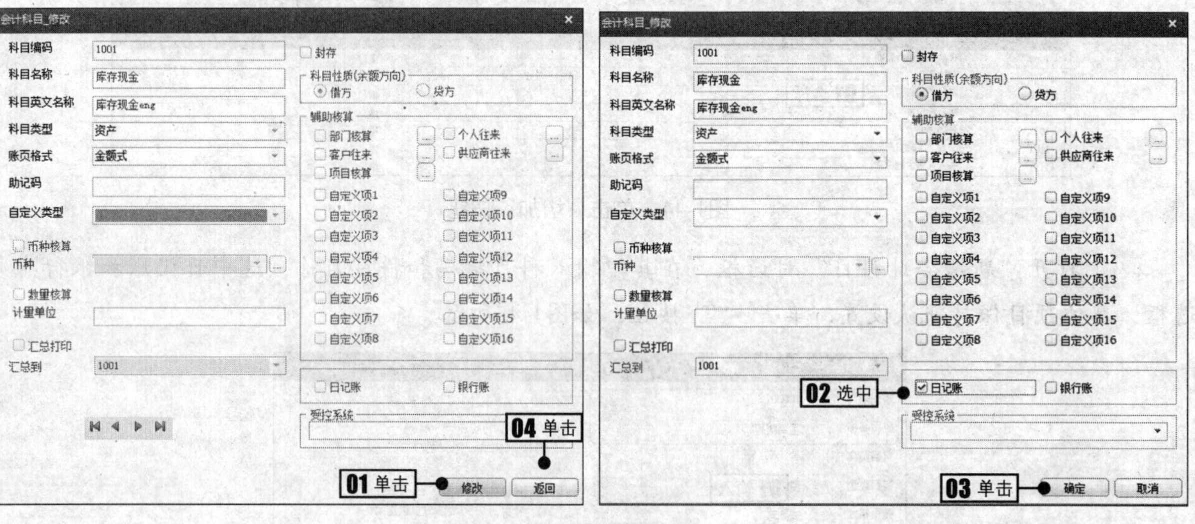

图1-47　修改会计科目

4. 删除会计科目

若要删除某个会计科目，可在“会计科目”窗口中选择该会计科目对应的选项，单击“删除”按钮，在打开的“删除记录”对话框中单击 确定 按钮确认删除即可，如图1-48所示。

图1-48　删除会计科目

知识拓展

在用友U8中，会计科目的增删有一定的规则：当需要新增会计科目时，应先设置上级会计科目，再设置下级会计科目；当需要删除会计科目时，则应先从末级会计科目开始删除，当所有末级会计科目都删除以后，才能删除上级会计科目。

【例题·单选题】下列关于会计科目的操作，正确的是（　　）。

A. 会计科目使用后也可以删除

B. 设置会计科目需要通过“基础设置”菜单命令下的“财务”命令来实现

C. 新增会计科目应从末级会计科目开始

D. 删除会计科目应从上级会计科目开始

【解析】会计科目使用后不可以删除，A选项错误；新增会计科目应该从上级会计科目开始，再设置下级会计科目，C选项错误；删除会计科目应从末级会计科目开始，D选项错误。

【答案】B

1.2.7 设置币种及汇率

设置币种及汇率时主要需要设置外币名称及外汇汇率。若以固定汇率（如月初汇率、年初汇率）记账，则操作人员应在填制每月的凭证前预先录入当月汇率；若以浮动汇率（如当日汇率）记账，则操作人员应在填制当天的凭证前预先录入当天汇率。下面以设置币符为$、币名为美元、2019年8月的记账汇率为7.69的外币及汇率为例，介绍设置币种及汇率的方法，其具体操作如下。

（1）在用友U8主界面中单击“业务导航”按钮，在打开的页面中单击“基础设置”栏下的“基础档案”选项，在右边的列表中选择“外币设置”选项。

（2）打开“外币设置”对话框，单击“增加”按钮，设置币符、币名等，单击 确认 按钮，如图1-49所示。

（3）在2019年8月的记账汇率单元格上双击，然后输入“7.69”，单击 退出 按钮，如图1-50所示。在打开的对话框中单击 是(Y) 按钮即可退出。

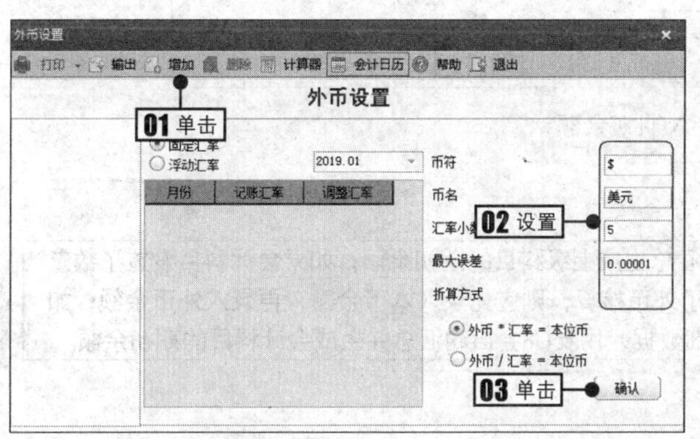

图1-49　设置币符、币名

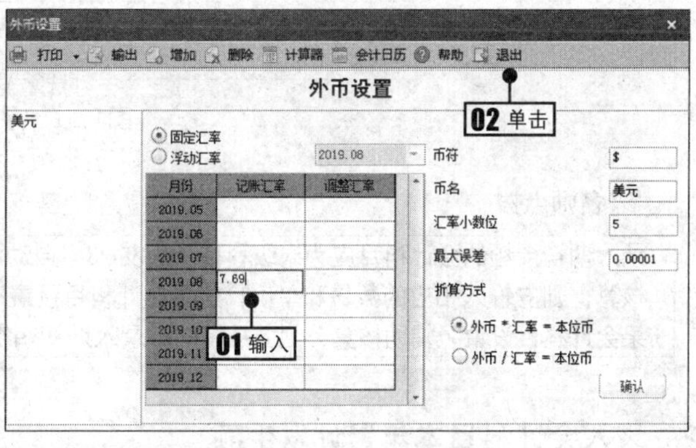

图1-50　输入汇率

【例题·单选题】下列关于设置币种及汇率的操作，正确的是（　　）。

A. 汇率分为固定汇率和变动汇率

B. 设置币种及汇率应在“外币汇率设置”对话框中进行

C. 汇率分为固定汇率和浮动汇率

D. 外币折算方式：外币×汇率=本位币

【解析】设置币种及汇率应在“外币设置”对话框中进行，B选项错误；汇率分为固定汇率和浮动汇率，C选项正确，A选项错误；外币折算方式：外币×汇率=本位币或外币÷汇率=本位币，D选项错误。

【答案】C

1.2.8 录入期初余额并进行试算平衡

为保证会计数据的完整性，并能更好地与手工账簿数据衔接，第一次使用财务系统时还需要将各种基础数据录入系统，之后还需进行试算平衡，检验借贷双方数据是否相等，这样才能保证后续会计工作的正常开展。

1. 录入会计科目期初余额

在会计年度初期建立账套时，操作人员只需将各个会计科目的期初余额录入用友U8，其具体操作如下。

（1）在用友U8主界面中单击“业务导航”按钮，在打开的页面中单击“财务会计”栏下的“总账”选项，在右边的列表中选择“期初余额”选项。

（2）打开“期初余额录入”窗口，在需输入期初余额的科目对应的单元格中双击，然后在其中输入相应的金额，完成输入后单击退出按钮即可，如图1-51所示。

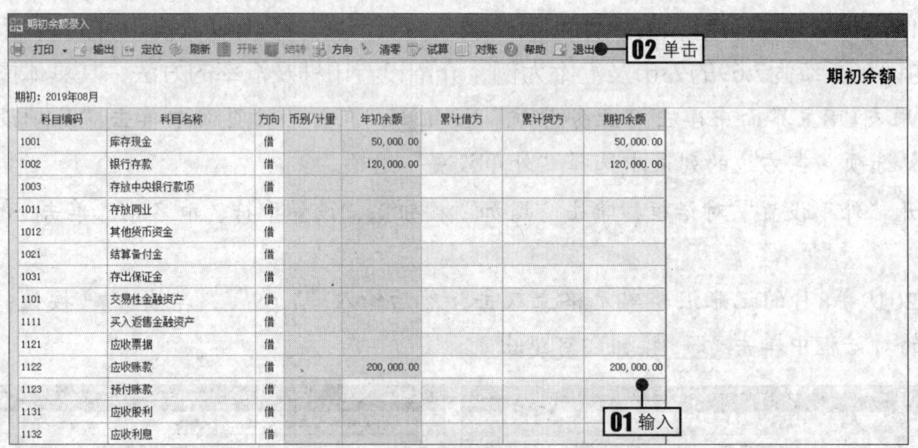

科目编码	科目名称	方向	币别/计量	年初余额	累计借方	累计贷方	期初余额
1001	库存现金	借		50,000.00			50,000.00
1002	银行存款	借		120,000.00			120,000.00
1003	存放中央银行款项	借					
1011	存放同业	借					
1012	其他货币资金	借					
1021	结算备付金	借					
1031	存出保证金	借					
1101	交易性金融资产	借					
1111	买入返售金融资产	借					
1121	应收票据	借					
1122	应收账款	借		200,000.00			200,000.00
1123	预付账款	借					
1131	应收股利	借					
1132	应收利息	借					

图1-51 录入期初余额

名师点拨

录入期初余额的会计科目应为末级科目，用友U8会自动汇总生成上级科目的期初余额；如果会计科目设置了数量核算，则应输入相应的数量和单价；如果会计科目设置了外币核算，则应先录入本币余额，再录入外币余额；如果会计科目设置了辅助核算，则应从辅助账录入期初明细数据，用友U8会自动汇总并生成会计科目的期初余额。

2. 录入会计科目本年累计发生额

在会计年度中期建立账套时，除了期初余额外，操作人员还需要录入会计科目的本年累计发生额，其方法如下。

在用友U8主界面中单击“业务导航”按钮，在打开的页面中单击“财务会计”栏下的“总账”选项，在右边的列表中选择“期初余额”选项。打开“期初余额录入”窗口，依次录入会计科目对应的年初余额、累计借方发生额、累计贷方发生额，用友U8将自动计算出该科目对应的期初余额，如图1-52所示。

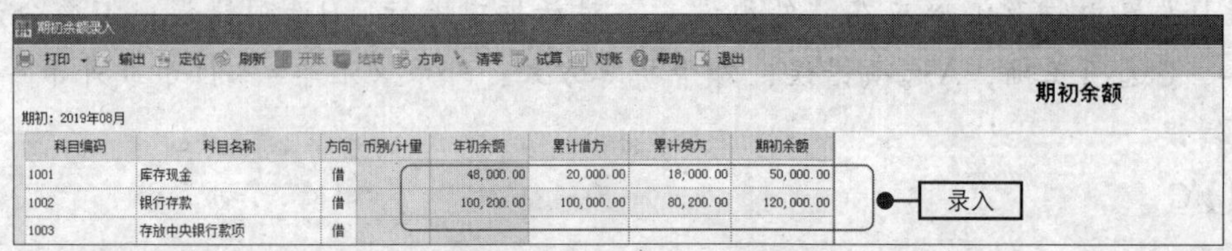

科目编码	科目名称	方向	币别/计量	年初余额	累计借方	累计贷方	期初余额
1001	库存现金	借		48,000.00	20,000.00	18,000.00	50,000.00
1002	银行存款	借		100,200.00	100,000.00	80,200.00	120,000.00
1003	存放中央银行款项	借					

图1-52 录入年初余额和累计发生额

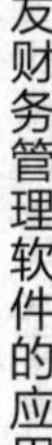

3. 试算平衡

静态平衡公式“资产=负债+所有者权益”是保证初始数据正确的依据，为了检验输入的期初余额是否正确，需要通过试算平衡进行平衡校验。在用友U8中，只需在“期初余额录入”窗口中单击“试算”按钮就能快速完成试算平衡操作。试算完成后系统会打开“期初试算平衡表”对话框，若显示“试算结果平衡”，单击 确定 按钮即可，如图1-53所示；若显示“试算结果不平衡”，则需要重新检查期初余额的录入情况。

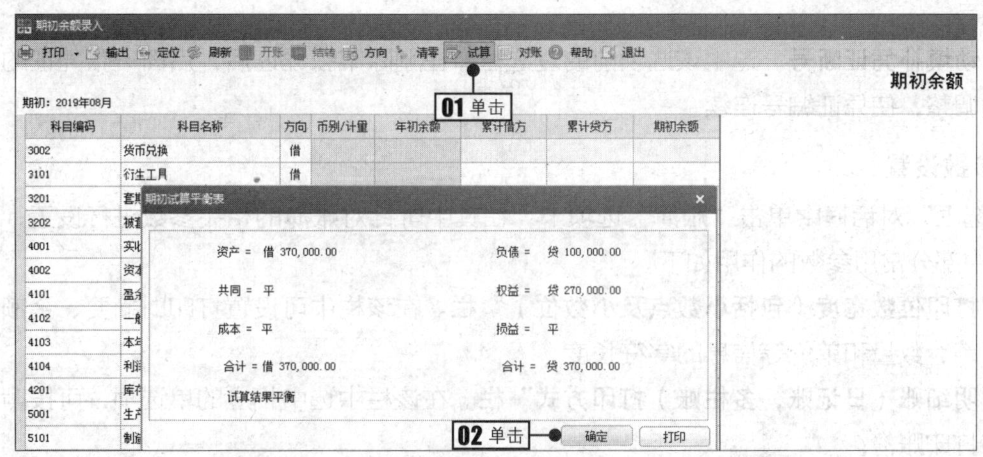

图1-53 试算平衡

【例题·单选题】录入期初余额时，正确的操作方法是（ ）。

A. 对末级会计科目录入期初余额，系统将自动汇总生成上级会计科目的期初余额

B. 如果会计科目设置了数量核算，应输入相应的数量

C. 如果会计科目设置了外币核算，应先录入外币余额，再录入本币余额

D. 如果会计科目设置了辅助核算，应从辅助账录入期初明细数据，然后再手动汇总该会计科目的期初余额

【解析】如果会计科目设置了数量核算，应输入相应的数量和单价，选项B不正确；如果会计科目设置了辅助核算，应从辅助账录入期初明细数据，系统将自动汇总并生成会计科目的期初余额，选项D不正确；如果会计科目设置了外币核算，应先录入本币余额，再录入外币余额，选项C不正确。

【答案】A

1.3 总账管理

总账管理涉及总账系统参数的设置，凭证的填制、查询、修改、作废、整理与删除、审核，系统的记账与恢复记账，期间损益的结转，以及对账与结账等操作。这一部分内容是用友U8的核心操作之一，本节将详细介绍。

1.3.1 设置总账系统参数

首次启用总账系统时，操作人员可以设置总账系统的基本参数，以提高会计核算的效率。

1. 凭证参数设置

在用友U8主界面中单击“业务导航”按钮，在打开的页面中单击“财务会计”栏下的“总

账”选项，在右边的列表中选择“设置”栏下的“选项”选项。单击“选项”对话框中的“凭证”选项卡，在其中可对凭证的相关参数进行设置，如图1-54所示。其中部分常用参数的作用如下。

- **制单序时控制**。选中该选项前的复选框，填制凭证时的制单日期将受到限制，新增的凭证日期不能早于已有的最后一张凭证的日期。
- **“凭证编号方式”栏**。选中该栏中的“系统编号”单选项，在进行凭证的新增、删除等操作后，凭证编号将由系统自动调整；选中该栏中的“手工编号”单选项，需要手动调整凭证编号。
- **自动填补凭证断号**。选中该选项前的复选框，在删除某张凭证后，后面一张凭证的编号将自动调整，使凭证编号连续。

2. 账簿参数设置

在“选项”对话框中单击“账簿”选项卡，在其中可针对账簿的相关参数进行设置，如图1-55所示。其中部分常用参数的作用如下。

- **“打印位数宽度（包括小数点及小数位）”栏**。在该栏中可设置打印时摘要、金额、外币、汇率、数量和单价等信息的字符长度。
- **“明细账（日记账，多栏账）打印方式”栏**。在该栏中选中相应的单选项，可按照对应的顺序打印账簿。

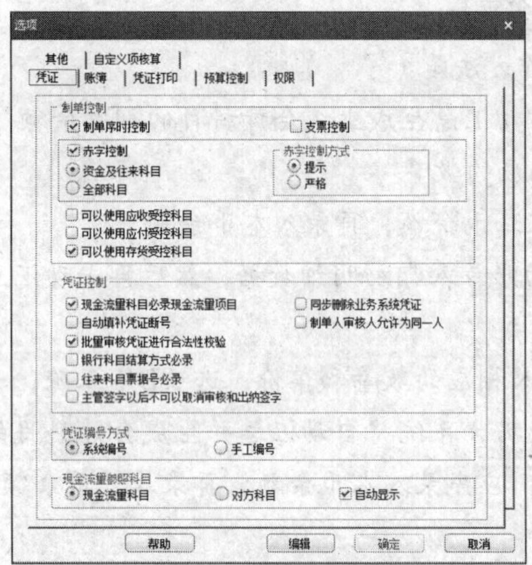

图1-54　设置凭证参数

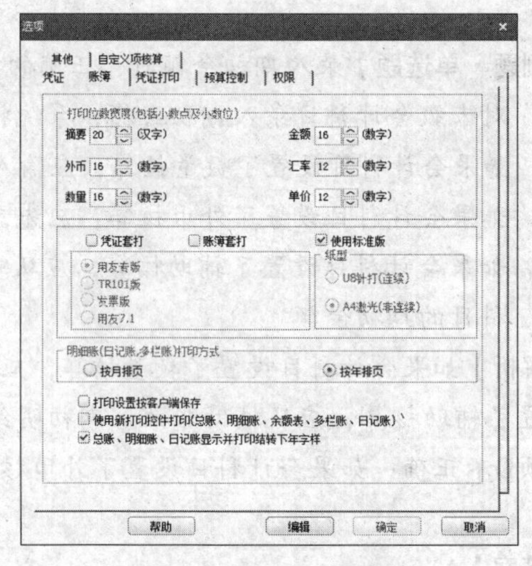

图1-55　设置账簿参数

3. 权限设置

在“选项”对话框中单击“权限”选项卡，在其中可对总账系统的各种权限进行设置。其中部分常用参数的作用如下。

◆ **出纳凭证必须经由出纳签字**。选中该选项前的复选框，则出纳凭证在填制后必须由出纳人员执行签字操作。

◆ **凭证必须经由主管会计签字**。选中该选项前的复选框，则凭证必须由主管会计执行签字操作。

◆ **允许修改、作废他人填制的凭证**。取消选中该选项前的复选框，则凭证只能由制单人本人修改、作废。

知识拓展

在“选项”对话框中，还可以设置其他参数，如部门排序方式、个人排序方式、精度控制、本位币等。

1.3.2 填制凭证

完成期初余额的录入和总账系统的参数设置后，操作人员就可以开始凭证的填制工作了。以记账凭证为例，填制凭证可能涉及凭证字号、凭证编号、制单日期、附件张数、摘要、会计科目、发生金额、各种核算信息、制单人等内容。假设某企业2019年8月20日发生了一笔经济业务，从银行提取5 000元现金作为备用金，附件为一张现金支票存根，在用友U8中填制该记账凭证的具体操作如下。

（1）首先以具备凭证填制权限的操作员身份登录该企业账套，在用友U8主界面中单击“业务导航”按钮，在打开的页面中单击“财务会计”栏下的“总账”选项，在右边的列表中选择“凭证”栏下的“填制凭证”选项。

（2）打开“填制凭证”页面，单击“增加”按钮新增空白凭证，此时页面左上方将显示默认的凭证类别，如图1-56所示。单击凭证类别区域右侧的“查看”按钮，可在打开的对话框中双击正确的凭证类别选项，按【Enter】键后便可更改凭证类别。

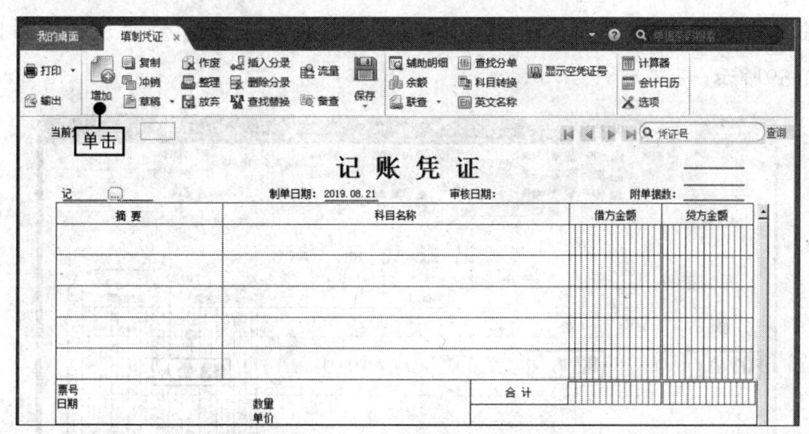

图1-56 新增空白凭证

（3）在“制单日期”区域将默认显示填制凭证当天日期，单击该区域右侧的“查看”按钮，则将打开“日历”对话框，选择“20”选项，单击确定按钮，如图1-57所示。按【Enter】键将确认制单日期的设置。

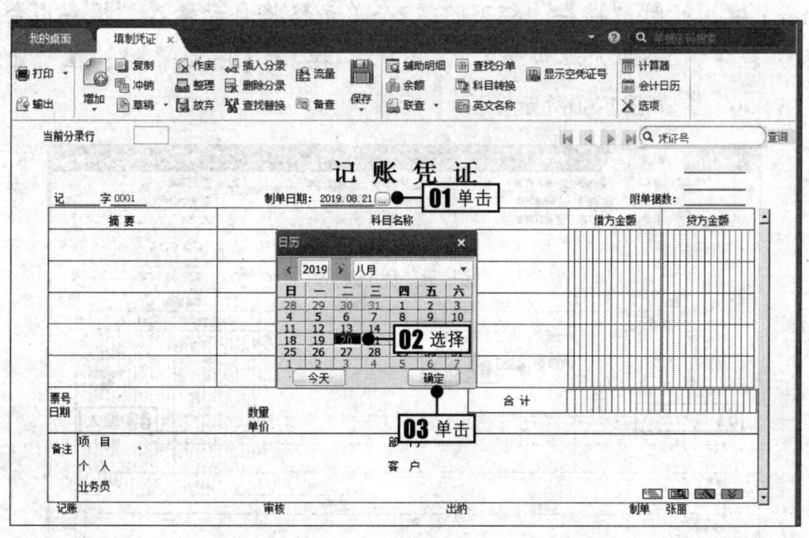

图1-57 选择制单日期

（4）在“附单据数”区域输入“1”，按【Enter】键确认，如图1-58所示。

图1-58　输入附单据数

知识拓展

填制凭证时，如果设置了系统编号，则无须手动录入凭证号；在“制单日期”区域中可以直接输入需要的日期数据，而不必打开“日历”对话框进行选择录入的操作；另外，填制凭证时可以单击所需的区域，快速定位到该区域进行数据录入。

（5）在“摘要”栏下的第1个单元格中输入“提备用金”，按【Enter】键；然后直接在“科目名称”栏下第1个单元格中输入“1001”（或单击右侧的“科目参照”按钮...，在打开的“科目参照”对话框中双击对应的会计科目），继续按【Enter】键；在“借方金额”栏下第1个单元格中输入“5 000”，如图1-59所示。

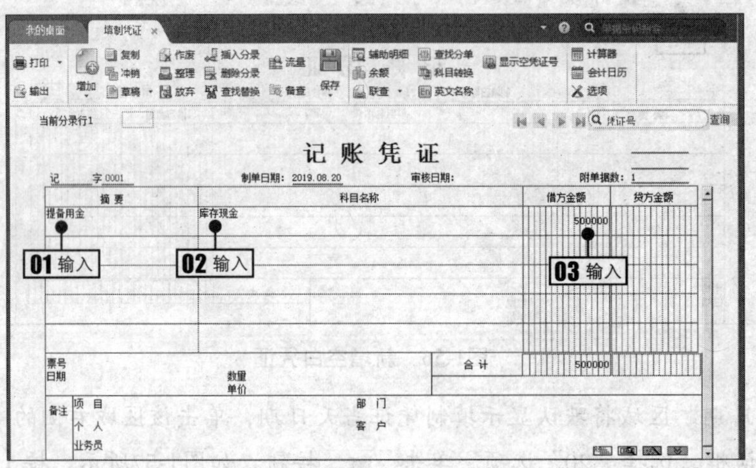

图1-59　输入凭证摘要、科目名称和借方金额

（6）按【Enter】键，此时“摘要”栏下的第2个单元格将自动输入“提备用金”；按【Enter】键，在“科目名称”栏下第2个单元格中输入“1002”，按2次【Enter】键；在“贷方金额”栏下第2个单元格中输入“5 000”，如图1-60所示。

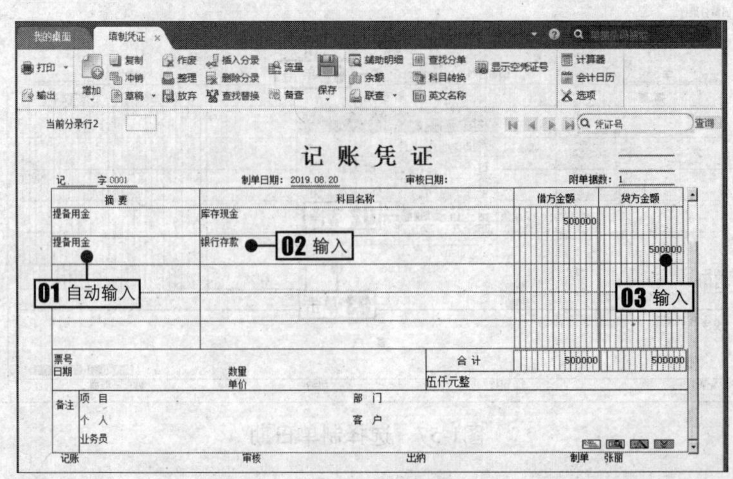

图1-60　填制凭证内容

（7）确认无误后单击“保存”按钮，打开“凭证”对话框，单击确定按钮保存凭证，如图1-61所示。

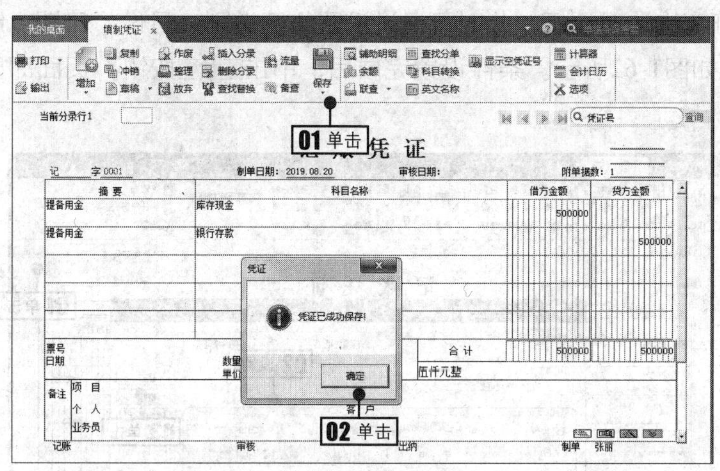

图1-61　保存凭证

知识拓展

增加记账凭证的大致流程：设置凭证类别→确定制单日期→输入附单据数→设置摘要、科目名称和借方金额→设置摘要、科目名称和贷方金额→保存凭证。

在增加凭证时，还需注意以下几点。

- 凭证一旦保存，其凭证类别和凭证编号均无法修改。
- 总账系统若被设置为序时控制，凭证日期应该大于或等于启用日期，但不能超过业务日期。
- 系统保存凭证时将默认以日期顺序进行排序而不以凭证编号顺序进行排序，因此如果不按序时制单，则有可能出现“凭证假丢失”的情况，为了避免这种情况，可根据需要将总账系统设置为序时制单模式。
- 不同行的摘要内容可以相同，也可以不同，但不能为空。
- 科目编码应该是末级科目的编码。
- 金额不能为零，红字应以“-”号表示。

【例题·单选题】填制凭证时，操作人员输入科目代码后，用友U8将自动显示（　　）。

A. 科目代码　　B. 科目名称

C. 科目分类　　D. 科目级次

【解析】填制凭证时，操作人员输入科目代码后，用友U8将自动显示对应的科目名称。

【答案】B

1.3.3　查询凭证

当填制了多张凭证后，可以利用“填制凭证”页面右上方的浏览按钮依次查询各张凭证。其中，“首张”按钮可以定位到该会计期间填制的第一张凭证，“上张”按钮可以定位到当前凭证的上一张凭证，“下张”按钮可以定位到当前凭证的下一张凭证，“末张”按钮可以定位到该会计期间填制的最后一张凭证。

显然，利用上述方法来查询凭证较为麻烦，当需要查询某一张或某一类凭证时，则可利用用友U8的查询功能来实现，其方法如下。

在用友U8主界面中单击“业务导航”按钮，在打开的页面中单击“财务会计”栏下的“总账”选项，在右边的列表中选择“凭证”栏下的“填制凭证”选项。打开“填制凭证”页面，单击查询按钮，打开“凭证查询”对话框，此时可通过设置凭证类别、月份、日期、制单人、审核人等条件来精准查询凭证，如图1-62所示。条件设置完成后，单击确定按钮，页面即显示满足查询条件的所有凭证。

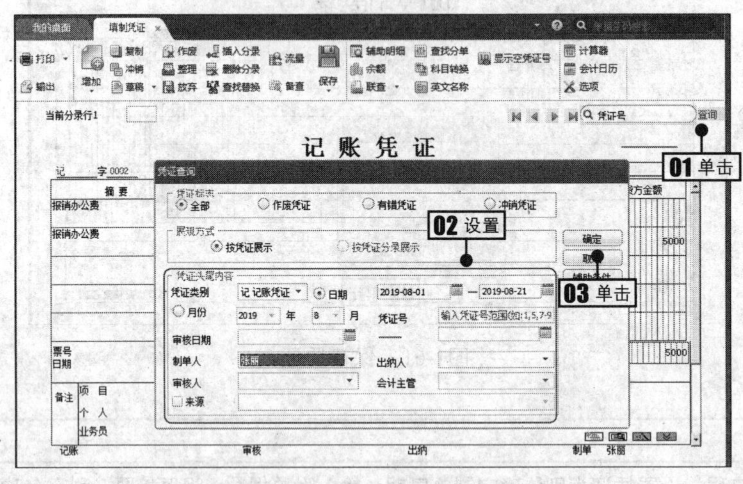

图1-62　设置凭证查询条件

1.3.4　修改凭证

填制凭证并执行保存操作后，便表示已经增加了一张新的凭证。此时操作人员如果发现该凭证内容有误，可以直接进行修改，修改完成后重新单击“保存”按钮即确认修改。

1. 不同情形下的修改凭证操作

如果操作人员需要修改的是以前填制的凭证，则可利用查询功能快速查找到该凭证，然后进行修改操作。但需要注意的是，不同情形下修改凭证的操作会有所不同。

- **修改未审核的凭证**。未审核的凭证，可以由该张凭证的制单人直接修改，修改完成后进行保存。
- **修改已审核但未记账的凭证**。已审核但未记账的凭证，如果存在错误需要修改，应先由审核人员取消对该凭证的审核，使凭证恢复到未审核状态，然后由制单人对凭证进行修改并保存。
- **修改已记账的凭证**。已记账的凭证，即便操作人员发现数据错误，也不能对该凭证进行任何修改操作。此时只能使用红字冲销法或补充登记法，通过填制新的凭证来处理该错误凭证。

2. 修改凭证的注意事项

修改凭证时还应注意以下几点。

- 若总账系统设置了序时控制，则修改凭证的制单日期时，不能将日期修改为上一张凭证的制单日期之前。
- 若总账系统设置了不允许修改或作废他人填制的凭证权限控制，则不能修改或作废他人填制的凭证。
- 外部系统的凭证不能在总账系统中修改，只能在生成该凭证的系统中修改。如固定资产系统中生成的凭证就不能在总账系统中修改。

知识拓展

在使用红字冲销法进行调账时，可以利用用友U8的“冲销凭证”功能自动填制冲销凭证。在“填制凭证”页面中单击“冲销”按钮，打开“冲销凭证”对话框，在其中设置需要冲销的凭证对应的月份、凭证类别和凭证号，单击 确定 按钮即可生成冲销凭证，如图1-63所示，生成的红字凭证如图1-64所示。

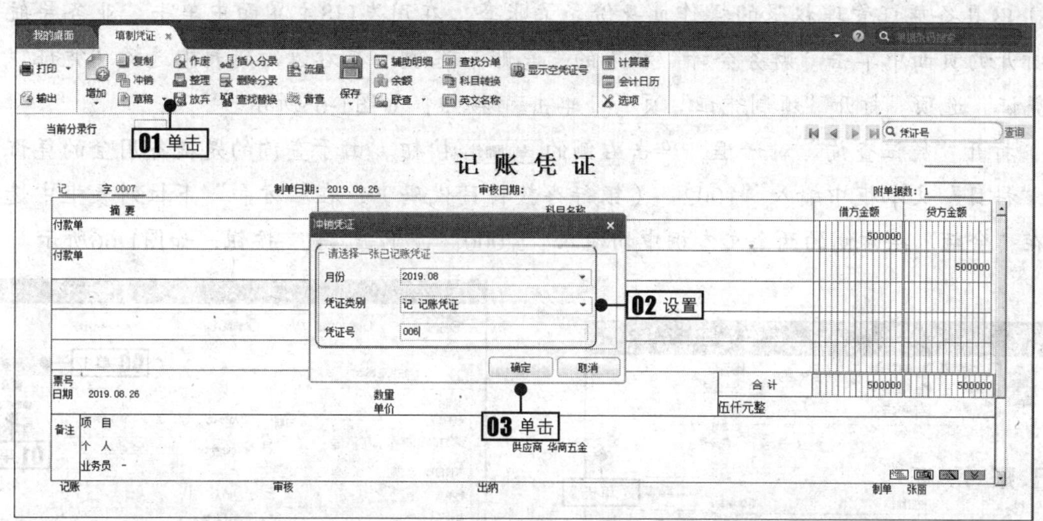

图1-63 冲销凭证

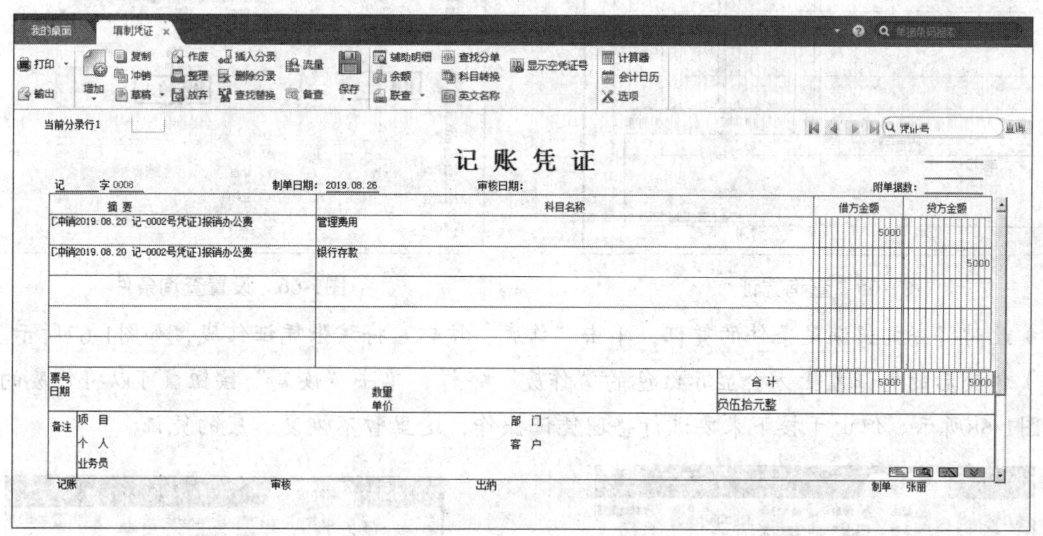

图1-64 红字凭证

【例题·单选题】下面关于红字凭证的说法，正确的是（ ）。

A. 对于已审核未记账的凭证，应填制红字凭证

B. 红字凭证只能手动填制

C. 红字凭证中的金额为负

D. 在用友U8“填制凭证”页面中单击“修改”按钮，即可打开“冲销凭证”对话框

【解析】对于已审核未记账的凭证，取消审核后直接修改即可，无须填制红字凭证，选项A错误；红字凭证可以由用友U8自动生成，选项B错误；在用友U8“填制凭证”页面中单击“冲销”按钮，即可打开“冲销凭证”对话框，选项D错误。

【答案】C

1.3.5　作废、整理与删除凭证

凭证在未审核和未记账之前，如果需要将其删除，则可先利用查询功能查找到该张凭证，然后按照作废、整理与删除这个操作流程来执行。假设需要删除一张关于提备用金5 000元的凭证，其具体操作如下。

（1）以具备凭证管理权限的操作员身份登录账套，在用友U8主界面中单击“业务导航”按钮，在打开的页面中单击“财务会计”栏下的“总账”选项，在右边的列表中选择“凭证”栏下的“填制凭证”选项。打开“填制凭证”页面，单击查询按钮，如图1-65所示。

（2）打开“凭证查询”对话框，单击右侧的辅助条件按钮。由于查询的是提备用金的凭证，因此可以在“科目”文本框中输入“1002”（银行存款科目代码），在“方向”下拉列表框中选择“贷方”，在“金额”栏右侧的两个文本框中均输入“5 000”，单击确定按钮，如图1-66所示。

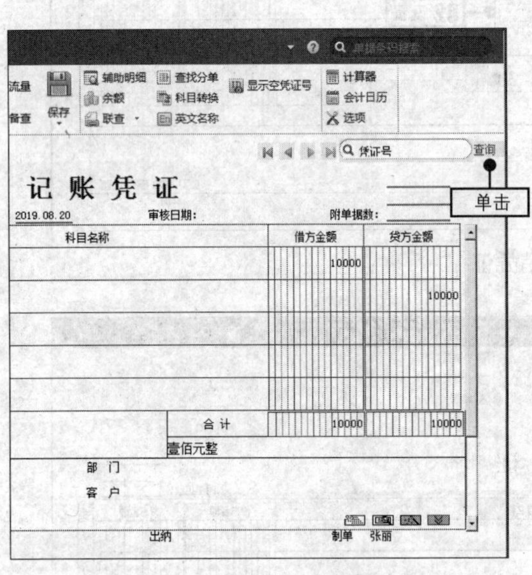

图1-65　查询凭证

图1-66　设置查询条件

（3）此时将查询出满足条件的凭证，单击“作废”按钮将该张凭证作废，如图1-67所示。

（4）作废后的凭证左上方会显示红色的“作废”字样，单击“恢复”按钮可以将作废的凭证恢复，如图1-68所示。但由于接下来要进行整理凭证操作，这里暂不恢复作废的凭证。

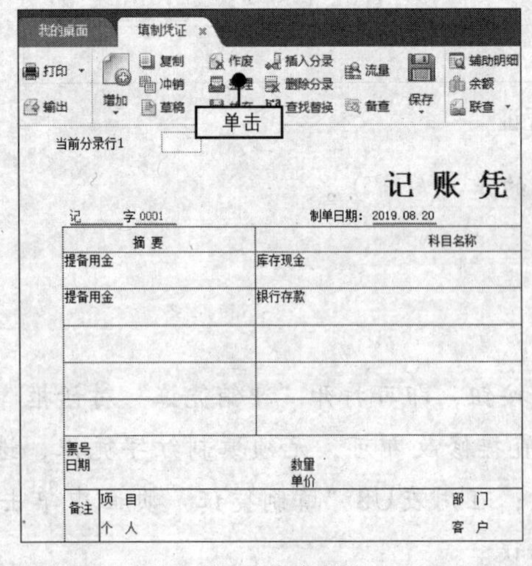

图1-67　作废凭证

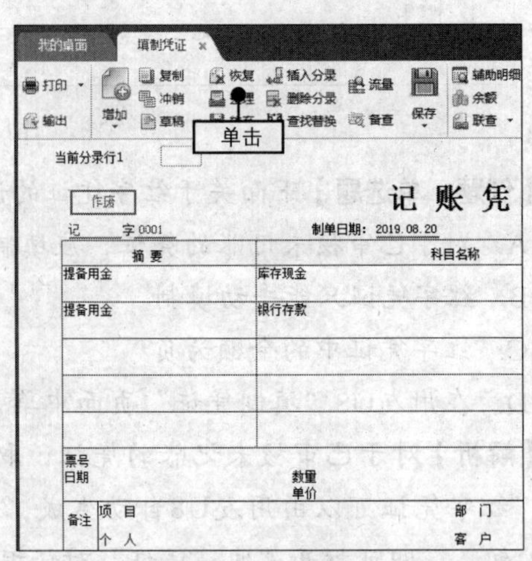

图1-68　恢复凭证

（5）单击“整理”按钮，打开“凭证期间选择”对话框，在其中可设置整理凭证的期间，这

里选择“2019.08”，单击[确定]按钮，如图1-69所示。

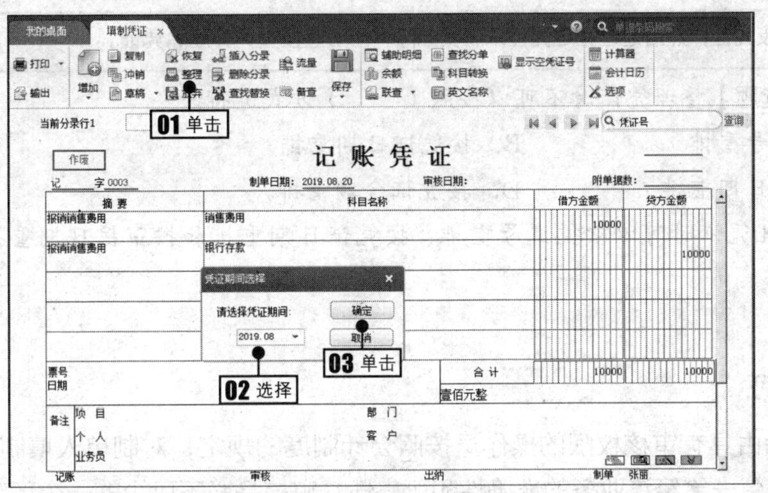

图1-69 设置整理凭证的期间

（6）打开“作废凭证表”对话框，双击“删除？”栏下对应的空白单元格，使其显示“Y”标记，单击[确定]按钮，如图1-70所示。

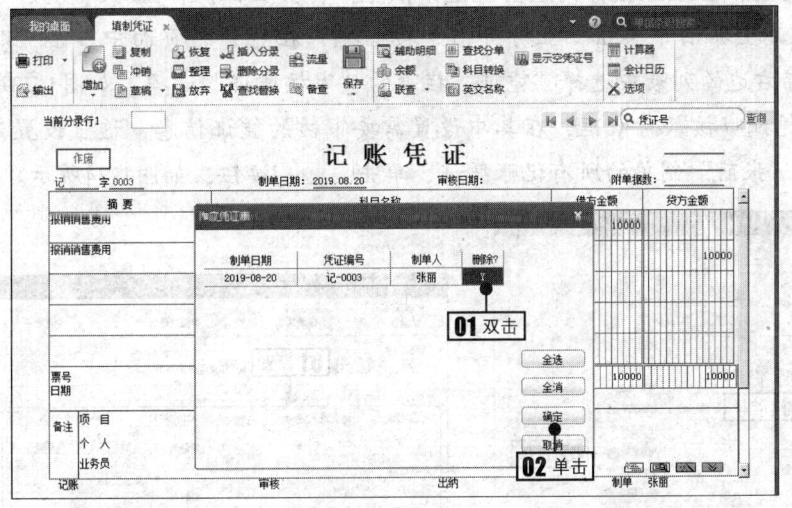

图1-70 删除凭证

（7）打开“提示”对话框，选中“按凭证号重排”单选项，单击[是(Y)]按钮，表示重新对剩余凭证按凭证号进行重排，如图1-71所示。打开“凭证”对话框，单击[是(Y)]按钮，表示重新对剩余凭证进行连续编号处理，如图1-72所示。

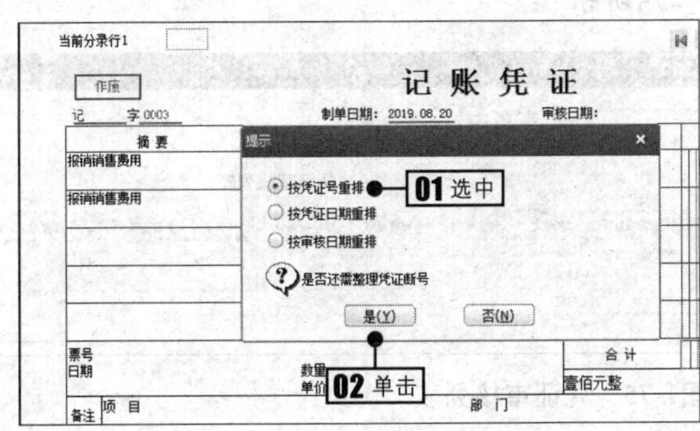

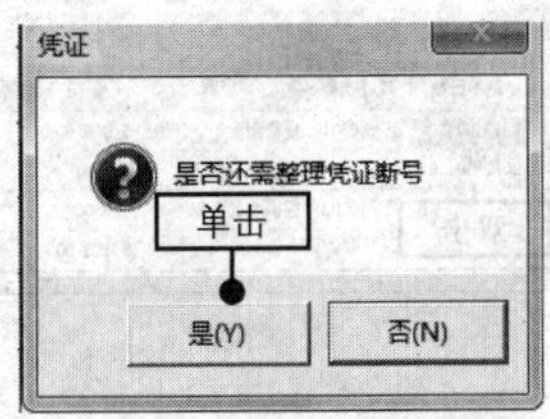

图1-71 按凭证号进行重排　　图1-72 整理凭证断号

知识拓展

删除凭证需要先作废凭证，然后通过整理凭证来将其删除，无法直接查询并删除凭证。

【例题·单选题】整理凭证时不可以按照（　　）方式进行。

A. 按凭证号重排　　B. 按凭证日期重排

C. 按审核日期重排　　D. 按凭证金额重排

【解析】整理凭证时可以按凭证号重排、按凭证日期重排和按审核日期重排，因此选项D符合题意。

【答案】D

1.3.6　审核凭证

审核凭证是指由具有审核权限的操作员按照会计制度的规定，对制单人填制的记账凭证进行检查的操作。为保证每一笔经济业务的准确性和可靠性，审核是必不可少的一个环节。

1. 审核与标错

在用友U8中审核凭证与填制凭证的操作人员不能为同一人，因此需要以具备凭证审核权限的非凭证制单人的身份重新登录账套，再进行凭证审核工作，其具体操作如下。

（1）在用友U8主界面中单击“业务导航”按钮，在打开的页面中单击“财务会计”栏下的“总账”选项，在右边的列表中选择“凭证”栏下的“审核凭证”选项，如图1-73所示。

（2）打开“凭证审核”对话框，在其中设置需要审核的凭证信息，这里设置为2019年8月1日—2019年8月22日由“张丽”制单的所有记账凭证，单击确定按钮，如图1-74所示。

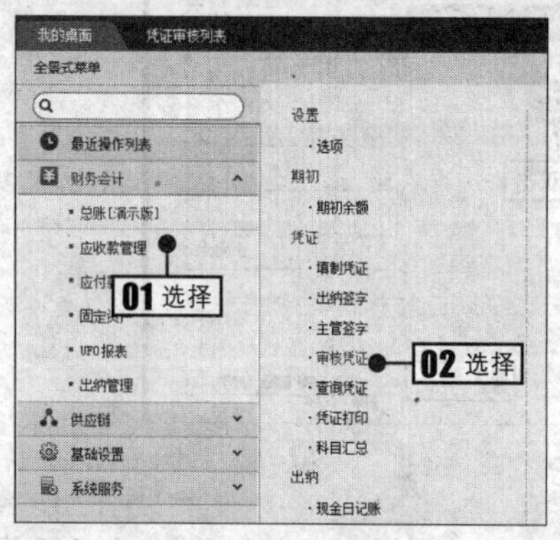

图1-73　选择“审核凭证”选项

图1-74　设置需要审核的凭证

（3）在打开的“凭证审核列表”页面中显示符合条件凭证的具体内容，以及已审核和未审核的情况，双击需要审核的凭证所在行，如图1-75所示。

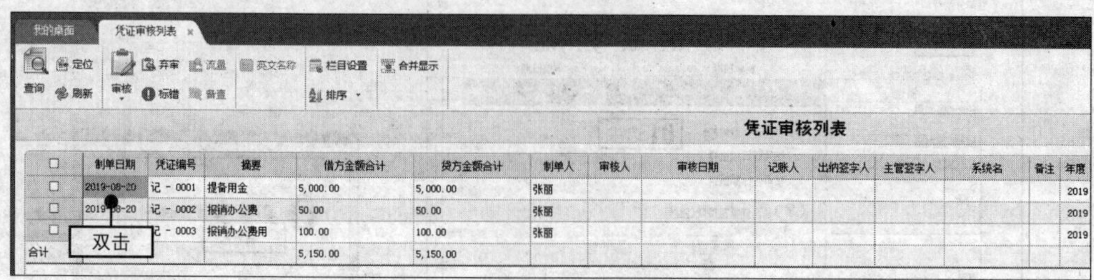

图1-75　凭证审核列表

（4）打开“审核凭证”页面，即可对凭证进行逐一审核。如果该张凭证无误，则单击“审核”

按钮，表示已审核，如图1-76所示。

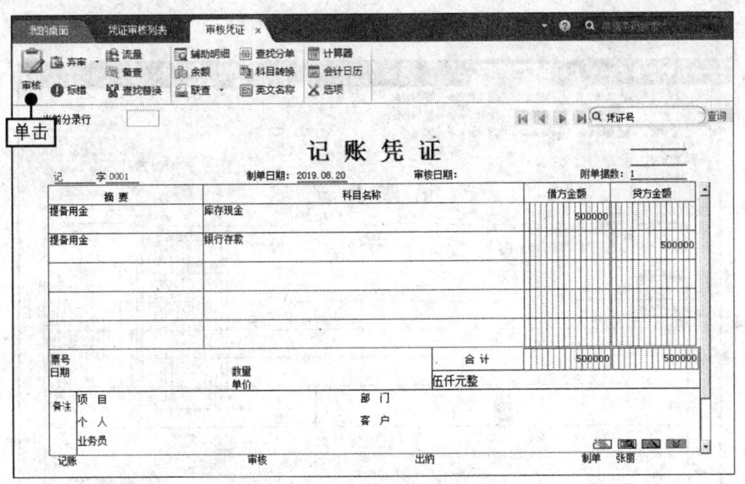

图1-76　审核凭证

（5）该张凭证审核完成后，将自动切换到下一张凭证，以便继续进行审核操作。如果单击“上张”按钮，则可返回到上一张审核的凭证页面，可看见在凭证下方的“审核”栏已经自动标记上了审核人的姓名。如果要取消审核，单击“弃审”按钮即可，如图1-77所示。

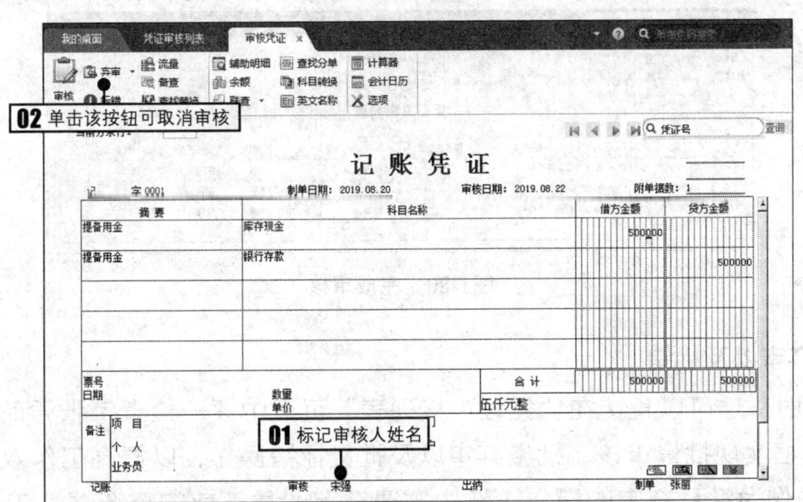

图1-77　审核效果

（6）如果审核时发现凭证有误，可以单击“标错”按钮，在打开的“填写凭证错误原因”对话框中填写凭证错误的原因，单击确定按钮，如图1-78所示。

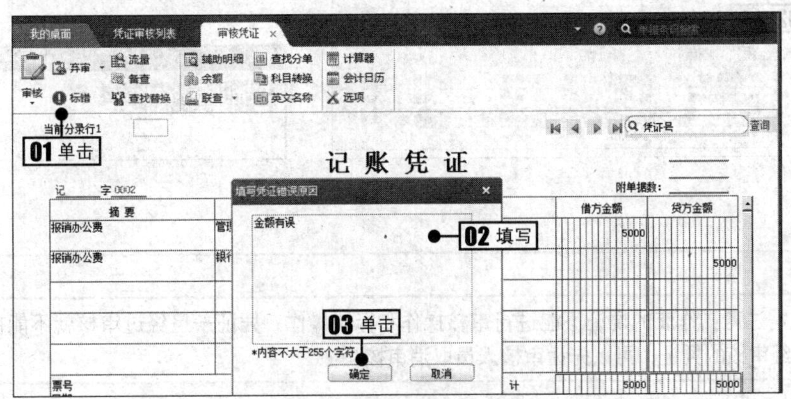

图1-78　填写凭证错误原因

（7）标错后凭证左上方将标记“有错”字样，以便后期制单人查找并修改所有有错的凭证，如图1-79所示。

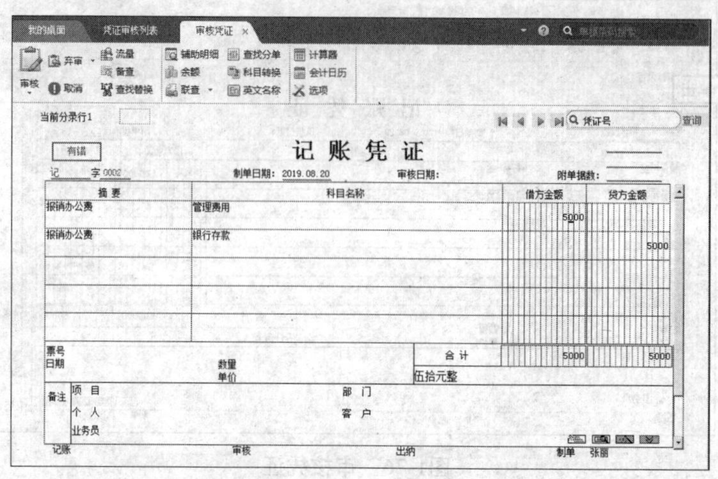

图1-79　标错凭证

（8）按相同方法继续对凭证进行审核操作，完成后即可在“凭证审核列表”页面中看到此时所有凭证的审核情况，如图1-80所示。

图1-80　完成审核

2. 批量审核、弃审以及标错

在审核凭证时，也可以直接在“凭证审核列表”页面中逐一检查每张凭证的内容，利用每张凭证前的复选框实现批量审核、批量弃审以及批量标错操作，以提高工作效率。如图1-81所示，该图中的操作为批量弃审的操作，选中需要弃审的凭证前的复选框，单击“弃审”按钮，在打开的“凭证”对话框中将显示本次操作的结果，单击确定按钮即可。

图1-81　批量弃审

知识拓展

关于审核凭证，还需注意：作废的凭证不能进行审核操作和标错操作；凭证一旦经过审核就不能被修改或删除，若需要修改或删除已经审核的凭证，可以先让审核人员取消审核。

【例题·单选题】下列关于审核凭证的说法，不正确的是（ ）。

A. 审核凭证与填制凭证的操作人员不能为同一人

B. 作废的凭证不能进行审核操作和标错操作

C. 凭证一旦经过审核就不能被修改或删除

D. 可以在“成批审核”对话框中实现批量审核

【解析】可以在“凭证审核列表”页面中实现批量审核，D选项符合题意。

【答案】D

1.3.7 记账与恢复记账

记账即登记账簿，指的是将审核无误的凭证登记到账簿中，记账需要由具有记账权限的操作人员执行。为避免账簿登记后有错误的凭证，用友U8也提供了恢复记账功能，可以将系统状态恢复到记账前的状态。

1. 记账

在用友U8中进行记账操作时需注意：期初余额不平衡时不能记账；上月未记账的，本月不能记账；上月未结账的，本月不能记账；未被审核的凭证不能记账；一个月可以一天记一次账，也可以一天记多次账，也可以多天记一次账。

使用用友U8进行记账工作的具体操作如下。

（1）在用友U8主界面中单击“业务导航”按钮，在打开的页面中单击“财务会计”栏下的“总账”选项，在右边的列表中选择“凭证”栏下的“记账”选项。

（2）打开“记账”对话框，在“记账范围”栏下输入本次记账的凭证号范围，确认无误后直接单击记账按钮，如图1-82所示。

（3）打开“期初试算平衡表”对话框，显示“试算结果平衡”字样，单击确定按钮，如图1-83所示。

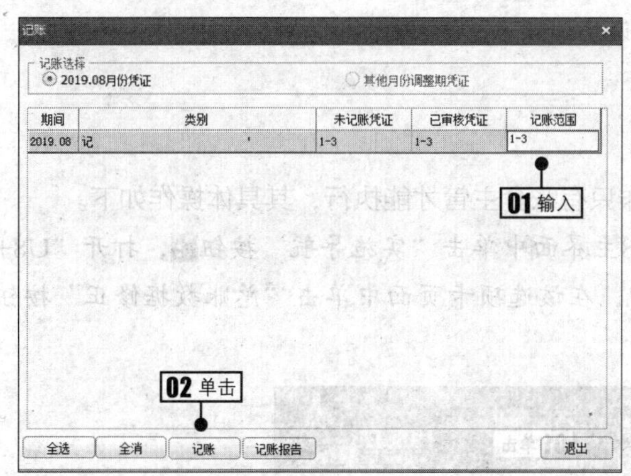

图1-82 确认记账范围

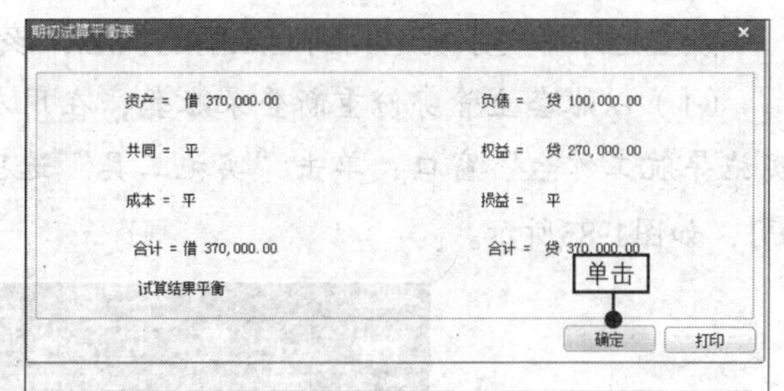

图1-83 显示“试算结果平衡”字样

知识拓展

在“记账”对话框的“记账范围”栏下可以输入数字来控制记账范围，如输入“1-3”表示只对1～3号凭证记账，若输入“1,3,5-7”，则表示对1号、3号、5号、6号和7号凭证记账。

（4）系统开始记账，完成后“记账”对话框中将显示记账的结果，同时在打开的“总账”对话框中将提示记账完毕，单击确定按钮，如图1-84所示。

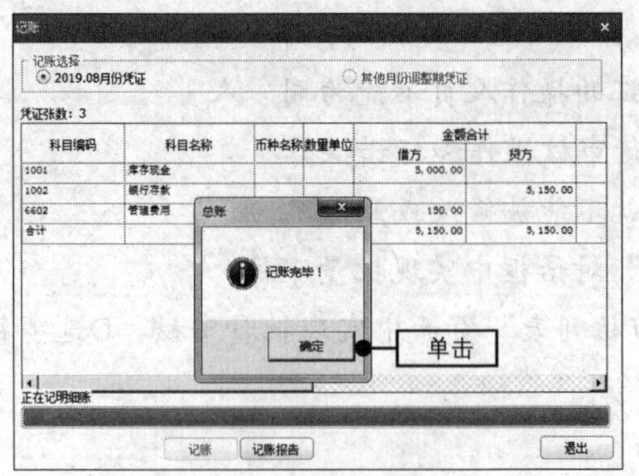

图1-84　完成记账

在进行记账操作时，还需注意以下几点。

- 期初余额试算结果不平衡时不能进行记账操作。
- 设置记账范围时，只允许输入数字、“-”和“,”符号。
- 记账范围应小于或等于已审核凭证的范围。
- 未审核的凭证不能进行记账操作。
- 上月未记账，本月也不能记账。
- 作废的凭证不需审核，可直接记账。
- 记账过程中由于断电等因素导致记账中止的，系统将自动恢复到记账前状态，然后重新进行记账操作。

【例题·单选题】关于用友U8凭证记账操作，下列说法错误的是（　　）。

A. 期初余额试算结果不平衡时不能进行记账操作

B. 未审核的凭证不能进行记账操作

C. 记账操作每月可多次进行

D. 上月未记账，本月同样可以记账

【解析】上月未记账，本月无法记账，D选项说法错误。

【答案】D

2. 恢复记账

恢复记账即将系统返回到记账前的状态，该操作只有账套主管才能执行，其具体操作如下。

（1）以账套主管身份重新登录账套，在用友U8主界面中单击“实施导航”按钮，打开“U8+实施导航工作台”窗口，单击“实施工具”选项卡，在该选项卡页面中单击“总账数据修正”按钮，如图1-85所示。

图1-85　U8+实施导航工作台

(2) 打开“恢复记账前状态”对话框，根据需要设置恢复方式，这里选中“最近一次记账前状态”单选项，单击确定按钮，如图1-86所示。

(3) 打开“输入”对话框，在其中输入当前账套主管的口令，单击确定按钮，如图1-87所示。

(4) 打开“总账”对话框，单击确定按钮完成操作，如图1-88所示。

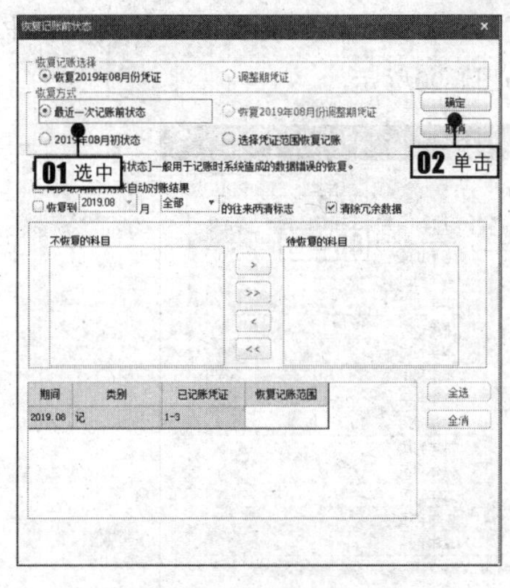

图1-86　设置恢复方式

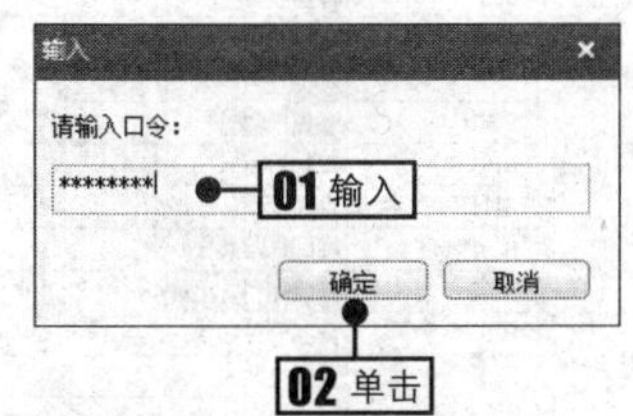

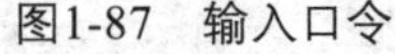

图1-87　输入口令

图1-88　恢复记账成功

1.3.8　期间损益结转

期末，为了及时反映企业的利润情况，财务人员会将损益类科目的余额结转到本年利润科目中，这个操作就称为期间损益结转。在用友U8中，可以通过定义期间损益结转来自动生成转账凭证，从而提高工作效率。

1. 定义期间损益结转

只有进行期间损益结转定义后，系统才能自动生成期间损益结转凭证。定义期间损益结转的方法如下。

在用友U8主界面中单击“业务导航”按钮，在打开的页面中单击“财务会计”栏下的“总账”选项，在右边的列表中选择“转账定义”栏下的“期间损益”选项。打开“期间损益结转设置”对话框，在“本年利润科目”文本框中输入本年利润科目的编码（或单击右侧的“科目参照”按钮选择该科目），单击确定按钮即可，如图1-89所示。

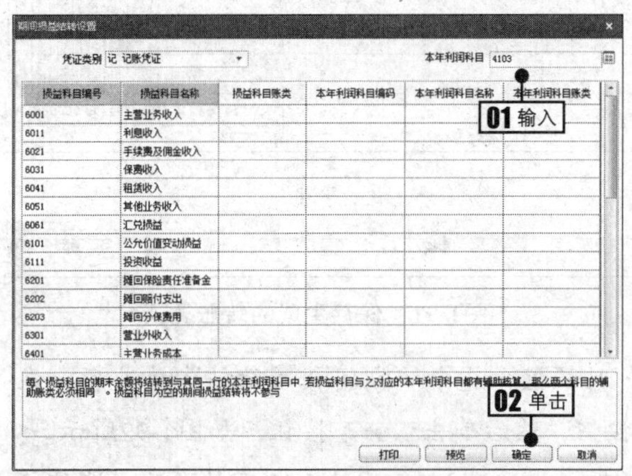

图1-89　定义期间损益结转

2. 生成期间损益结转凭证

定义了期间损益结转后，期末只需执行转账生成操作，用友U8就能自动生成转账凭证，其具体操作如下。

（1）在用友U8主界面中单击“业务导航”按钮，在打开的页面中单击“财务会计”栏下的“总账”选项，在右边的列表中选择“期末”栏下的“转账生成”选项。

（2）打开“转账生成”对话框，选中“期间损益结转”单选项，在“类型”下拉列表框中选择“收入”选项，单击全选按钮，然后单击确定按钮，如图1-90所示。

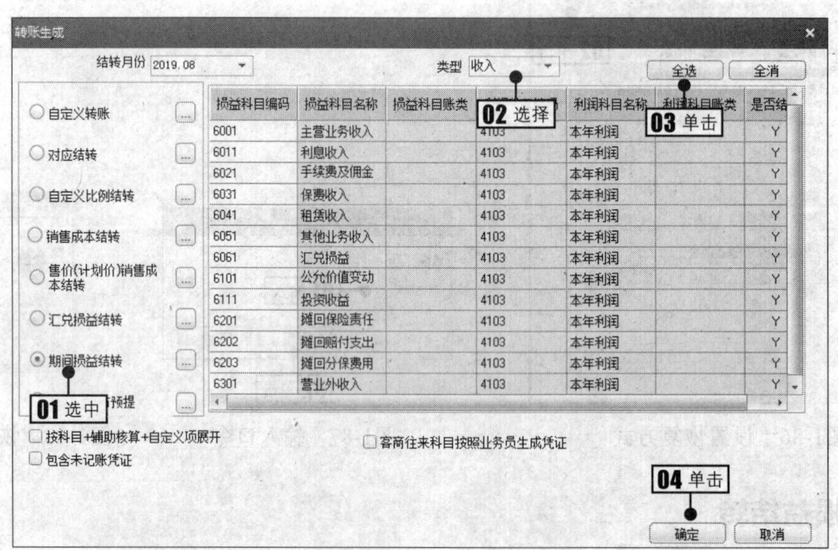

图1-90　收入类期间损益结转

（3）打开“转账”对话框，依次单击“保存”按钮和“退出”按钮退出，保存生成的转账凭证，如图1-91所示。

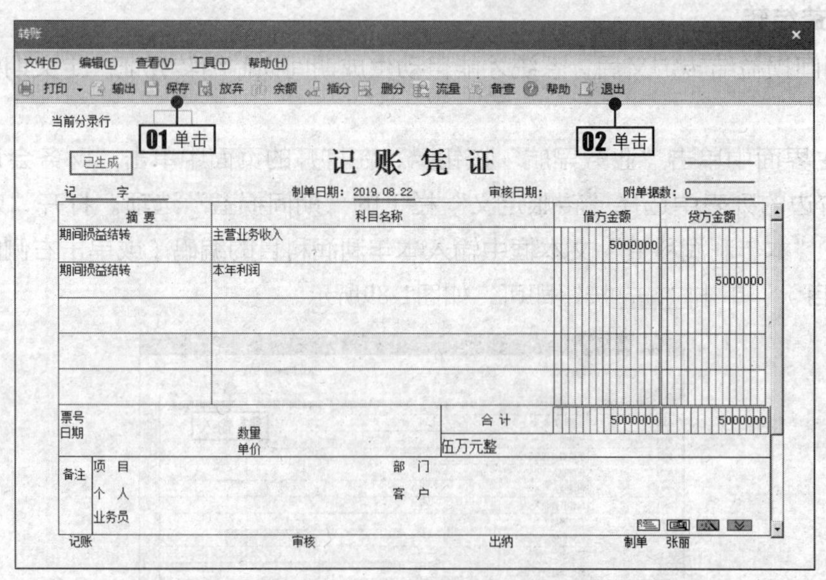

图1-91　保存生成的转账凭证

（4）返回“转账生成”对话框，选中“期间损益结转”单选项，在“类型”下拉列表框中选择“支出”选项，单击全选按钮，然后单击确定按钮，如图1-92所示。

（5）打开“总账”对话框，提示“2019.08月或之前月有未记账凭证，是否继续结转？”，单击是(Y)按钮即可，如图1-93所示。

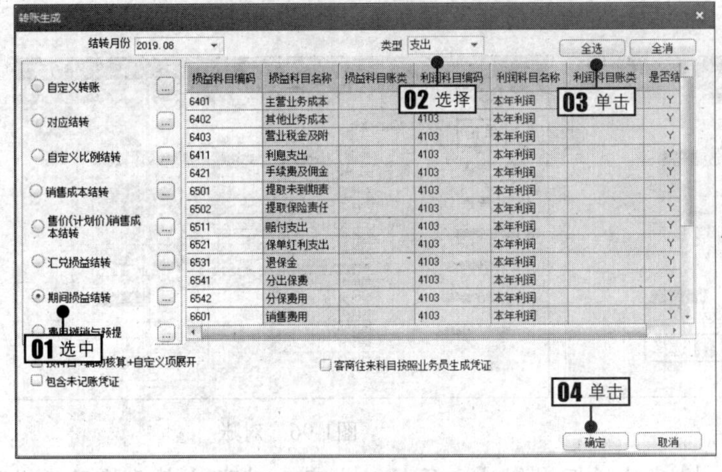

图1-92　支出类期间损益结转

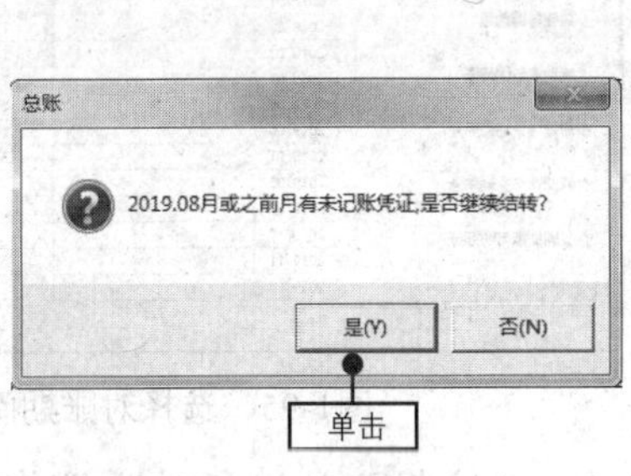

图1-93　继续结转

（6）打开“转账”对话框，依次单击“保存”按钮和“退出”按钮 退出，保存生成的转账凭证，如图1-94所示。

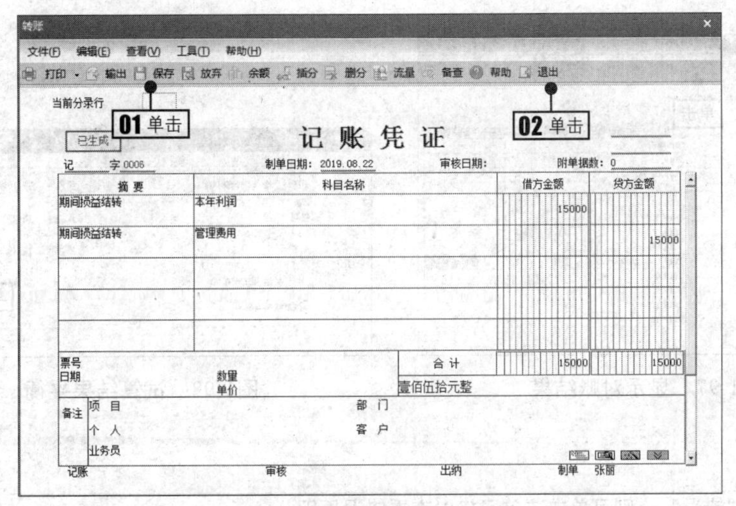

图1-94　保存生成的转账凭证

名师点拨

每次执行完期间损益结转操作后，就会生成新的未审核凭证，因此需要及时通知凭证审核人员对该凭证进行审核，再让记账人员对审核后的凭证进行记账，才能完成后面的期末对账与结账工作。

1.3.9　对账与结账

对账与结账是企业期末必做的工作，其中对账是对账簿数据进行核对，结账是结算各账簿的本期发生额和期末余额。

1. 对账

对账主要由用友U8自动完成，其具体操作如下。

（1）在用友U8主界面中单击“业务导航”按钮，在打开的页面中单击“财务会计”栏下的“总账”选项，在右边的列表中选择“期末”栏下的“对账”选项。

（2）打开“对账”对话框，在“2019.08”所在行中选择“是否对账”栏下的空白单元格，单击“选择”按钮，如图1-95所示。

（3）此时所选单元格将显示“Y”标记，单击“对账”按钮，如图1-96所示。

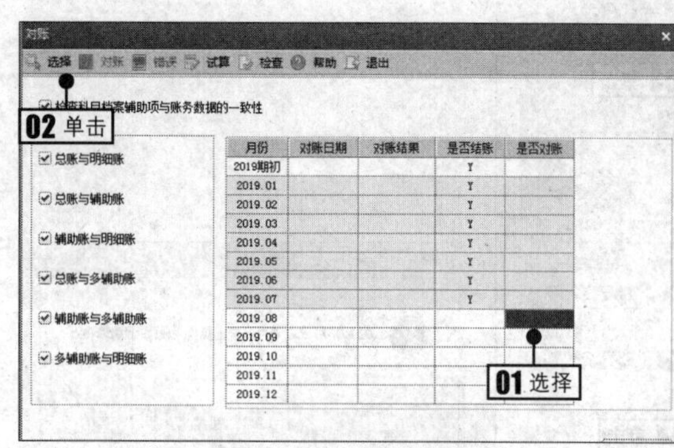

图1-95　选择对账期间

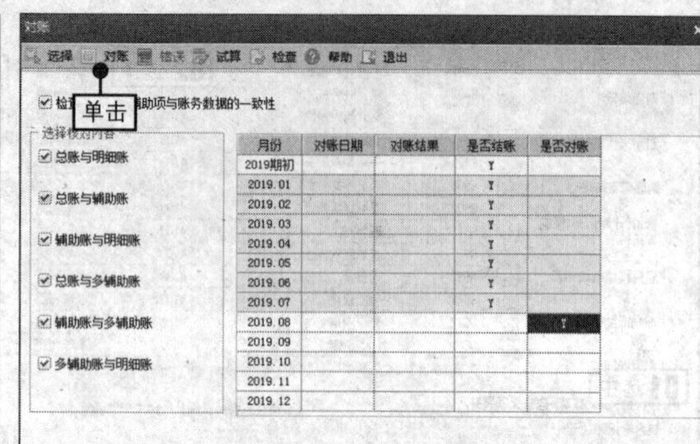

图1-96　对账

（4）系统将开始进行对账操作，核对对话框左侧选中的核对内容。对账结束后将显示对账结果，当结果显示为“正确”时，单击“试算”按钮，如图1-97所示。

（5）打开“2019.08试算平衡表”对话框，显示试算结果平衡，单击 确定 按钮完成对账操作，如图1-98所示。

图1-97　显示对账结果

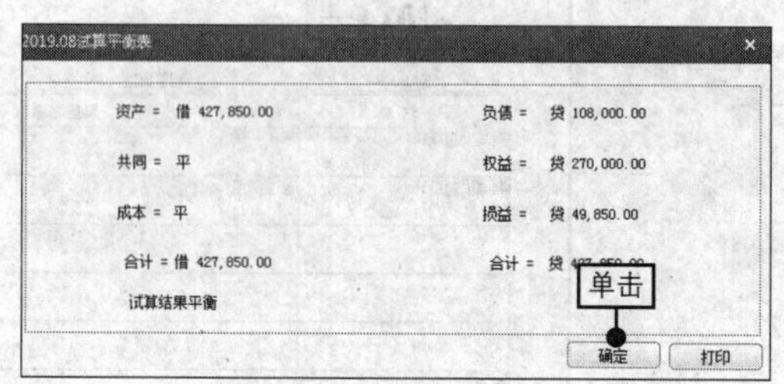

图1-98　试算结果平衡

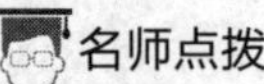
名师点拨

若对账结果显示为“错误”，则可单击该单元格以查看错误原因。

2. 结账

月末结账是指月底对账簿进行结账处理，计算和结转各账簿的本期发生额和期末余额，并终止本期的账务处理工作。在进行月末结账操作前，还应注意以下几点。

- ◆ 检查本月业务是否全部记账，未记账的凭证不能结转。
- ◆ 月末结转凭证必须全部生成并记账，否则本月不能结账。
- ◆ 检查上月是否已结账，若上月未结账，则本月不能结账。
- ◆ 核对总账与明细账、主体账与辅助账、总账系统与其他子系统数据是否一致，若不一致，则总账不能结账。
- ◆ 检查损益类账户是否全部结转完毕，如果未全部结转，则本月不能结账。
- ◆ 如果总账系统与其他系统联合使用，则其他子系统必须全部结账，若未全部结账，则本月不能结账。

下面介绍月末结账的方法，具体操作如下。

（1）在用友U8主界面中单击“业务导航”按钮，在打开的页面中单击“财务会计”栏下的“总账”选项，在右边的列表中选择“期末”栏下的“结账”选项。

（2）打开“结账”对话框，在该对话框中将显示当前待结账的会计期间，直接单击 下一步 按钮开始结账，如图1-99所示。

（3）为确保顺利结账，用友U8会在结账之前进行对账操作。也就是说，如果前面没有进行对账操作，在这里用友U8也会先对账再结账。直接单击 对账 按钮即可，如图1-100所示。

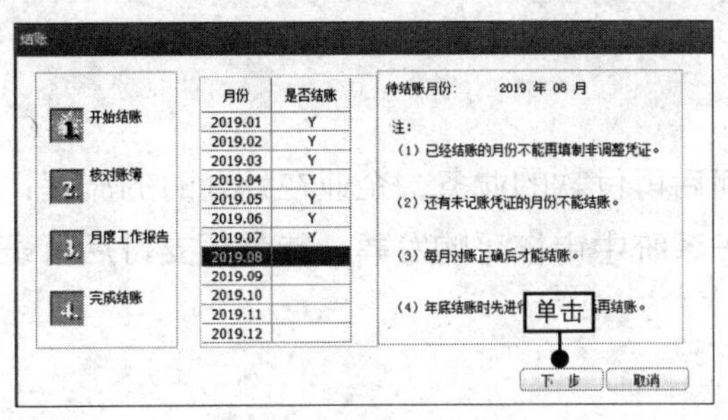

图1-99　开始结账

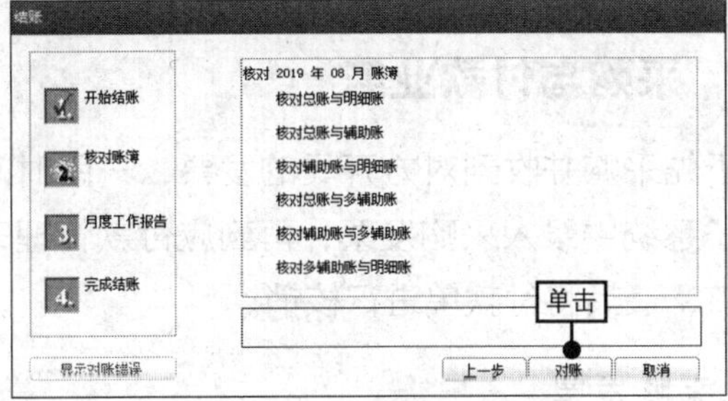

图1-100　对账

（4）系统开始对账，完成后显示对账结果，继续单击 下一步 按钮进行结账操作，如图1-101所示。

（5）页面显示该会计期间的工作报告内容，确认无误后单击 下一步 按钮，如图1-102所示。

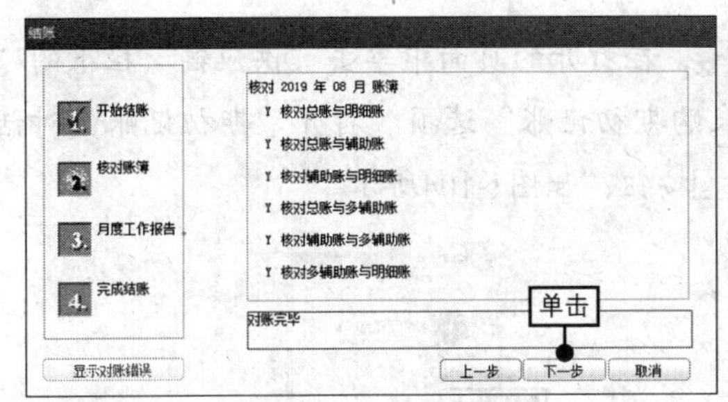

图1-101　继续结账

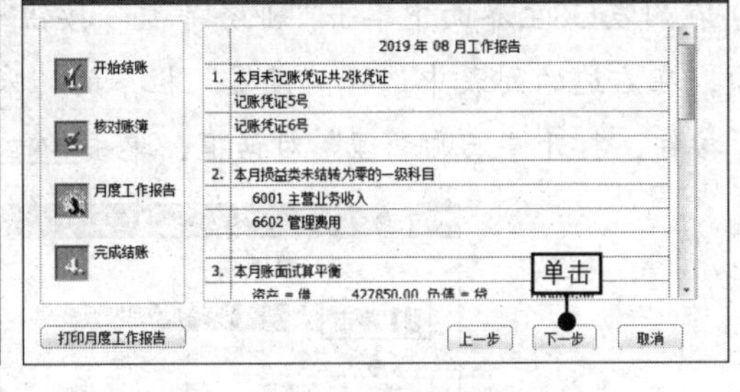

图1-102　显示工作报告内容

（6）在以上操作完成后，单击 结账 按钮即可完成结账工作，如图1-103所示。

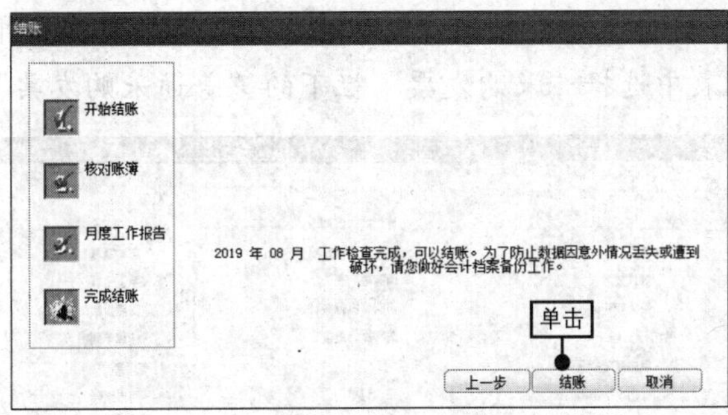

图1-103　结账

【例题·单选题】用友U8的总账管理基本流程为（　　）。

A. 初始设置→填制凭证→记账→月末转账→月末结账

B. 填制凭证→审核凭证→记账→月末结账

C. 初始设置→填制凭证→审核凭证→记账→月末转账→月末结账

D. 填制凭证→记账→审核凭证→月末转账

【解析】在用友U8的总账管理系统下，先需要进行初始设置，再依次对发生的经济业务填制对应的凭证，记账前需要对当期所有凭证进行审核、记账，记账后还需要进行月末转账和结账操作。因此本题应选择C选项。

【答案】C

1.4 往来管理

往来管理主要对应收账款、应付账款、其他应收款、其他应付款等债权债务科目进行核算和管理。往来管理是除总账管理以外，会计电算化的又一重要内容。

1.4.1 采购与付款业务

对于先采购并收到对方开具的发票，一段时间后再付款的业务，企业在处理时的流程：先在采购管理子系统中录入采购发票，再到应付款管理子系统中审核采购发票，待款项支付后再录入付款单并审核，最后将付款单进行核销。

1. 录入采购发票

采购发票是企业购入原材料等各种物资的凭证，是往来管理的重要凭证。下面以某企业从北京华商五金公司购入1 000套单价为5元的五金件为例，介绍在用友U8中录入采购发票的方法，其具体操作如下。

（1）在用友U8主界面中单击“业务导航”按钮，在打开的页面中单击“供应链”栏下的“采购管理”选项，在右边的列表中选择“设置”栏下的“采购期初记账”选项。打开“期初记账”对话框，单击 记账 按钮，打开“采购管理”对话框，单击 确定 按钮，如图1-104所示。

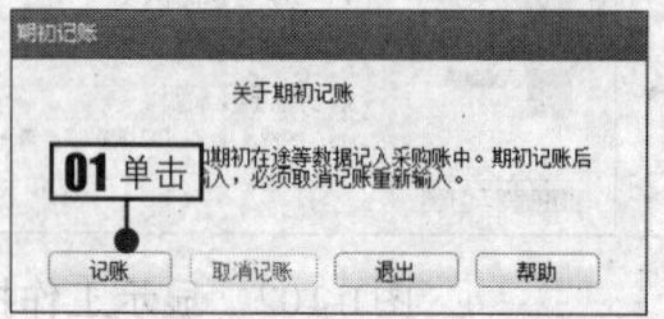

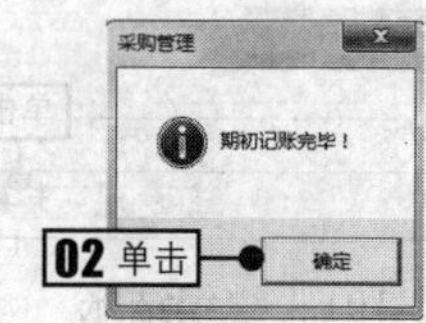

图1-104 期初记账

（2）在用友U8主界面中单击“业务导航”按钮，在打开的页面中单击“供应链”栏下的“采购管理”选项，在右边的列表中选择“采购发票”栏下的“普通采购发票”选项，如图1-105所示。

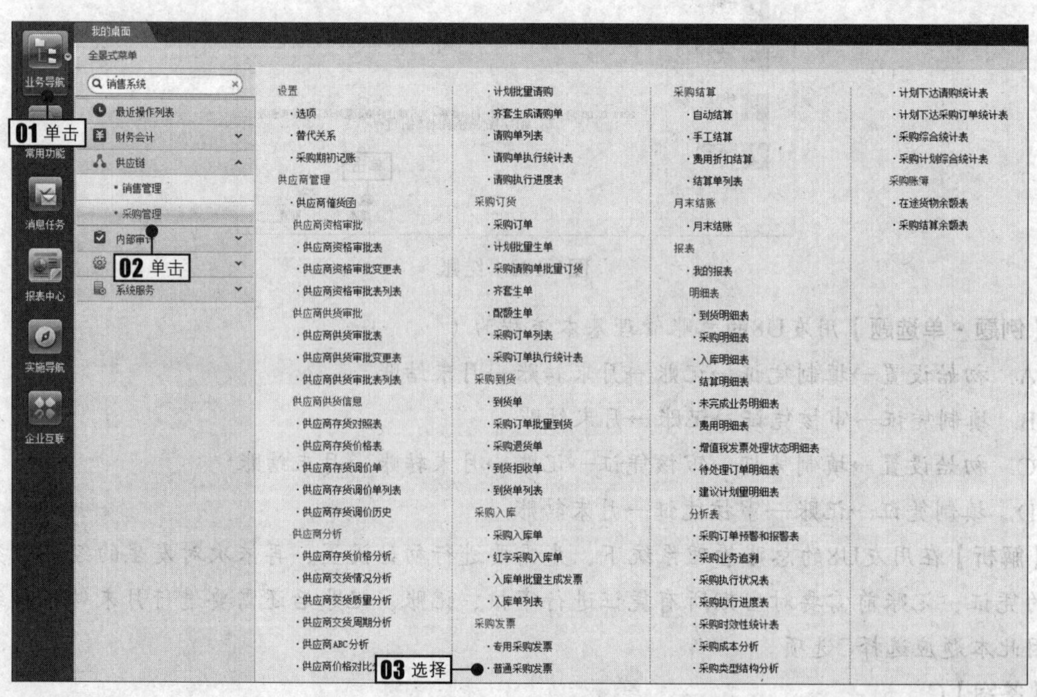

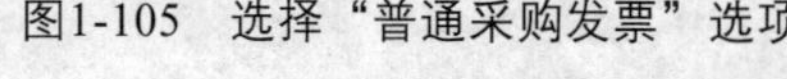
图1-105 选择“普通采购发票”选项

（3）打开“普通发票”页面，单击“增加”按钮，如图1-106所示。

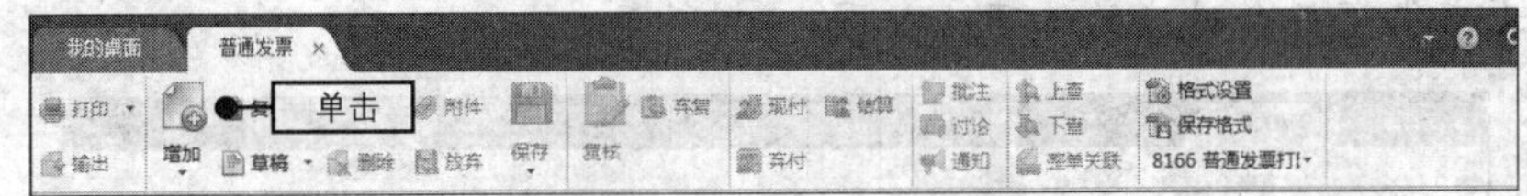

图1-106　单击“增加”按钮

（4）在“发票号”文本框中输入该张普通发票的号码，这里输入“05589912”。双击“开票日期”文本框，并单击右侧出现的“日历”按钮，打开“日历”对话框，在其中设置该发票的开票日期。这里设置为2019年8月23日，单击 确定 按钮，如图1-107所示。

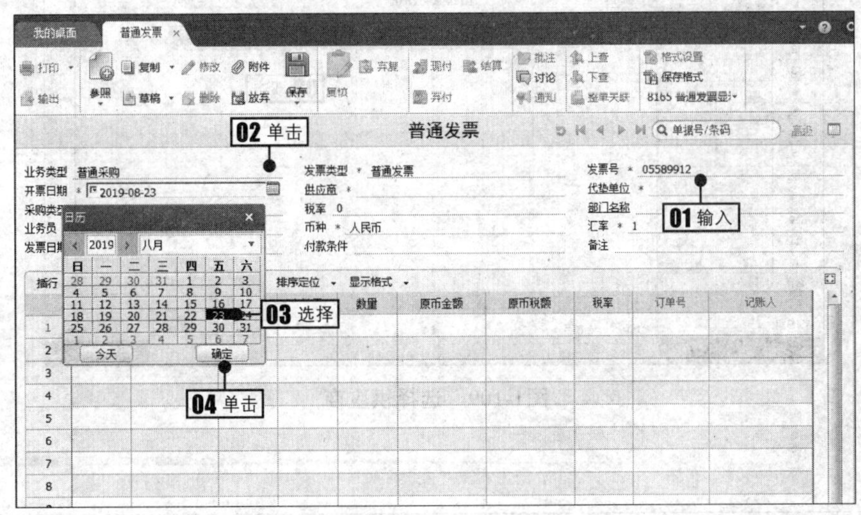

图1-107　设置开票日期

名师点拨

在输入发票时，操作人员会发现发票号是系统默认的，不能手动修改。若要修改单据编号设置，操作为在用友U8主界面中单击“业务导航”按钮，在打开的页面中单击“基础设置”栏下的“单据设置”选项，在右边的列表中选择“单据编号设置”选项。打开“单据编号设置”对话框，选择“采购管理”栏下的“采购普通发票”选项，单击“修改”按钮，选中“完全手工编号”对应的复选框，单击“保存”按钮，最后单击 退出(Q) 按钮，如图1-108所示。

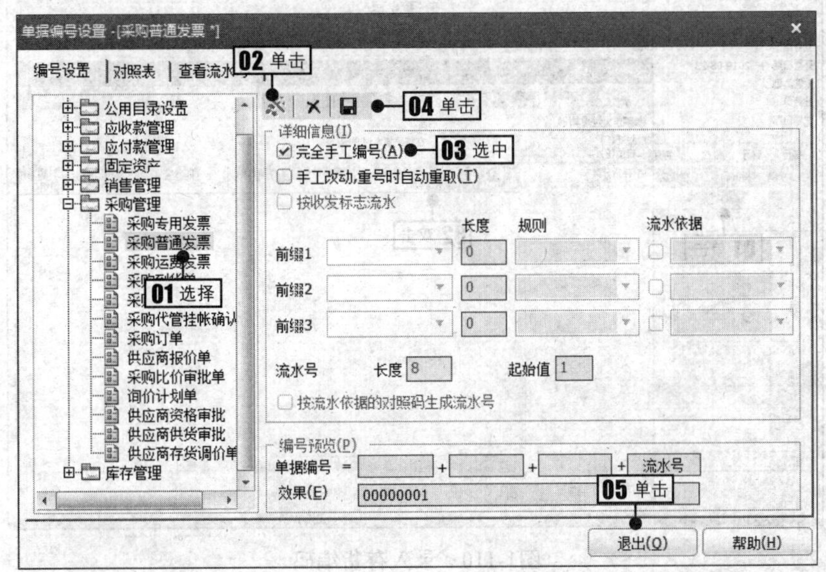

图1-108　修改单据编号设置

（5）双击“供应商”文本框，并单击右侧出现的“参照”按钮，在打开的“采购供应商档案”窗口中双击北京华商五金对应的选项，如图1-109所示。

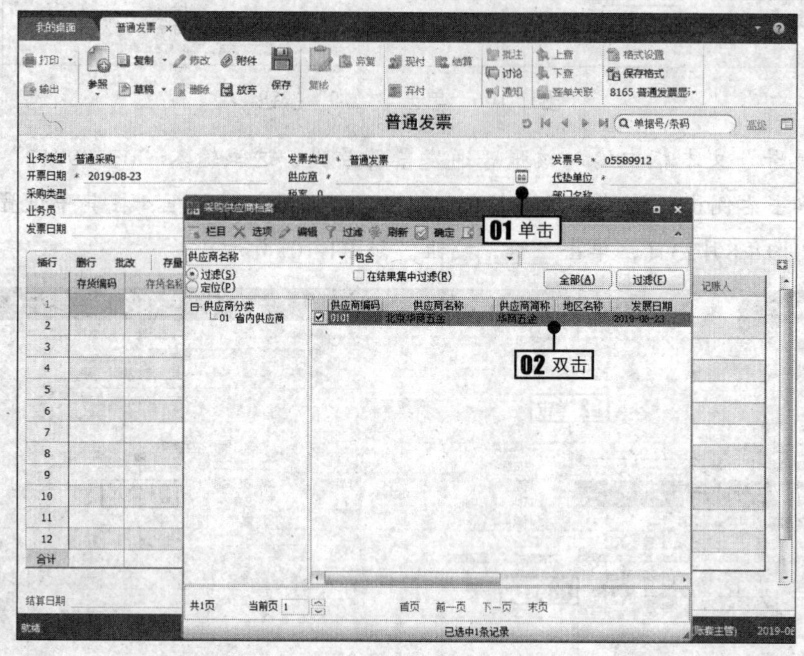

图1-109　选择供应商

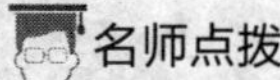

名师点拨

图1-109中的供应商是在系统初始设置时就已经设置好的数据，也可在“采购供应商档案”对话框中单击“编辑”按钮，在打开的“供应商档案”对话框中添加或修改供应商信息。

（6）双击下方表体区域“存货编码”栏下的第1个空白单元格，并单击右侧出现的“参照”按钮，在打开的“采购存货档案”窗口中双击五金件对应的选项，如图1-110所示。

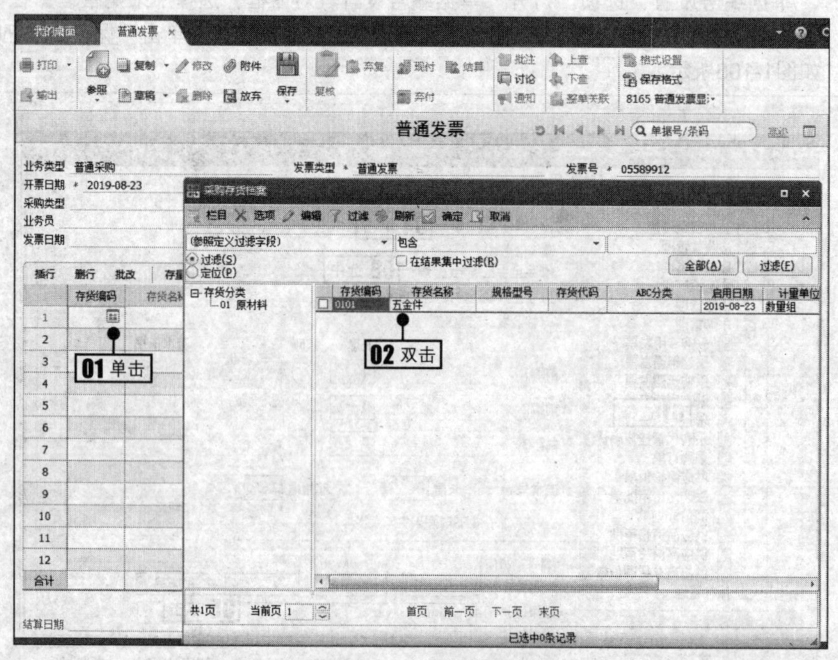

图1-110　录入存货编码

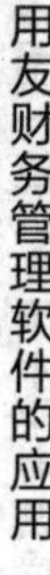

名师点拨

操作人员在建立存货档案时需要注意，对于采购的存货，应在“增加存货档案”对话框中“存货属性”栏下选中“采购”复选框，这样才能在采购管理模块调用该存货的档案，如图1-111所示。

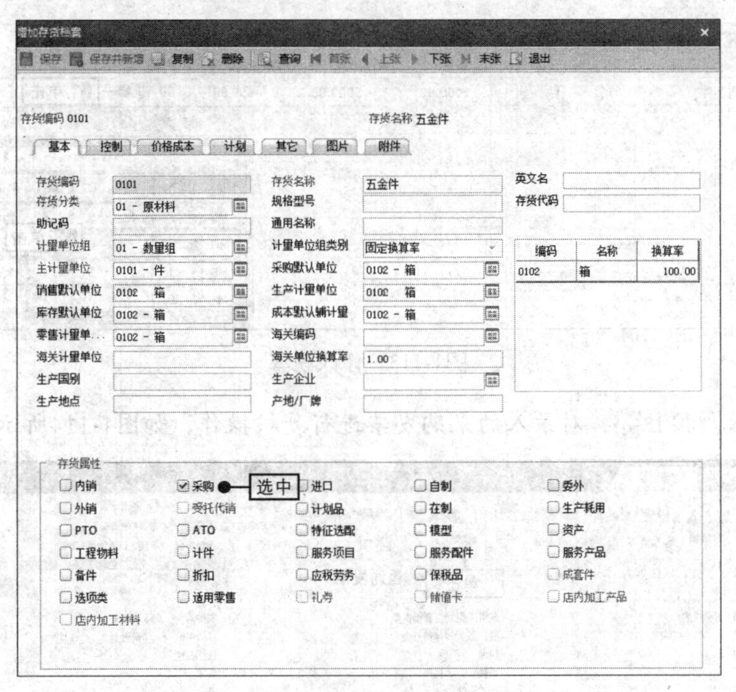

图1-111　选中“采购”复选框

（7）双击“数量”栏下的第1个空白单元格，输入“1 000”，然后在“原币金额”栏下的第1个空白单元格中输入“5 000”，系统将自动计算出该发票的税额，单击“保存”按钮，如图1-112所示。

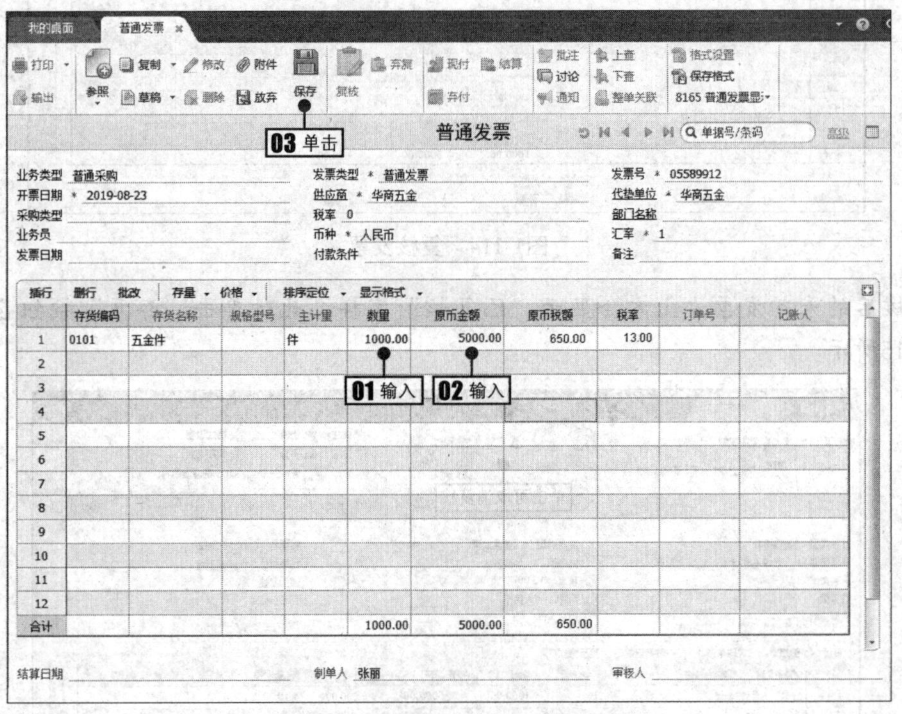

图1-112　录入采购数量和总金额

名师点拨

如果发票的税率与系统默认的税率不一致，操作人员可以双击“税率”栏下对应的单元格，并单击右侧出现的“计算”按钮，在打开的对话框中修改成相应的税率，最后单击“确认”按钮 确认 即可，如图1-113所示。

	存货编码	存货名称	规格型号	主计量	数量	原币金额	原币税额	税率	订单号	记账人
1	0101	五金件		件	1000.00	5000.00	650.00	13.00		
2										
3										
4										
5										
6										
7										
8										
9										

01 单击

02 修改

03 单击

图1-113　修改税率

（8）单击“复核”按钮，对录入的采购发票进行复核操作，如图1-114所示。

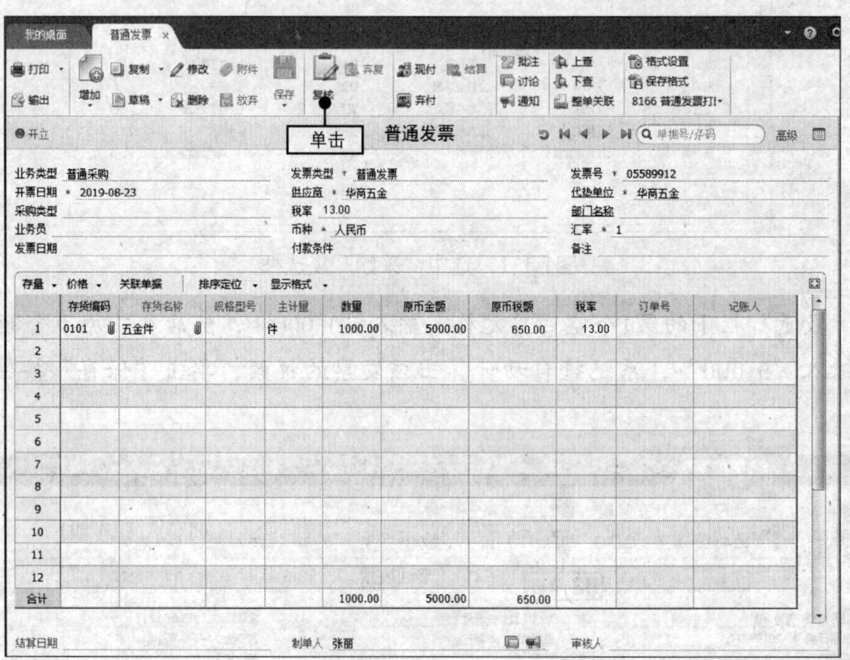

图1-114　复核发票

（9）复核后的采购发票左上方会显示“已复核”字样，此时单击“弃复”按钮可以取消复核，如图1-115所示。

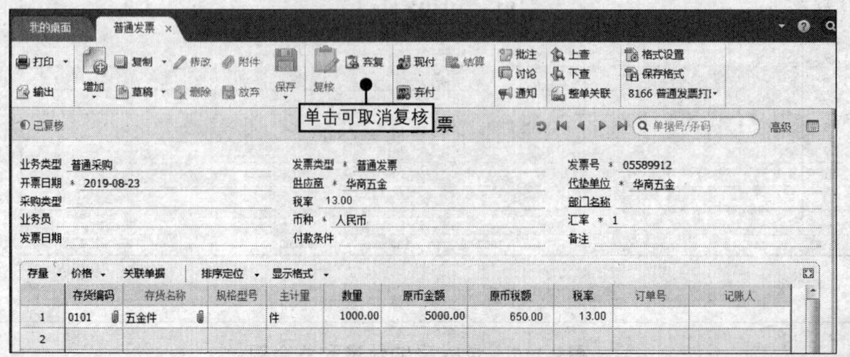

图1-115　完成发票的录入与复核

名师点拨

这里的复核操作是在采购管理子系统中进行的，复核后该采购发票数据将传递到应付款管理子系统，由具有相关审核权限的操作人员进行审核。如果不在应付款管理子系统中进行审核，该发票将无法进行核销。

【**例题·多选题**】在用友U8中录入采购发票时，必须填写的信息有（　　）。

A. 发票号

B. 供应商

C. 存货编码

D. 存货单价

E. 存货数量

【**解析**】在用友U8中录入采购发票时必须填写的信息有发票类型、发票号、开票日期、供应商、存货编码、存货数量、原币金额等。

【**答案**】ABCE

2. 审核采购发票

在完成采购发票的录入后，该采购发票的数据将自动传递到应付款管理子系统中，由相关操作人员进行审核，审核采购发票的具体操作如下。

（1）在用友U8主界面中单击“业务导航”按钮，在打开的页面中单击“财务会计”栏下的“应付款管理”选项，在右边的列表中选择“采购发票”栏下的“采购发票审核”选项。

（2）打开“采购发票审核”页面，单击“查询”按钮，打开“查询条件-查询发票”对话框，设置结算状态为“全部”，单击确定按钮，如图1-116所示。

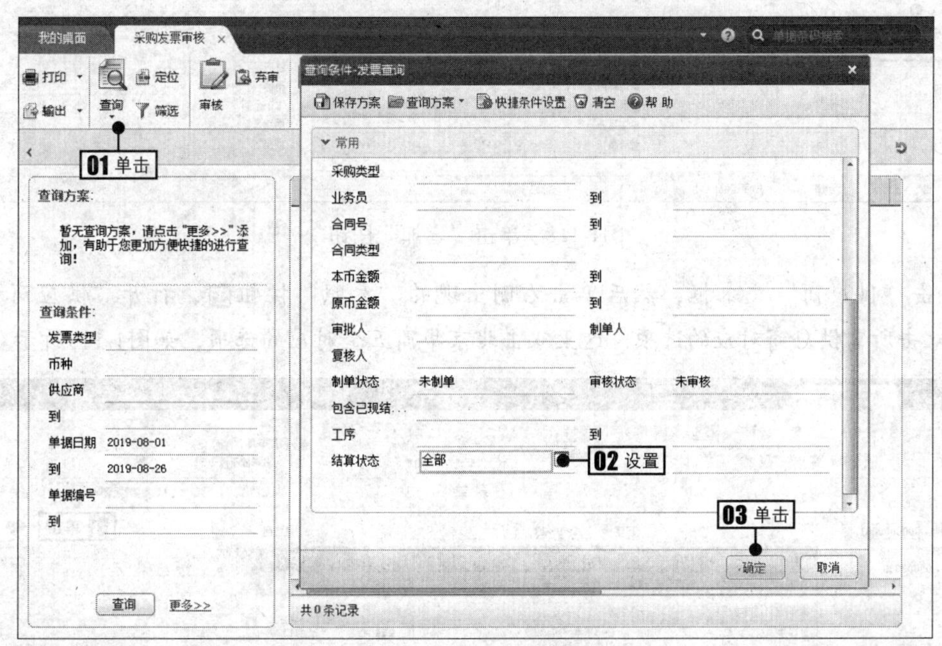

图1-116　设置查询条件

（3）返回“采购发票审核”页面，此时该页面中将出现查询到的采购发票，选中需要审核的采购发票前的复选框，确认采购发票无误后单击“审核”按钮，在打开的“提示”对话框中单击确定按钮即可完成审核，如图1-117所示。

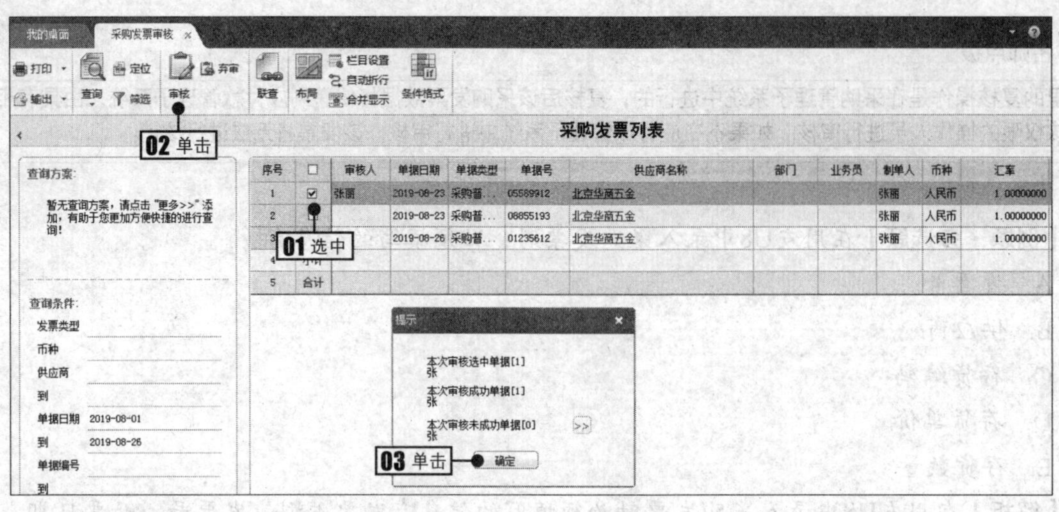

图1-117　审核采购发票

3. 录入并审核付款单

企业在支付供应商款项后，应录入付款单。付款单可以记录企业付给供应商的款项，以确认付款情况。下面介绍录入并审核付款单的方法，其具体操作如下。

（1）在用友U8主界面中单击“业务导航”按钮，在打开的页面中单击“财务会计”栏下的“应付款管理”选项，在右边的列表中选择“付款管理”栏下的“付款单据录入”选项。

（2）打开“付款单据录入”页面，单击“增加”按钮，如图1-118所示。

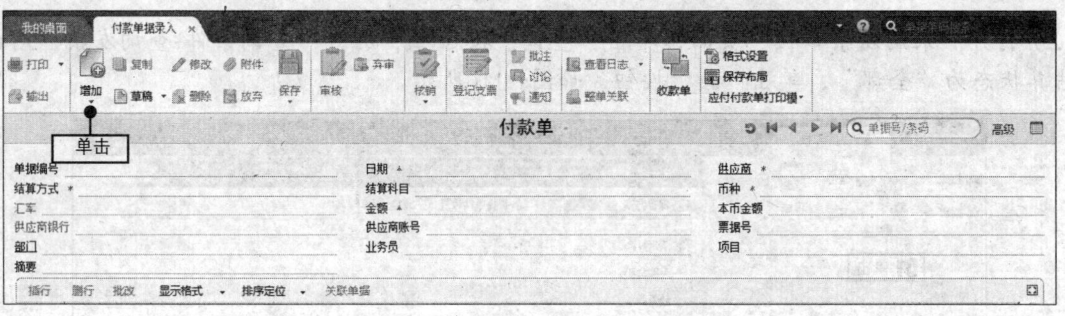

图1-118　单击“增加”按钮

（3）双击“供应商”文本框，然后单击右侧出现的“参照”按钮，打开“供应商档案基本参照”窗口，双击所需供应商对应的选项，这里双击北京华商五金对应的选项，如图1-119所示。

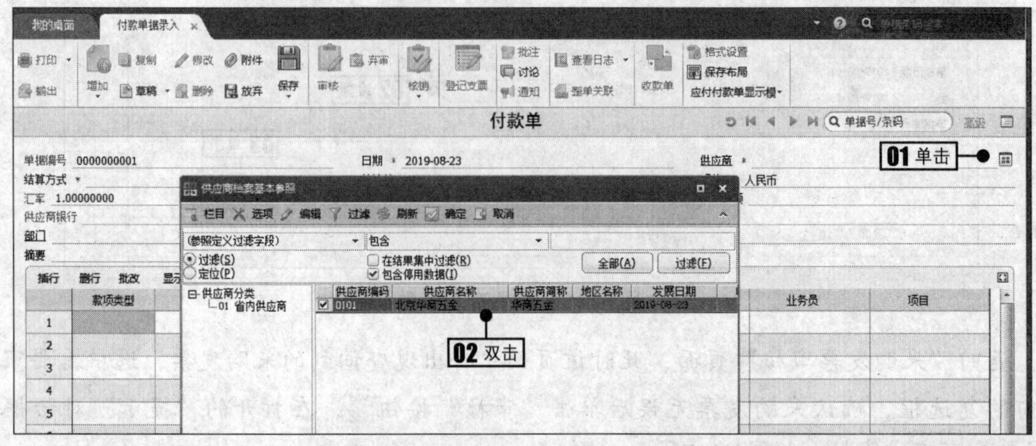

图1-119　选择供应商

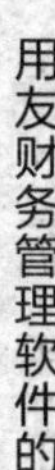

（4）返回“付款单据录入”页面，双击“结算方式”文本框，然后单击右侧出现的“参照”按钮，打开“结算方式基本参照”窗口，双击某种结算方式选项，这里双击“转账支票”选项，如图1-120所示。

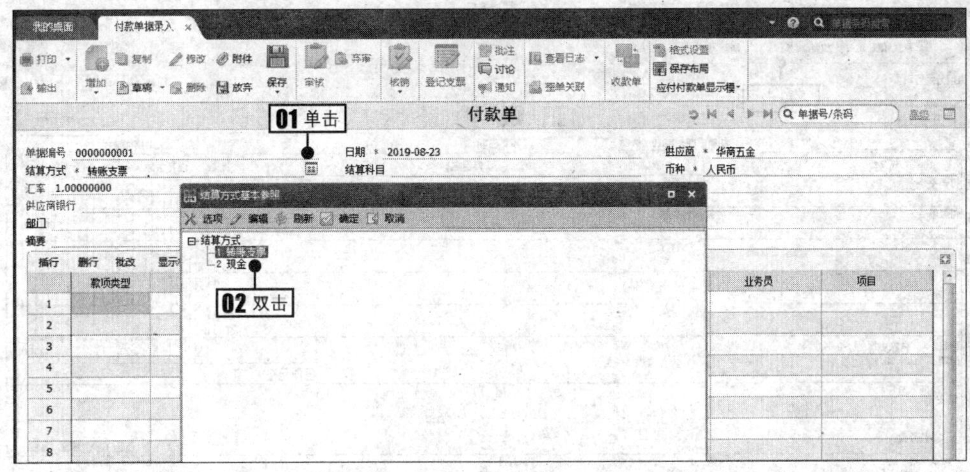

图1-120　选择结算方式

（5）返回“付款单据录入”页面，在“金额”文本框中输入付款单的付款金额，这里输入“5 000”，单击“保存”按钮保存付款单，如图1-121所示。

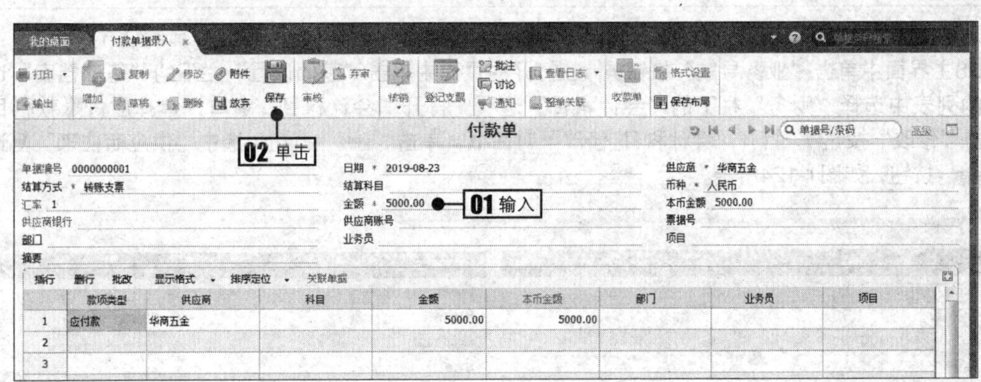

图1-121　输入金额并保存付款单

（6）单击“审核”按钮对录入的付款单进行审核操作，审核后的付款单左上方会显示“已审核”字样，同时系统将打开“应付款管理”对话框，提示“是否立即制单？”，单击是(Y)按钮，如图1-122所示。

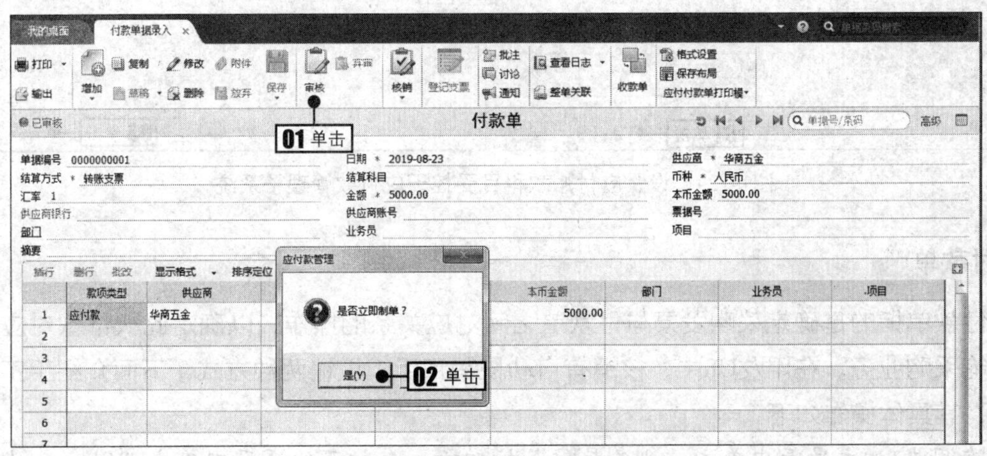

图1-122　审核付款单

（7）打开“填制凭证”页面，在页面中将凭证内容完善，并单击“保存”按钮，如图1-123所示。

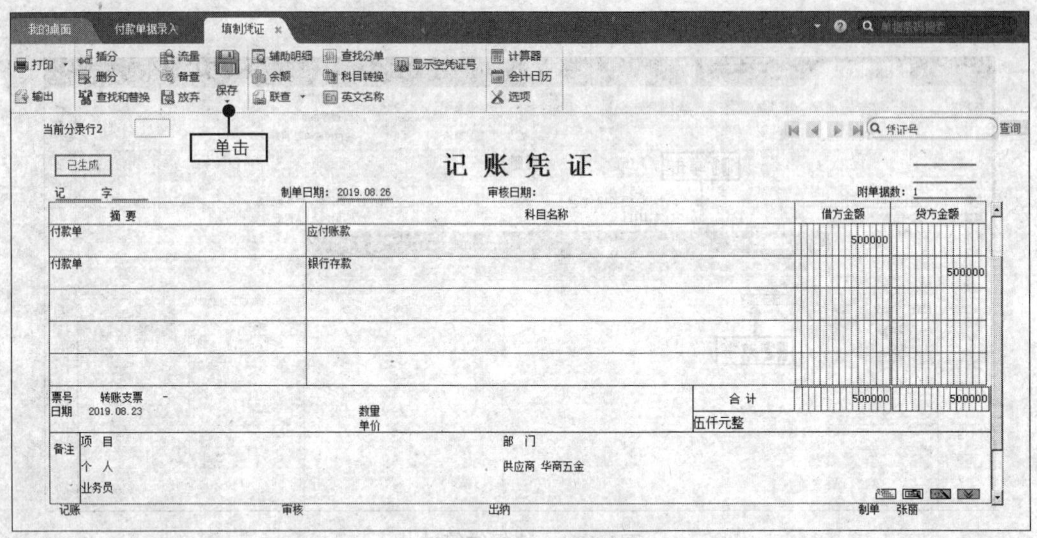

图1-123 生成凭证

名师点拨

企业如果要在应付款管理子系统里生成凭证，应确保应付账款科目受控于该子系统。其设置方法如下。在用友U8主界面中单击“业务导航”按钮，在打开的页面中单击“基础设置”栏下的“基础档案”选项，在右边的列表中选择“财务”栏下的“会计科目”选项。打开“会计科目”窗口，选择应付账款科目所在行，单击“修改”按钮。打开“会计科目_修改”对话框，单击 修改 按钮，选中“供应商往来”复选框，单击 确定 按钮，如图1-124所示。

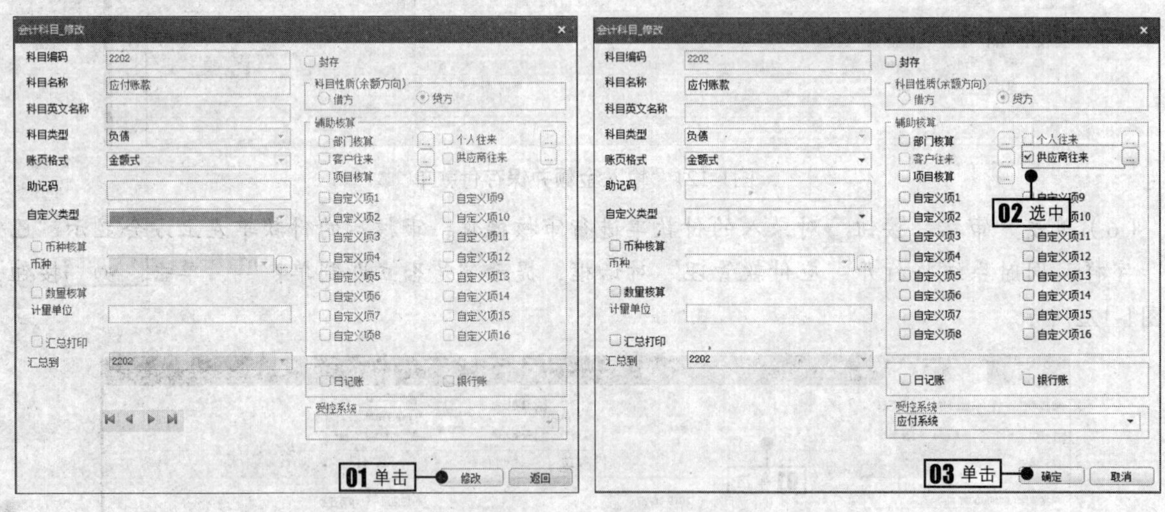

图1-124 设置应付账款科目受控于应付款管理子系统

4. 核销付款单

核销付款单指的是确定采购发票与付款单之间对应关系的操作，以确定此次付款对应的是哪一笔或哪几笔采购业务。在用友U8中，核销有自动核销和手工核销两种方式，下面介绍手工核销付款单的方法，其具体操作如下。

（1）在用友U8主界面中单击“业务导航”按钮，在打开的页面中单击“财务会计”栏下的

"应付款管理"选项，在右边的列表中选择"核销处理"栏下的"手工核销"选项。

（2）打开"核销条件"对话框，单击"供应商"文本框，然后单击右侧出现的"参照"按钮，打开"供应商档案基本参照"窗口，双击所需供应商对应的选项，这里双击北京华商五金对应的选项，返回"核销条件"对话框，单击 确定 按钮，如图1-125所示。

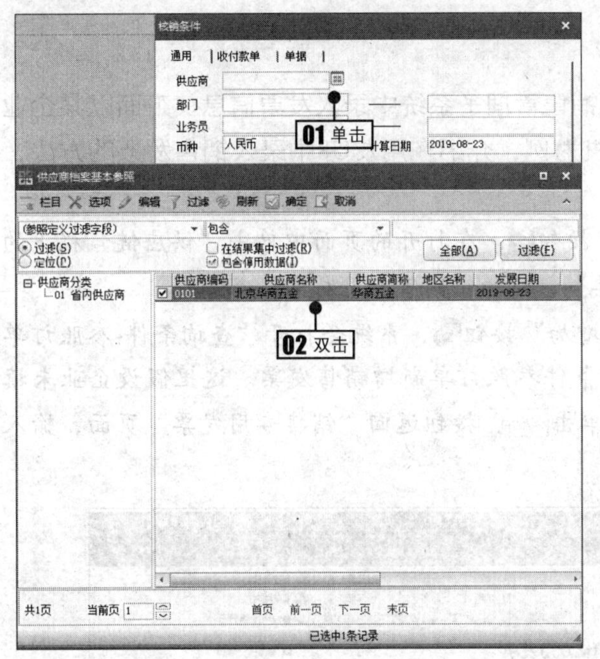

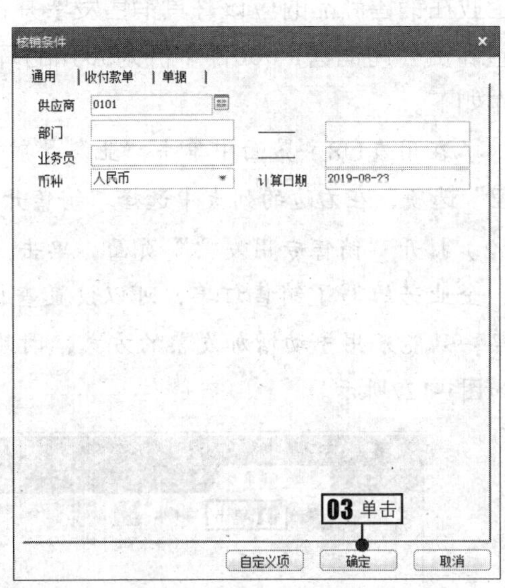

图1-125 设置核销条件

（3）打开"手工核销"页面，可以看到该页面中显示了与该供应商有关的所有付款单和采购发票。找到需要核销的付款单和采购发票，分别在需要核销的付款单和采购发票对应的"本次结算"栏中输入需要核销的金额，这里均输入"5 000"，单击"确认"按钮即可完成核销，如图1-126所示。

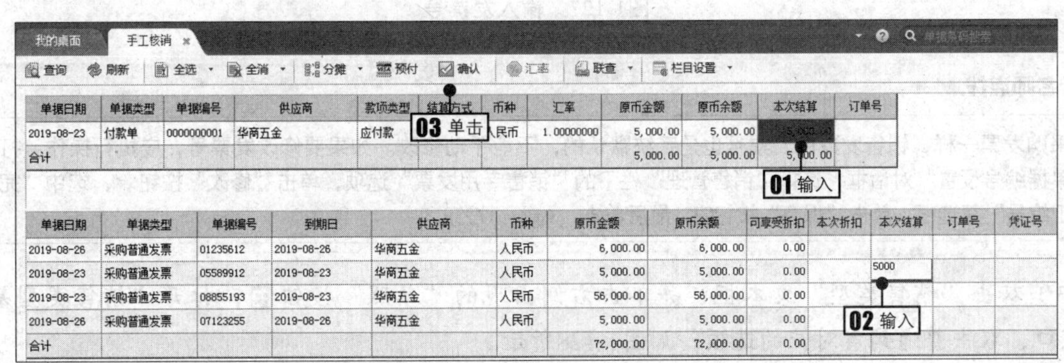

图1-126 完成核销

【例题·单选题】在用友U8中核销付款单时，打开"手工核销"页面后，应做的操作不包括（　　）。

A. 找到需要核销的付款单和采购发票　　B. 输入本次准备核销的金额

C. 单击"核销"按钮　　D. 单击"确认"按钮

【解析】核销付款单时，打开"手工核销"页面后，应找到需要核销的付款单和采购发票，再输入需要核销的金额，最后单击"确认"按钮。

【答案】C

1.4.2 销售与收款业务

对于企业销售商品同时开具发票，一段时间后再收款的业务，企业在处理时的流程：先在销售管理子系统中录入销售发票，再到应收款管理子系统中审核销售发票，待客户将款项支付后再录入收款单并审核，最后将收款单进行核销。

1. 录入销售发票

企业在销售商品时应该开具销售发票并在销售管理子系统中录入发票信息。下面以某企业向华北五星商贸公司销售1 000件单价为50元的耳机为例，介绍在用友U8中录入销售发票的方法，其具体操作如下。

（1）在用友U8主界面中单击“业务导航”按钮，在打开的页面中单击“供应链”栏下的“销售管理”选项，在右边的列表中选择“销售开票”栏下的“销售专用发票”选项。

（2）打开“销售专用发票”页面，单击“增加”按钮，系统会打开“查询条件-参照订单”对话框，企业若填写了销售订单，可以设置查询条件参照订单新增销售发票。这里假设企业未填写销售订单，只能采用手动增加发票的方式，因此单击 取消 按钮返回“销售专用发票”页面，输入发票号，如图1-127所示。

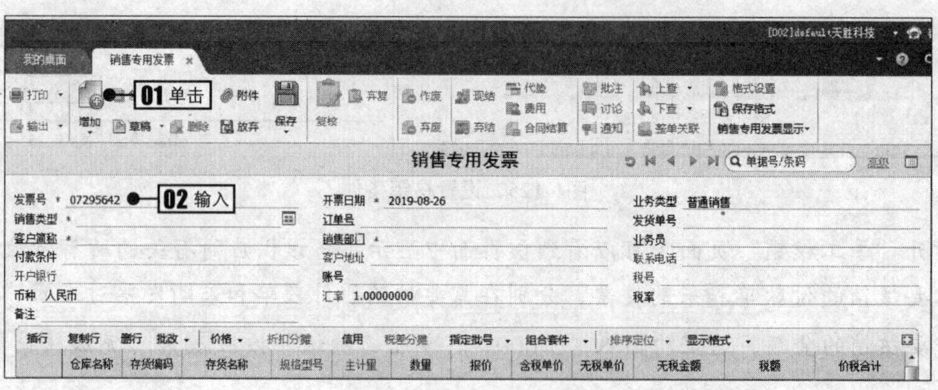

图1-127 输入发票号

> **名师点拨**
>
> 与采购发票一样，销售发票的发票号也是系统默认的，不能手动修改。如果要修改发票号，应执行操作：打开“单据编号设置”对话框，选择“销售管理”栏下的“销售专用发票”选项，单击“修改”按钮，选中“完全手工编号”复选框，单击“保存”按钮，最后单击 退出(Q) 按钮。

（3）双击“销售类型”文本框，并单击右侧出现的“参照”按钮，打开“销售类型基本参照”窗口，双击普通销售对应的选项，如图1-128所示。

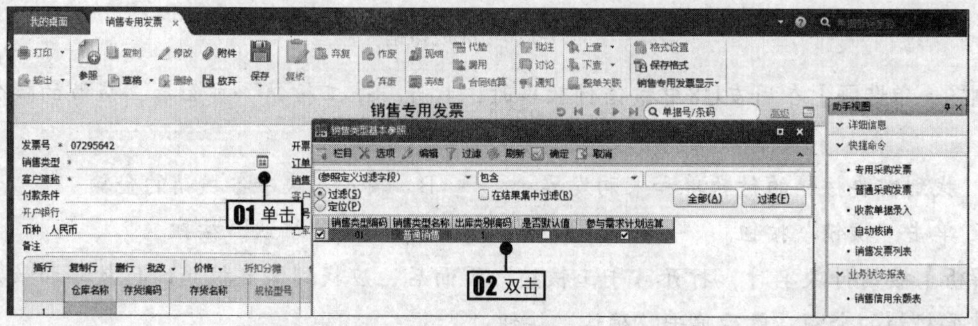

图1-128 选择销售类型

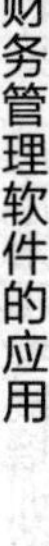

（4）双击“客户简称”文本框，并单击右侧出现的“参照”按钮▦，打开“销售客户参照”窗口，双击华北五星商贸公司对应的选项，如图1-129所示。

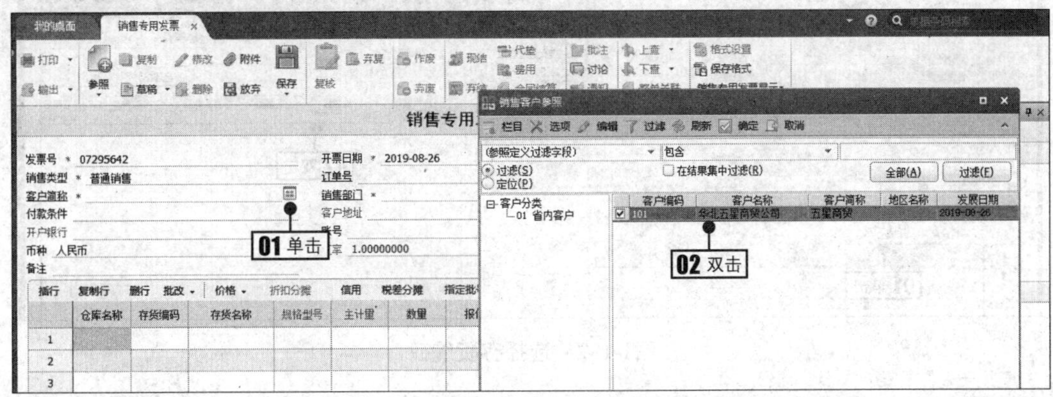

图1-129　选择客户

（5）双击“销售部门”文本框，并单击右侧出现的“参照”按钮▦，打开“部门基本参照”窗口，双击销售部对应的选项，如图1-130所示。

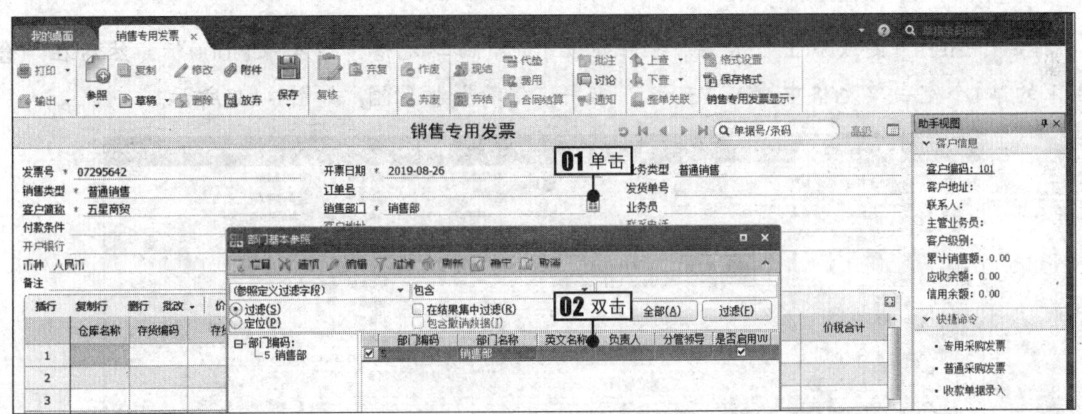

图1-130　选择销售部门

（6）双击下方表体区域“仓库名称”栏下的第1个空白单元格，并单击右侧出现的“参照”按钮▦，打开“仓库档案基本参照”窗口，双击一楼仓库对应的选项，如图1-131所示。

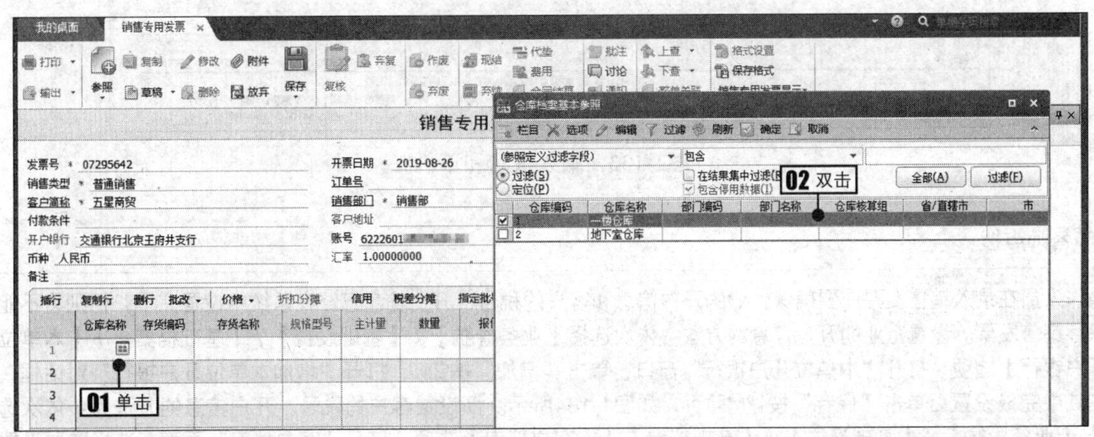

图1-131　选择仓库

（7）双击下方表体区域“存货编码”栏下的第1个空白单元格，并单击右侧出现的“参照”按钮▦，打开“存货档案销售”窗口，双击耳机对应的选项，如图1-132所示。

图1-132　选择存货编码

名师点拨

操作人员在建立存货档案时需要注意，对于销售（国内市场）的存货，应在“增加存货档案”对话框中“存货属性”栏下选中“内销”复选框，这样才能在销售管理模块调用该存货的档案。

（8）按【Enter】键或双击“数量”栏下的第1个空白单元格，输入“1 000”，然后在“含税单价”栏下的第1个空白单元格中输入“50”，单击“保存”按钮，如图1-133所示。

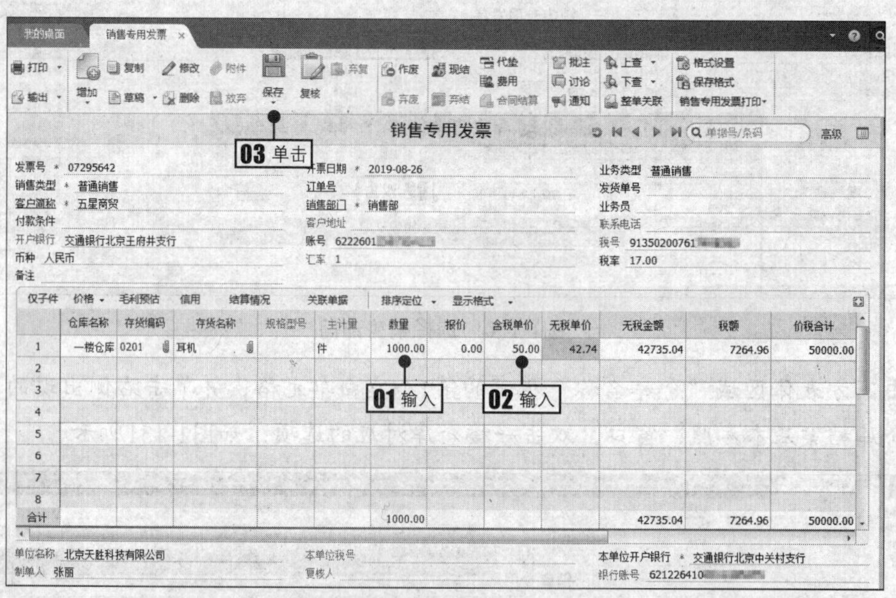

图1-133　输入数量和单价

名师点拨

操作人员在录入销售发票前要确保企业的开户信息和客户的税号、开户信息已经在系统中设置完毕，否则将不能保存销售发票。设置企业的开户信息的方法：依次选择【业务导航】/【基础设置】/【基础档案】/【本单位开户银行】选项，打开“本单位开户银行”窗口，单击“增加”按钮，打开“增加本单位开户银行”对话框，在其中完成设置后单击“保存”按钮即可，如图1-134所示。而设置客户的税号、开户信息的方法为：依次选择【业务导航】/【基础设置】/【基础档案】/【客户档案】选项，打开“客户档案”页面，选择需要设置的客户所在行，单击“修改”按钮，打开“修改客户档案”页面，在其中设置税号后，单击“银行”按钮，打开“客户银行档案”窗口，单击“增加”按钮，设置客户银行信息后单击“保存”按钮即可，如图1-135所示。

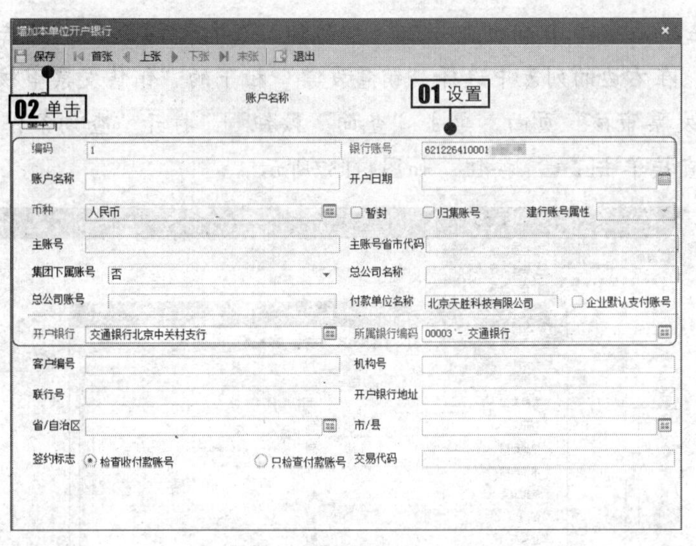

图1-134　设置企业的开户信息

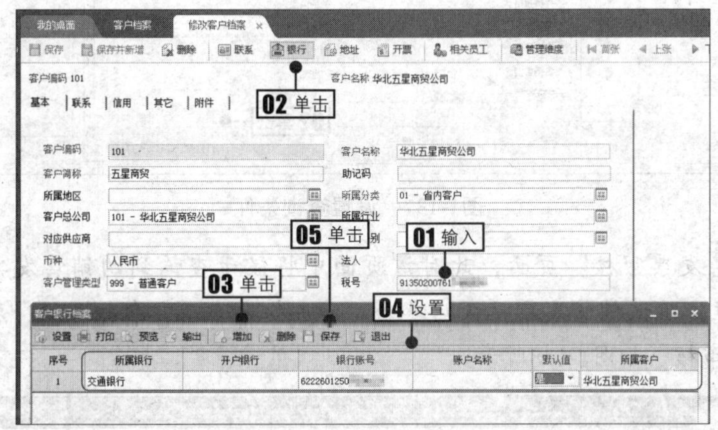

图1-135　设置客户的税号和开户信息

（9）单击“复核”按钮对录入的销售发票进行复核操作，复核后的销售发票左上方会显示“已复核”字样，如图1-136所示。

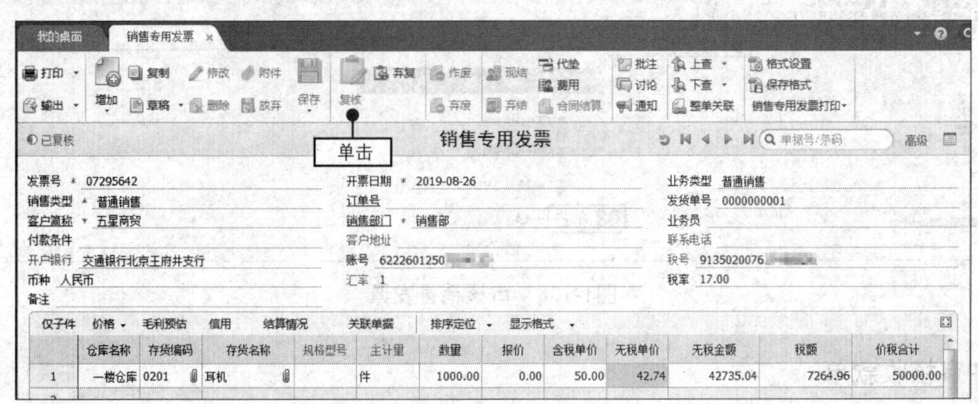

图1-136　复核销售发票

2. 审核销售发票

在完成销售发票的录入和复核后，该销售发票的数据将自动传递到应收款管理子系统中，由相关操作人员进行审核，审核销售发票的具体操作如下。

（1）在用友U8主界面中单击“业务导航”按钮，在打开的页面中单击“财务会计”栏下的“应收款管理”选项，在右边的列表中选择“销售发票”栏下的“销售发票审核”选项。

（2）打开“销售发票审核”页面，单击“查询”按钮，打开“查询条件-发票查询”对话框，默认系统设置条件，直接单击确定按钮，如图1-137所示。

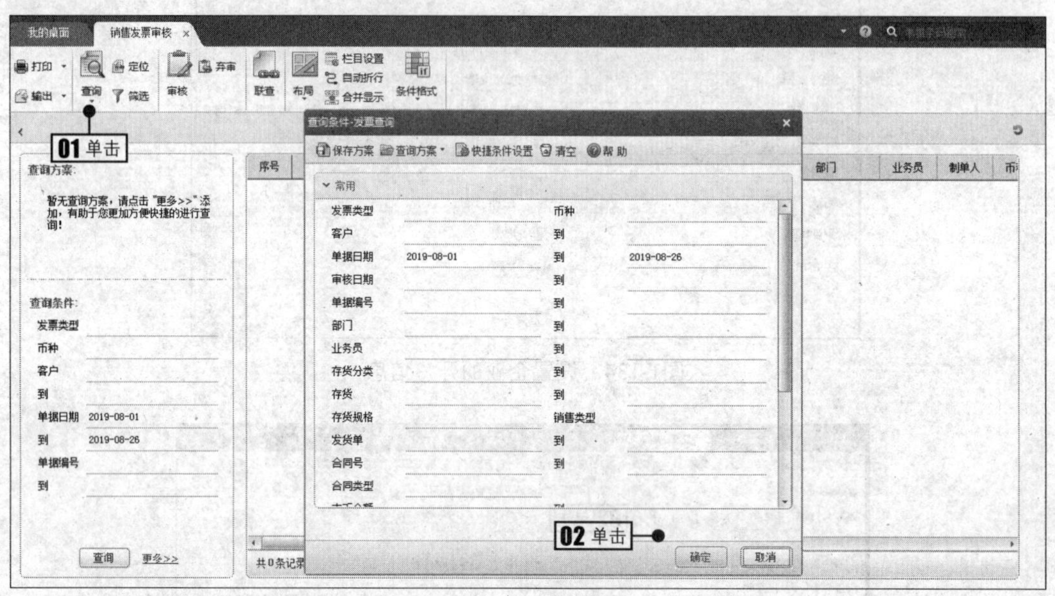

图1-137 设置查询条件

（3）返回“销售发票审核”页面，此时该页面中将显示查询到的销售发票，选中需要审核的销售发票前的复选框，确认销售发票无误后单击“审核”按钮，在打开的“提示”对话框中单击确定按钮即可完成审核，如图1-138所示。

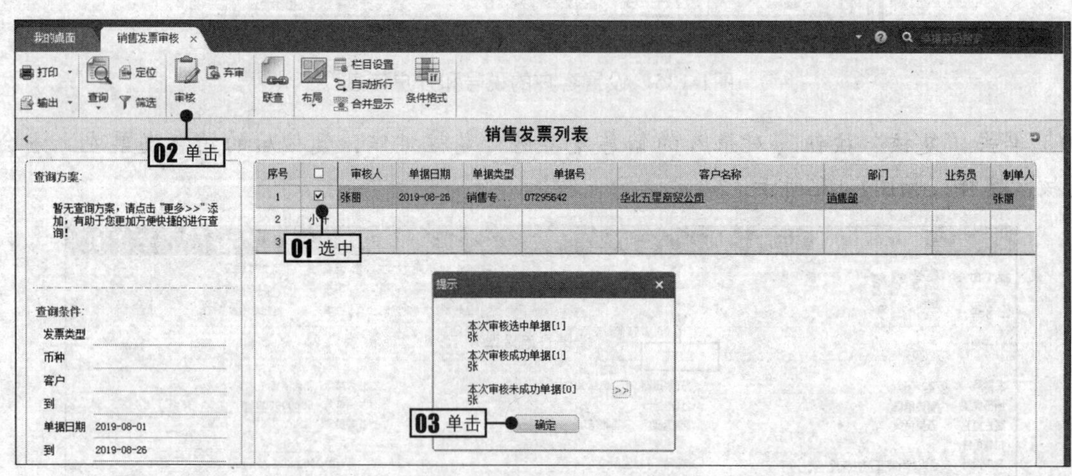

图1-138 审核销售发票

3. 录入并审核收款单

企业在收到客户支付的款项后，应在应收款管理子系统中录入收款单。下面介绍录入并审核收款单的方法，其具体操作如下。

（1）在用友U8主界面中单击“业务导航”按钮，在打开的页面中单击“财务会计”栏下的“应收款管理”选项，在右边的列表中选择“收款管理”栏下的“收款单据录入”选项。

（2）打开“收款单据录入”页面，单击“增加”按钮，如图1-139所示。

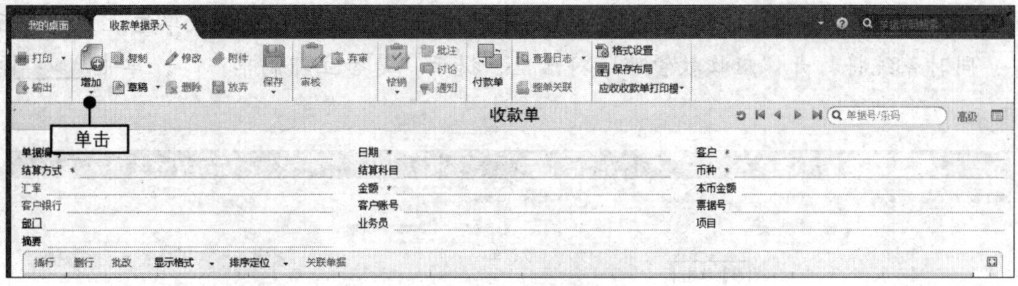

图1-139　单击“增加”按钮

（3）双击“客户”文本框，然后单击右侧出现的“参照”按钮▦，打开“客户基本参照”窗口，双击所需客户对应的选项，这里双击华北五星商贸公司对应的选项，如图1-140所示。

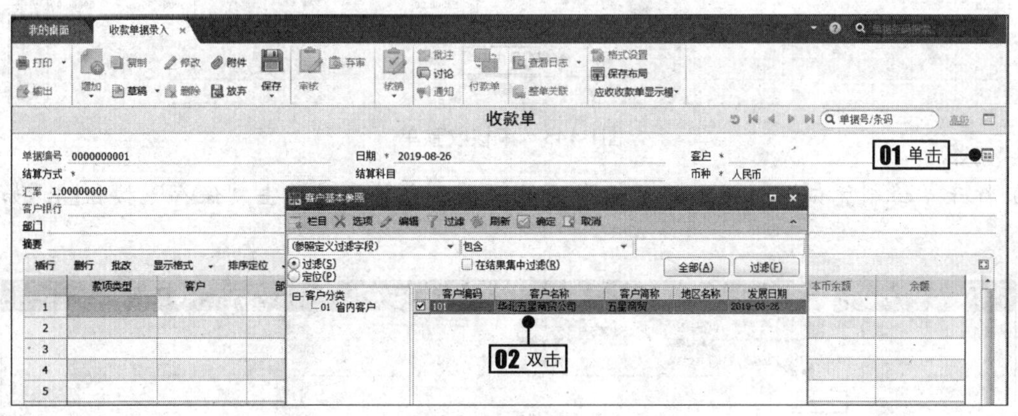

图1-140　选择客户

（4）返回“收款单据录入”页面，双击“结算方式”文本框，然后单击右侧出现的“参照”按钮▦，打开“结算方式基本参照”窗口，双击某种结算方式选项，这里双击“转账支票”选项，如图1-141所示。

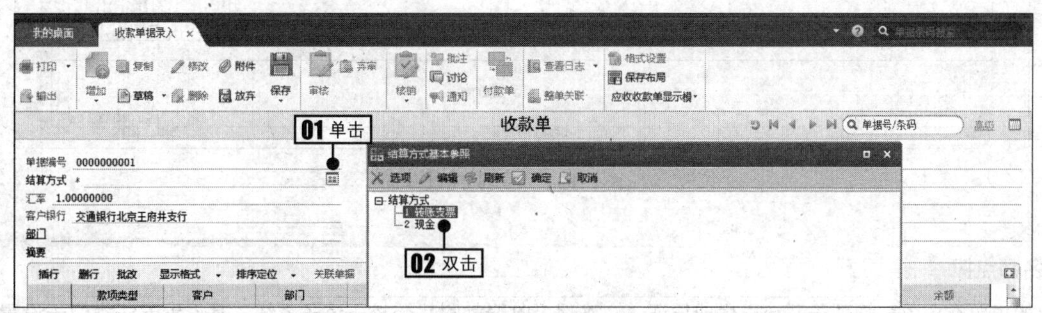

图1-141　选择结算方式

（5）返回“收款单据录入”页面，在“金额”文本框中输入此收款单的收款金额，这里输入“50 000”，单击“保存”按钮💾保存收款单，如图1-142所示。

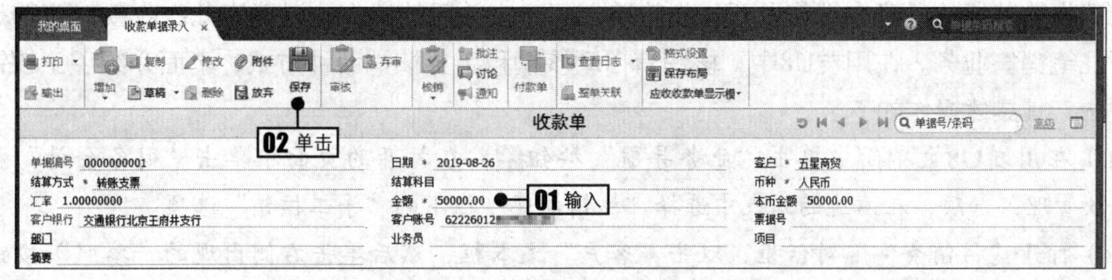

图1-142　输入金额并保存收款单

（6）单击“审核”按钮对录入的收款单进行审核操作，审核后的收款单左上方会显示“已审核”字样，同时系统将打开“应收款管理”对话框，提示“是否立即制单？”，单击 是(Y) 按钮，如图1-143所示。

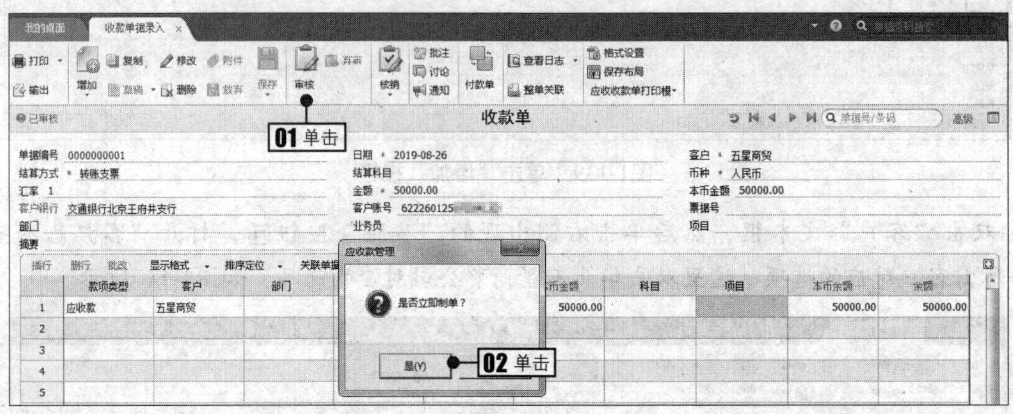

图1-143　审核收款单

（7）打开“填制凭证”页面，将页面中的凭证内容完善，并单击“保存”按钮，如图1-144所示。

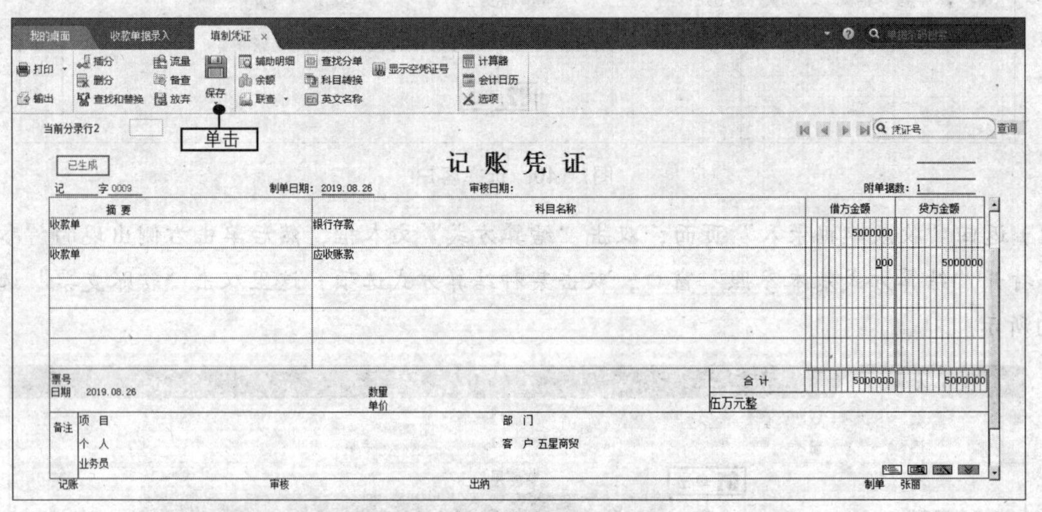

图1-144　生成凭证

名师点拨

企业如果要在应收款管理子系统里生成凭证，应确保应收账款科目受控于该子系统。其设置方法类似于设置应付账款科目受控于应付款管理子系统的操作，前面已经介绍过，这里不再赘述。

4. 核销收款单

核销收款单指的是确定销售发票与收款单之间对应关系的操作，以确定此次收款对应的是哪一笔或哪几笔销售业务。在用友U8中，核销有自动核销和手工核销两种方式，下面介绍手工核销收款单的方法，其具体操作如下。

（1）在用友U8主界面中单击“业务导航”按钮，在打开的页面中单击“财务会计”栏下的“应收款管理”选项，在右边的列表中选择“核销处理”栏下的“手工核销”选项。

（2）打开“核销条件”对话框，双击“客户”文本框，然后单击右侧出现的“参照”按钮，

打开“客户基本参照”窗口，双击所需客户对应的选项，这里双击华北五星商贸公司对应的选项，返回“核销条件”对话框，单击 确定 按钮，如图1-145所示。

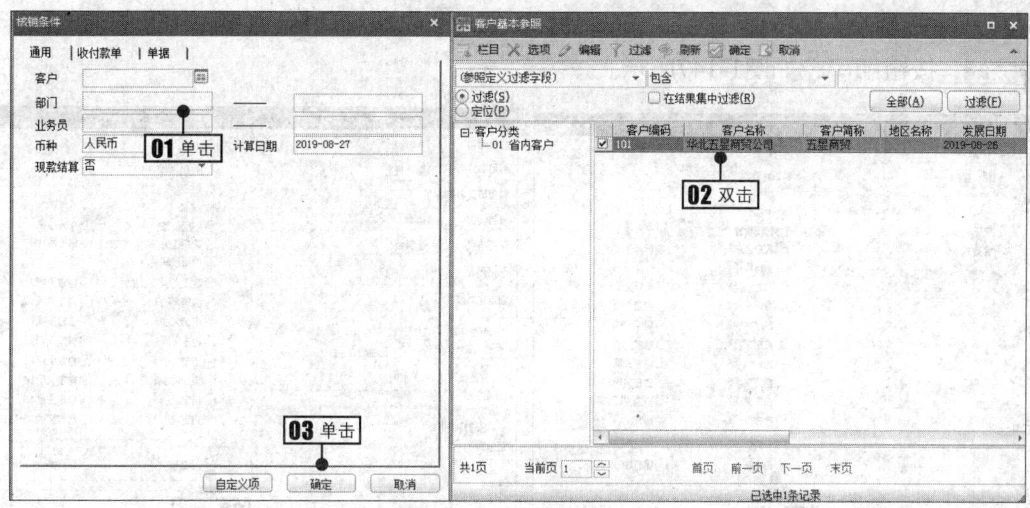

图1-145　设置核销条件

（3）打开“手工核销”页面，可以看到该页面中显示了与该客户有关的所有收款单和销售发票，找到需要核销的收款单和销售发票，分别在其对应的“本次结算金额”和“本次结算”栏中输入需要核销的金额，这里均输入“50 000”，单击“确认”按钮☑即可完成核销，如图1-146所示。

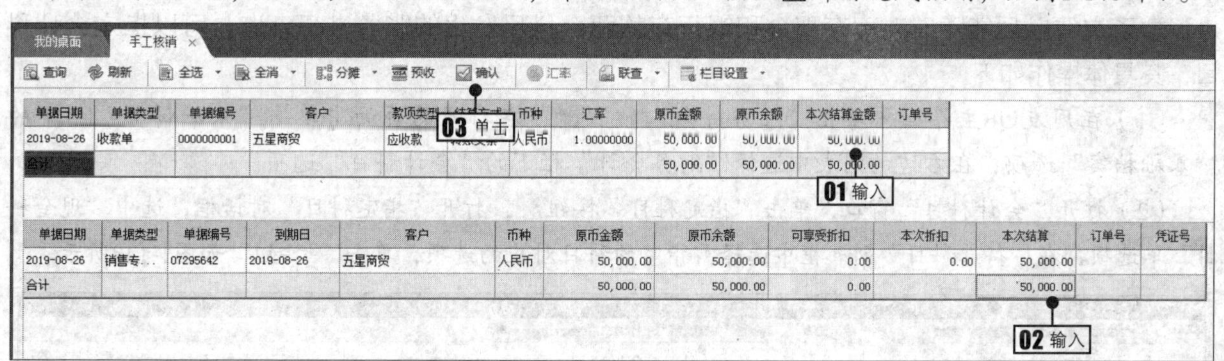

单据日期	单据类型	单据编号	客户	款项类型	结算方式	币种	汇率	原币金额	原币余额	本次结算金额	订单号
2019-08-26	收款单	0000000001	五星商贸	应收款		人民币	1.00000000	50,000.00	50,000.00	50,000.00	
合计								50,000.00	50,000.00	50,000.00	

单据日期	单据类型	单据编号	到期日	客户	币种	原币金额	原币余额	可享受折扣	本次折扣	本次结算	订单号	凭证号
2019-08-26	销售专...	07295642	2019-08-26	五星商贸	人民币	50,000.00	50,000.00	0.00	0.00	50,000.00		
合计						50,000.00	50,000.00	0.00		50,000.00		

图1-146　完成核销

1.5　出纳管理

出纳管理是用友U8为出纳人员提供的一套管理工具，出纳人员主要可以通过该工具完成出纳签字、现金和银行日记账的输出、支票登记簿的管理以及银行对账等操作。本节将主要对查询日记账、支票管理以及银行对账管理等内容进行全面介绍。

1.5.1　查询日记账

日记账是每个企业都会涉及的业务，当日记账过多时，便可通过查询的方法快速找到并查看需要的日记账信息。

1. 设置与指定科目

查询日记账之前，需为“库存现金”“银行存款”科目添加“日记账”辅助核算功能，并将其分别指定为“库存现金”和“银行存款”。

a. 添加“日记账”辅助核算功能

要为“库存现金”“银行存款”科目添加“日记账”辅助核算功能，只需通过修改会计科目的方法分别打开库存现金与银行存款科目的“会计科目_修改”对话框，在其中选中“日记账”复选框，单击确定按钮即可，如图1-147所示。

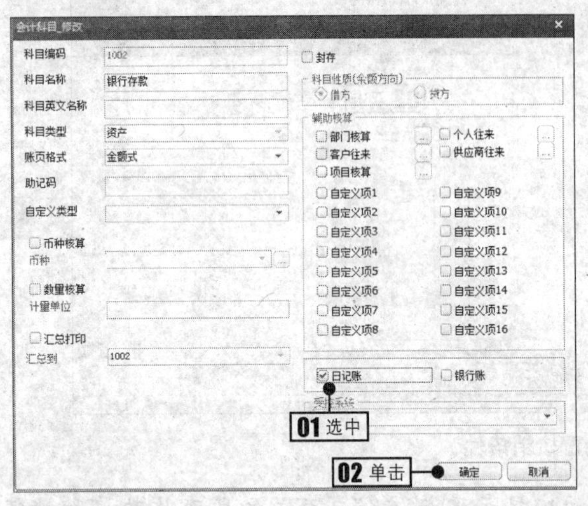

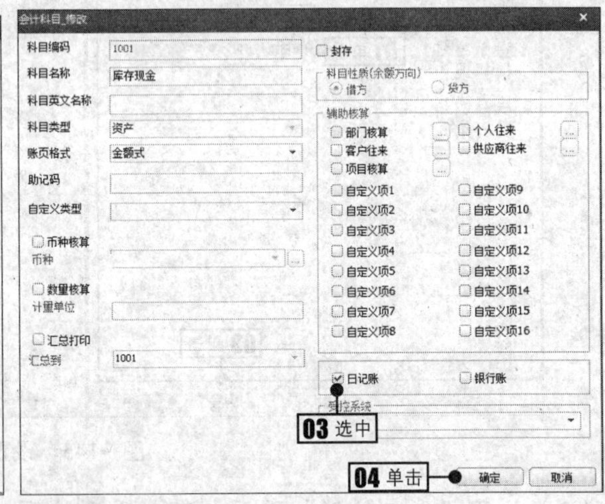

图1-147　添加“日记账”辅助核算功能

b. 指定会计科目

为了方便以后能随时对库存现金和银行存款两个科目发生的账务进行查询，可以指定会计科目，其具体操作如下。

（1）在用友U8主界面中单击“业务导航”按钮，在打开的页面中单击“基础设置”栏下的“基础档案”选项，在右边的列表中选择“财务会计”栏下的“会计科目”选项。

（2）打开“会计科目”窗口，单击“指定科目”按钮，打开“指定科目”对话框，选中“现金科目”单选项，在“待选科目”列表框中选择需指定的科目对应的选项，单击 > 按钮，如图1-148所示。

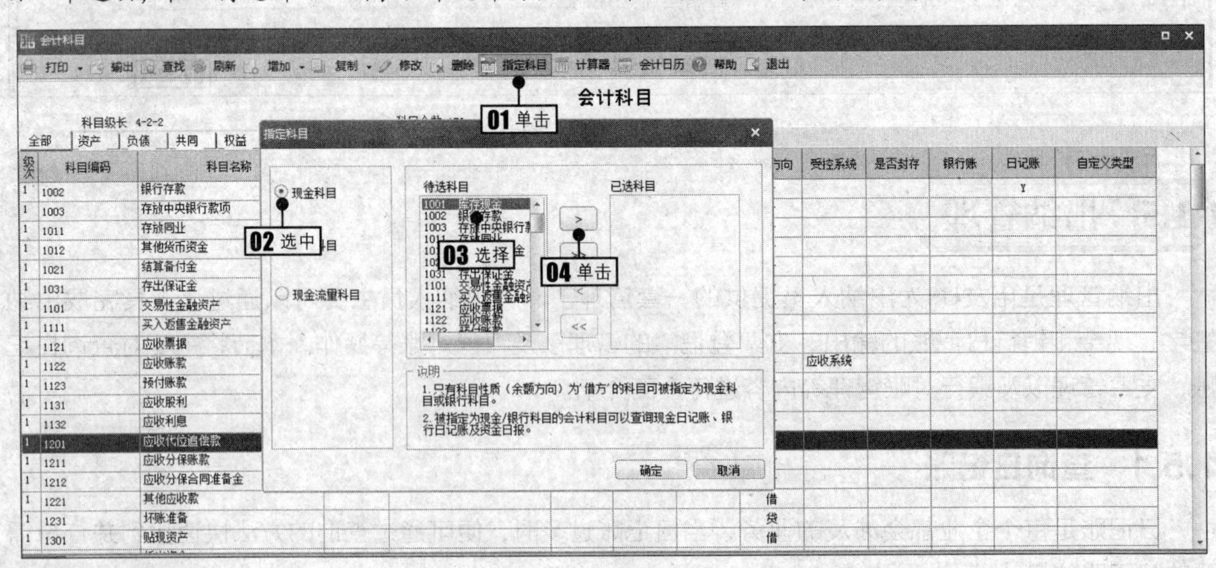

图1-148　指定现金科目

（3）此时指定的科目将显示在“已选科目”列表框中，如图1-149所示。

（4）选中“银行科目”单选项，用相同的方法指定需要的科目，然后单击确定按钮，如图1-150所示。

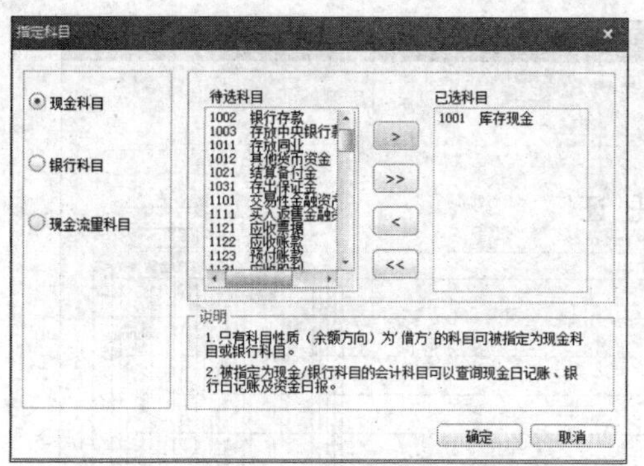

图1-149 选择指定科目后的效果

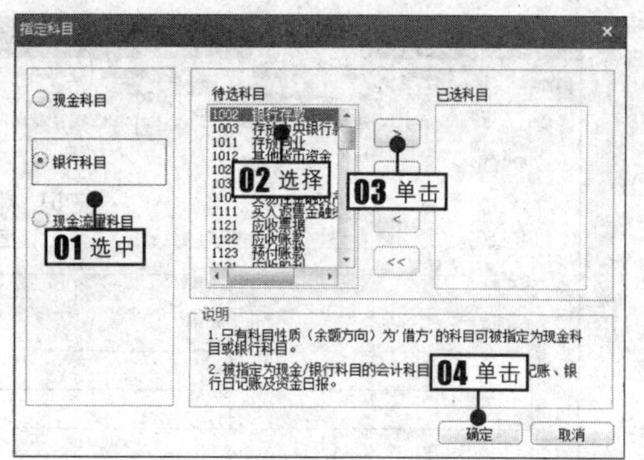

图1-150 指定银行科目

2. 查询现金日记账

设置现金科目后，便可对现金日记账进行查询，其具体操作如下。

（1）在用友U8主界面中单击“业务导航”按钮，在打开的页面中单击“财务会计”栏下的“总账”选项，在右边的列表中选择“出纳”栏下的“现金日记账”选项。

（2）打开“现金日记账”对话框，选中“按月查”单选项，并在其右侧的两个文本框中设置查询时间，这里设置为“2019.08-2019.08”，选中“包含未记账凭证”复选框（系统默认选中“包含出纳未签字凭证”复选框），单击 确定 按钮，如图1-151所示。

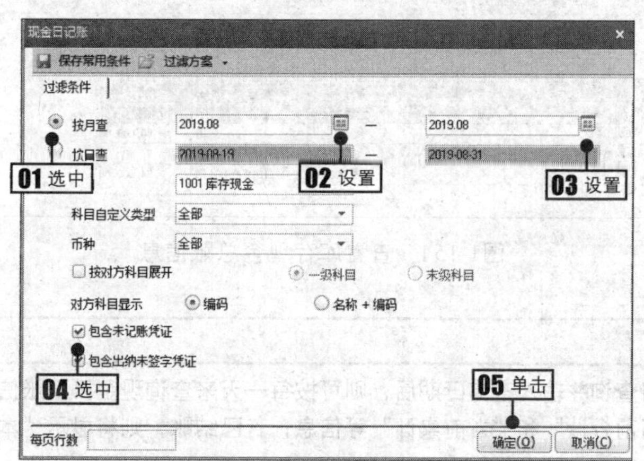

图1-151 查询日记账条件

（3）打开“现金日记账”页面，其中将显示符合条件的所有现金日记账的相关信息。双击某凭证所对应行或选中该行后单击“凭证”按钮，如图1-152所示。系统将打开“查询凭证”页面，在该页面中可以查看凭证信息，如图1-153所示。

年	月	日	凭证号数	摘要	对方科目	借方金额	贷方金额	方向	余额金额
2019	08			期初余额				借	50,000.00
2019	08	20	记-0001	提备用金	1002	5,000.00		借	55,000.00
2019	08	20		本日合计		5,000.00		借	55,000.00
2019	08	26	记-0010	*支付办公费	6602		200.00	借	54,800.00
2019	08	26		本日合计			200.00	借	54,800.00
2019	08			当前合计		5,000.00	200.00	借	54,800.00
2019	08			当前累计		25,000.00	18,200.00	借	54,800.00

图1-152 选择相应凭证

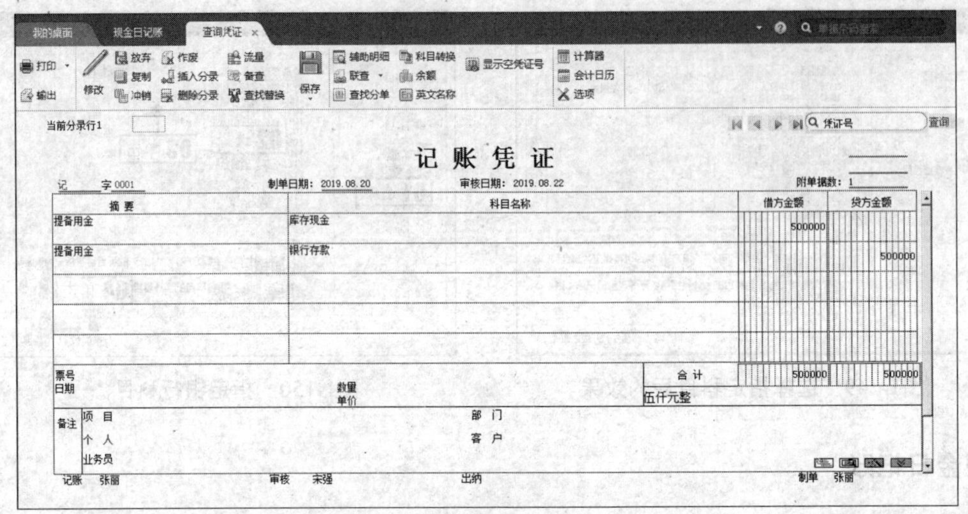

图1-153　查看相应凭证信息

（4）在“现金日记账”页面中单击“总账”按钮，则可在打开的“总账”页面中查看库存现金总账信息，如图1-154所示。

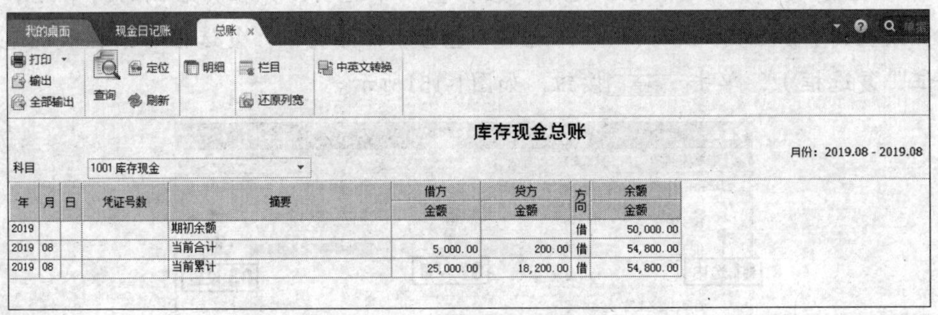

年	月	日	凭证号数	摘要	借方金额	贷方金额	方向	余额金额
2019				期初余额			借	50,000.00
2019	08			当前合计	5,000.00	200.00	借	54,800.00
2019	08			当前累计	25,000.00	18,200.00	借	54,800.00

图1-154　查看库存现金总账信息

知识拓展

在设置查询条件时，若按日查询并输入查询日期后，则可按每一天来查询现金日记账信息。若本月账簿未结账，则在现金日记账中将显示“当前合计”和“当前累计”等信息；若已结账，则将显示“本月合计”和“本月累计”等信息。

3. 查询银行日记账

查询银行日记账的方法与查询现金日记账的方法类似，其具体操作如下。

（1）在用友U8主界面中单击“业务导航”按钮，在打开的页面中单击“财务会计”栏下的“总账”选项，在右边的列表中选择“出纳”栏下的“银行日记账”选项。

（2）打开“银行日记账”对话框，选中“按月查”单选项，并在其右侧的两个文本框中设置查询时间，这里设置为“2019.08-2019.08”，选中“包含未记账凭证”复选框，单击“确定”按钮。

（3）打开“银行日记账”页面，其中将显示符合条件的所有银行日记账的相关信息，如图1-155所示。

（4）双击某凭证所对应行或选中该行后单击“凭证”按钮，系统将打开“查询凭证”页面，在该页面中可以查看凭证信息。

（5）在“银行日记账”页面中单击“总账”按钮，则可在打开的“总账”页面中查看银行存款总账信息。

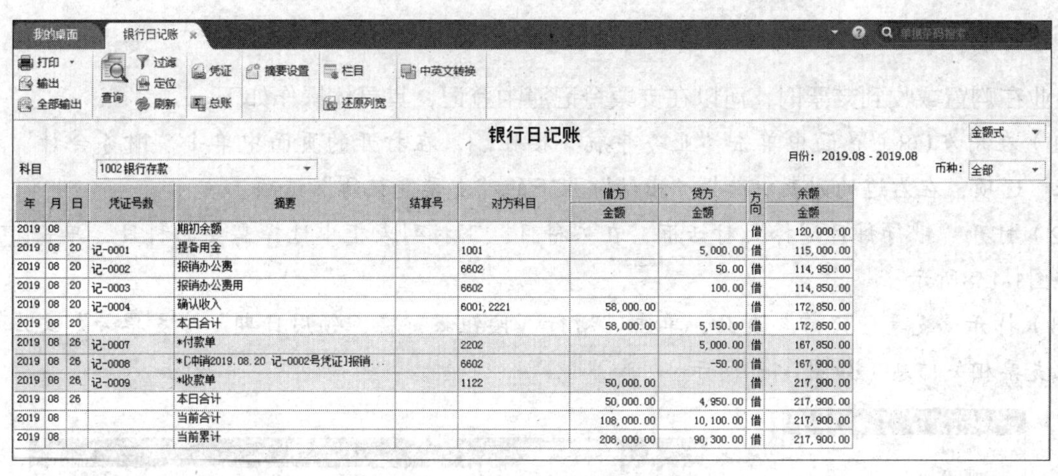

银行日记账

科目 1002银行存款　　月份：2019.08 - 2019.08

年	月	日	凭证号数	摘要	结算号	对方科目	借方金额	贷方金额	方向	余额金额
2019	08			期初余额					借	120,000.00
2019	08	20	记-0001	提备用金		1001		5,000.00	借	115,000.00
2019	08	20	记-0002	报销办公费		6602		50.00	借	114,950.00
2019	08	20	记-0003	报销办公费用		6602		100.00	借	114,850.00
2019	08	20	记-0004	确认收入		6001, 2221	58,000.00		借	172,850.00
2019	08	20		本日合计			58,000.00	5,150.00	借	172,850.00
2019	08	26	记-0007	*付款单		2202		5,000.00	借	167,850.00
2019	08	26	记-0008	*[冲销2019.08.20 记-0002号凭证]报销...		6602		-50.00	借	167,900.00
2019	08	26	记-0009	*收款单		1122	50,000.00		借	217,900.00
2019	08	26		本日合计			50,000.00	4,950.00	借	217,900.00
2019	08			当前合计			108,000.00	10,100.00	借	217,900.00
2019	08			当前累计			208,000.00	90,300.00	借	217,900.00

图1-155　显示银行日记账

1.5.2　支票管理

支票是重要的有价证券，企业除了保管好纸质支票外，还可以利用用友U8的支票登记簿来进行支票管理。

1. 建立支票登记簿

为了加强支票管理，企业可以在用友U8中建立支票登记簿，详细登记支票的领用日期、领用部门、领用人、支票号、预计金额和用途等。下面介绍建立支票登记簿的方法，其具体操作如下。

（1）在用友U8主界面中单击“业务导航”按钮，在打开的页面中单击“基础设置”栏下的“基础档案”选项，在右边的列表中选择“收付结算”栏下的“结算方式”选项。

（2）打开“结算方式”窗口，选择需要进行支票管理的结算方式（这里选择“转账支票”），单击“修改”按钮，选中“是否票据管理”复选框，单击“保存”按钮即可，如图1-156所示。

（3）在用友U8主界面中单击“业务导航”按钮，在打开的页面中单击“财务会计”栏下的“总账”选项，在右边的列表中选择“设置”栏下的“选项”选项。

（4）打开“选项”对话框，单击编辑按钮，选中“支票控制”复选框，单击确定按钮，如图1-157所示。

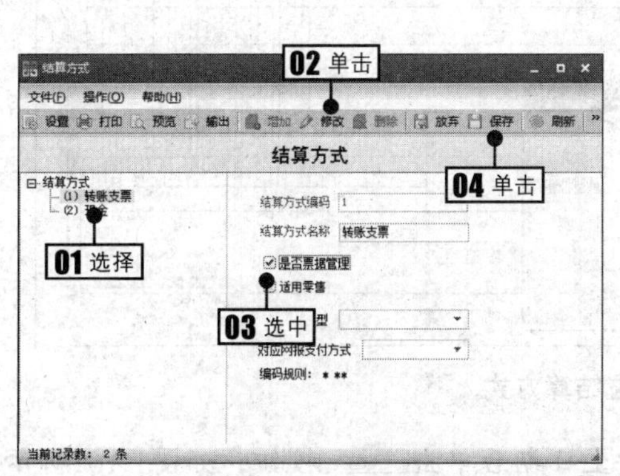

图1-156　设置票据管理

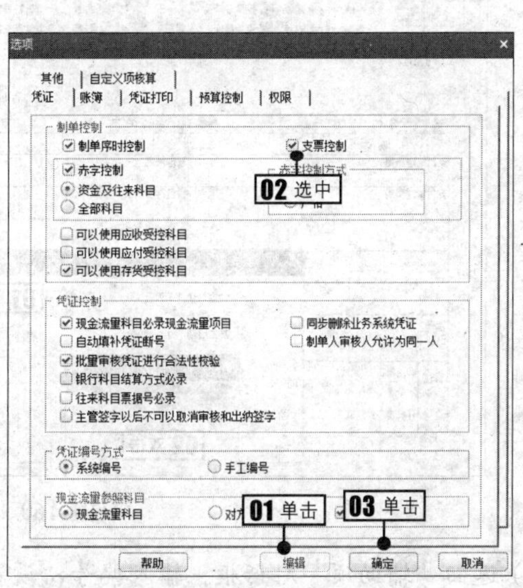

图1-157　设置支票控制

2. 登记支票

企业在购置或收到支票时，可以在支票登记簿中登记，其具体操作如下。

（1）在用友U8主界面中单击“业务导航”按钮，在打开的页面中单击“财务会计”栏下的“总账”选项，在右边的列表中选择“出纳”栏下的“支票登记簿”选项。

（2）打开“银行科目选择”对话框，在“科目”下拉列表框中选择需要的科目，单击确定按钮，如图1-158所示。

（3）打开“支票登记簿”页面，单击“增行”按钮，在“领用日期”“支票号”文本框中分别输入支票相关信息，如图1-159所示。

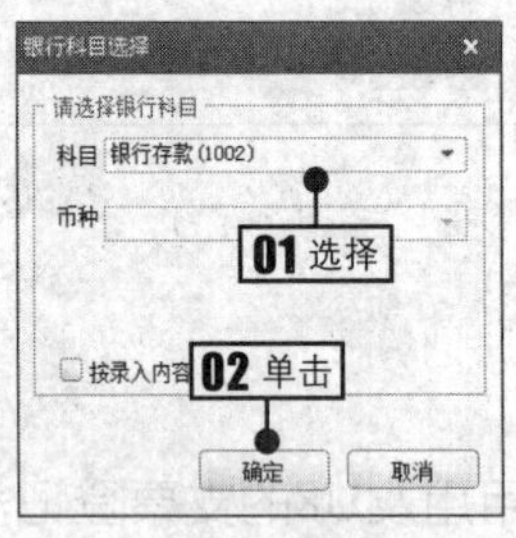

图1-158 选择银行科目

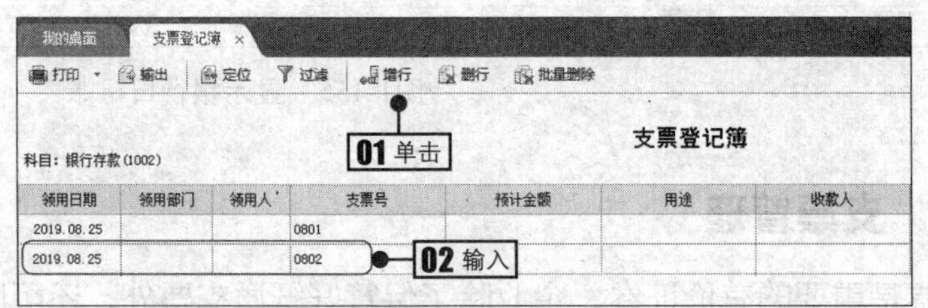

图1-159 输入支票信息

3. 报销支票

当登记的支票被领用时，会计人员可以对支票进行报销处理。下面以使用支票号为0802的支票支付销售人员差旅费5 000元的业务为例，讲解报销支票的方法，其具体操作如下。

（1）在用友U8主界面中单击“业务导航”按钮，在打开的页面中单击“财务会计”栏下的“总账”选项，在右边的列表中选择“凭证”栏下的“填制凭证”选项。

（2）打开“填制凭证”页面，按之前介绍过的方法填制凭证信息，在填写完贷方科目“银行存款”后按【Enter】键，系统将打开“辅助项”对话框。在打开的对话框中单击“结算方式”文本框右侧的“参照”按钮，系统将打开“总账”对话框，双击所需的结算方式（这里双击“转账支票”），如图1-160所示。

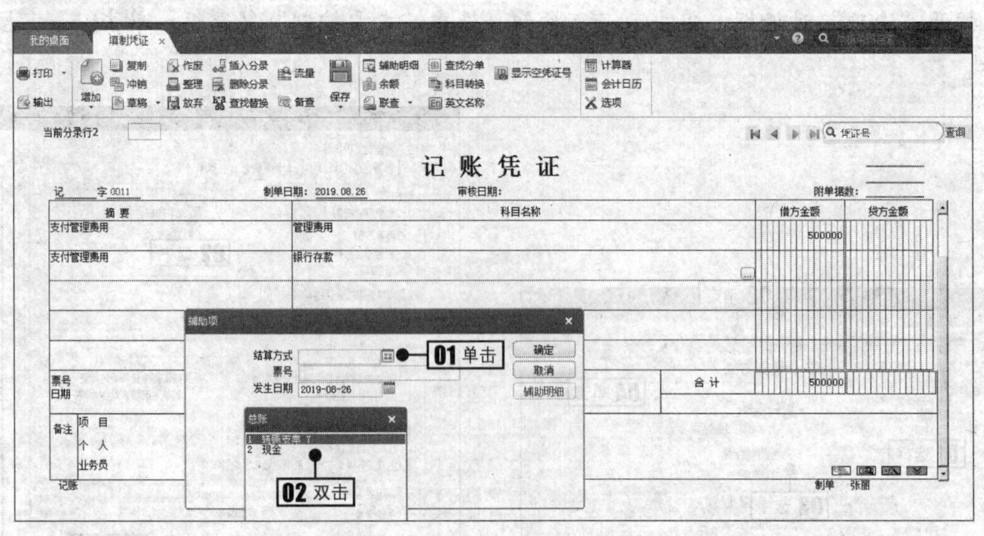

图1-160 设置结算方式

（3）返回“辅助项”对话框，输入票号，设置发生日期后单击确定按钮，如图1-161所示。

（4）返回“填制凭证”页面，完成凭证的填制后单击“保存”按钮，此时系统将打开“凭证”

对话框，询问“此支票已登记过，是否报销？”，单击是(Y)按钮，即可保存凭证，如图1-162所示。

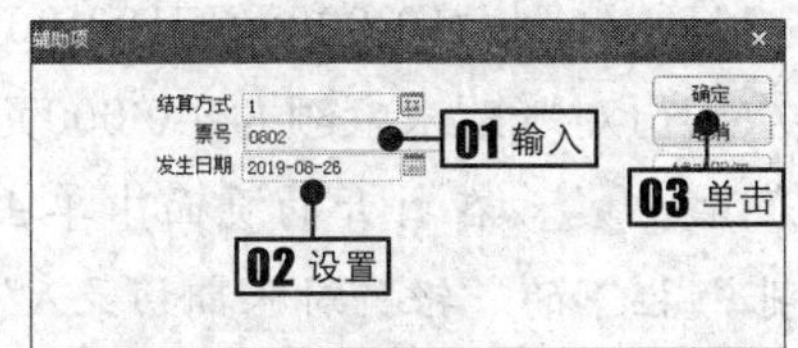

图1-161　输入票号、设置日期

图1-162　确定报销

（5）按之前介绍过的方法打开“支票登记簿”页面，此时可以看到支票号为0802的支票所在行已显示为黄色，且“报销日期”一栏显示为“2019.08.26”，“实际金额”一栏显示为“5000”，表明该支票已报销，如图1-163所示。

我的桌面　填制凭证　支票登记簿

打印　输出　定位　过滤　增行　删行　批量删除

支票登记簿

科目：银行存款(1002)

领用日期	领用部门	领用人	支票号	预计金额	用途	收款人	对方科目	付款银行名称	银行账号	预计转账日期	报销日期	备注	实际金额	支票密码	领用部门编码
2019.08.25			0801	0.00											
2019.08.25			0802	0.00							2019.08.26		5,000.00		
2019.08.25			0803	0.00											

图1-163　该支票已报销

知识拓展

需要注意的是，在用友U8中，支票登记簿中填写的领用日期不得晚于支票的报销日期。如在上面的操作中，填制凭证的日期、“辅助项”对话框中的“发生日期”均为“2019.08.26”，而该支票领用日期为“2019.08.25”，符合用友U8的规定。

【例题·多选题】下面关于出纳管理的说法，正确的有（　　）。

A. 使用支票登记簿功能前，应在“结算方式”中设置“是否票据管理”

B. 支票的报销日期可以在领用日期之前

C. 日记账只能按天查询

D. 在查询日记账之前，应添加“日记账”辅助核算功能

E. 出纳管理可以完成出纳签字、现金和银行日记账的输出、支票登记簿的管理等操作

【解析】支票的报销日期不得在领用日期之前，选项B错误；日记账可以按天查询，也可以按月查询，选项C错误。

【答案】ADE

1.5.3　银行对账管理

银行对账管理涉及录入银行对账期初数据、录入银行对账单、银行对账和查看银行余额调节表等操作，这都属于出纳人员每月必做的工作。

1. 录入银行对账期初数据

为保证银行对账的正确性，在进行对账之前，需先启用银行对账期初功能，即先将日记账、银行对账单未达账项录入系统中。

下面以一个实例介绍录入银行对账期初数据的方法，其具体要求如下。

银行对账的启用日期为2019年8月22日。单位日记账最后一次银行对账期末余额为500 000元，有未达账项，企业已收、银行未收未达账项有2笔，分别为10 000元和100 000元，企业已付、银行未付未达账项为50 000元。银行对账单最后一次银行对账期末余额为440 000元，没有未达账项。

（1）在用友U8主界面中单击“业务导航”按钮，在打开的页面中单击“财务会计”栏下的“总账”选项，在右边的列表中选择“银行对账”栏下的“银行对账期初录入”选项。

（2）打开“银行科目选择”对话框，在“科目”下拉列表框中选择“银行存款（1002）”选项，单击确定按钮，如图1-164所示。

（3）打开“银行对账期初”对话框，单击“启用日期”栏右侧的“日历”按钮，在打开的对话框中选择日期，这里设置为“2019.08.22”，单击确定按钮，如图1-165所示。

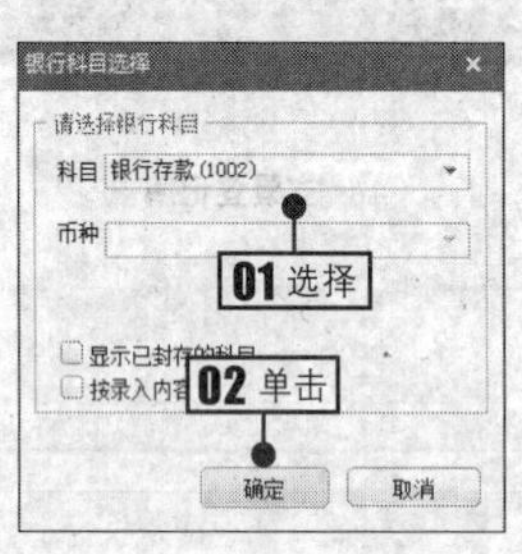

图1-164　选择银行科目

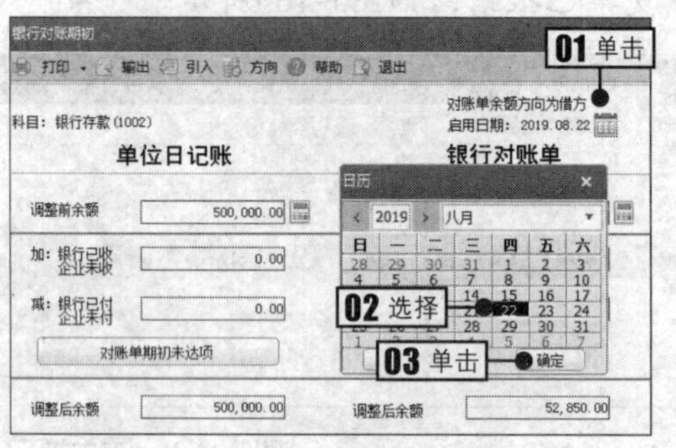

图1-165　选择日期

（4）在“单位日记账”栏下的“调整前余额”文本框中输入“500 000”，在“银行对账单”栏下的“调整前余额”文本框中输入“440 000”，单击日记账期初未达项按钮，如图1-166所示。

（5）打开“企业方期初”窗口，单击“增行”按钮，在出现的空白行中依次输入相应的数据。用相同方法增加其他未达账项数据，如图1-167所示。

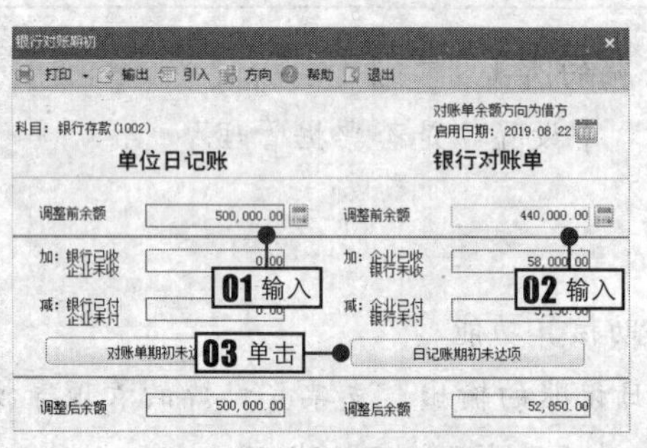

图1-166　输入调整前余额

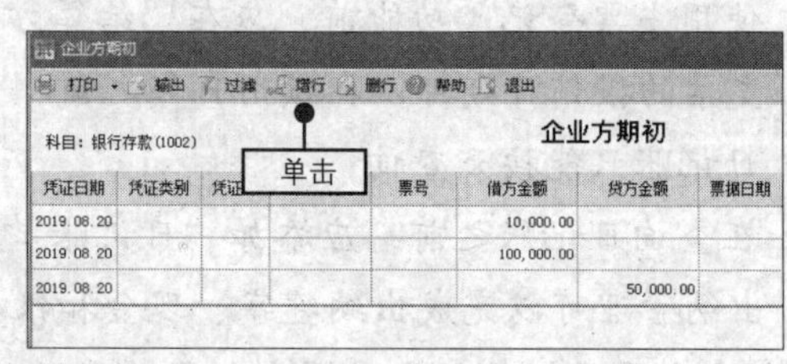

图1-167　输入未达账项数据

（6）单击退出按钮，退出“企业方期初”窗口，此时在“银行对账期初”对话框的“调整后余额”文本框中可看到两边的数据是相等的，如图1-168所示。

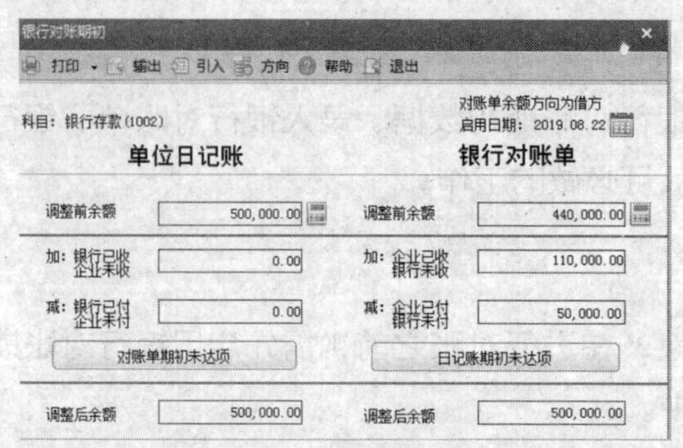

图1-168　余额相等

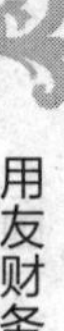

2. 录入银行对账单

在每月月底银行会将对账单寄给企业，此时企业便可将银行对账单的数据录入系统中，其具体操作如下。

（1）在用友U8主界面中单击“业务导航”按钮，在打开的页面中单击“财务会计”栏下的“总账”选项，在右边的列表中选择“银行对账”栏下的“银行对账单”选项。

（2）打开“银行科目选择”对话框，在“科目”下拉列表框中选择所需的银行科目，这里选择“银行存款（1002）”选项，设置“月份”为2019.08—2019.08，单击“确定”按钮。

（3）打开“银行对账单”页面，单击“增行”按钮，在出现的空白行中根据银行提供的对账单数据输入相应的信息，如图1-169所示。

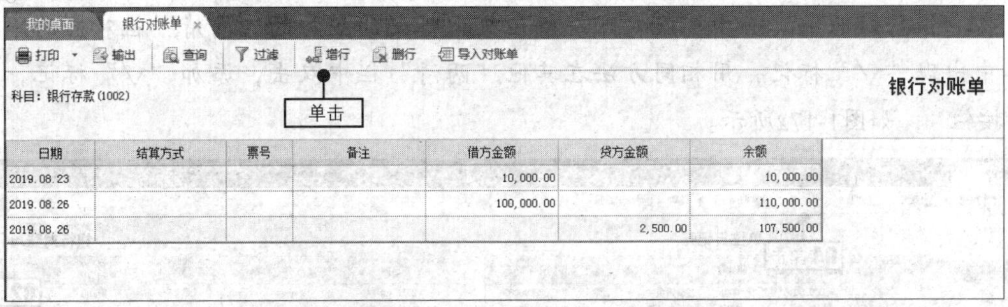

我的桌面 银行对账单 ×

打印 输出 查询 过滤 增行 删行 导入对账单

单击

科目：银行存款(1002)

银行对账单

日期	结算方式	票号	备注	借方金额	贷方金额	余额
2019.08.23				10,000.00		10,000.00
2019.08.26				100,000.00		110,000.00
2019.08.26					2,500.00	107,500.00

图1-169　输入银行对账单信息

3. 银行对账

输入对账单的数据之后可以将银行发生的账务与企业账务进行核算，查看是否存在未达账项。在进行银行对账时，可以先进行自动对账，若出现一些未两清的业务，则以手动对账的方式进行操作，其具体操作如下。

（1）在用友U8主界面中单击“业务导航”按钮，在打开的页面中单击“财务会计”栏下的“总账”选项，在右边的列表中选择“银行对账”栏下的“银行对账”选项。

（2）打开“银行科目选择”对话框，在“科目”下拉列表框中选择所需的银行科目，这里选择“银行存款（1002）”选项，设置“月份”为2019.08—2019.08，选中“显示已达账”复选框，单击“确定”按钮。

（3）打开“银行对账”页面，单击“对账”按钮，如图1-170所示。

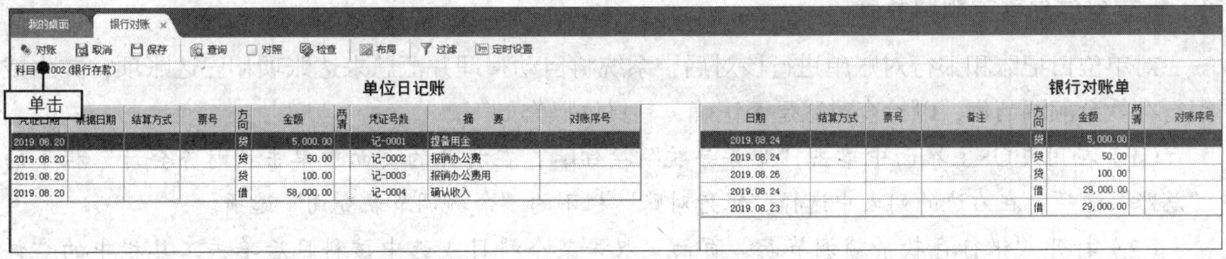

我的桌面 银行对账 ×

对账 取消 保存 查询 对照 检查 布局 过滤 定时设置

科目：1002(银行存款)

单击

单位日记账

凭证日期	票据日期	结算方式	票号	方向	金额	两清	凭证号数	摘要	对账序号
2019.08.20				贷	5,000.00		记-0001	提备用金	
2019.08.20				贷	50.00		记-0002	报销办公费	
2019.08.20				贷	100.00		记-0003	报销办公费用	
2019.08.20				借	58,000.00		记-0004	确认收入	

银行对账单

日期	结算方式	票号	备注	方向	金额	两清	对账序号
2019.08.24				贷	5,000.00		
2019.08.24				贷	50.00		
2019.08.26				贷	100.00		
2019.08.24				借	29,000.00		
2019.08.23				借	29,000.00		

图1-170　银行对账

（4）打开“自动对账”对话框，在“截止日期”文本框设置对账的截止日期，默认其他对账条件，单击“确定”按钮。

（5）此时系统将自动进行银行对账操作。当对账两清时，两清的账目对应的“两清”栏中将以“O”标记显示，且其对应的“对账序号”栏中也将显示详细的信息，如图1-171所示。

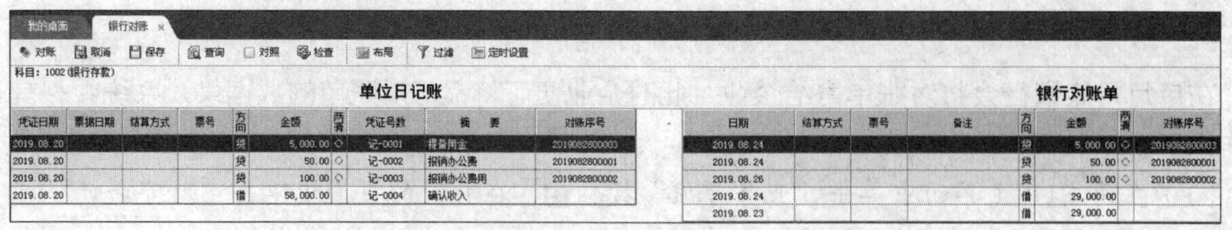

图1-171　自动对账完毕

知识拓展

自动对账有时并不能完全将单位日记账与银行对账单发生的对应账务进行核对，如上例中单位日记账增加58 000元，但银行对账单上却是以两笔29 000元的业务显示的，此时就需要进行手动对账。

（6）在“银行对账”页面中，在对账一致但又未标记的业务的“两清”栏对应的单元格中双击，使其中出现“√”标记，用相同方法在其他“两清”栏中双击，添加“√”标记，然后单击“检查”按钮，如图1-172所示。

图1-172　手动对账

（7）打开“对账平衡检查”对话框，在其中将显示收支是否平衡，然后单击确定按钮，如图1-173所示。返回“银行对账”页面，单击“保存”按钮即可。

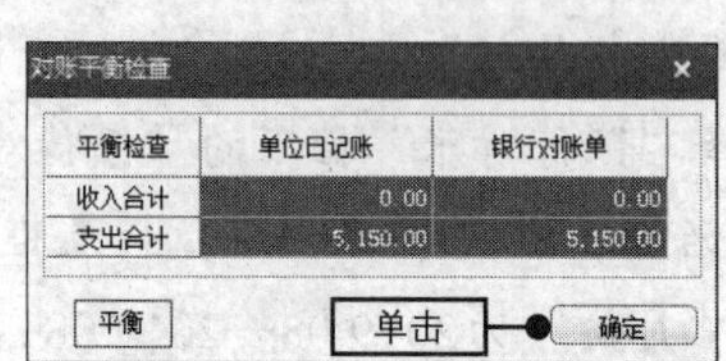

图1-173　对账平衡检查

4. 查看银行存款余额调节表

对单位日记账和银行对账单进行核对后，系统将自动整理并汇总未达账项和已达账项，并生成银行存款余额调节表，以检查对账是否正确，其具体操作如下。

（1）在用友U8主界面中单击“业务导航”按钮，在打开的页面中单击“财务会计”栏下的“总账”选项，在右边的列表中选择“银行对账”栏下的“余额调节表查询”选项。

（2）打开“银行存款余额调节表”页面，双击某个科目或选中该科目后单击工具栏中的“详细”按钮，如图1-174所示。

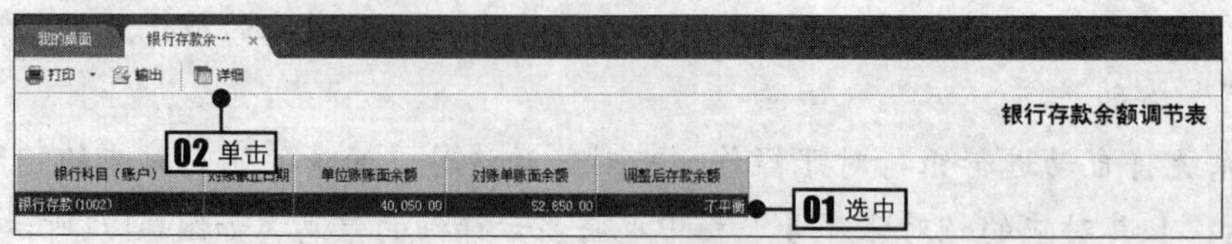

图1-174　银行存款余额调节表

（3）打开“余额调节表（详细）”页面，在其中将显示具体的余额信息。单击“打印”按钮🖶可将银行存款余额调节表打印输出，如图1-175所示。

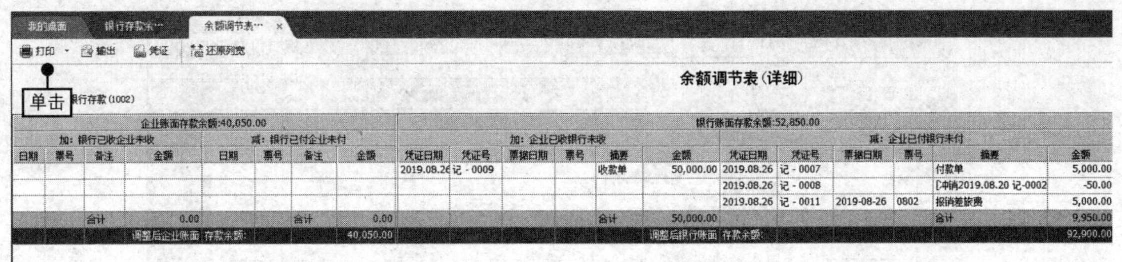

图1-175　余额调节表（详细）

在查看银行存款余额调节表时，若发现账面上显示余额不平衡，则企业可从以下几个方面查找原因。

◆ “银行对账期初录入”中的调整后余额是否平衡。
◆ “调整前余额”“日记账期初未达项”“对账单期初未达项”是否输入正确。
◆ 银行对账单录入是否正确。
◆ 银行对账时核对是否正确。
◆ 银行对账是否平衡。

【例题·单选题】在总账系统中进行银行对账时，如果银行存款余额调节表显示账面余额不平，不可从（　　）方面查找原因。

A. 银行对账单输入是否正确

B. “银行对账期初录入”中的调整后余额是否平衡

C. 银行对账中核对是否正确，对账是否平衡

D. 长期未达账项审计的情况

【解析】若银行存款余额调节表显示余额不平衡，企业可从以下几个方面查找原因：“银行对账期初录入”中的调整后余额是否平衡；“调整前余额”“日记账期初未达项”“对账单期初未达项”是否输入正确；银行对账单录入是否正确；银行对账时核对是否正确；银行对账是否平衡。因此，选项D符合题意。

【答案】D

1.6 报表管理

用友U8具有强大易用的报表管理功能，利用该功能能够轻松完成财务报表的创建、保存、编辑、生成等各种操作，本节将重点对自动生成财务报表以及设置报表公式等内容进行讲解。

1.6.1 自动生成财务报表

在编制财务报表时，主要有两种方法：一种是直接使用系统提供的报表模板进行编制，另一种是根据企业的实际情况自定义报表。其中，直接使用系统提供的报表模板可以提高生成报表的效率，其具体操作如下。

（1）在用友U8主界面中单击“业务导航”按钮，在打开的页面中单击“财务会计”栏下的“UFO报表”选项。

（2）打开“UFO报表”窗口，单击工具栏上的“新建”按钮，新建一个空白的UFO报表，选择【格式】/【报表模板】菜单命令，如图1-176所示。

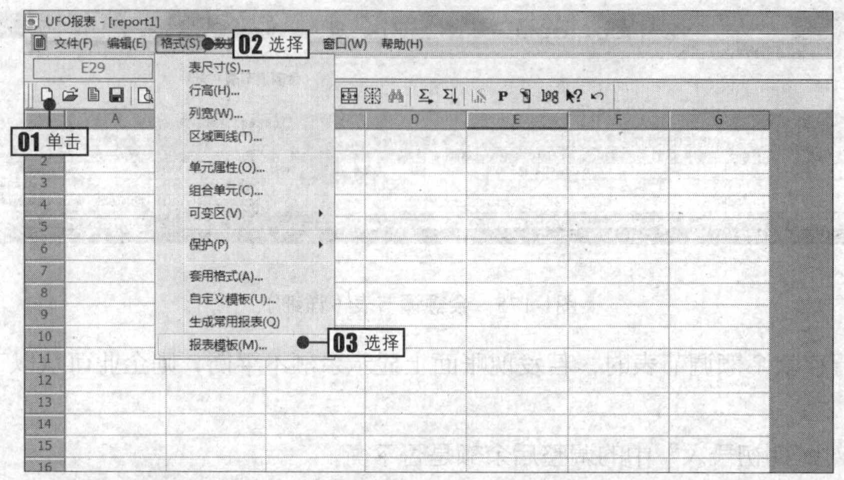

图1-176　新建UFO报表

（3）打开“报表模板”对话框，设置企业所处行业和财务报表种类，单击确认按钮，如图1-177所示。打开“用友软件”对话框，询问“模板格式将覆盖本表格式！是否继续？”，单击确定按钮，如图1-178所示。

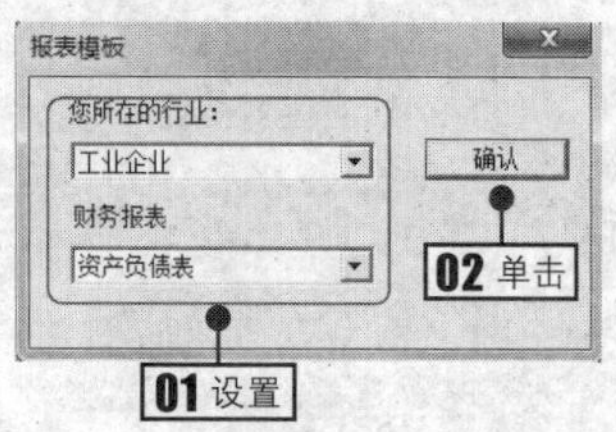

图1-177　设置行业和财务报表种类

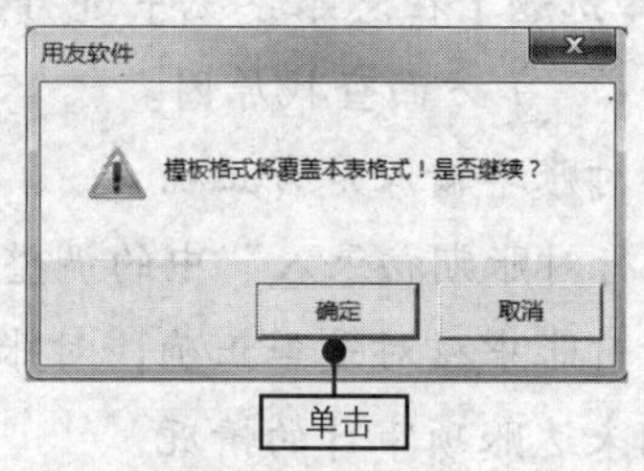

图1-178　询问是否继续

（4）返回“UFO报表”窗口，窗口中将显示系统自带的资产负债表模板，单击报表左下角的格式按钮进入数据状态，选择【数据】/【关键字】/【录入】菜单命令，如图1-179所示。从图中可以看出，该模板的财务报表项目与财政部最新发布的财务报表项目不一致，需要手动设置报表项目及其取数公式，相关知识将在后面进行介绍，这里暂不做修改。

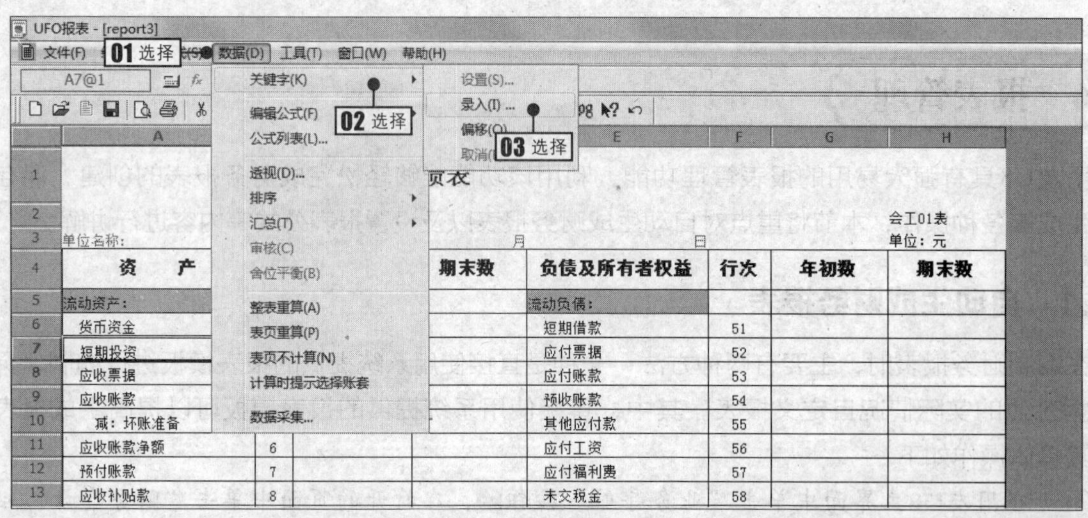

图1-179　录入关键字

知识拓展

为了避免在录入数据或执行其他操作时改动报表格式，影响报表生成效率，报表系统将报表的格式设计与数据处理功能相分离，这两种工作状态可以通过 数据 / 格式 按钮转换。在格式状态下，可设计报表的格式，且所做的操作对本报表所有的表页都发生作用，但不能录入、计算、显示数据；在数据状态下，不能修改报表的格式，但可看到报表的全部内容（包括格式和数据）。

（5）打开"录入关键字"对话框，在"单位名称""年""月"文本框中输入该报表所需的关键字内容，这里分别输入"北京天维科技有限公司""2019""8"，单击 确认 按钮，在打开的"用友软件"对话框中单击 否(N) 按钮，如图1-180所示。

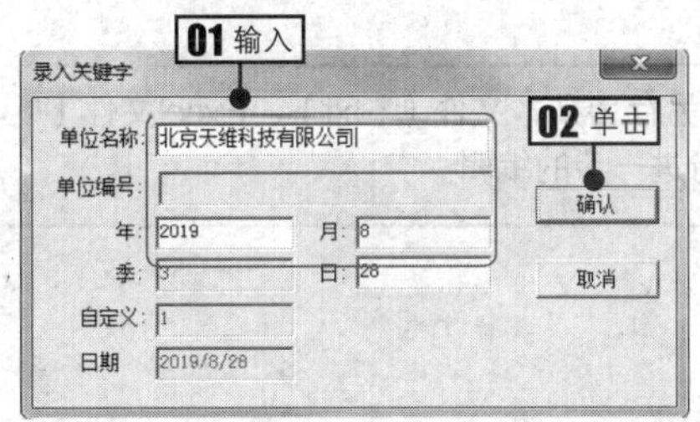

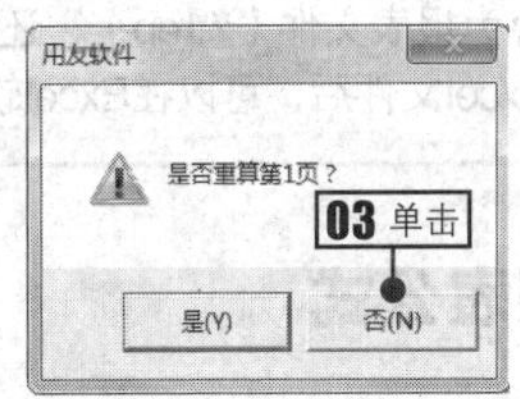

图1-180 输入关键字内容

（6）选择【数据】/【整表重算】菜单命令，打开"用友软件"对话框，单击 是(Y) 按钮即可，如图1-181所示。

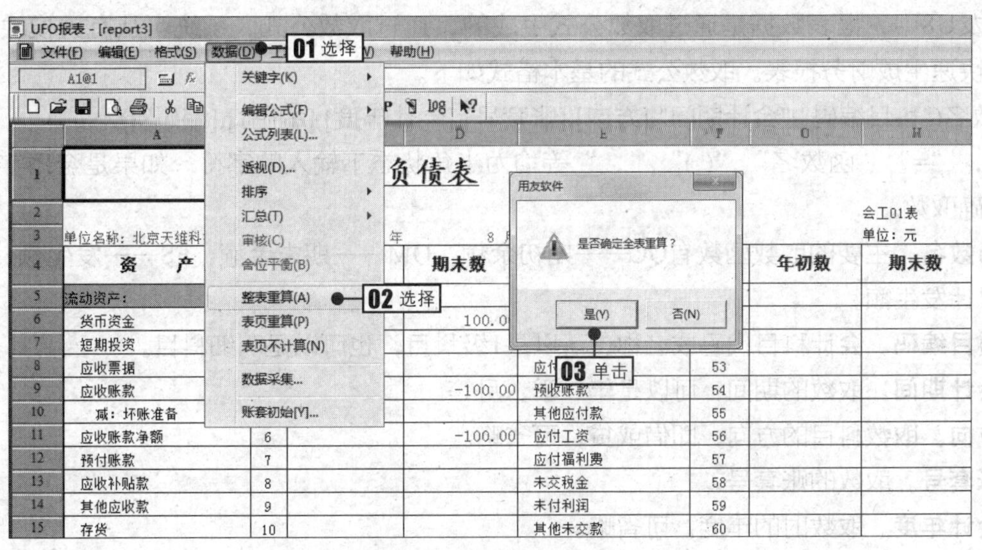

图1-181 整表重算

知识拓展

整表重算针对的是报表中的所有表页（报表下方会显示"第×页"字样）。如果只想对当前表页进行重算，则可选择【数据】/【表页重算】菜单命令；如果在整表重算时不想计算其中的某一页表页，则可切换到该表页，选择【数据】/【表页不计算】菜单命令，为该表页添加不计算的标签，以后在整表重算时就不会重算该表页的内容。

（7）单击工具栏上的"保存"按钮，打开"另存为"对话框，选择保存路径，设置文件名和文件类型，单击 另存为 按钮即可，如图1-182所示。

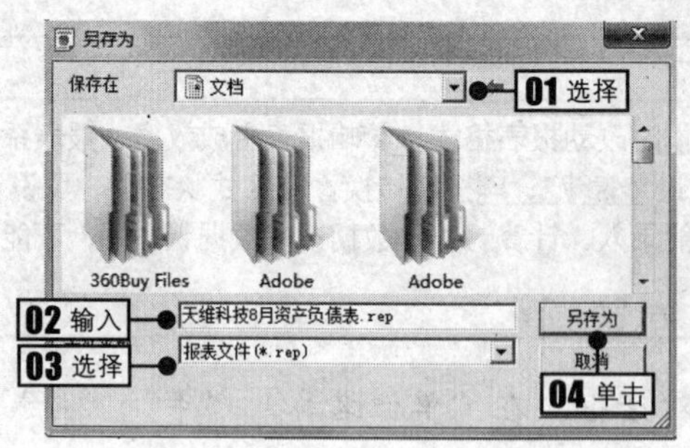

图1-182　保存财务报表

> **知识拓展**
>
> 除了将财务报表保存为报表文件（*.rep），还可以将其另存为文本文件（*.txt）、Excel文件（*.xlsx）等。会计人员将财务报表另存为Excel文件后，可以在Excel软件中进行进一步的编辑。

1.6.2　设置报表公式

除了使用报表模板自动生成报表外，企业还可以根据自身实际情况以及政策要求自定义报表，这就涉及报表公式的设置。下面具体介绍这方面知识。

1. 了解用友U8公式与函数

在用友U8中，报表数据是通过取数公式生成的，通过取数公式，系统可从有关模块中取得数据，从而快速生成财务报表。取数公式的基本格式如下。

=函数名("科目编码","会计期间",[方向],[账套号],[会计年度],[编码1],[编码2])

其中，“=”“函数名”“( )”“，”等均为半角状态下输入的字符。如果是全角字符，则系统不能正确取数。

- **函数名**。主要的取数函数有QC——期初余额，QM——期末余额，FS——发生额，LFS——累计发生额。
- **科目编码**。会计科目代码或名称，可以是1级科目，也可以是明细科目。
- **会计期间**。取数的期间，可以是年、季、月等。
- **方向**。取数科目的方向，即借或贷，可省略。
- **账套号**。取数的账套号。
- **会计年度**。取数时的年度，可省略。
- **编码1、编码2**。在辅助分类账中取数。

报表中的有些数据是报表项目的总和，通过报表取数公式即可求得。常用取数函数包括数据合计函数PTOTAL、平均值函数PAVG、计数函数PCOUNT、最大值函数PMAX和最小值函数PMIN等。

2. 设置资产负债表取数公式和审核公式

某企业的资产负债表取数公式如表1-2所示（假设该企业坏账准备都与应收账款有关）。同时，为了保证同一表页中相关数据的勾稽关系，需设立审核公式，此处设置“资产总计（期末余额）=负债和所有者权益总计（期末余额）”。

表1-2　资产负债表取数公式

报表项目	（期末余额）取数公式
货币资金	B6=QM("1001",月,,,,)+QM("1002",月,,,,)+QM("1012",月,,,,)
应收票据	B9=QM("1121",月,,,,)
应收账款	B10=QM("1122",月,,,,)-QM("1231",月,,,,)
预付款项	B11=QM("1123",月,借,,,,)+QM("2202",月,借,,,,)
其他应收款	B12=QM("1221",月,,,,)+QM("1131",月,,,,)+QM("1132",月,,,,)
存货	B13=QM("1401",月,,,,)+QM("1402",月,,,,)+QM("1403",月,,,,)+QM("1404",月,,,,)+QM("1405",月,,,,)+QM("1406",月,,,,)+QM("1407",月,,,,)+QM("1408",月,,,,)+QM("1411",月,,,,)+QM("1461",月,,,,)-QM("1471",月,,,,)+QM("5001",月,,,,)
流动资产合计	B17=PTOTAL(B6:B16)
固定资产	B24=QM("1601",月,,,,)-QM("1602",月,,,,)-QM("1603",月,,,,)+QM("1606",月,,,,)
在建工程	B25=QM("1604",月,,,,)+QM("1605",月,,,,)
无形资产	B28=QM("1701",月,,,,)-QM("1702",月,,,,)-QM("1703",月,,,,)
非流动资产合计	B34=PTOTAL(B18:B33)
资产总计	B43=B17+B34
短期借款	E6=QM("2001",月,,,,)
应付票据	E9=QM("2201",月,,,,)
应付账款	E10=QM("2202",月,贷,,,,)+QM("1123",月,贷,,,,)
预收款项	E11=QM("2203",月,贷,,,,)+QM("1122",月,贷,,,,)
应付职工薪酬	E12=QM("2211",月,,,,)
应交税费	E13=QM("2221",月,,,,)
其他应付款	E14=QM("2231",月,,,,)+QM("2232",月,,,,)+QM("2241",月,,,,)
流动负债合计	E18=PTOTAL(E6:E17)
长期借款	E20=QM("2501",月,,,,)
非流动负债合计	E29=PTOTAL(E20:E28)
负债合计	E30=E18+E29
实收资本	E32=QM("4001",月,,,,)
资本公积	E36=QM("4002",月,,,,)
盈余公积	E40=QM("4101",月,,,,)
未分配利润	E41=QM("4103",月,,,,)+QM("4104",月,,,,)
所有者权益（或股东权益）合计	E42=E32+E36-E37+E40+E41
负债与所有者权益（或股东权益）总计	E43=E30+E42

下面按照表1-2，为该企业的资产负债表设置取数公式，其具体操作如下。

（1）选择B6单元格，选择【数据】/【编辑公式】/【单元公式】菜单命令。

（2）打开“定义公式”对话框，在“公式”文本框中输入“QM("1001",月,,,,)+QM("1002",月,,,,)+QM("1012",月,,,,)”，然后单击 确定 按钮，即完成“货币资金”报表项目取数公式的设置。

（3）按照相同的方法，设置其他报表项目的公式，并完善其他内容，完成后的效果如图1-183所示。

UFO报表 - [report1]

文件(F)　编辑(E)　格式(S)　数据(D)　工具(T)　窗口(W)　帮助(H)

A41

	A	B	C	D	E	F
4	资　　产	期末数	期初数	负债及所有者权益	期末数	期初数
5	流动资产：			流动负债：		
6	货币资金	公式单元		短期借款	公式单元	
7	以公允价值计量且其变动计入当期损益的金融资产			以公允价值计量且其变动计入当期损益的金融负债		
8	衍生金融资产			衍生金融负债		
9	应收票据	公式单元		应付票据	公式单元	
10	应收账款	公式单元		应付账款	公式单元	
11	预付款项	公式单元		预收款项	公式单元	
12	其他应收款	公式单元		应付职工薪酬	公式单元	
13	存货	公式单元		应交税费	公式单元	
14	持有待售资产			其他应付款	公式单元	
15	一年内到期的非流动资产			持有待售负债		
16	其他流动资产			一年内到期的非流动负债		
17	流动资产合计	公式单元		其他流动负债		
18	非流动资产：			流动负债合计	公式单元	
19	可供出售金融资产			非流动负债：		
20	持有至到期投资			长期借款	公式单元	
21	长期应收款			应付债券		
22	长期股权投资			其中：优先股		
23	投资性房地产			永续债		
24	固定资产	公式单元		长期应付款		
25	在建工程	公式单元		预计负债		
26	生产性生物资产			递延收益		
27	油气资产			递延所得税负债		
28	无形资产	公式单元		其他非流动负债		
29	开发支出			非流动负债合计	公式单元	
30	商誉			负债合计	公式单元	
31	长期待摊费用			所有者权益（或股东权益）：		
32	递延所得税资产			实收资本（或股本）	公式单元	
33	其他非流动资产			其他权益工具		
34	非流动资产合计	公式单元		其中：优先股		
35				永续债		
36				资本公积	公式单元	
37				减：库存股		
38				其他综合收益		
39				专项储备		
40				盈余公积	公式单元	
41				未分配利润	公式单元	
42				所有者权益（或股东权益）合计	公式单元	
43				负债和所有者权益（或股东权益）总计	公式单元	
44	资产总计	公式单元		负债及所有者权益总计	公式单元	

图1-183　完成取数公式设置

（4）选择【数据】/【编辑公式】/【审核公式】菜单命令，打开“审核公式”对话框，在“审核关系”文本框中输入“B44=E44 MESS"资产总计的期末数<>负债和所有者权益总计的期末数"”，然后单击 确定 按钮，如图1-184所示。

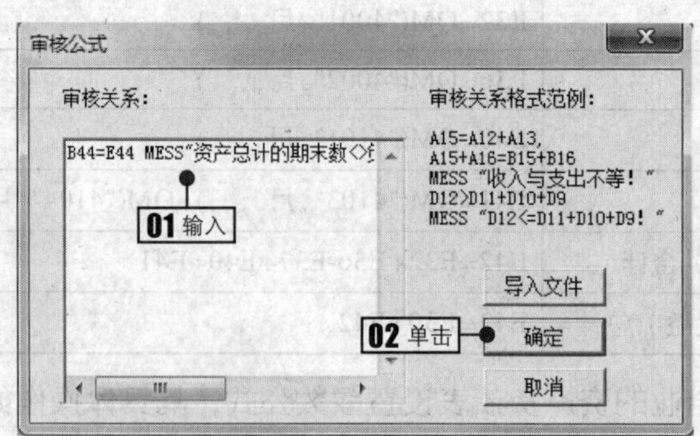

图1-184　设置审核公式

（5）设置好公式后，选择【数据】/【整表重算】菜单命令，打开“用友软件”对话框，单击 是(Y) 按钮，即可得到报表数据。

知识拓展

为报表中需要建立审核公式的单元格或单元格区域设置好相应的公式后，便可对报表进行审核，检查数据是否有误，如果有误，立即更正，其方法为，进入报表的数据状态，选择【数据】/【审核】菜单命令，如果设置有审核公式的单元格的数据有误，将会打开“用友软件”对话框，提示错误所在单元格。假设审核公式设置的是A3单元格中的数值应为A1与A2单元格的数值之和，而这里审核到A3单元格的数值并不等于A1与A2单元格的数值之和，因此将打开“用友软件”对话框，提示“A3数据错误！！！”的信息，单击确定按钮重新修正数据即可，如图1-185所示。

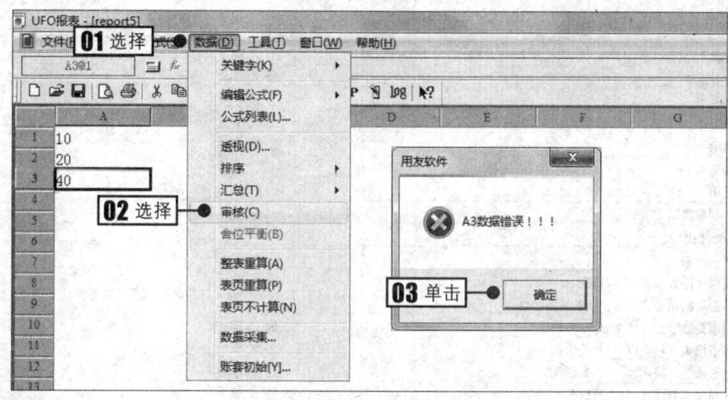

图1-185 审核报表

3. 设置利润表取数公式

某企业的利润表取数公式如表1-3所示。

表1-3 利润表取数公式

报表项目	（期末余额）取数公式
营业收入	B5=FS("6001",月,"贷",,,,)+FS("6051",月,"贷",,,,)
营业成本	B6=FS("6401",月,"借",,,,)+FS("6402",月,"借",,,,)
税金及附加	B7=FS("6403",月,"借",,,,)
销售费用	B8=FS("6601",月,"借",,,,)
管理费用	B9=FS("6602",月,"借",,,,)
财务费用	B11=FS("6603",月,"借",,,,)
投资收益	B15=FS("6111",月,"借",,,,)
公允价值变动损益	B17=FS("6101",月,"借",,,,)
资产减值损失	B18=FS("6701",月,"借",,,,)
资产处置收益	B19=FS("6112",月,"借",,,,)
营业利润	B20=B5-B6-B7-B8-B9-B11+B15+B17+B18+B19
加：营业外收入	B21=FS("6301",月,"贷",,,,)
减：营业外支出	B22=FS("6711",月,"借",,,,)
利润总额	B23=B20+B21-B22
减：所得税费用	B24=FS("6801",月,"借",,,,)
净利润	B25=B23-B24

下面按照表1-3，为该企业的利润表设置取数公式，其具体操作如下。

（1）选择B5单元格，选择【数据】/【编辑公式】/【单元公式】菜单命令。

（2）打开“定义公式”对话框，在“公式”文本框中输入“FS("6001",月,"贷",,,,)+FS("6051",月,"贷",,,,)”，然后单击 确定 按钮，即完成“营业收入”报表项目取数公式的设置。

（3）按照相同的方法，设置其他报表项目的公式，并完善其他内容，完成后的效果如图1-186所示。

UFO报表 - [report5]

文件(F) 编辑(E) 格式(S) 数据(D) 工具(T) 窗口(W) 帮助(H)

G26

	A	B	C	D
3	编制单位：			
4	项目	本期金额	上期金额	
5	一、营业收入	公式单元		
6	减：营业成本	公式单元		
7	税金及附加	公式单元		
8	销售费用	公式单元		
9	管理费用	公式单元		
10	研发费用			
11	财务费用	公式单元		
12	其中：利息费用			
13	利息收入			
14	加：其他收益			
15	投资收益（损失以“-”号填列）	公式单元		
16	其中：对联营企业和合营企业的投资收益			
17	公允价值变动收益（损失以“-”号填列）	公式单元		
18	资产减值损失（损失以“-”号填列）	公式单元		
19	资产处置收益（损失以“-”号填列）	公式单元		
20	二、营业利润（亏损以“-”号填列）	公式单元		
21	加：营业外收入	公式单元		
22	减：营业外支出	公式单元		
23	三、利润总额（亏损总额以“-”号填列）	公式单元		
24	减：所得税费用	公式单元		
25	四、净利润（净亏损以“-”号填列）	公式单元		
26	（一）持续经营净利润（净亏损以“-”号填列）			
27	（二）终止经营净利润（净亏损以“-”号填列）			
28	五、其他综合收益的税后净额			
29	（一）不能重分类进损益的其他综合收益			
30	1．重新计量设定受益计划变动额			
31	2．权益法下不能转损益的其他综合收益			
32	……			
33	（二）将重分类进损益的其他综合收益			
34	1．权益法下可转损益的其他综合收益			
35	2．可供出售金融资产公允价值变动损益			
36	3．持有至到期投资重分类为可供出售金融资产损益			
37	4．现金流量套期损益的有效部分			
38	5．外币财务报表折算差额			
39	……			
40	六、综合收益总额			
41	七、每股收益：			
42	（一）基本每股收益			
43	（二）稀释每股收益			

图1-186　完成取数公式设置

（4）设置好公式后，选择【数据】/【整表重算】菜单命令，打开“用友软件”对话框，单击 是(Y) 按钮，即可得到报表数据。

知识拓展

要打开“定义公式”对话框，除了通过菜单命令外，还可以选择单元格后按【=】键，或者通过单击编辑栏中的“函数”按钮 *fx* 来打开。在“公式”文本框中，也可以通过快捷键进行复制粘贴操作。在输入公式后，相关单元格将显示“公式单元”字样。另外，如果对公式不熟悉，可通过单击 函数向导... 按钮，按照步骤进行设置。

【例题·单选题】用友U8报表系统中，“QM”函数的含义是取（　）数据。

A. 期初余额　　B. 期末余额

C. 借方发生额　　D. 贷方发生额

【解析】“QM”函数的含义是取期末余额数据。

【答案】B

1.7 固定资产管理

固定资产是企业主要的非流动资产，是企业进行生产的基础。企业将固定资产投入生产或提供劳务，目的是从中获得收益，而不是直接将其出售。固定资产作为重要的生产资料，其价值会在使用过程中发生损耗，减少的这部分价值通过折旧费用的形式进入商品成本、劳务成本、租赁费或管理费等。为了更好地管理固定资产，提高固定资产利用效率，企业可以启用固定资产子系统。固定资产子系统可以自动生成固定资产相关经济业务的记账凭证。下面对固定资产子系统的具体操作进行讲解。

1.7.1 初始设置

在启用固定资产子系统前，企业需要进行一系列初始设置，包括初始化固定资产账套、设置部门对应的折旧科目、设置资产类别、设置固定资产增减方式以及录入固定资产原始卡片。下面分别进行介绍。

1. 初始化固定资产账套

在用友U8中，固定资产必须在一个专门的子系统中进行管理。在第一次登录固定资产子系统时，系统会提示进行固定资产账套初始化操作，其具体操作如下。

（1）在用友U8主界面中单击“业务导航”按钮，在打开的页面中单击“财务会计”栏下的“固定资产”选项，在右边的列表中选择“设置”栏下的“选项”选项。

（2）打开“固定资产”对话框，单击 是(Y) 按钮，如图1-187所示。

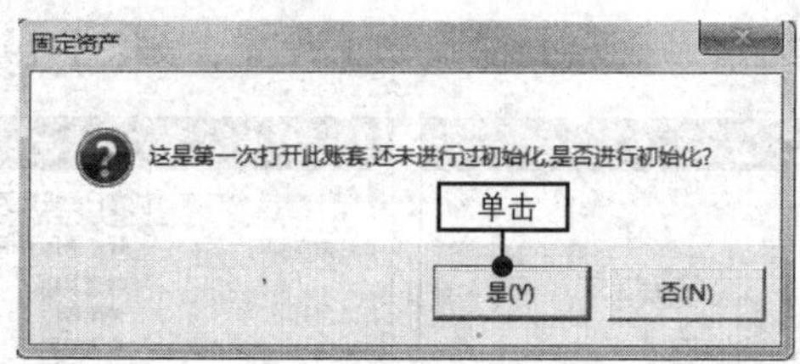

图1-187 确认开始初始化

（3）打开“初始化账套向导”对话框，选中“我同意”单选项，单击 下一步 按钮，如图1-188所示。

（4）打开“启用月份”页面，在“账套启用月份”下拉列表框中选择“2019.08”选项，单击 下一步 按钮，如图1-189所示。

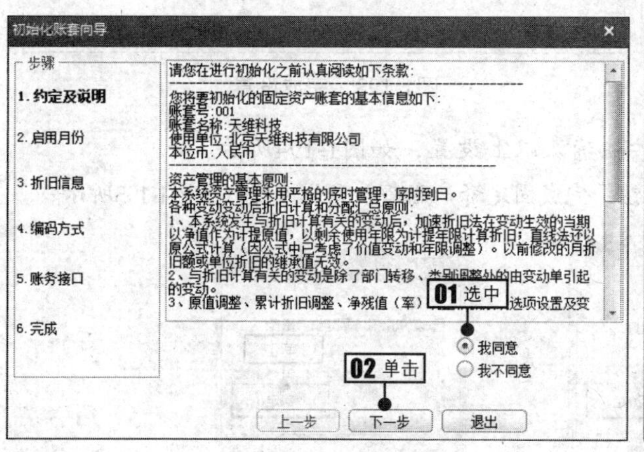

图1-188 同意初始化条款

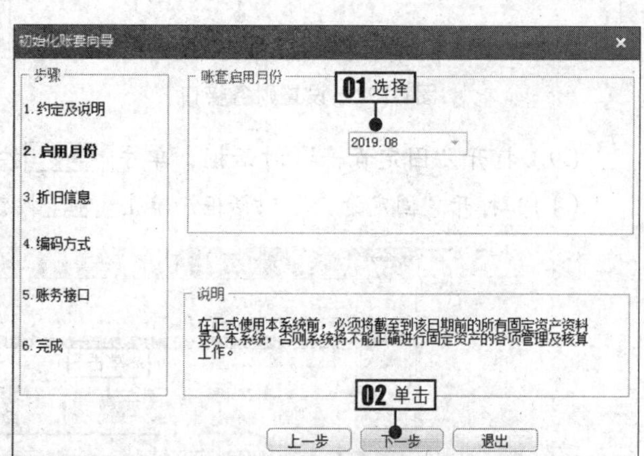

图1-189 选择启用月份

（5）打开“折旧信息”页面，选中“本账套计提折旧”复选框，在“主要折旧方法”下拉列表框中选择“平均年限法（二）”选项，在“折旧汇总分配周期”下拉列表框中选择“1”选项，选中“当（月初已计提月份＝可使用月份－1）时将剩余折旧全部提足（工作量法除外）”复选框，单击 下一步 按钮，如图1-190所示。

（6）打开“编码方式”页面，保持系统默认参数，单击 下一步 按钮，如图1-191所示。

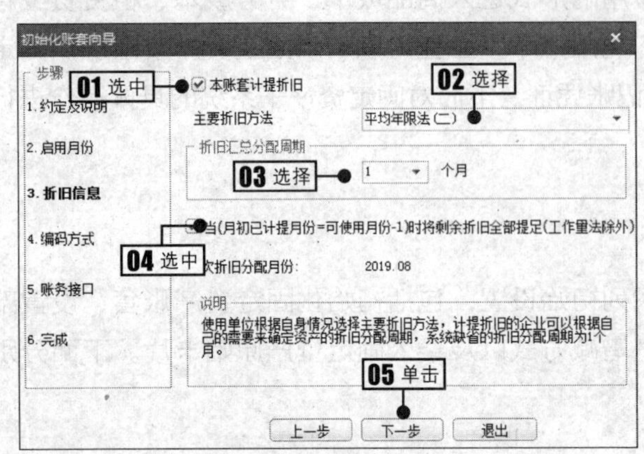

图1-190 设置折旧信息

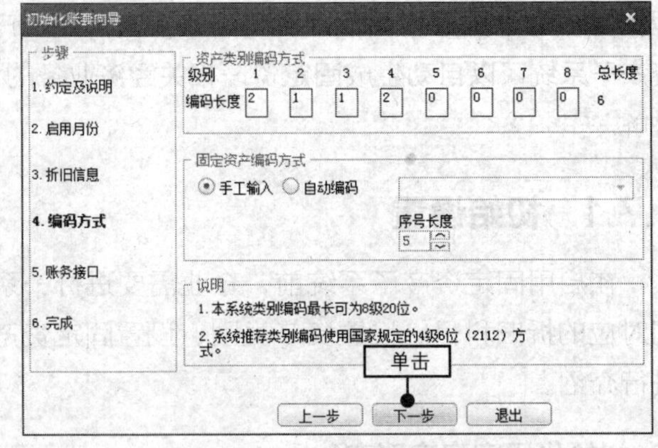

图1-191 设置编码方式

（7）打开“财务接口”页面，选中“与财务系统进行对账”复选框；单击“固定资产对账科目”文本框右侧的“参照”按钮...，在打开的“科目参照”对话框中选择“1601 固定资产”（系统默认无法直接输入科目代码）；单击“累计折旧对账科目”文本框右侧的“参照”按钮...，在打开的“科目参照”对话框中选择“1602 累计折旧”；取消选中“在对账不平情况下允许固定资产月末结账”复选框，单击 下一步 按钮，如图1-192所示。

（8）打开“完成”页面，单击 完成 按钮完成以上设置，如图1-193所示。

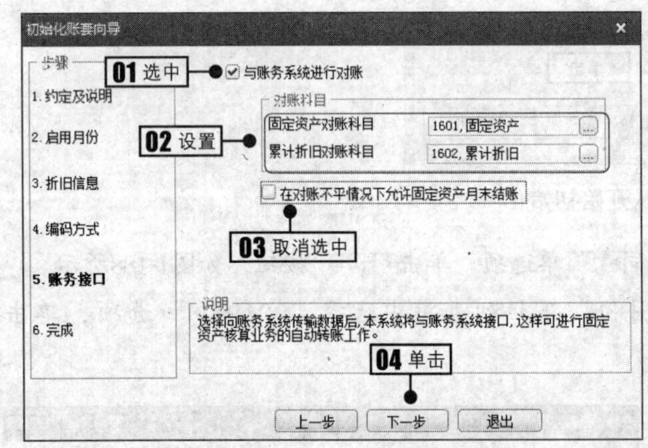

图1-192 设置财务接口

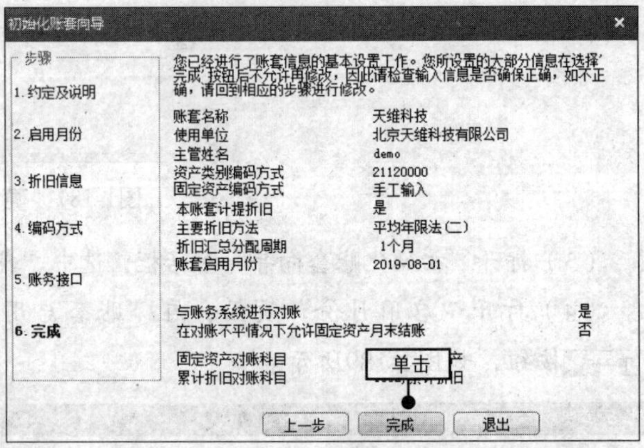

初始化账套向导

步骤

1. 约定及说明
2. 启用月份
3. 折旧信息
4. 编码方式
5. 账务接口
6. 完成

您已经进行了账套信息的基本设置工作。您所设置的大部分信息在选择“完成”按钮后不允许再修改，因此请检查输入信息是否确保正确，如不正确，请回到相应的步骤进行修改。

账套名称	天维科技
使用单位	北京天维科技有限公司
主管姓名	demo
资产类别编码方式	21120000
固定资产编码方式	手工输入
本账套计提折旧	是
主要折旧方法	平均年限法(二)
折旧汇总分配周期	1个月
账套启用月份	2019-08-01
与账务系统进行对账	是
在对账不平情况下允许固定资产月末结账	否
固定资产对账科目	1601 固定资产
累计折旧对账科目	1602 累计折旧

单击

上一步 完成 退出

图1-193 完成设置

（9）打开“固定资产”对话框，单击 是(Y) 按钮确认以上设置，如图1-194所示。

（10）打开“固定资产”对话框，单击 确定 按钮，完成固定资产账套初始化设置，如图1-195所示。

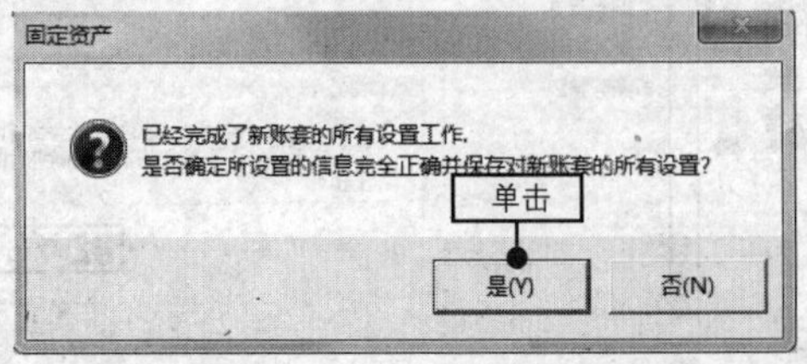

图1-194 确认初始化设置

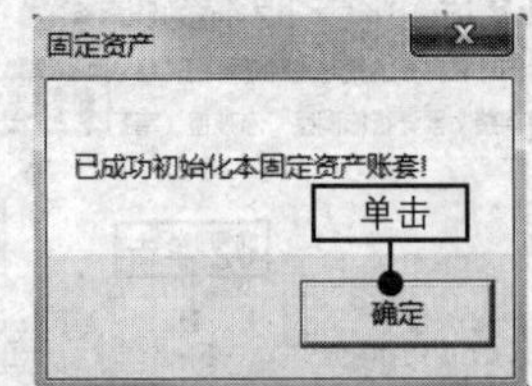

图1-195 完成初始化设置

2. 设置部门对应的折旧科目

为了分清经济责任，保证固定资产的完整与安全，企业一般将固定资产按使用部门进行管理，固定资产发生的折旧费用应归属到相应的使用部门，这样便于在计提折旧时按使用部门自动生成转账凭证。下面为某企业设置部门对应的折旧科目，其具体操作如下。

（1）在用友U8主界面中单击“业务导航”按钮，在打开的页面中单击“财务会计”栏下的“固定资产”选项，在右边的列表中选择“设置”栏下的“部门对应的折旧科目”选项。

（2）打开“部门对应折旧科目”页面，在左侧目录中选中“101 人事部”所在行，单击“修改”按钮，如图1-196所示。

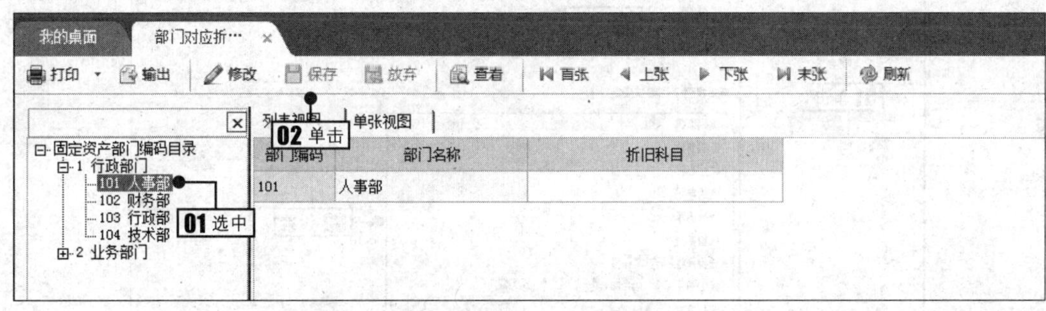

图1-196 单击“修改”按钮

（3）单击“折旧科目”文本框右侧的“参照”按钮，打开“科目参照”对话框，双击“660204 折旧费”选项，单击“保存”按钮，如图1-197所示。

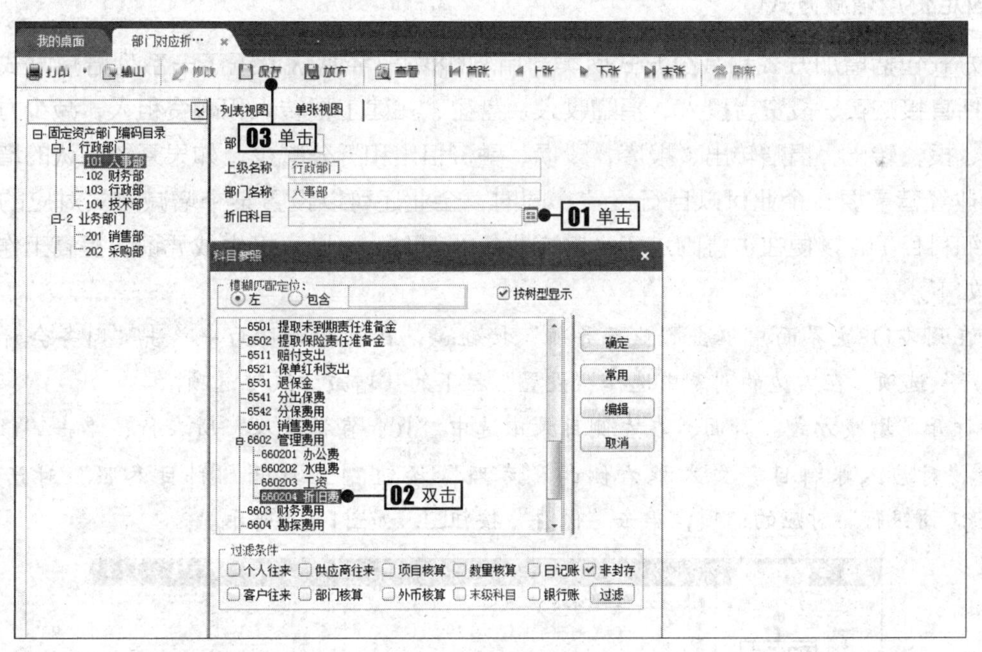

图1-197 设置折旧科目

（4）按照相同的方法，将财务部、行政部、技术部和采购部对应的折旧科目设置为“660204”（管理费用——折旧费），将销售部对应的折旧科目设置为“660103”（销售费用——折旧费）。

知识拓展

完成固定资产初始化设置后，如果确实需要修改系统不允许修改的账套信息，需要通过“重新初始化”功能来实现，不过这样做的结果会将之前在该账套中所做的一切工作都清除。对于系统允许修改的信息，可在【固定资产】/【设置】/【选项】中进行设置。

3．设置资产类别

下面为某企业设置资产类别，其具体操作如下。

（1）在用友U8主界面中单击“业务导航”按钮，在打开的页面中单击“财务会计”栏下的“固定资产”选项，在右边的列表中选择“设置”栏下的“资产类别”选项。

（2）打开“资产类别”页面，单击“增加”按钮，分别将“类别编码”“类别名称”“使用年限”“净残值率”“计提属性”“折旧方法”“卡片样式”设置为“01”“电子设备”“5”“5”“正常计提”“平均年限法（二）”“通用样式（二）”，然后单击“保存”按钮，如图1-198所示。

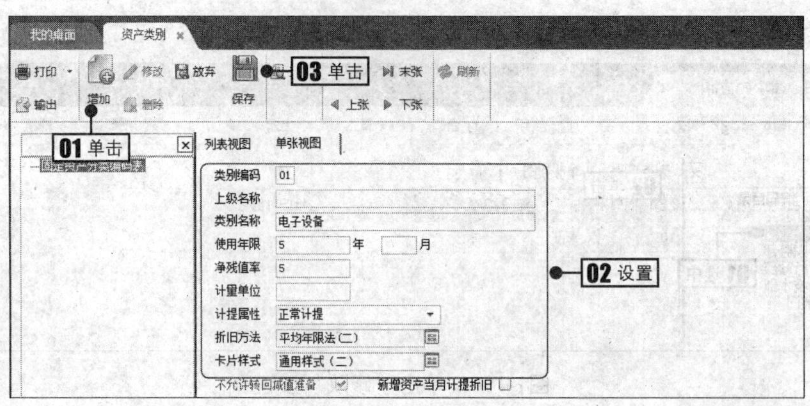

图1-198　设置资产类别

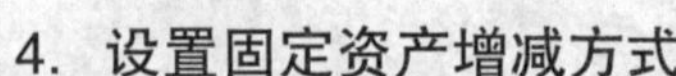

4．设置固定资产增减方式

增减方式包括增加方式和减少方式两类。用友U8中已经默认设置了一系列增减方式，其中增加方式包括直接购买、投资者投入、捐赠收入、盘盈、在建工程转入和融资租入，减少方式包括出售、盘亏、投资转出、捐赠转出、报废、毁损、融资租出和拆分减少。如果系统默认的增减方式不能满足企业经营需要，企业可以自行设置。同时，企业还可以设置某个增减方式对应的入账科目（应为明细科目），以便在进行固定资产增减业务处理时，可以直接生成凭证，提高工作效率。其具体操作如下。

（1）在用友U8主界面中单击“业务导航”按钮，在打开的页面中单击“财务会计”栏下的“固定资产”选项，在右边的列表中选择“设置”栏下的“增减方式”选项。

（2）打开“增减方式”页面，在左侧目录中选中“101 直接购入”所在行，单击“修改”按钮，单击“对应入账科目”文本框右侧的“参照”按钮，打开“科目参照”对话框，双击“100201 工商银行”对应的选项，单击“保存”按钮，如图1-199所示。

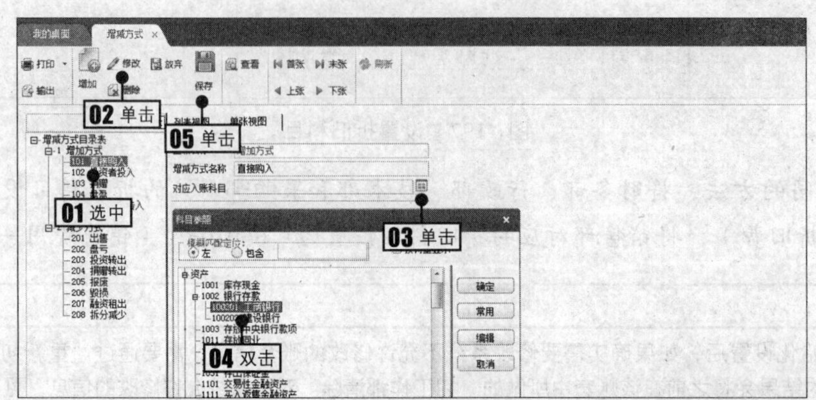

图1-199　设置对应入账科目

5. 录入固定资产原始卡片

下面为某企业录入固定资产原始卡片，其具体操作如下。

（1）在用友U8主界面中单击“业务导航”按钮，在打开的页面中单击“财务会计”栏下的“固定资产”选项，在右边的列表中选择“卡片”栏下的“录入原始卡片”选项。

（2）打开“固定资产类别档案”窗口，双击“01 电子设备”选项，如图1-200所示。

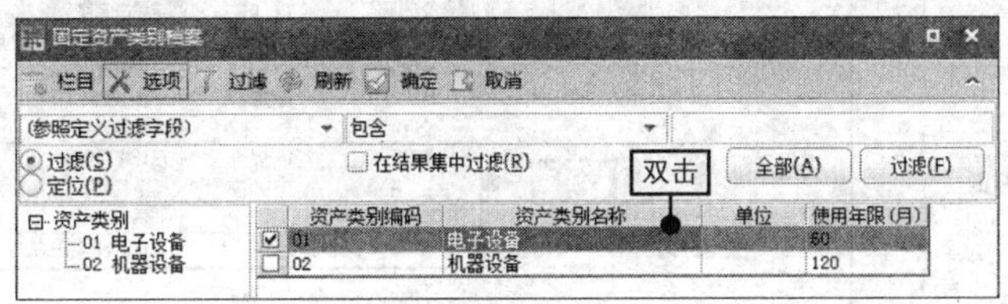

图1-200 选择固定资产类别

（3）打开“固定资产卡片”页面，在“固定资产编号”文本框中输入“0101”，双击“使用部门”文本框，单击出现的使用部门按钮，打开“固定资产”对话框，选中“单部门使用”单选项，单击确定按钮，如图1-201所示。

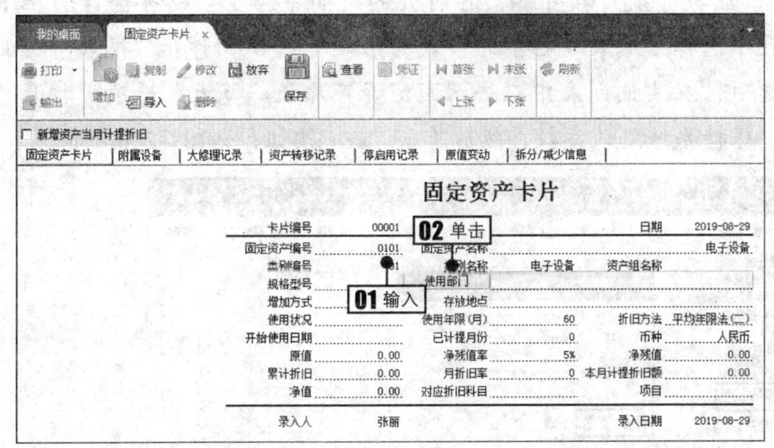

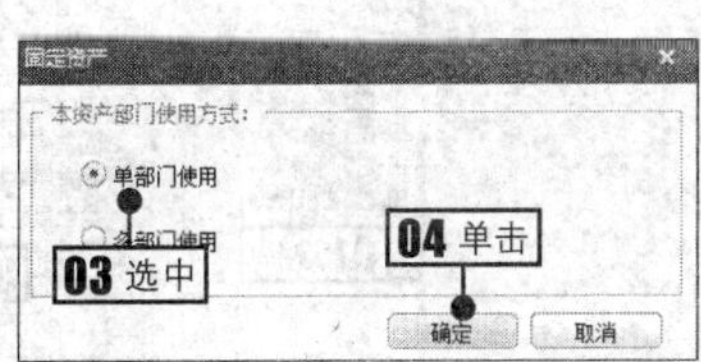

图1-201 输入固定资产编号并设置使用部门

（4）打开“部门基本参照”窗口，双击需要的部门对应的选项，如图1-202所示。

（5）返回“固定资产卡片”页面，双击“增加方式”文本框，单击出现的增加方式按钮，打开“固定资产增加方式”窗口，双击需要的增加方式对应的选项，如图1-203所示。

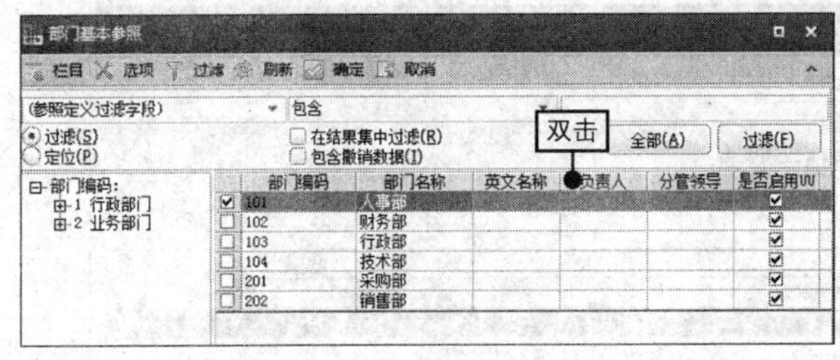

图1-202 选择使用部门

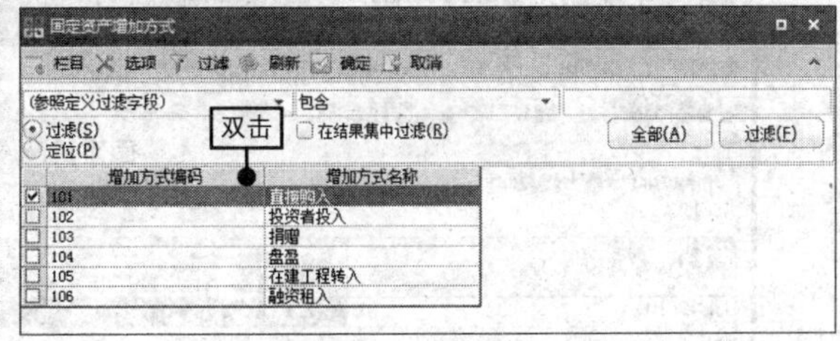

图1-203 选择增加方式

（6）返回“固定资产卡片”页面，双击“使用状况”文本框，单击出现的使用状况按钮，打开“使用状况参照”窗口，双击“1001 在用”选项，如图1-204所示。

（7）返回“固定资产卡片”页面，在“开始使用日期”文本框中输入“2018-04-01”，在“已计提月份”文本框中输入“3”，在“原值”文本框中输入“5 000”，在“累计折旧”文本框中输入“237.5”，单击“保存”按钮，如图1-205所示。

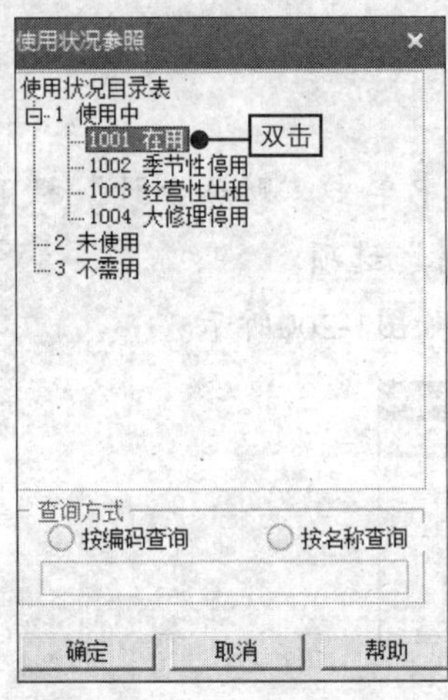

图1-204　设置使用状况

图1-205　设置其他信息

（8）打开提示对话框，单击确定按钮即可完成保存。然后按照同样的方法录入其他固定资产的卡片信息。

（9）在用友U8主界面中单击“业务导航”按钮，在打开的页面中单击“财务会计”栏下的“固定资产”选项，在右边的列表中选择“账表”栏下的“我的账表”选项。打开“报表”页面，在左侧的目录中选择“统计表”选项，在右侧列表中双击“固定资产原值一览表”选项，打开“条件-固定资产原值一览表”对话框，保持系统默认参数，然后单击确定按钮，如图1-206所示。

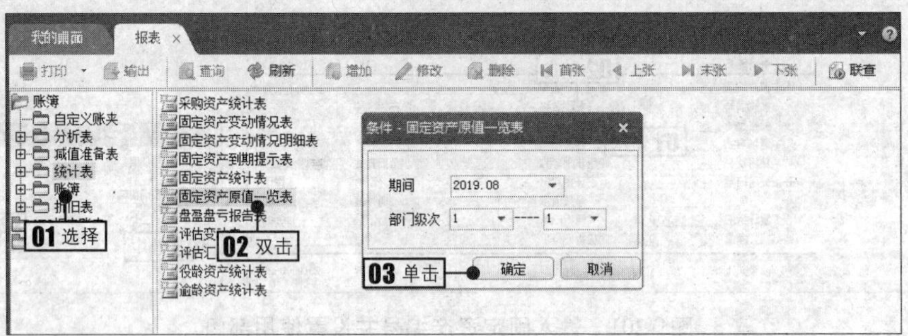

图1-206　设置查询固定资产原值的条件

（10）打开“固定资产原值一览表”页面，“原值”和“累计折旧”两列的合计数与总账系统中的期初余额一致时，即表示固定资产卡片录入正确，如图1-207所示。

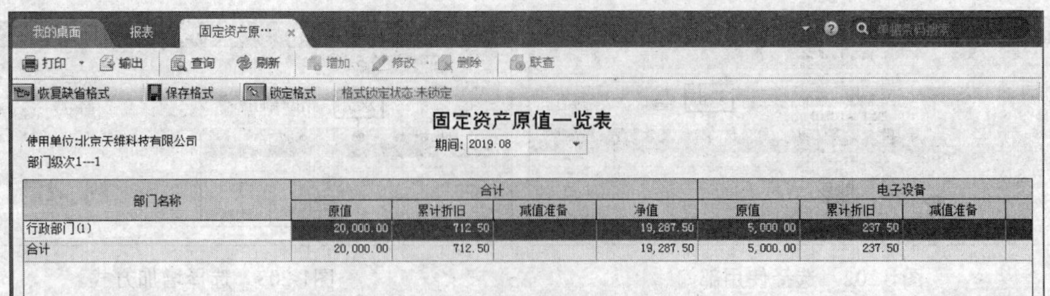

图1-207　查看固定资产原值

知识拓展

一般固定资产子系统初始化后，不应再使用“录入原始卡片”功能。如果后续购置固定资产，应在“资产增加”功能中增加固定资产卡片。

1.7.2 固定资产增加

企业在购入固定资产后，需要在固定资产子系统中新增固定资产卡片并进行自动制单，以便加强对固定资产的管理。下面在固定资产子系统中增加固定资产，并设置自动制单（假定附件为5张），其具体操作如下。

（1）在用友U8主界面中单击“业务导航”按钮，在打开的页面中单击“财务会计”栏下的“固定资产”选项，在右边的列表中选择“卡片”栏下的“资产增加”选项。

（2）打开“固定资产类别档案”窗口，双击“02 机器设备”选项。

（3）打开“固定资产卡片”页面，按录入固定资产原始卡片的方法设置卡片信息。在“固定资产编号”文本框中输入“0202”，设置“使用部门”为“技术部”，在“增加方式”文本框中输入“101”（直接购入），在“使用状况”文本框中输入“1001”（在用），在“开始使用日期”文本框中输入“2019-08-29”，在“原值”文本框中输入“50 000”，在“累计折旧”文本框中输入“0”，单击“保存”按钮，如图1-208所示。

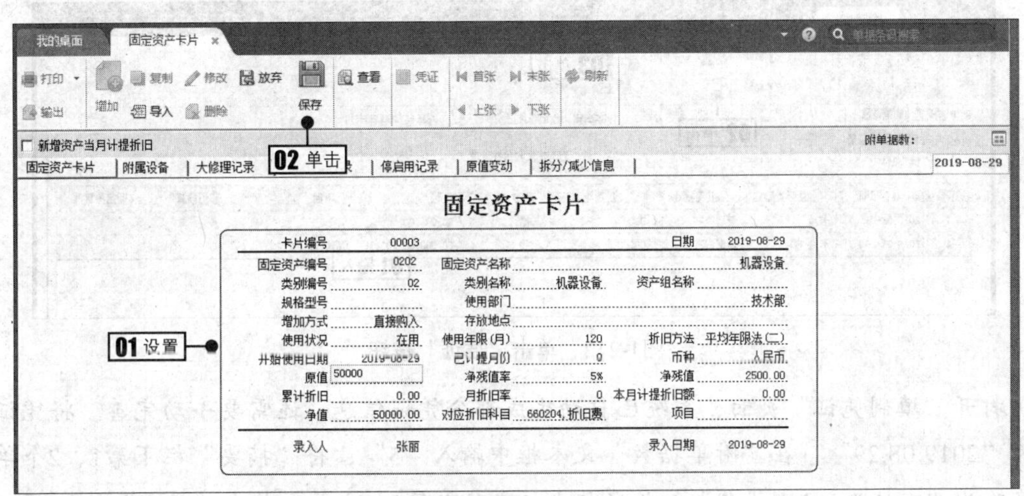

图1-208 设置固定资产卡片信息

（4）打开“固定资产”对话框，单击 确定 按钮保存该卡片，如图1-209所示。

（5）在用友U8主界面中单击“业务导航”按钮，在打开的页面中单击“财务会计”栏下的“固定资产”选项，在右边的列表中选择“凭证处理”栏下的“批量制单”选项。打开“查询条件-批量制单”对话框，设置业务日期，单击 确定 按钮，如图1-210所示。

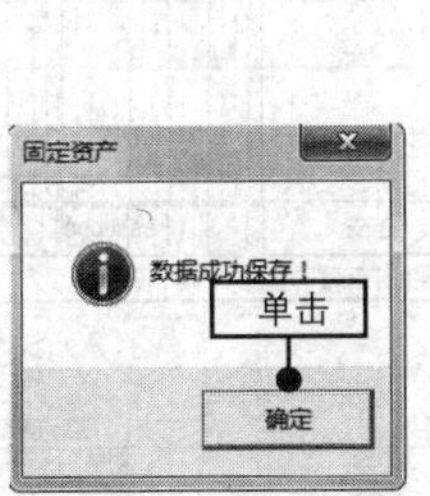

图1-209 保存成功

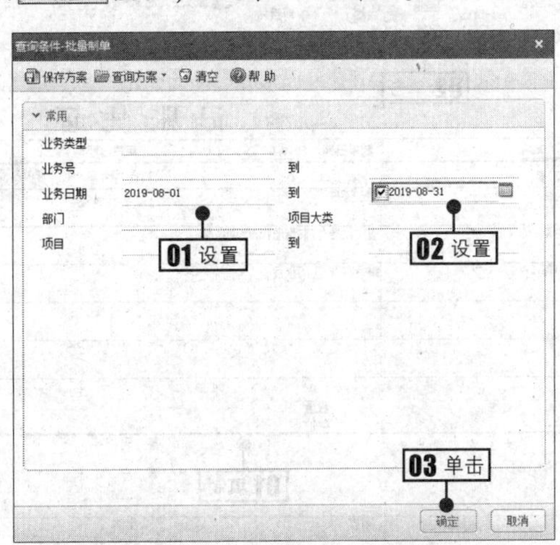

图1-210 设置查询条件

（6）打开“批量制单”页面，双击“选择”栏下方的第1个单元格，使其出现“Y”字样，然后单击“制单设置”选项卡，如图1-211所示。

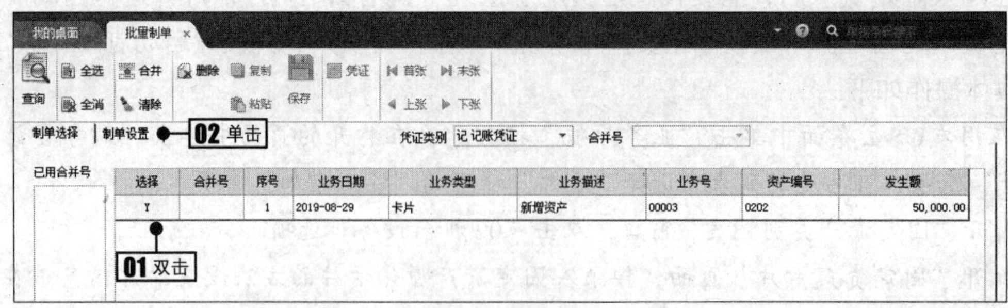

图1-211　制单设置

（7）在“科目”栏下方的第1个单元格中输入“1601”（固定资产），单击“保存”按钮，再单击“凭证”按钮，如图1-212所示。

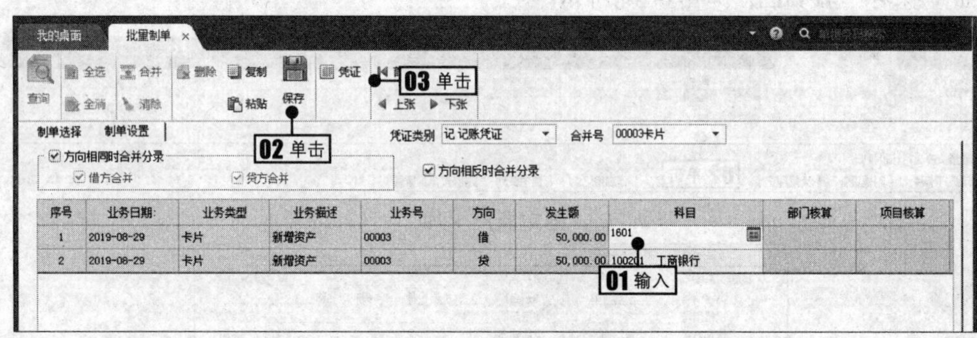

图1-212　单击“凭证”按钮

（8）打开“填制凭证”页面，系统已自动生成部分凭证信息，还需要手动完善。将凭证制单日期设置为“2019.08.29”，在“附单据数”文本框中输入“5”，将“摘要”栏下第1、2个单元格中内容均修改为“直接购入A型设备”。将鼠标光标定位在第2行分录，单击“插分”按钮，在新增的一行中分别设置摘要、科目名称、借方金额为“直接购入A型设备”“应交税费/应交增值税/进项税额”和“8 000”。将第3行“贷方金额”修改为“58 000”，单击“保存”按钮生成凭证，如图1-213所示。

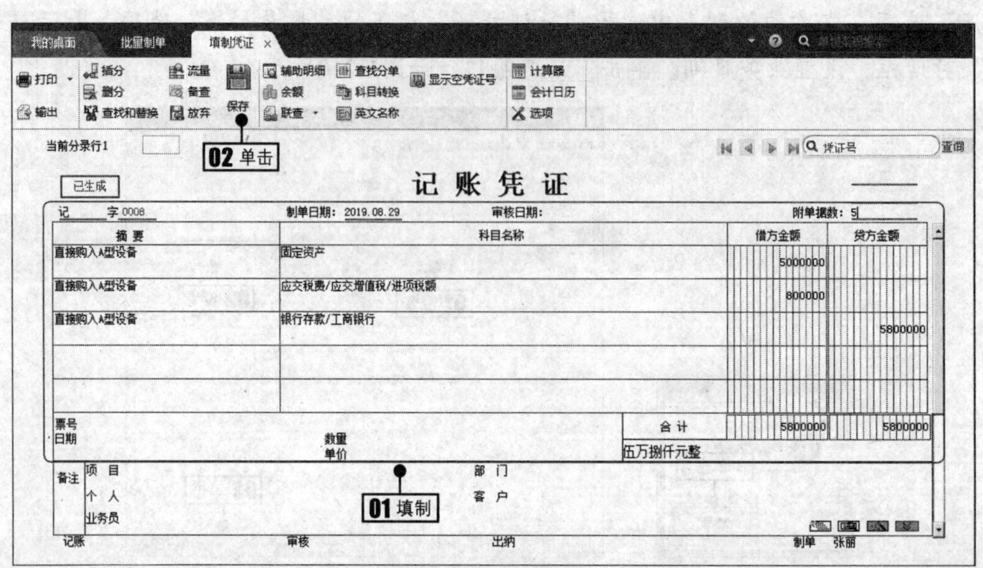

图1-213　生成凭证

知识拓展

固定资产子系统中的自动制单功能有两种方式：一种是业务发生后立即制单，即每次购买固定资产都制作一张凭证；另一种是批量制单，即在月末统一生成当月所有购入固定资产的凭证。如果要使用第一种方式，需在【固定资产】/【设置】/【选项】中进行设置，打开“选项”对话框，单击“与账务系统接口”选项卡，单击 编辑 按钮，然后选中“业务发生后立即制单”复选框，最后单击“确定”按钮。

1.7.3 固定资产变动

固定资产在使用过程中，发生固定资产重新估价、增加设备或改良设备、根据实际价值调整原来的暂估价值、部门转移、原记固定资产价值有误等情况时，可以通过固定资产变动来实现。用友U8固定资产子系统中变动单功能提供了“原值增加”“原值减少”“部门转移”“使用状况调整”“折旧方法调整”“累计折旧调整”“使用年限调整”“净残值（率）调整”等选项。这里以部门转移为例，介绍固定资产变动的处理方法，其具体操作如下。

（1）在用友U8主界面中单击“业务导航”按钮，在打开的页面中单击“财务会计”栏下的“固定资产”选项，在右边的列表中选择“变动单”栏下的“部门转移”选项。

（2）打开“固定资产变动单”页面，单击 卡片编号 按钮，打开“固定资产卡片档案”窗口，双击“资产编号”为“0101”的固定资产对应的选项，如图1-214所示。

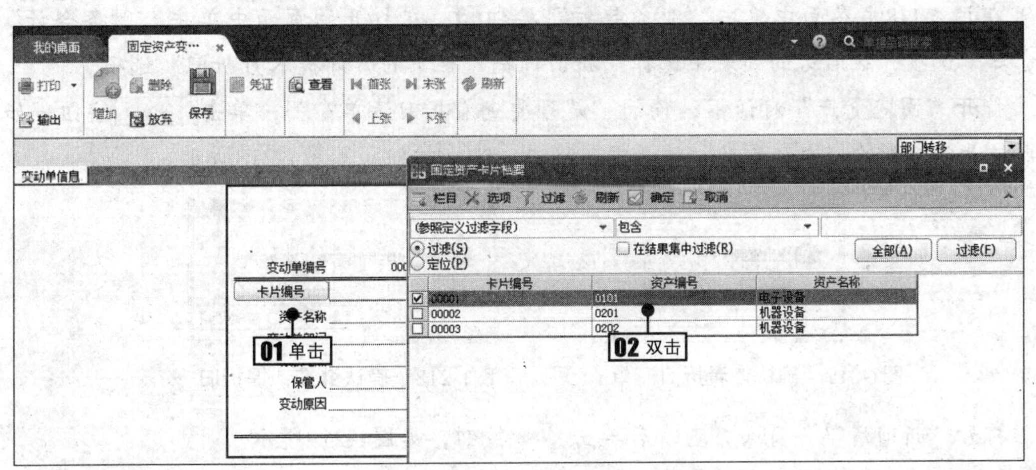

图1-214　选择资产编号

（3）双击“变动前部门”文本框，单击出现的 变动后部门 按钮，在打开的对话框中选中“单部门使用”单选项，打开“部门基本参照”窗口，双击行政部对应的选项，如图1-215所示。

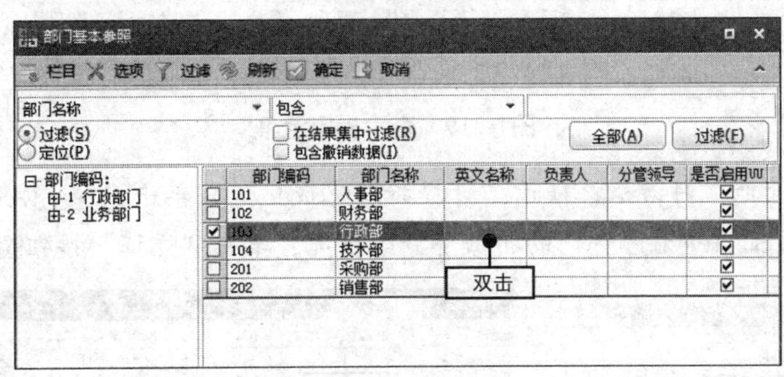

图1-215　选择部门

（4）返回“固定资产变动单”页面，在“变动原因”文本框中输入固定资产的部门转移原因，单击“保存”按钮，如图1-216所示。

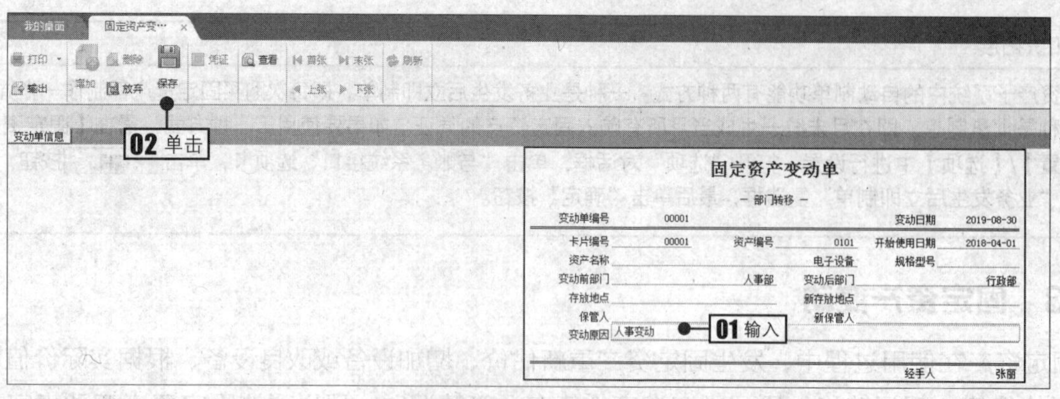

图1-216　保存固定资产变动单

（5）系统将打开一个对话框，询问“部门已改变，请检查资产对应折旧科目是否正确！”，单击 是(Y) 按钮即可。

1.7.4　计提折旧

将固定资产资料完整录入系统后，企业应每月计提折旧，并按照之前设置的对应科目，将折旧费用分摊到各固定资产使用部门。下面为某公司计提2019年8月的折旧，其具体操作如下。

（1）在用友U8主界面中单击“业务导航”按钮，在打开的页面中单击“财务会计”栏下的“固定资产”选项，在右边的列表中选择“折旧计提”栏下的“计提本月折旧”选项。

（2）打开“固定资产”对话框，询问“是否要查看折旧清单？”，单击 是(Y) 按钮，如图1-217所示。再打开一个新的“固定资产”对话框，单击 是(Y) 按钮，如图1-218所示。

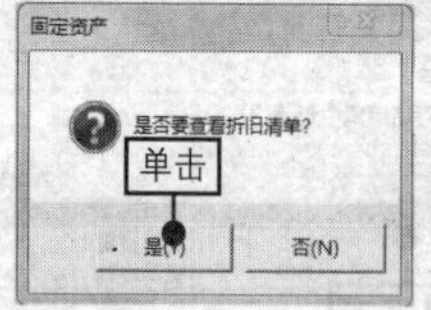

图1-217　确认查看折旧清单

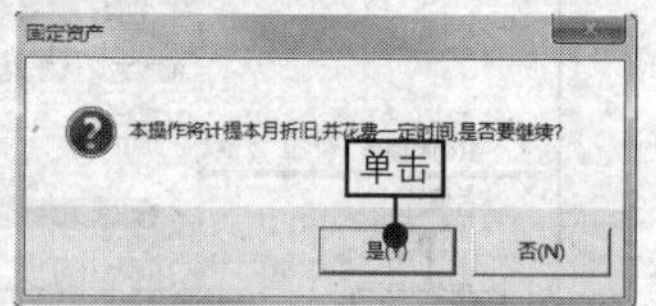

图1-218　确认继续计提折旧

（3）打开“折旧清单”页面，查看后单击 退出 按钮，如图1-219所示。

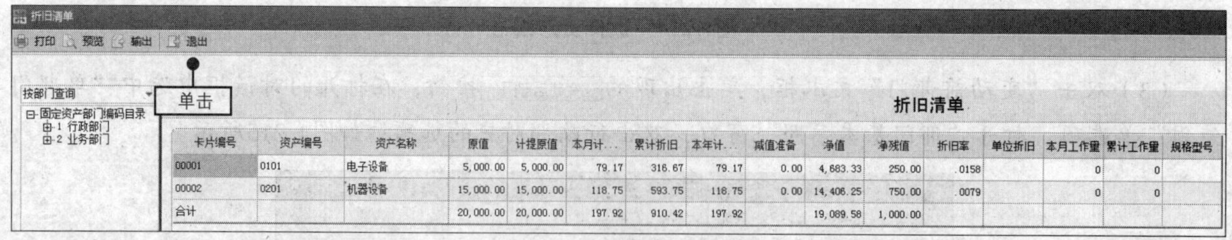

卡片编号	资产编号	资产名称	原值	计提原值	本月计...	累计折旧	本年计...	减值准备	净值	净残值	折旧率	单位折旧	本月工作量	累计工作量	规格型号
00001	0101	电子设备	5,000.00	5,000.00	79.17	316.67	79.17	0.00	4,683.33	250.00	.0158		0	0	
00002	0201	机器设备	15,000.00	15,000.00	118.75	593.75	118.75	0.00	14,406.25	750.00	.0079		0	0	
合计			20,000.00	20,000.00	197.92	910.42	197.92		19,089.58	1,000.00					

图1-219　查看折旧清单

（4）打开“固定资产”对话框，提示“计提折旧完成！”，单击 确定 按钮，如图1-220所示。打开“折旧分配表”页面，查看各部门的折旧费分配情况，单击“凭证”按钮，如图1-221所示。

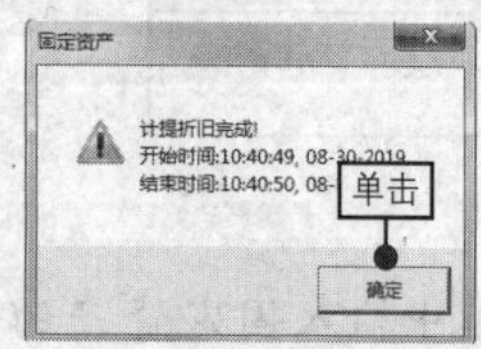

图1-220　折旧计提完成

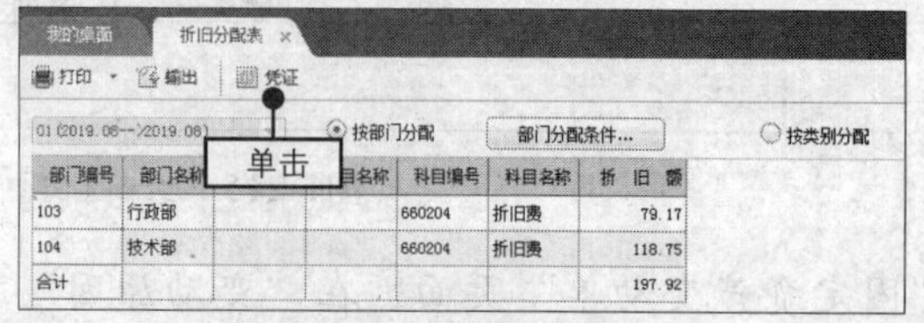

部门编号	部门名称	项目编号	项目名称	科目编号	科目名称	折旧额
103	行政部			660204	折旧费	79.17
104	技术部			660204	折旧费	118.75
合计						197.92

图1-221　查看折旧分配表

（5）打开“填制凭证”页面，设置凭证分类，在最后一行的“科目名称”对应单元格中输入“1602”（累计折旧），单击“保存”按钮生成凭证，如图1-222所示。

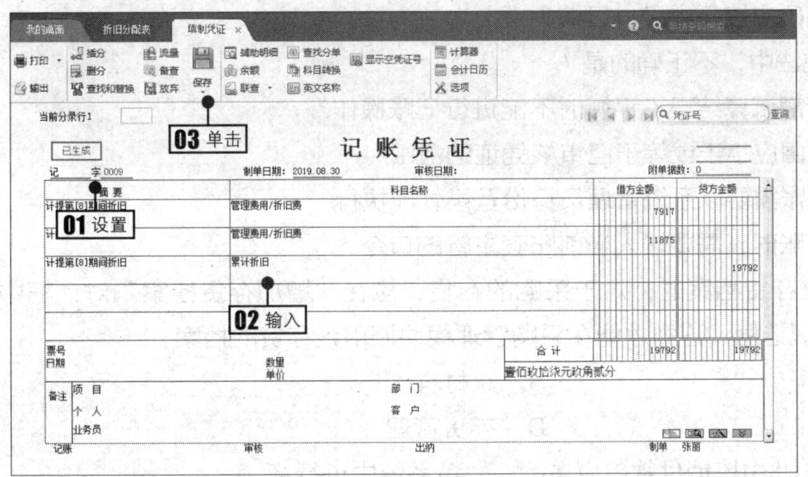

图1-222　生成凭证

1.8　同步强化练习题

1. 单选题

（1）在用友U8中，账套信息的修改由（　　）负责。

A. 账套主管　　B. 系统管理员

C. 出纳　　D. 总账会计

（2）安装用友U8后，首先需要进行的是（　　）。

A. 建立账套　　B. 系统注册

C. 设置操作员　　D. 设置操作员权限

（3）下列说法中，不正确的是（　　）。

A. 账套号、启用会计期在建立账套后就无法修改

B. 用友U8提供了建账向导，以引导用户建账

C. 使用用友U8前，需要以账套主管的身份注册

D. 系统管理员的用户名为admin，初始密码为空

（4）在建账向导中，设置账套信息后应进行的是（　　）的设置。

A. 单位信息　　B. 期初余额

C. 核算类型　　D. 计量单位

（5）下列关于录入期初余额的说法中，不正确的是（　　）。

A. 在会计年度初建立账套时，只需录入各个会计科目的期初余额

B. 在会计年度中期建立账套，除了录入期初余额外，还需要录入本年累计发生额

C. 如果会计科目设置了数量核算，则应输入相应的数量和单价

D. 如果会计科目设置了外币核算，应先录入外币余额，再录入本币余额

（6）下列关于填制凭证的说法，不正确的是（　　）。

A. 总账系统若被设置为序时控制，凭证日期应该大于或等于启用日期，但不能超过业务日期

B. 摘要内容可以为空

C. 金额不能为零

D. 科目编码应该是末级科目编码

（7）下列说法中，不正确的是（　　）。

A. 期初余额试算结果不平衡时不能进行记账操作

B. 记账范围应小于或等于已审核凭证的范围

C. 恢复记账需要以系统管理员身份登录才能执行

D. 恢复记账时，需要输入当前账套主管的口令

（8）在建立存货档案时，对于采购的存货，应在“增加存货档案”对话框中“存货属性”栏下选中（　　）复选框，这样才能在采购管理模块调用该存货的档案。

A. 采购　　B. 原材料

C. 外购　　D. 存货管理

（9）在用友U8中核销付款单应在（　　）系统中进行。

A. 采购管理　　B. 总账管理

C. 应付款管理　　D. 应收款管理

（10）在手工核销付款单和采购发票时，应在需要核销的付款单和采购发票对应的（　　）栏中输入本次需要核销的金额。

A. 本次结算　　B. 原币金额

C. 原币余额　　D. 本次核销

（11）操作人员在录入销售发票前要确保（　　）已经在系统中设置完毕，否则将不能保存销售发票。

A. 企业所属行业　　B. 客户的税号、开户信息

C. 供应商的开户信息　　D. 客户的联系方式

（12）下列关于报表的说法中，不正确的是（　　）。

A. 在格式状态下，可设计报表的格式，且所做的操作对本报表所有的表页都发生作用，但不能录入、计算、显示数据

B. 在数据状态下，不能修改报表的格式，但可看到报表的全部内容（包括格式和数据）

C. 整表重算针对的是报表中的所有表页

D. 只能将财务报表保存为报表文件和Excel文件

（13）在报表系统中，常用取数函数为（　　）。

A. 数据合计函数PTOTAL　　B. 平均值函数AVG

C. 最大值函数MAX　　D. 最小值函数MIN

（14）用友U8报表系统中，“FS”函数的含义是取（　　）数据。

A. 期初余额　　B. 期末余额

C. 发生额　　D. 累计发生额

（15）在报表中，要打开“定义公式”对话框，可以采取的操作不包括（　　）。

A. 选择【数据】/【编辑公式】/【单元公式】菜单命令

B. 选择单元格后按【=】键

C. 通过单击编辑栏中的“函数”按钮来打开

D. 选择【数据】/【编辑公式】/【定义公式】菜单命令

2. 多选题

（1）建立账套需要设置的信息包括（　　）。

A. 账套名称　　B. 启用会计期

C. 账套号　　D. 账套主管

E. 单位信息

（2）设置客户分类时，应设置的信息包括（　　）。

A. 分类名称　　B. 分类编码

C. 客户地址　　D. 客户类型

E. 客户组织机构代码

（3）新增供应商档案时，必填的项目包括（　　）。

A. 供应商编码　　B. 供应商名称

C. 供应商简称　　D. 所属分类

E. 供应商联系方式

（4）下列关于计量单位的说法中，正确的有（　　）。

A. 计量单位组可以分为无换算、浮动换算、固定换算3种类别

B. 固定换算计量单位组的每一个辅计量单位对主计量单位的换算率不为空

C. 无换算计量单位组的各计量单位之间不需要输入换算率

D. 浮动换算计量单位组只支持1个主计量单位，多个辅计量单位

E. 在无换算计量单位组下，系统默认所有计量单位均为主计量单位

（5）下列关于修改凭证的说法，正确的有（　　）。

A. 未审核的凭证，可以由该张凭证的制单人直接进行修改，完成后进行保存

B. 经过审核但未记账的凭证，如果存在错误需要修改，应首先由审核人员取消对该凭证的审核

C. 固定资产子系统中生成的凭证可以在总账系统中进行修改

D. 已记账的凭证若需要修改，只能使用红字冲销法或补充登记法

E. 若总账系统设置了序时控制，则修改凭证的制单日期时，不能将日期修改为上一张凭证的制单日期之前

（6）在进行月末结账操作前，还应进行的检查包括（　　）。

A. 检查本月业务是否全部记账

B. 核对总账与明细账、主体账与辅助账、总账系统与其他子系统数据是否一致

C. 检查损益类账户是否全部结转完毕

D. 检查报表是否生成

E. 检查上月是否已结账

第2章 金税三期报税系统的应用

本章主要介绍金税三期报税系统的应用，主要包括日常报税操作和非日常报税操作两部分内容。

本章内容属于考试重点，所占分值约为20分，要求考生具备金税三期报税系统的操作能力。其中，申报增值税、季度预缴企业所得税、申报个人所得税、填写企业所得税汇算清缴申报表属于本章的热门考点，考生需要特别注意并加强练习。

▼ **本章知识体系一览表**

<table>
<tr><th colspan="2">章节</th><th>主要内容</th></tr>
<tr><td rowspan="2">金税三期报税系统的应用</td><td>日常报税操作</td><td>（1）申报增值税（★★★）
（2）季度预缴企业所得税（★★★）
（3）申报个人所得税（★★★）
（4）申报附加税（费）（★）
（5）申报更正（★）</td></tr>
<tr><td>非日常报税操作</td><td>（1）填写企业所得税汇算清缴申报表（★★★）
（2）办理税收减免备案（★★）
（3）申请延期申报（★★）
（4）申请汇算清缴结算多缴退抵税（★★）</td></tr>
</table>

2.1 日常报税操作

金税三期报税系统具备完善的报税功能，纳税人可以非常轻松且高效地完成一系列报税操作，极大地提高了纳税人与税务机关的工作效率。本节将介绍金税三期报税系统的日常报税操作，主要包括申报增值税、季度预缴企业所得税、申报个人所得税、申报附加税（费）以及申报更正等内容。

2.1.1 申报增值税

根据《中华人民共和国增值税暂行条例》及其实施细则的规定，增值税纳税期限分别为1日、3日、5日、10日、15日、1个月或者1个季度，其中1个季度的纳税期限仅适用于小规模纳税人。纳税人以1个月或者1个季度为1个纳税期的，自期满之日起15日内申报纳税；以1日、3日、5日、10日或者15日为1个纳税期的，自期满之日起5日内预缴税款，于次月1日起15日内申报纳税并结清上月应纳税款。

1. 填写增值税纳税申报表

对于增值税纳税申报，关键的环节是填写增值税纳税申报表。只有掌握了增值税纳税申报表的填写方法，才能在金税三期报税系统中顺利申报增值税。

a. **主要的增值税纳税申报表**

增值税一般纳税人办理纳税申报时应报送的资料包括增值税纳税申报表及其附列资料，主要有以下内容。

- ◆《增值税纳税申报表（一般纳税人适用）》（主表），如表2-1所示。
- ◆《增值税纳税申报表附列资料（一）》（本期销售情况明细），如表2-2所示。
- ◆《增值税纳税申报表附列资料（二）》（本期进项税额明细），如表2-3所示。
- ◆《增值税纳税申报表附列资料（三）》（服务、不动产和无形资产扣除项目明细），如表2-4所示。
- ◆《增值税纳税申报表附列资料（四）》（税额抵减情况表）。
- ◆《增值税减免税申报明细表》。

表2-1　增值税纳税申报表

（一般纳税人适用）

根据国家税收法律法规及增值税相关规定制定本表。纳税人不论有无销售额，均应按税务机关核定的纳税期限填写本表，并向当地税务机关申报。

税款所属时间：自　年　月　日至　年　月　日　　　填表日期：　年　月　日　　　金额单位：元至角分

纳税人识别号				所属行业：			
纳税人名称	（公章）	法定代表人姓名		注册地址		生产经营地址	
开户银行及账号		登记注册类型		电话号码			

	项目	栏次	一般项目		即征即退项目	
			本月数	本年累计	本月数	本年累计
销售额	（一）按适用税率计税销售额	1				
	其中：应税货物销售额	2				
	应税劳务销售额	3				
	纳税检查调整的销售额	4				
	（二）按简易办法计税销售额	5				
	其中：纳税检查调整的销售额	6				
	（三）免、抵、退办法出口销售额	7			—	—
	（四）免税销售额	8			—	—
	其中：免税货物销售额	9			—	—
	免税劳务销售额	10			—	—

续表

税款计算	销项税额	11				
	进项税额	12				
	上期留抵税额	13				—
	进项税额转出	14				
	免、抵、退应退税额	15			—	—
	按适用税率计算的纳税检查应补缴税额	16			—	—
	应抵扣税额合计	17=12+13-14-15+16		—		—
	实际抵扣税额	18（如17<11，则为17，否则为11）				
	应纳税额	19=11-18				
	期末留抵税额	20=17-18				—
	简易计税办法计算的应纳税额	21				
	按简易计税办法计算的纳税检查应补缴税额	22			—	—
	应纳税额减征额	23				
	应纳税额合计	24=19+21-23				
税款缴纳	期初未缴税额（多缴为负数）	25				
	实收出口开具专用缴款书退税额	26			—	—
	本期已缴税额	27=28+29+30+31				
	①分次预缴税额	28		—		—
	②出口开具专用缴款书预缴税额	29		—	—	—
	③本期缴纳上期应纳税额	30				
	④本期缴纳欠缴税额	31				
	期末未缴税额（多缴为负数）	32=24+25+26-27				
	其中：欠缴税额（≥0）	33=25+26-27		—		—
	本期应补(退)税额	34=24-28-29		—		—
	即征即退实际退税额	35	—	—		
	期初未缴查补税额	36			—	—
	本期入库查补税额	37			—	—
	期末未缴查补税额	38=16+22+36-37			—	—

授权声明	如果你已委托代理人申报，请填写下列资料： 为代理一切税务事宜，现授权 （地址）　　　　　为本纳税人的代理申报人，任何与本申报表有关的往来文件，都可寄予此人。 授权人签字：	申报人申明	本纳税申报表是根据国家税收法律法规及相关规定填报的，我确定它是真实的、可靠的、完整的。 声明人签字：

主管税务机关：	接收人：	接收日期：

表2-2 增值税纳税申报表附列资料（一）

（本期销售情况明细）

税款所属时间：　年　月　日至　年　月　日

纳税人名称：（公章）　　　　　　　　　　　　　　　　　　　　　　　金额单位：元至角分

项目及栏次				开具增值税专用发票		开具其他发票		未开具发票		纳税检查调整		合计			服务、不动产和无形资产扣除项目本期实际扣除金额	扣除后	
				销售额	销项（应纳）税额	销售额	销项（应纳）税额	销售额	销项（应纳）税额	销售额	销项（应纳）税额	销售额	销项（应纳）税额	价税合计		含税（免税）销售额	销项（应纳）税额
				1	2	3	4	5	6	7	8	9=1+3+5+7	10=2+4+6+8	11=9+10	12	13=11-12	14=13÷（100%+税率或征收率）×税率或征收率
一、一般计税方法计税	全部征税项目	13%税率的货物及加工修理修配劳务	1											—	—	—	—
		13%税率的服务、不动产和无形资产	2														
		9%税率的货物及加工修理修配劳务	3											—	—	—	—
		9%税率的服务、不动产和无形资产	4														
		6%税率	5														
	其中：即征即退项目	即征即退货物及加工修理修配劳务	6	—	—	—	—	—	—	—	—			—	—	—	—
		即征即退服务、不动产和无形资产	7	—	—	—	—	—	—	—	—						
二、简易计税方法计税	全部征税项目	6%征收率	8							—	—			—	—	—	—
		5%征收率的货物及加工修理修配劳务	9a							—	—			—	—	—	—
		5%征收率的服务、不动产和无形资产	9b							—	—						
		4%征收率	10							—	—			—	—	—	—
		3%征收率的货物及加工修理修配劳务	11							—	—			—	—	—	—
		3%征收率的服务、不动产和无形资产	12							—	—						
		预征率　%	13a							—	—						
		预征率　%	13b							—	—						
		预征率　%	13c							—	—						
	其中：即征即退项目	即征即退货物及加工修理修配劳务	14	—	—	—	—	—	—	—	—			—	—	—	—
		即征即退服务、不动产和无形资产	15	—	—	—	—	—	—	—	—						
三、免抵退税	货物及加工修理修配劳务		16	—	—		—		—	—	—		—	—	—	—	—
	服务、不动产和无形资产		17	—	—		—		—	—	—		—				—
四、免税	货物及加工修理修配劳务		18				—		—	—	—		—	—	—	—	—
	服务、不动产和无形资产		19	—	—		—		—	—	—		—				—

表2-3 增值税纳税申报表附列资料（二）

（本期进项税额明细）

税款所属时间： 年 月 日至 年 月 日

纳税人名称：（公章） 金额单位：元至角分

一、申报抵扣的进项税额

项目	栏次	份数	金额	税额
（一）认证相符的增值税专用发票	1=2+3			
其中：本期认证相符且本期申报抵扣	2			
前期认证相符且本期申报抵扣	3			
（二）其他扣税凭证	4=5+6+7+8a+8b			
其中：海关进口增值税专用缴款书	5			
农产品收购发票或者销售发票	6			
代扣代缴税收缴款凭证	7		—	
加计扣除农产品进项税额	8a	—	—	
其他	8b			
（三）本期用于购建不动产的扣税凭证	9			
（四）本期用于抵扣的旅客运输服务扣税凭证	10	—	—	
（五）外贸企业进项税额抵扣证明	11	—	—	
当期申报抵扣进项税额合计	12=1+4+11			

二、进项税额转出额

项目	栏次	税额
本期进项税额转出额	13=14至23之和	
其中：免税项目用	14	
集体福利、个人消费	15	
非正常损失	16	
简易计税方法征税项目用	17	
免抵退税办法不得抵扣的进项税额	18	
纳税检查调减进项税额	19	
红字专用发票信息表注明的进项税额	20	
上期留抵税额抵减欠税	21	
上期留抵税额退税	22	
其他应作进项税额转出的情形	23	

三、待抵扣进项税额

项目	栏次	份数	金额	税额
（一）认证相符的增值税专用发票	24	—	—	—
期初已认证相符但未申报抵扣	25			
本期认证相符且本期未申报抵扣	26			
期末已认证相符但未申报抵扣	27			
其中：按照税法规定不允许抵扣	28			
（二）其他扣税凭证	29=30至33之和			
其中：海关进口增值税专用缴款书	30			
农产品收购发票或者销售发票	31			
代扣代缴税收缴款凭证	32		—	
其他	33			
	34			

四、其他

项目	栏次	份数	金额	税额
本期认证相符的增值税专用发票	35			
代扣代缴税额	36	—	—	

表2-4 增值税纳税申报表附列资料（三）

（服务、不动产和无形资产扣除项目明细）

税款所属时间： 年 月 日至 年 月 日

纳税人名称：(公章) 金额单位：元至角分

项目及栏次		本期服务、不动产和无形资产价税合计额（免税销售额）	服务、不动产和无形资产扣除项目				
			期初余额	本期发生额	本期应扣除金额	本期实际扣除金额	期末余额
		1	2	3	4=2+3	5（5≤1且5≤4）	6=4-5
13%税率的项目	1						
9%税率的项目	2						
6%税率的项目（不含金融商品转让）	3						
6%税率的金融商品转让项目	4						
5%征收率的项目	5						
3%征收率的项目	6						
免抵退税的项目	7						
免税的项目	8						

b. 增值税纳税申报表的填写方法

一般纳税人在填写增值税纳税申报表时，可以先填写《增值税纳税申报表附列资料》中有关销售情况、进项税额和税额抵减的相关内容，完成之后再填写主表《增值税纳税申报表（一般纳税人适用）》。具体填写顺序如下。

- 第一步：填写《增值税纳税申报表附列资料（一）》（本期销售情况明细）。
- 第二步：填写《增值税纳税申报表附列资料（三）》（服务、不动产和无形资产扣除项目明细）。（有差额扣除项目的纳税人填写。）
- 第三步：填写《增值税减免税申报明细表》。（有减免税业务的纳税人填写。）
- 第四步：填写《增值税纳税申报表附列资料（二）》（本期进项税额明细）。
- 第五步：填写《增值税纳税申报表附列资料（四）》（税额抵减情况表）。（有税额抵减业务的纳税人填写。）
- 第六步：填写《增值税纳税申报表（一般纳税人适用）》。（根据附表数据填写主表。）

下面以东华公司2019年8月的业务为例，讲解增值税纳税申报表的填写方法。

东华公司为增值税一般纳税人，其主营业务是销售生产A、B两种产品，租赁机器设备以及提供技术咨询服务。该公司2019年8月经济业务如下。

① 向百盛公司提供技术咨询服务，开具增值税专用发票，发票上注明价款为40 000元，税额为2 400元。

② 向长舟公司出租一台机器设备，开具增值税专用发票，发票上注明价款为8 000元，税额为1 040元。

③ 向百盛公司销售A产品，开具增值税专用发票，发票上注明价款为90 000元，税额为11 700元。

④ 购进生产A产品所需材料一批，取得增值税专用发票，发票注明价款为5 000元，税额为650元。

⑤ 购进生产B产品所需材料一批，取得增值税专用发票，发票注明价款为8 000元，税额为1 040元。

⑥ 购进设备一台，取得增值税专用发票，发票注明价款为20 000元，税额为2 600元。

假设东华公司本月取得的所有需认证的发票均于当月认证且申报抵扣。截至2019年7月31日，“一般货物及劳务”列第20栏“期末留抵税额”为3 000元。

根据上述资料，东华公司会计人员在填写增值税纳税申报表时，涉及的申报表为主表、附列资料（一）、附列资料（二）和附列资料（三），即只需要执行填写方法中的第一步、第二步、第四步、第六步操作。因此，东华公司的会计人员在填写增值税纳税申报表时，应按照以下步骤进行。

（1）根据8月销售情况及开票情况，分别计算各项目涉及的销售额和销项税额。

①应税服务销售额=40 000+8 000=48 000（元）。

②应税服务销项税额=2 400+1 040=3 440（元）。

③应税货物销售额为90 000元。

④应税货物销项税额为11 700元。

（2）根据8月购进业务与进项发票的认证情况，确定进项发票金额和进项税额。

① 进项发票金额=5 000+8 000+20 000=33 000（元）。

② 进项税额=650+1 040+2 600=4 290（元）。

根据税法规定，购进设备取得的进项税额2 600元可以在税前一次性扣除，会计人员应填写《增值税纳税申报表附列资料（三）》（服务、不动产和无形资产扣除项目明细）。

（3）根据增值税计算公式，计算当期应纳增值税税额。

当期应纳增值税税额=当期销项税额−已认证的进项税额−上期留抵税额=3 440+11 700−4 290−3 000=7 850（元）。

（4）根据业务描述与上述计算结果，将数据填入《增值税纳税申报表附列资料（一）》。

第1栏“13%税率的货物及加工修理修配劳务”所在行：在“开具增值税专用发票”列下的“销售额”项目中填入“90 000”，“销项（应纳）税额”项目中填入“11 700”。

第2栏“13%税率的服务、不动产和无形资产”所在行：在“开具增值税专用发票”列下的“销售额”项目中填入“8 000”，“销项（应纳）税额”项目中填入“1 040”。

第5栏“6%税率”所在行：在“开具增值税专用发票”列下的“销售额”项目中填入“40 000”，“销项（应纳）税额”项目中填入“2 400”。

系统将自动填写相关的合计栏金额，填写后的《增值税纳税申报表附列资料（一）》如图2-1所示。

增值税纳税申报表附列资料（一）

（本期销售情况明细）

税款所属时间：2019年 8月 1日至 2019年 8月 31日

纳税人名称：东华公司　　　　金额单位：元至角分

项目及栏次				开具增值税专用发票		开具其他发票		未开具发票		纳税检查调整		合计			服务、不动产和无形资产扣除项目本期实际扣除金额	扣除后	
				销售额	销项(应纳)税额	销售额	销项(应纳)税额	销售额	销项(应纳)税额	销售额	销项(应纳)税额	销售额	销项(应纳)税额	价税合计		含税(免税)销售额	销项(应纳)税额
				1	2	3	4	5	6	7	8	9=1+3+5+7	10=2+4+6+8	11=9+10	12	13=11−12	14=13÷(100%+税率或征收率)×税率或征收率
一、一般计税方法计税	全部征税项目	13%税率的货物及加工修理修配劳务	1	90 000	11 700							90 000	11 700	—	—	—	—
		13%税率的服务、不动产和无形资产	2	8 000	1 040							8 000	1 040				
		9%税率的货物及加工修理修配劳务	3											—	—	—	—
		9%税率的服务、不动产和无形资产	4														
		6%税率	5	40 000	2 400							40 000	2 400				
	其中：即征即退项目	即征即退货物及加工修理修配劳务	6	—	—	—	—	—	—	—	—			—	—	—	—
		即征即退服务、不动产和无形资产	7	—	—	—	—	—	—	—	—						

图2-1　填写后的《增值税纳税申报表附列资料（一）》

（5）根据业务描述与上述计算结果，将数据填入《增值税纳税申报表附列资料（三）》。

第1栏“13%税率的项目”所在行：在“本期服务、不动产和无形资产价税合计额（免税销售额）”列中填入“22 600”，在“本期发生额”“本期应扣除金额”“本期实际扣除金额”列中分别填入

“2 600”。

系统将自动填写相关的合计栏金额，填写后的《增值税纳税申报表附列资料（三）》如图2-2所示。

增值税纳税申报表附列资料（三）

（服务、不动产和无形资产扣除项目明细）

税款所属时间：2019 年 8 月 1 日至 2019 年 8 月 31 日

纳税人名称：东华公司　　　　金额单位：元至角分

项目及栏次		本期服务、不动产和无形资产价税合计额（免税销售额）	服务、不动产和无形资产扣除项目				
			期初余额	本期发生额	本期应扣除金额	本期实际扣除金额	期末余额
		1	2	3	4=2+3	5(5<1且5<4)	6=4-5
13%税率的项目	1	22 600		2 600	2 600	2 600	
9%税率的项目	2						
6%税率的项目（不含金融商品转让）	3						
6%税率的金融商品转让项目	4						
5%征收率的项目	5						
3%征收率的项目	6						
免抵退税的项目	7						
免税的项目	8						

图2-2　填写后的《增值税纳税申报表附列资料（三）》

（6）根据业务描述与上述计算结果，将数据填入《增值税纳税申报表附列资料（二）》。

第2栏“其中：本期认证相符且本期申报抵扣”所在行：在“份数”项目中填入“3”，“金额”项目中填入“33 000”，“税额”项目中填入“4 290”；

系统将自动填写相关的合计栏金额，填写后的《增值税纳税申报表附列资料（二）》如图2-3所示。

增值税纳税申报表附列资料（二）

（本期进项税额明细）

税款所属时间：2019 年 8 月 1 日至 2019 年 8 月 31 日

纳税人名称：东华公司　　　　金额单位：元至角分

一、申报抵扣的进项税额				
项目	栏次	份数	金额	税额
（一）认证相符的增值税专用发票	1=2+3	3	33 000	4 290
其中：本期认证相符且本期申报抵扣	2	3	33 000	4 290
前期认证相符且本期申报抵扣	3			
（二）其他扣税凭证	4=5+6+7+8a+8b			
其中：海关进口增值税专用缴款书	5			
农产品收购发票或者销售发票	6			
代扣代缴税收缴款凭证	7		—	
加计扣除农产品进项税额	8a	—	—	

图2-3　填写后的《增值税纳税申报表附列资料（二）》

（7）根据业务描述与上述计算结果，将数据填入《增值税纳税申报表（一般纳税人适用）》。

第1栏“（一）按适用税率计税销售额”所在行：在“一般项目”列下的“本月数”项目中填入“138 000”。

第2栏“其中：应税货物销售额”所在行：在“一般项目”列下的“本月数”项目中填入“90 000”。

第3栏“应税劳务销售额”所在行：在“一般项目”列下的“本月数”项目中填入“48 000”。

第11栏“销项税额”所在行：在“一般项目”列下的“本月数”项目中填入“15 140”。

第12栏“进项税额”所在行：在“一般项目”列下的“本月数”项目中填入“4 290”。

第13栏“上期留抵税额”所在行：在“一般项目”列下的“本月数”项目中填入“3 000”。

第17栏“应抵扣税额合计”所在行：在“一般项目”列下的“本月数”项目中填入“7 290”。

第18栏“实际抵扣税额”所在行：在“一般项目”列下的“本月数”项目中填入“7 290”。

第19栏“应纳税额”所在行：在“一般项目”列下的“本月数”项目中填入“7 850”。

第24栏“应纳税额合计”所在行：在“一般项目”列下的“本月数”项目中填入“7 850”。

第32栏“期末未缴税额（多缴为负数）”所在行：在“一般项目”列下的“本月数”项目中填入“7 850”。

第34栏“本期应补（退）税额”所在行：在“一般项目”列下的“本月数”项目中填入“7 850”。

填写后的《增值税纳税申报表（一般纳税人适用）》如表2-5所示。

表2-5　增值税纳税申报表

（一般纳税人适用）

根据国家税收法律法规及增值税相关规定制定本表。纳税人不论有无销售额，均应按税务机关核定的纳税期限填写本表，并向当地税务机关申报。

税款所属时间：自2019年8月1日至2019年8月31日　　填表日期：2019年9月10日　金额单位：元至角分

<table>
<tr><td colspan="2">纳税人识别号</td><td colspan="3"></td><td colspan="4">所属行业：</td></tr>
<tr><td colspan="2">纳税人名称</td><td>东华公司（公章）</td><td>法定代表人姓名</td><td></td><td>注册地址</td><td></td><td>生产经营地址</td><td></td></tr>
<tr><td colspan="2">开户银行及账号</td><td></td><td>登记注册类型</td><td></td><td colspan="2">电话号码</td><td colspan="2"></td></tr>
<tr><td colspan="4" rowspan="2">项目</td><td rowspan="2">栏次</td><td colspan="2">一般项目</td><td colspan="2">即征即退项目</td></tr>
<tr><td>本月数</td><td>本年累计</td><td>本月数</td><td>本年累计</td></tr>
<tr><td rowspan="10">销售额</td><td colspan="3">（一）按适用税率计税销售额</td><td>1</td><td>138 000</td><td></td><td></td><td></td></tr>
<tr><td colspan="3">其中：应税货物销售额</td><td>2</td><td>90 000</td><td></td><td></td><td></td></tr>
<tr><td colspan="3">应税劳务销售额</td><td>3</td><td>48 000</td><td></td><td></td><td></td></tr>
<tr><td colspan="3">纳税检查调整的销售额</td><td>4</td><td></td><td></td><td></td><td></td></tr>
<tr><td colspan="3">（二）按简易办法计税销售额</td><td>5</td><td></td><td></td><td></td><td></td></tr>
<tr><td colspan="3">其中：纳税检查调整的销售额</td><td>6</td><td></td><td></td><td></td><td></td></tr>
<tr><td colspan="3">（三）免、抵、退办法出口销售额</td><td>7</td><td></td><td></td><td>—</td><td>—</td></tr>
<tr><td colspan="3">（四）免税销售额</td><td>8</td><td></td><td></td><td>—</td><td>—</td></tr>
<tr><td colspan="3">其中：免税货物销售额</td><td>9</td><td></td><td></td><td>—</td><td>—</td></tr>
<tr><td colspan="3">免税劳务销售额</td><td>10</td><td></td><td></td><td>—</td><td>—</td></tr>
<tr><td rowspan="6">税款计算</td><td colspan="3">销项税额</td><td>11</td><td>15 140</td><td></td><td></td><td></td></tr>
<tr><td colspan="3">进项税额</td><td>12</td><td>4 290</td><td></td><td></td><td></td></tr>
<tr><td colspan="3">上期留抵税额</td><td>13</td><td>3 000</td><td></td><td></td><td>—</td></tr>
<tr><td colspan="3">进项税额转出</td><td>14</td><td></td><td></td><td></td><td></td></tr>
<tr><td colspan="3">免、抵、退应退税额</td><td>15</td><td></td><td></td><td>—</td><td>—</td></tr>
<tr><td colspan="3">按适用税率计算的纳税检查应补缴税额</td><td>16</td><td></td><td></td><td>—</td><td>—</td></tr>
</table>

续表

项目		栏次	一般项目		即征即退项目	
			本月数	本年累计	本月数	本年累计
税款计算	应抵扣税额合计	17=12+13-14-15+16	7 290	—		—
	实际抵扣税额	18（如17<11，则为17，否则为11）	7 290			
	应纳税额	19=11-18	7 850			
	期末留抵税额	20=17-18				—
	简易计税办法计算的应纳税额	21				
	按简易计税办法计算的纳税检查应补缴税额	22				—
	应纳税额减征额	23				
	应纳税额合计	24=19+21-23	7 850			
税款缴纳	期初未缴税额（多缴为负数）	25				
	实收出口开具专用缴款书退税额	26			—	—
	本期已缴税额	27=28+29+30+31				
	①分次预缴税额	28		—		—
	②出口开具专用缴款书预缴税额	29		—	—	—
	③本期缴纳上期应纳税额	30				
	④本期缴纳欠缴税额	31				
	期末未缴税额（多缴为负数）	32=24+25+26-27	7 850			
	其中：欠缴税额（≥0）	33=25+26-27		—		—
	本期应补(退)税额	34=24-28-29	7 850	—		——
	即征即退实际退税额	35	—	—		
	期初未缴查补税额	36			—	—
	本期入库查补税额	37			—	—
	期末未缴查补税额	38=16+22+36-37			—	—

授权声明	申报人申明
如果你已委托代理人申报，请填写下列资料： 为代理一切税务事宜，现授权 （地址）　　　　为本纳税人的代理申报人，任何与本申报表有关的往来文件，都可寄予此人。 授权人签字：	本纳税申报表是根据国家税收法律法规及相关规定填报的，我确定它是真实的、可靠的、完整的。 声明人签字：

主管税务机关：　　　　接收人：　　　　接收日期：

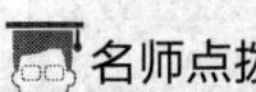

名师点拨

这里主要讲解的是一般纳税人的增值税纳税申报表的填写方法，相对来说，小规模纳税人增值税纳税申报表的填写方法更为简单。只要掌握了一般纳税人增值税纳税申报表的填写方法，就可以以此类推完成小规模纳税人增值税纳税申报表的填写。

2. 网上申报增值税操作

掌握了增值税纳税申报表的填写方法后，企业就可以在申报期内登录当地电子税务局进行增值税纳税申报，其具体操作如下（各地电子税务局的操作界面可能略有不同，但大体操作一致，本书以国家税务总局四川省电子税务局网站的操作界面为例，进行讲解）。

（1）登录当地电子税务局网站，单击“我要办税”选项卡，单击“税费申报及缴纳”按钮，在显示的界面中单击“增值税及附加税费申报”按钮，打开“请选择业务”对话框，选择“增值税申报”选项，如图2-4所示。

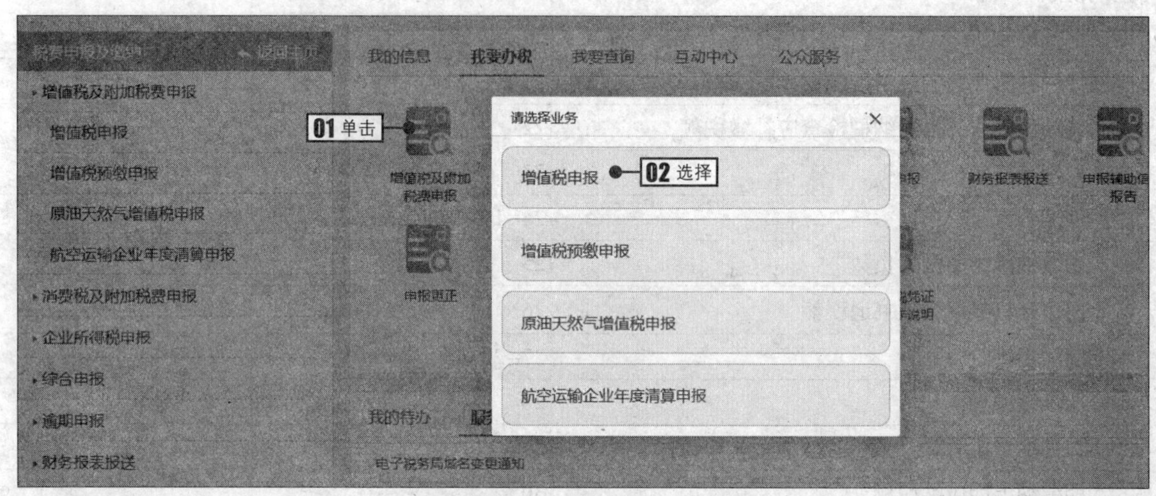

图2-4　增值税申报

（2）打开增值税申报页面，根据企业发生的业务，填写增值税纳税申报表包含的主表和附列资料，如图2-5所示。

增值税纳税申报表（小规模纳税人适用）

税款所属期：2019 年 04 月 01 日　至　2019 年 06 月 30 日

纳税人识别号：915

纳税人名称（公章）：有限公司

本期销售不动产的销售额：				0.00	
	项目	栏次	本期数		本年累计
			货物及劳务	服务、不动产和无形资产	货物及劳务
一、计税依据	（一）应征增值税不含税销售额（3%征收率）	1	0.00	0.00	0.00
	税务机关代开的增值税专用发票不含税销售额	2	0.00	0.00	0.00
	税控器具开具的普通发票不含税销售额	3	0.00	0.00	0.00
	（二）应征增值税不含税销售额（5%征收率）	4	---	0.00	---
	税务机关代开的增值税专用发票不含税销售额	5	---	0.00	---
	税控器具开具的普通发票不含税销售额	6	---	0.00	---
	（三）销售使用过的固定资产不含税销售额	7(7≥8)	0.00	---	0.00
	其中：税控器具开具的普通发票不含税销售额	8	0.00	---	0.00
	（四）免税销售额	9=10+11+12	0.00	0.00	0.00
	其中：小微企业免税销售额	10	0.00	0.00	0.00
	未达起征点销售额	11	0.00	0.00	0.00
	其他免税销售额	12	0.00	0.00	0.00
	（五）出口免税销售额	13(13≥14)	0.00	0.00	0.00
	其中：税控器具开具的普通发票销售额	14	0.00	0.00	0.00
	核定销售额	15	0.00	0.00	0.00

图2-5　填写增值税纳税申报表数据

（3）填写完增值税纳税申报表数据，确认无误后单击 保存 按钮，打开“保存-提示”对话框，

提示报表保存成功，单击确定按钮，如图2-6所示。

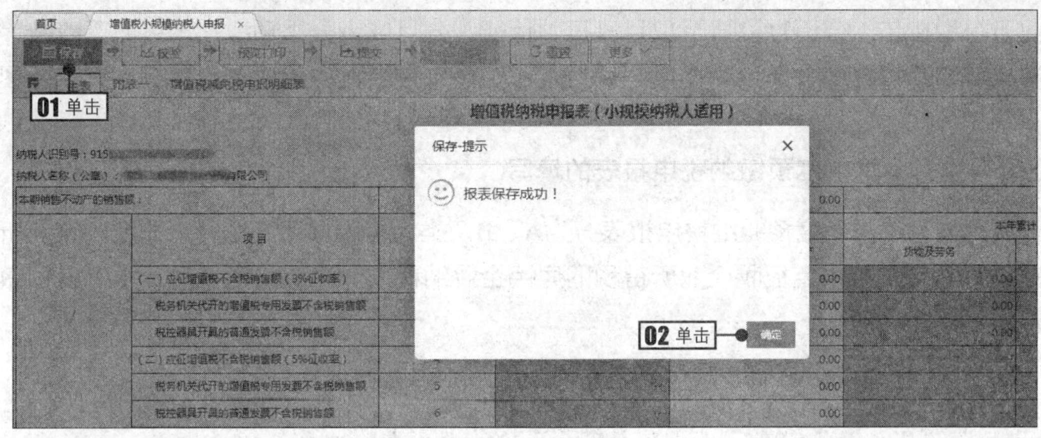

图2-6　保存报表

（4）单击校验按钮，打开“保存-提示”对话框，提示报表保存成功并通过校验，单击确定按钮，如图2-7所示。

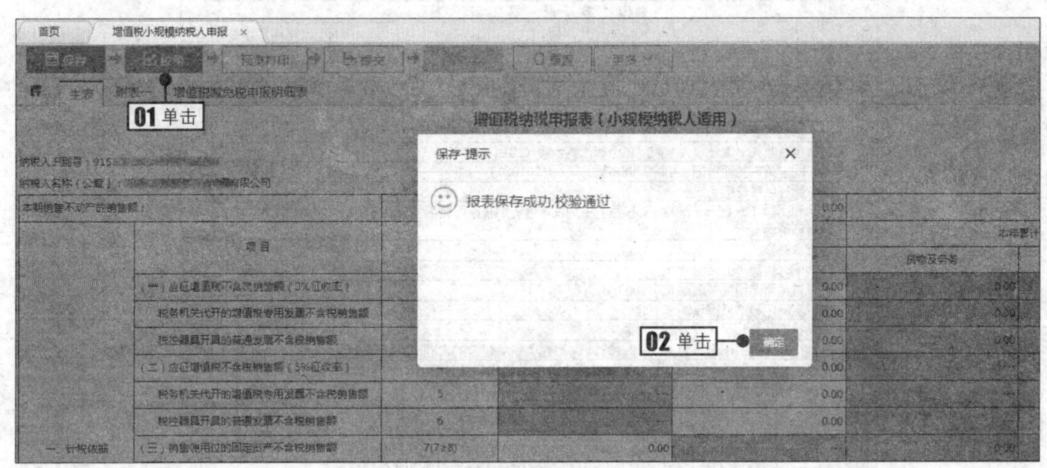

图2-7　校验报表

（5）保存并校验报表后，单击提交按钮，打开“信息”对话框，提示本期纳税数额情况，核对无误后单击确认按钮，如图2-8所示。

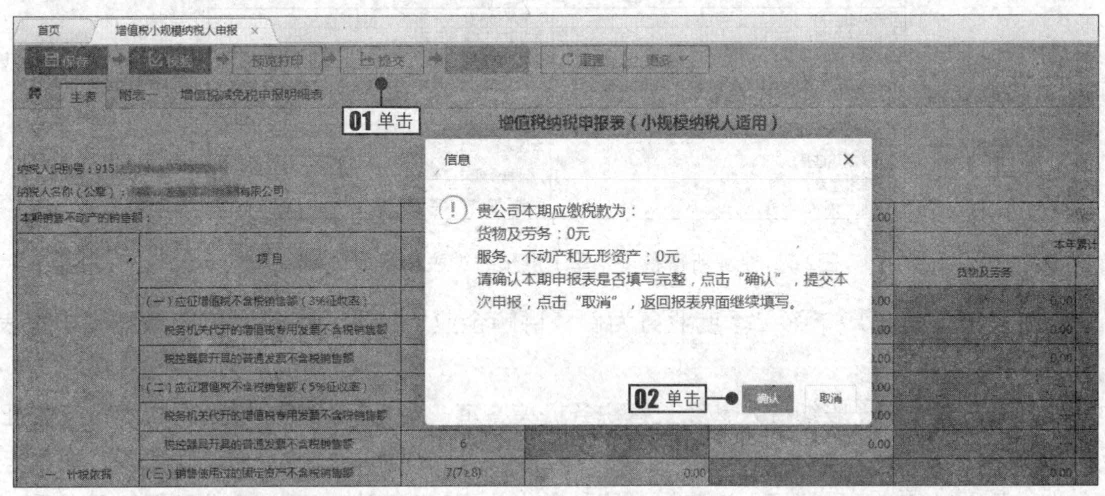

图2-8　确认申报

2.1.2 季度预缴企业所得税

企业所得税按年（公历1月1日至12月31日）计征，分月或者分季预缴，年终汇算清缴，多退少补。企业应当自月份或者季度终了之日起15日内，向税务机关报送企业所得税月（季）度预缴纳税申报表预缴税款。

1. 企业所得税月（季）度预缴纳税申报表的填写

企业所得税月（季）度预缴纳税申报表分为A、B两类，分别适用于实行查账征收企业所得税的居民企业纳税人和实行核定征收企业所得税的居民企业纳税人。企业所得税月（季）度预缴纳税申报表（A类）如图2-9所示。

A200000 中华人民共和国企业所得税月（季）度预缴纳税申报表（A类）

税款所属期间： 年 月 日至 年 月 日

纳税人识别号（统一社会信用代码）：□□□□□□□□□□□□□□□□□□□□□

纳税人名称： 金额单位：人民币元(列至角分)

预缴方式	□ 按照实际利润额预缴	□ 按照上一纳税年度应纳税所得额平均额预缴	□ 按照税务机关确定的其他方法预缴
企业类型	□ 一般企业	□ 跨地区经营汇总纳税企业总机构	□ 跨地区经营汇总纳税企业分支机构
预缴税款计算			
行次	项目		本年累计金额
1	营业收入		
2	营业成本		
3	利润总额		
4	加：特定业务计算的应纳税所得额		
5	减：不征税收入		
6	减：免税收入、减计收入、所得减免等优惠金额（填写 A201010）		
7	减：固定资产加速折旧（扣除）调减额（填写 A201020）		
8	减：弥补以前年度亏损		
9	实际利润额（3+4-5-6-7-8）\ 按照上一纳税年度应纳税所得额平均额确定的应纳税所得额		
10	税率(25%)		
11	应纳所得税额（9×10）		
12	减：减免所得税额（填写 A201030）		
13	减：实际已缴纳所得税额		
14	减：特定业务预缴（征）所得税额		
15	本期应补（退）所得税额（11-12-13-14） \ 税务机关确定的本期应纳所得税额		
汇总纳税企业总分机构税款计算			
16	总机构填报	总机构本期分摊应补（退）所得税额（17+18+19）	
17		其中：总机构分摊应补（退）所得税额（15×总机构分摊比例__%）	
18		财政集中分配应补（退）所得税额（15×财政集中分配比例__%）	
19		总机构具有主体生产经营职能的部门分摊所得税额（15×全部分支机构分摊比例__%×总机构具有主体生产经营职能部门分摊比例__%）	
20	分支机构填报	分支机构本期分摊比例	
21		分支机构本期分摊应补（退）所得税额	
附报信息			
高新技术企业	□是 □否	科技型中小企业	□是 □否
技术入股递延纳税事项	□是 □否		
按季度填报信息			
季初从业人数		季末从业人数	
季初资产总额（万元）		季末资产总额（万元）	
国家限制或禁止行业	□是 □否	小型微利企业	□是 □否
谨声明：本纳税申报表是根据国家税收法律法规及相关规定填报的，是真实的、可靠的、完整的。 纳税人（签章）： 年 月 日			
经办人： 经办人身份证号： 代理机构签章： 代理机构统一社会信用代码：		受理人： 受理税务机关（章）： 受理日期： 年 月 日	

图2-9 企业所得税月（季）度预缴纳税申报表（A类）

下面以东华公司2019年第二季度业务为例，讲解企业所得税月（季）度预缴纳税申报表（A类）的填写方法。

东华公司为增值税一般纳税人，经主管税务机关鉴定，对其2019年企业所得税实行查账征收。截至2019年第二季度，东华公司实现营业收入20万元，其营业成本为5万元。假定该公司本年已经预缴企业所得税12 500元。根据上述资料，填制东华公司2019年第二季度企业所得税月（季）度预缴纳税申报表（A类）。

东华公司的会计人员在填写企业所得税纳税申报表时，应按照以下步骤进行。

（1）在填写企业所得税纳税申报表前，要根据企业的所属类别确定适用报表，然后根据业务资料将相关数据填入报表中。由于经主管税务机关鉴定对东华公司2019年企业所得税实行查账征收，因此会计人员应选择《中华人民共和国企业所得税月（季）度预缴纳税申报表（A类）》（以下简称"A类报表"）进行填写。

（2）根据整理好的资料，填写A类报表中企业的基本信息和报表中所列项目。

第1栏"营业收入"的"本年累计金额"栏中填入"200 000"。

第2栏"营业成本"的"本年累计金额"栏中填入"50 000"。

第3栏"利润总额"的"本年累计金额"栏中填入"150 000"。

第9栏"实际利润额＼按照上一纳税年度应纳税所得额平均额确定的应纳税所得额"的"本年累计金额"栏中填入"150 000"。

第11栏"应纳所得税额"的"本年累计金额"栏中填入"37 500"。

[应纳所得税额=应纳税所得额×25%=150 000×25%=37 500]

第13栏"减：实际已缴纳所得税额"的"本年累计金额"栏中填入"12 500"。

第15栏"本期应补（退）所得税额\税务机关确定的本期应纳所得税额"的"本年累计金额"栏中填入"25 000"。

[本期应补（退）所得税额=应纳所得税额-实际已缴纳所得税额=37 500-12 500=25 000]

填写完后的《中华人民共和国企业所得税月（季）度预缴纳税申报表（A类）》如图2-10所示。

A200000　中华人民共和国企业所得税月（季）度预缴纳税申报表（A类）

税款所属期间：2019年4月1日至2019年6月30日

纳税人识别号（统一社会信用代码）：□□□□□□□□□□□□□□□□□□

纳税人名称：东华公司　　　　金额单位：人民币元（列至角分）

预缴方式	☑按照实际利润额预缴	□按照上一纳税年度应纳税所得额平均额预缴	□按照税务机关确定的其他方法预缴
企业类型	☑一般企业	□跨地区经营汇总纳税企业总机构	□跨地区经营汇总纳税企业分支机构

预缴税款计算			
行次	项目		本年累计金额
1	营业收入		200 000
2	营业成本		50 000
3	利润总额		150 000
4	加：特定业务计算的应纳税所得额		
5	减：不征税收入		
6	减：免税收入、减计收入、所得减免等优惠金额（填写A201010）		
7	减：固定资产加速折旧（扣除）调减额（填写A201020）		
8	减：弥补以前年度亏损		
9	实际利润额（3+4-5-6-7-8）＼按照上一纳税年度应纳税所得额平均额确定的应纳税所得额		150 000
10	税率（25%）		
11	应纳所得税额（9×10）		37 500
12	减：减免所得税额（填写A201030）		
13	减：实际已缴纳所得税额		12 500
14	减：特定业务预缴（征）所得税额		
15	本期应补（退）所得税额（11-12-13-14）＼税务机关确定的本期应纳所得税额		25 000
汇总纳税企业总分机构税款计算			
16	总机构填报	总机构本期分摊应补（退）所得税额（17+18+19）	
17		其中：总机构分摊应补（退）所得税额（15×总机构分摊比例__%）	
18		财政集中分配应补（退）所得税额（15×财政集中分配比例__%）	
19		总机构具有主体生产经营职能的部门分摊所得税额（15×全部分支机构分摊比例__%×总机构具有主体生产经营职能部门分摊比例__%）	
20	分支机构填报	分支机构本期分摊比例	
21		分支机构本期分摊应补（退）所得税额	

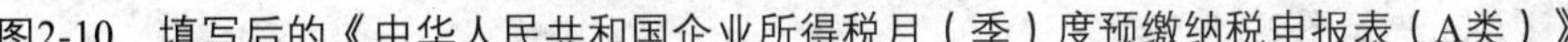

图2-10　填写后的《中华人民共和国企业所得税月（季）度预缴纳税申报表（A类）》

名师点拨

企业所得税月（季）度预缴纳税申报表（B类）的填写相对较为简单，参照A类申报表的填写思路即可轻松完成。

2. 网上预缴企业所得税操作

网上预缴企业所得税的方法与申报增值税的方法相似，同样涉及纳税申报表数据的填写、保存、校验和提交等环节，其具体操作如下。

（1）登录当地电子税务局网站，单击“我要办税”选项卡，单击“税费申报及缴纳”按钮，在显示的界面中单击“企业所得税申报”按钮，打开“请选择业务”对话框，根据企业情况选择对应的选项，这里选择“居民企业（查账征收）企业所得税月（季）度申报”选项，如图2-11所示。

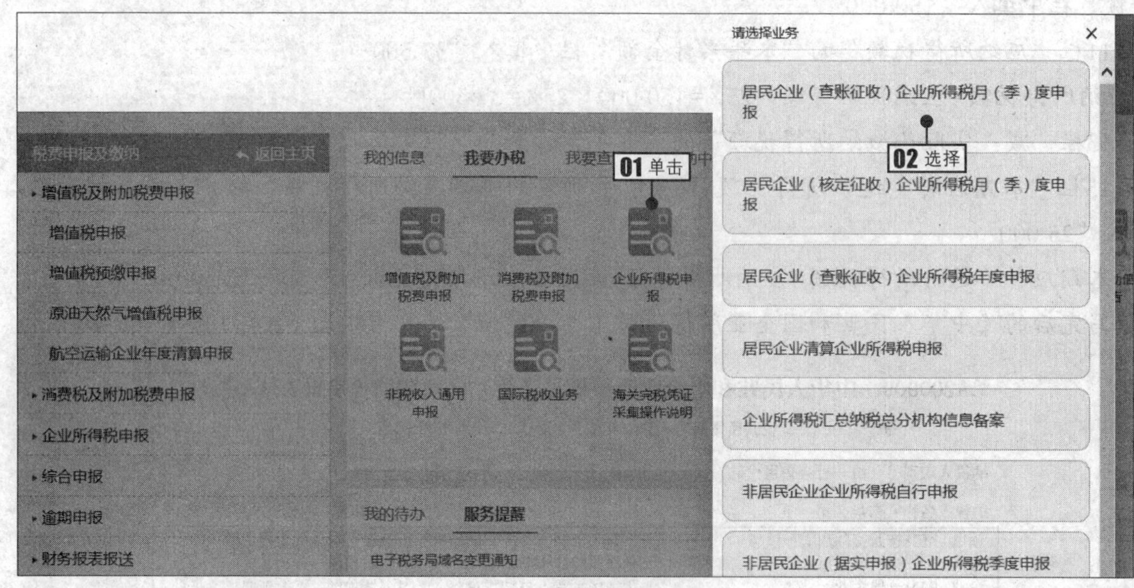

图2-11　企业所得税申报

（2）打开企业所得税申报页面，根据企业发生的业务，填写企业所得税纳税申报表包含的各张表单数据，如图2-12所示。

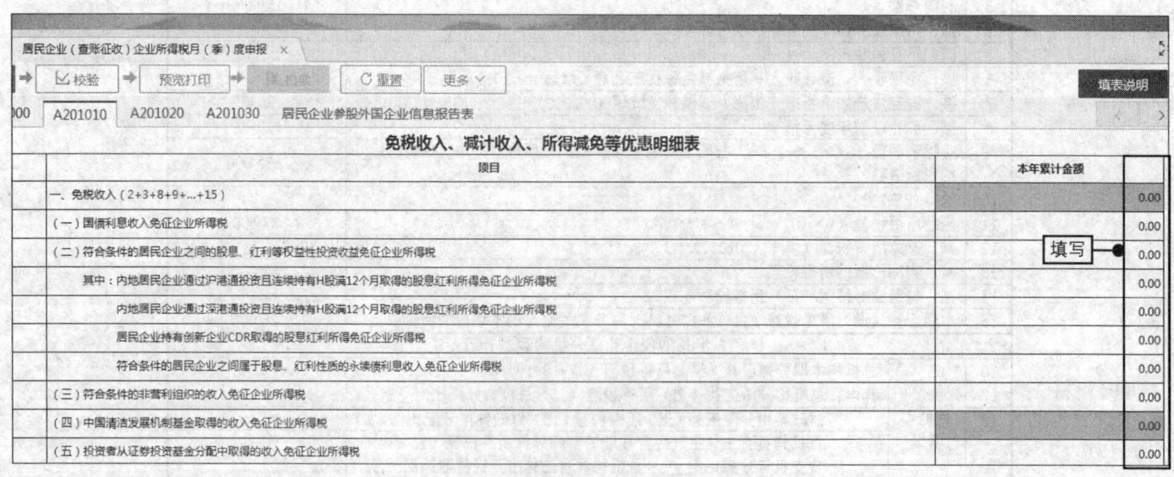

图2-12　填写数据

（3）填写完报表数据，确认无误后单击保存按钮，打开“保存-提示”对话框，提示报表保存成功，单击确定按钮，如图2-13所示。

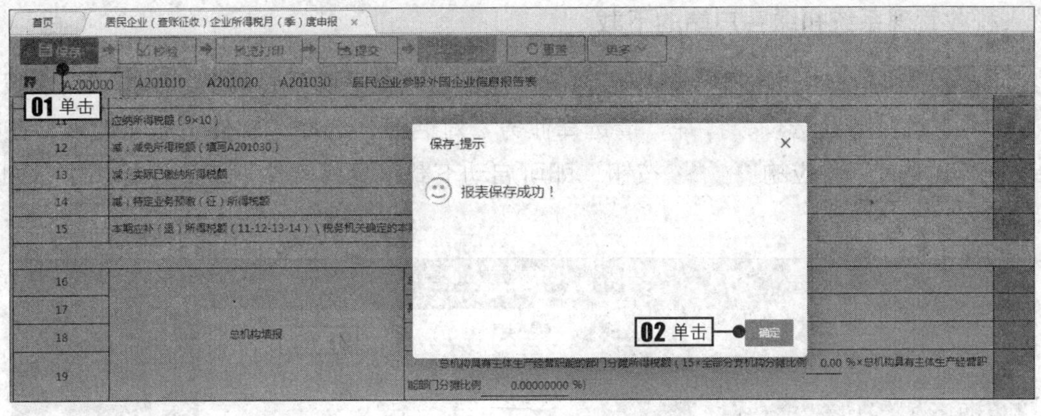

图2-13　保存报表

（4）单击校验按钮，打开“校验-提示”对话框，提示校验通过，单击确定按钮，如图2-14所示。

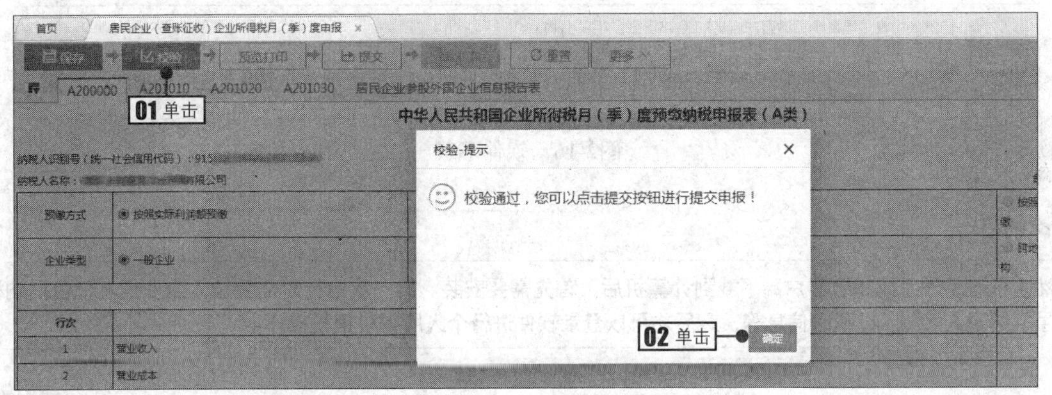

图2-14　校验报表

（5）保存并校验报表后，单击提交按钮，打开“信息”对话框，提示本期纳税数额情况，核对无误后单击确定按钮，如图2-15所示。

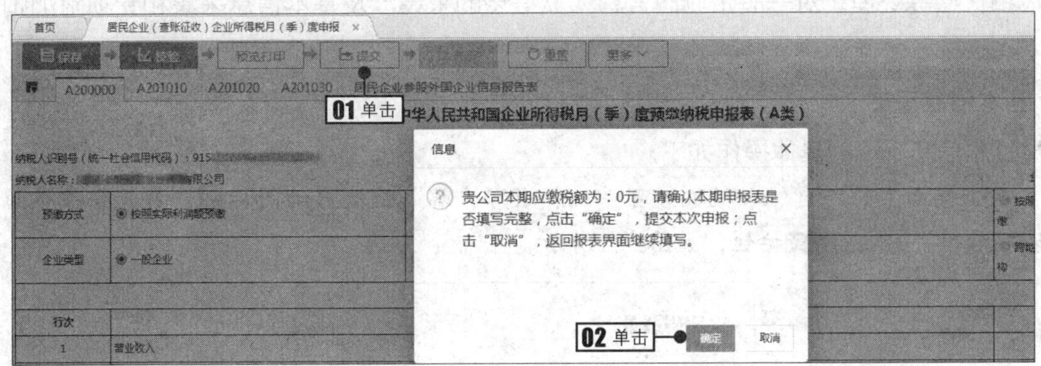

图2-15　确认纳税数额

2.1.3　申报个人所得税

金税三期个人所得税申报系统需要在客户端进行操作，因此企业首先应当在报税系统中将自然人税收管理系统扣缴客户端下载到计算机中，才能实现信息采集、扣缴个人所得税申报表填写、报送与缴款以及申报查询等操作。

1. 自然人税收管理系统扣缴客户端的下载

自然人税收管理系统扣缴客户端的下载方法：登录当地电子税务局网站，单击“公众服务”选项卡，选择“下载服务”选项，打开“请选择业务”对话框，选择“软件下载”选项，在打开的界面中单击该软件右侧对应的 下载 按钮，即可启动下载工具将软件下载到计算机中，如图2-16所示。

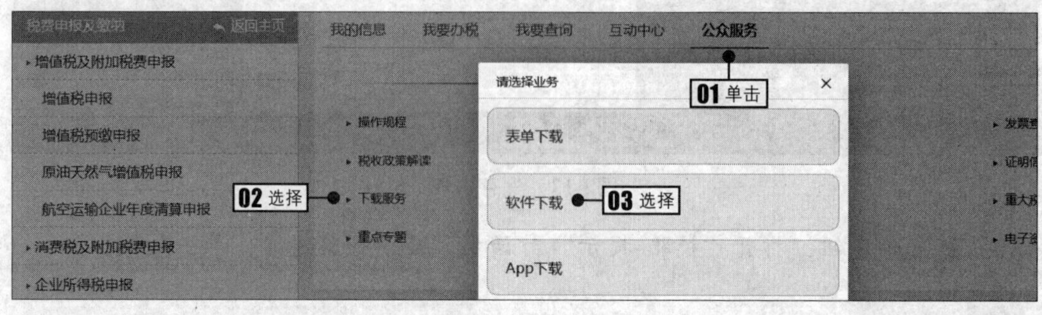

图2-16 软件下载

名师点拨

将自然人税收管理系统扣缴客户端下载到计算机后，首先需要安装。第一次运行时需要录入企业信息，包括纳税人识别号、纳税人名称、办税人信息等，之后才可以登录软件进行个人所得税报税操作。

2. 人员信息的采集

人员信息的采集指的是将企业的员工信息添加到自然人税收管理系统中，方便以后对个人所得税进行代扣代缴等处理。对一般企业而言，人员信息的采集涉及基本信息采集和专项附加扣除信息采集。

a. 基本信息采集

人员基本信息采集的具体操作如下。

（1）双击桌面上的“自然人税收管理系统扣缴客户端”快捷启动图标，打开登录界面，输入设置的密码后单击 登录 按钮，如图2-17所示。

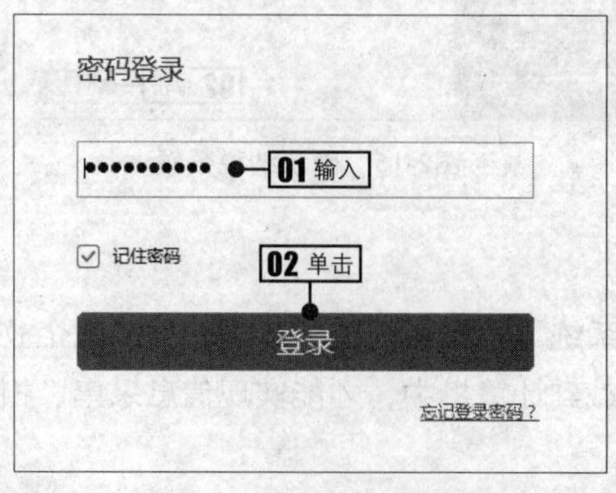

图2-17 登录自然人税收管理系统扣缴客户端

（2）在界面左侧的“代扣代缴”栏中选择“人员信息采集”选项，此时界面将显示已经采集好的人员信息情况，如果需要采集新的信息，可单击添加按钮，如图2-18所示。

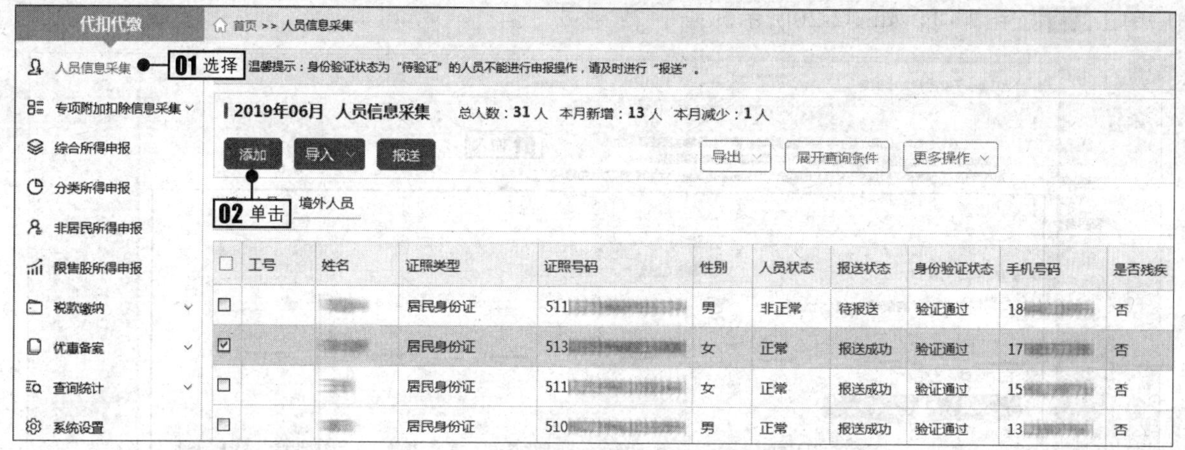

图2-18　添加人员信息

（3）在打开的“境内人员信息”对话框中输入相应的人员信息，其中带“*”号的项目为必填项目，填完后单击保存按钮即可完成信息采集的操作，如图2-19所示。

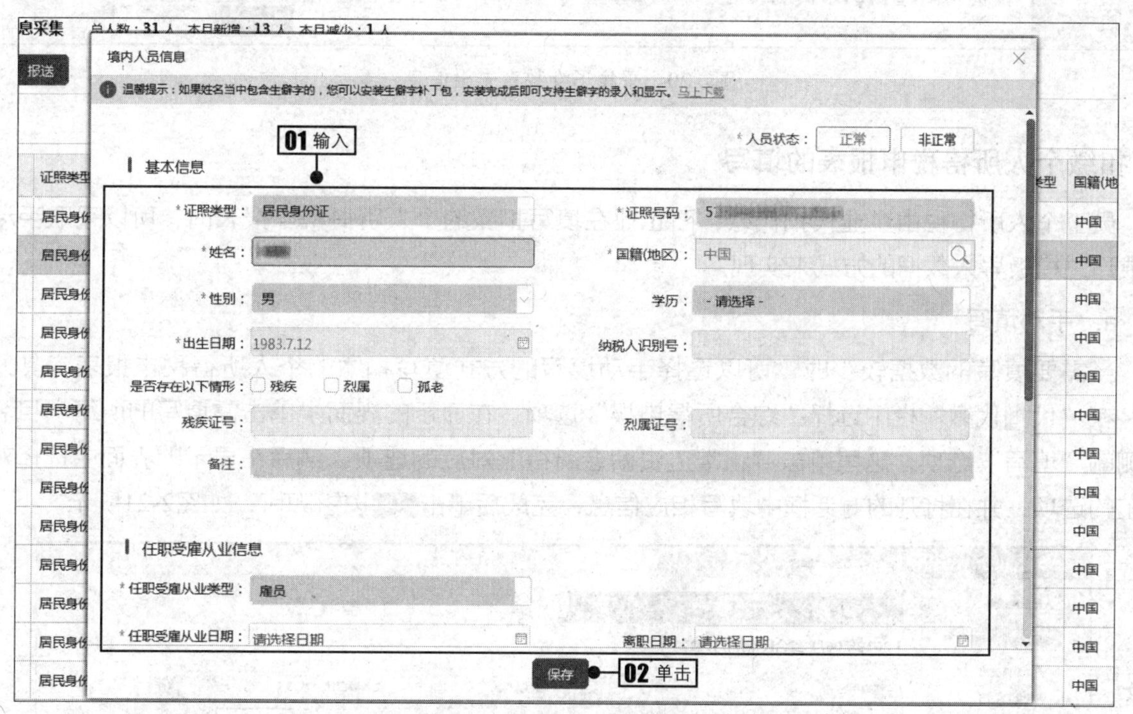

图2-19　输入并保存信息

知识拓展

登录自然人税收管理系统扣缴客户端并选择“人员信息采集”选项后，单击更多操作按钮，在弹出的下拉列表框中选择“修改”选项可修改所选人员的信息，选择“删除”选项则可删除所选人员的信息。

b. 专项附加扣除信息采集

专项附加扣除指的是个人所得税法规定的子女教育、继续教育、大病医疗、住房贷款利息、住房租金和赡养老人等企业员工的指定扣除项目。这一信息的采集方法与人员基本信息采集方法类

似，以下以采集子女教育支出信息为例。在界面左侧的“代扣代缴”栏中选择“专项附加扣除信息采集”选项，然后选择“子女教育支出”选项，单击新增按钮，在打开的对话框中输入相关信息，然后单击保存按钮即可，如图2-20所示。

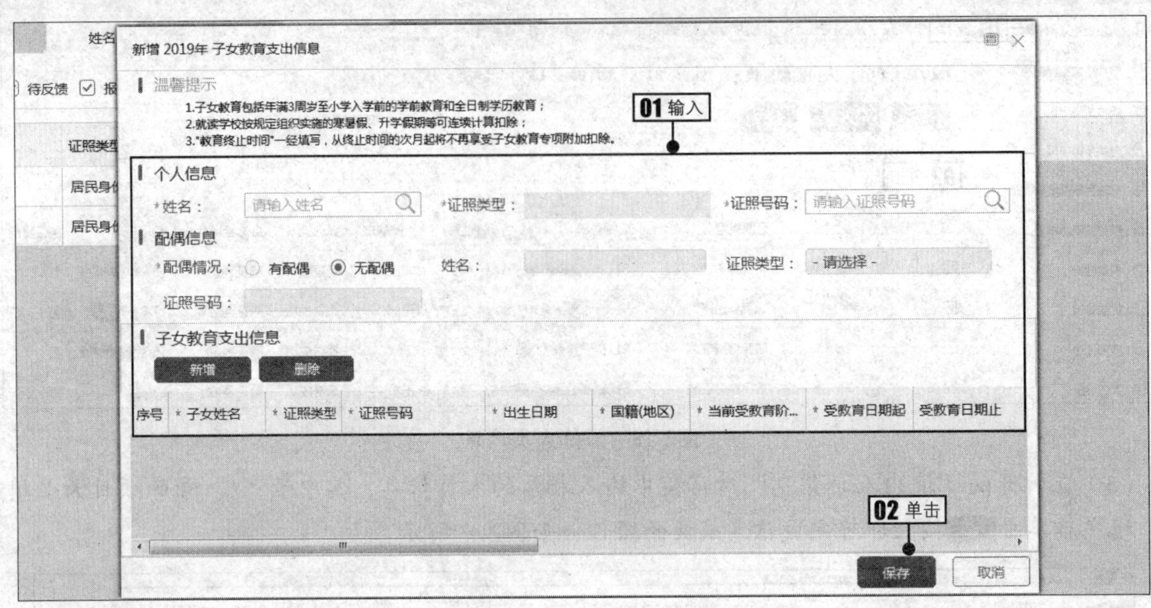

图2-20　采集子女教育支出信息

3. 扣缴个人所得税申报表的填写

员工个人所得税由企业代扣代缴，而企业在填写扣缴的个人所得税申报表时，可以采取手动填写或通过模板导入数据的方式来实现。

a. 手动填写

当需要填写的数据较少时，可以选择手动填写的方式填写扣缴的个人所得税申报表，其方法为，在“代扣代缴”栏中选择“综合所得申报”选项，在显示的界面中单击需填写的所得项目名称右侧的“填写”选项，这里单击“正常工资薪金所得”对应的选项，然后在显示的界面中选择对应员工的选项，并在打开的对话框中填写相应信息，完成后单击保存按钮即可，如图2-21所示。

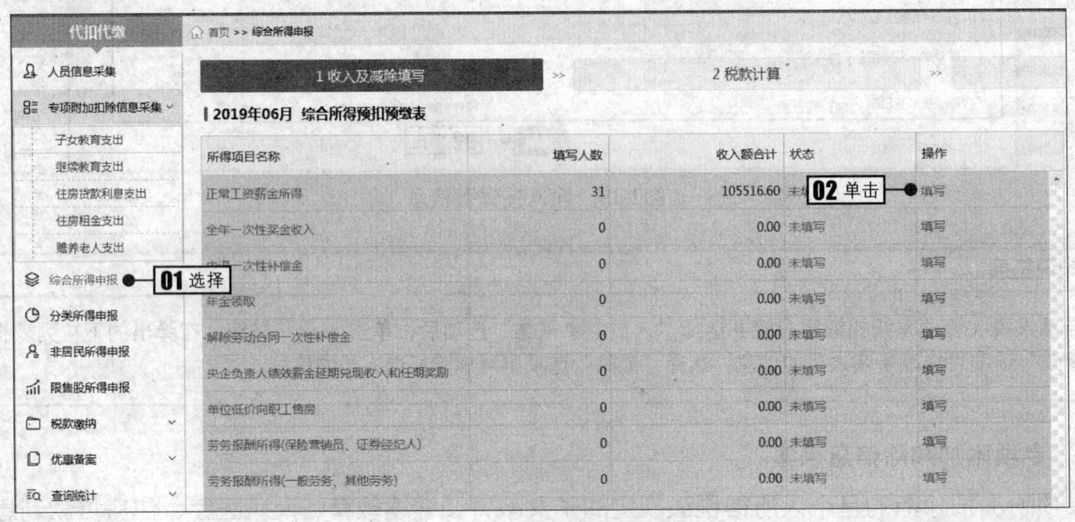

图2-21　填写员工个人所得的数据

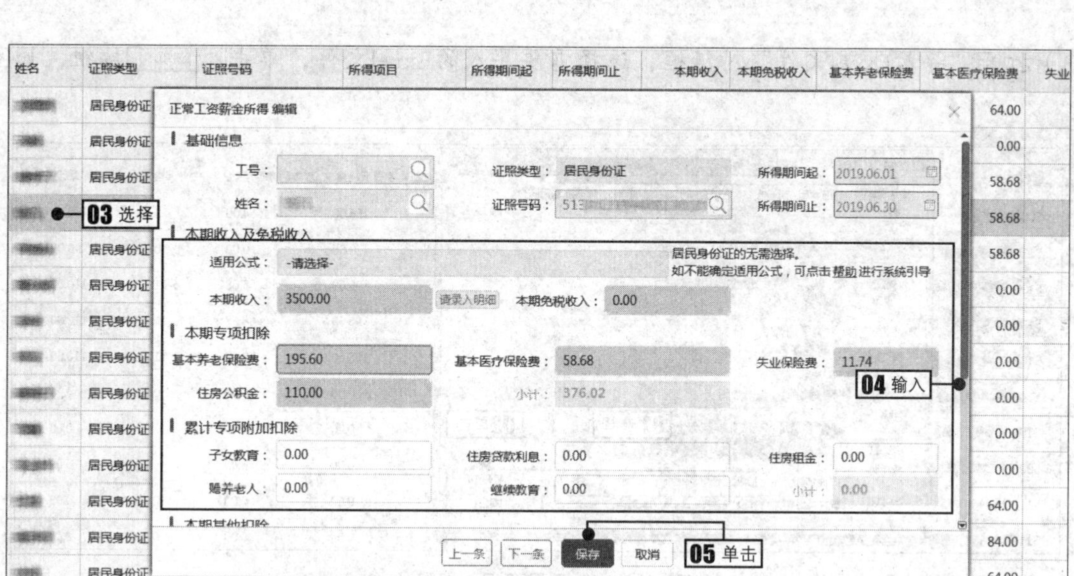

图2-21　填写员工个人所得的数据（续）

b. 通过模板导入数据

如果需要填写的数据较多，则可通过导入计算机中员工个人所得数据的方式快速实现数据的填写，其具体操作如下。

（1）进入“正常工资薪金所得界”面后，单击导入按钮，在弹出的下拉列表框中选择“导入数据”选项，如图2-22所示。

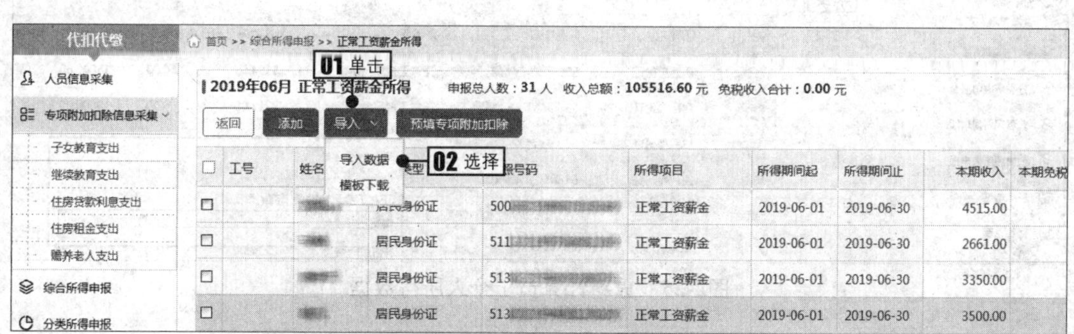

图2-22　执行导入数据操作

（2）打开“正常工资薪金所得”对话框，选中“标准模板导入”单选项，单击导入按钮，如图2-23所示。

图2-23　选择导入方式

（3）打开“导入Excel文件”对话框，选择需要导入的Excel文件，单击打开(O)按钮，如图2-24所示。

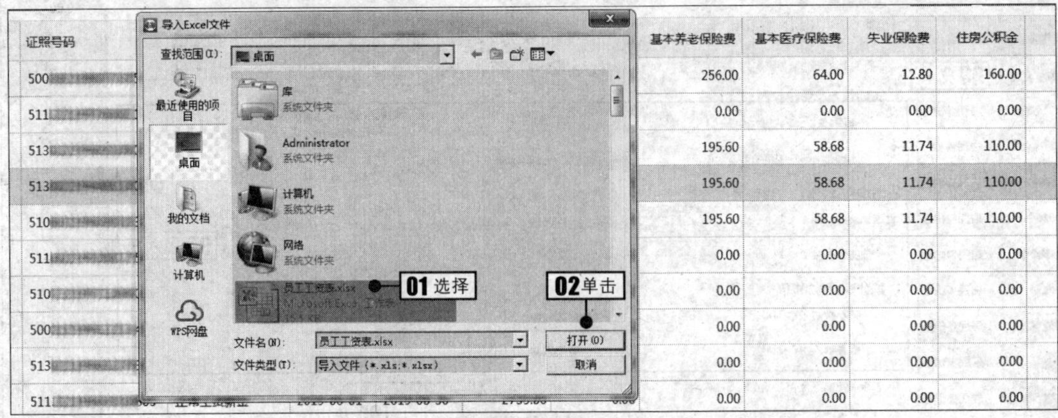

图2-24　选择需要导入的文件

（4）导入数据后，单击重新计算按钮即可重新计算员工个人所得数据，如图2-25所示。

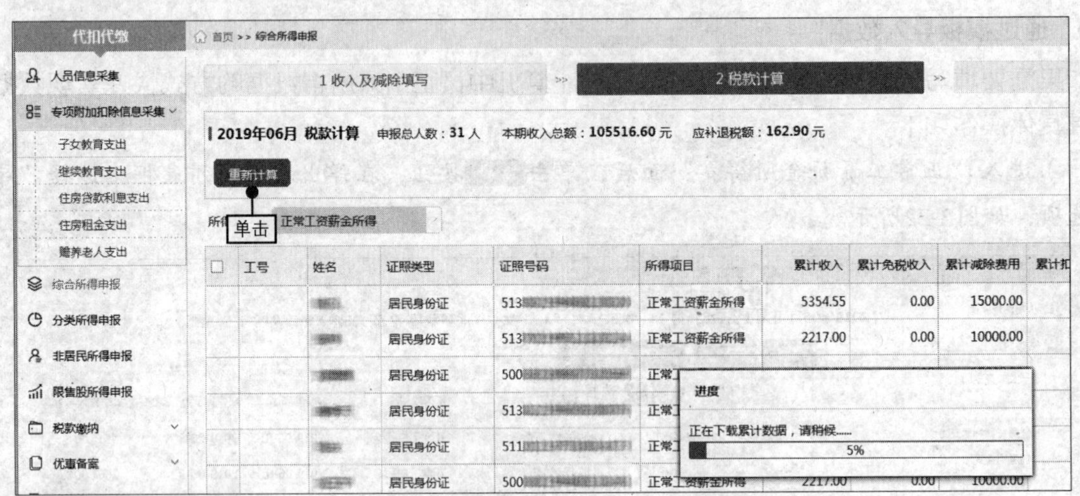

图2-25　重新计算员工个人所得数据

4. 个人所得税申报表的报送与缴款

完成扣缴个人所得数据的填写后，便可继续进行个人所得税申报表的报送与缴款，其具体操作如下。

（1）在综合所得申报界面单击“3　附表填写”选项卡，根据需要选择是否填写相关附表数据，如图2-26所示。

首页 >> 综合所得申报

1 收入及减除填写 >> 2 税款计算 >> 3 附表填写

单击

2019年06月 其他附表

1、综合所得申报表中填写了“减免税额”的需填写减免事项附表。

2、在本期其他扣除中填写了“商业健康保险”的需填写商业健康保险附表。

附表名称	填写人数	金额合计	填写状态	操作
减免事项附表	0	0.00	无需填写	填写
商业健康保险附表	0	0.00	无需填写	填写
税延养老保险附表	0	0.00	无需填写	填写

图2-26　填写附表

（2）附表填写完成后，单击“4 申报表报送”选项卡，单击发送申报按钮，如图2-27所示。

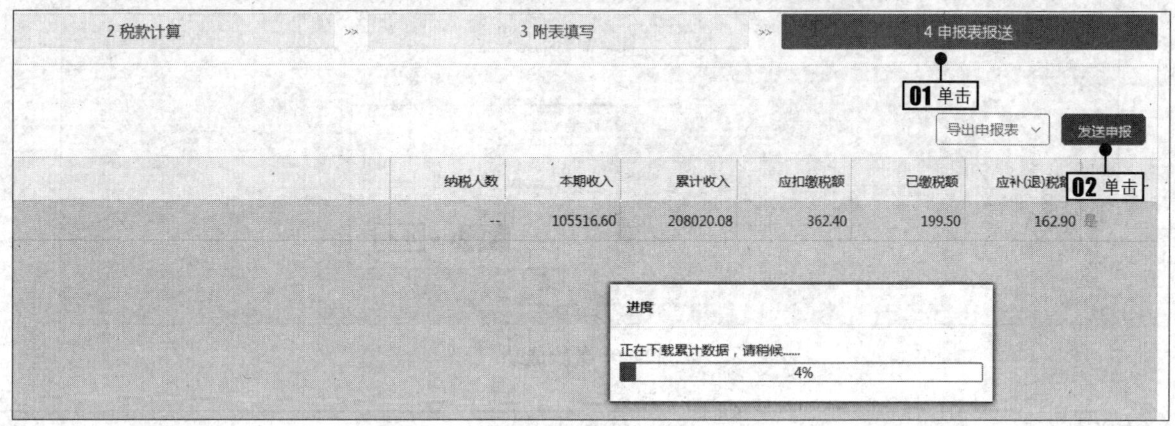

图2-27 申报表报送

（3）当申报状态显示为“申报成功，待缴款”字样时，选择左侧导航栏中“税款缴纳”栏下的“三方协议缴税”选项，然后单击立即缴款按钮，如图2-28所示。

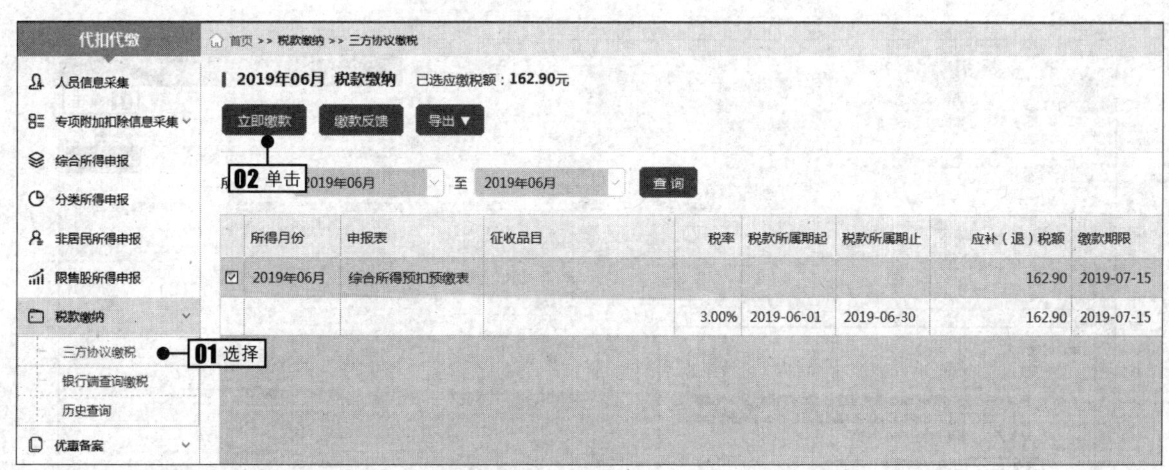

图2-28 缴款

（4）打开“请选择三方协议”对话框，确认信息后单击确认扣款按钮，如图2-29所示。

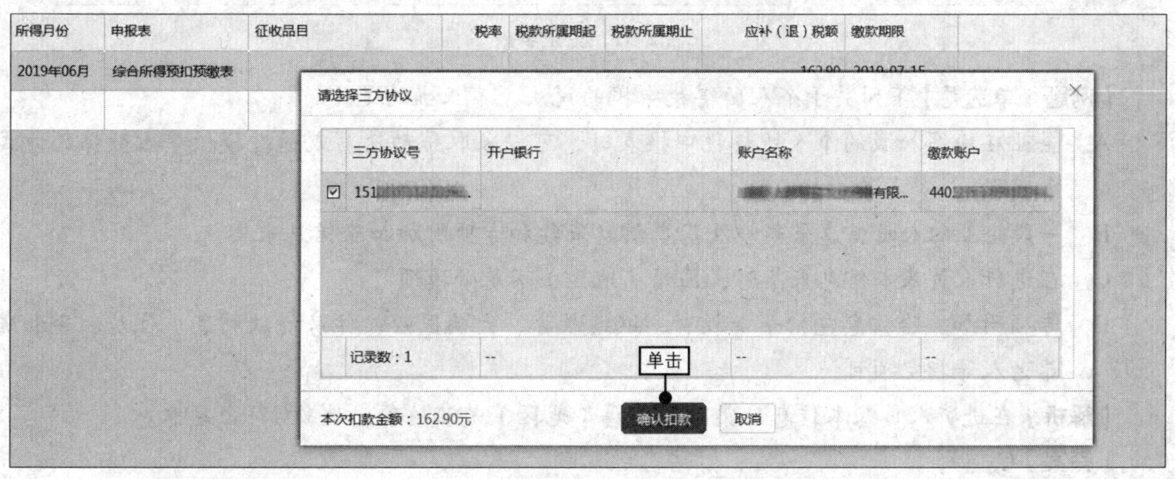

图2-29 确认扣款

（5）稍后将打开“提示信息”对话框，提示缴款成功，单击确定按钮，如图2-30所示。

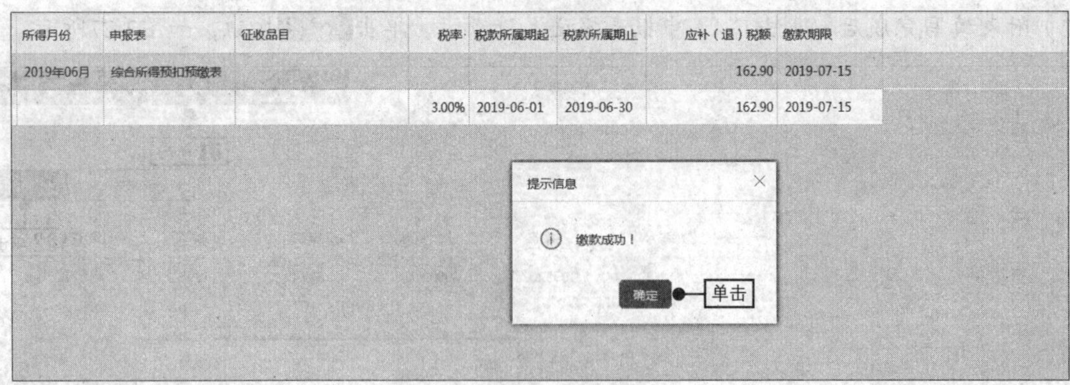

图2-30 缴款成功

知识拓展

缴款前若需要更正个人所得税申报表的数据，可在发送申报后的界面中单击 更正申报 按钮，并在打开的“确认信息”对话框中单击 确定 按钮，重新修改申报数据，完成后再进行申报操作，如图2-31所示。

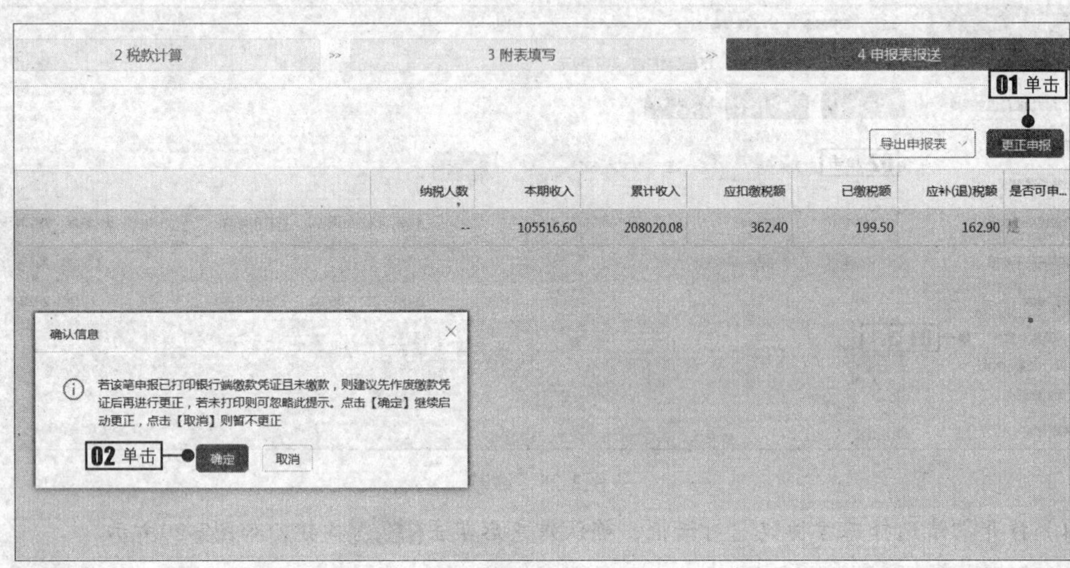

图2-31 更正申报

【例题·单选题】下列关于个人所得税申报的说法，不正确的是（　　）。

A. 企业在填写扣缴的个人所得税申报表时，可以采取手动填写或通过模板导入数据的方式来实现

B. 一般企业的人员信息采集涉及基本信息采集和专项附加扣除信息采集

C. 在进行人员基本信息采集时，国籍（地区）不是必填项

D. 专项附加扣除信息包括子女教育、继续教育、大病医疗、住房贷款利息、住房租金和赡养老人等指定项目

【解析】在进行人员基本信息采集时，国籍（地区）是必填项，选项C符合题意。

【答案】C

5. 个人所得税申报查询

往期申报的个人所得税信息，在自然人税收管理系统扣缴客户端中可以随时进行查询，其中主

要涉及单位申报查询和个人申报查询两种情况。

a. 单位申报查询

单位申报查询可以查询指定期间的单位个人所得税申报情况，其具体操作如下。

（1）选择左侧导航栏“查询统计”栏中的“单位申报记录查询”选项，然后在“税款所属期”栏中设置查询的期间，单击查询按钮，如图2-32所示。

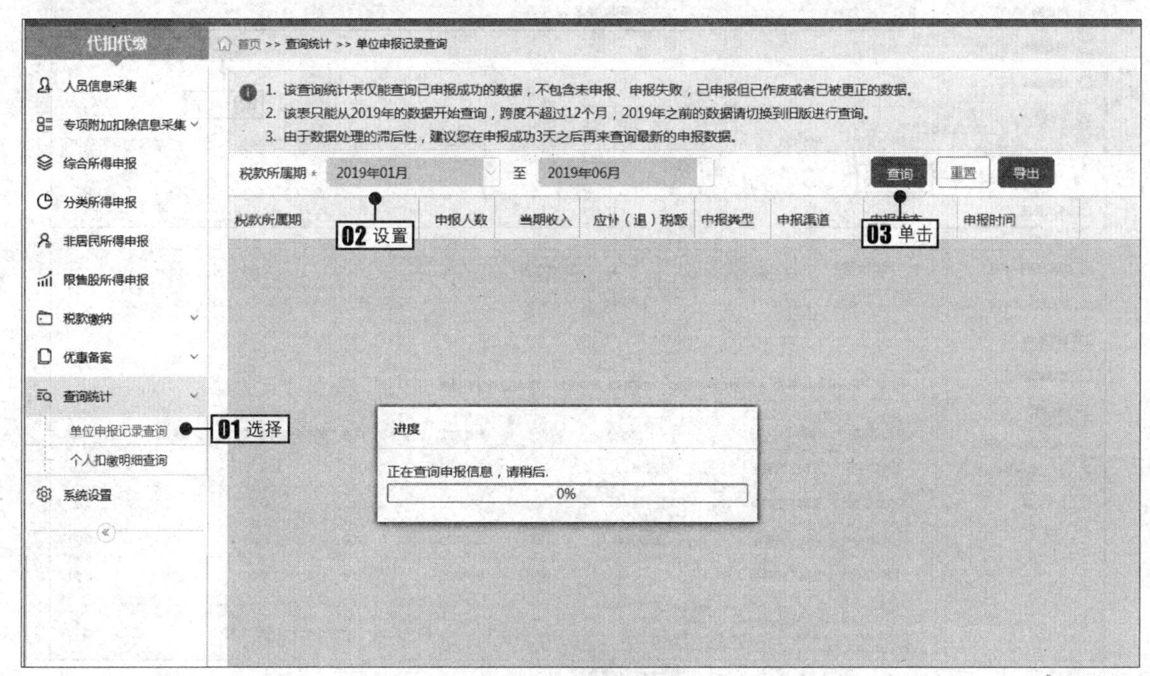

图2-32 设置查询期间

（2）稍后界面便将显示所设置税款所属期的单位申报记录，如图2-33所示。

税款所属期	申报人数	当期收入	应补（退）税额	申报类型	申报渠道	申报状态	申报时间
2019-05	19	67342.60	165.80	--	--	--	2019-06-04
综合所得预扣预缴表	19	67342.60	165.80	正常申报	金三个税系统	申报成功	2019-06-04
2019-04	5	32531.40	33.70	--	--	--	2019-05-06
综合所得预扣预缴表	5	32531.40	33.70	正常申报	金三个税系统	申报成功	2019-05-06
2019-03	5	13100.00	0.00	--	--	--	2019-04-03
综合所得预扣预缴表	5	13100.00	0.00	正常申报	金三个税系统	申报成功	2019-04-03
2019-02	1	0.00	0.00	--	--	--	2019-03-13
综合所得预扣预缴表	1	0.00	0.00	正常申报	金三个税系统	申报成功	2019-03-13

图2-33 查询结果

b. 个人申报查询

个人申报查询与单位申报查询的操作相似，其方法为，选择左侧导航栏中的“个人扣缴明细查询”选项，在右侧界面中设置税款所属期、人员的姓名和证照号码，然后单击查询按钮即可，如图2-34所示。

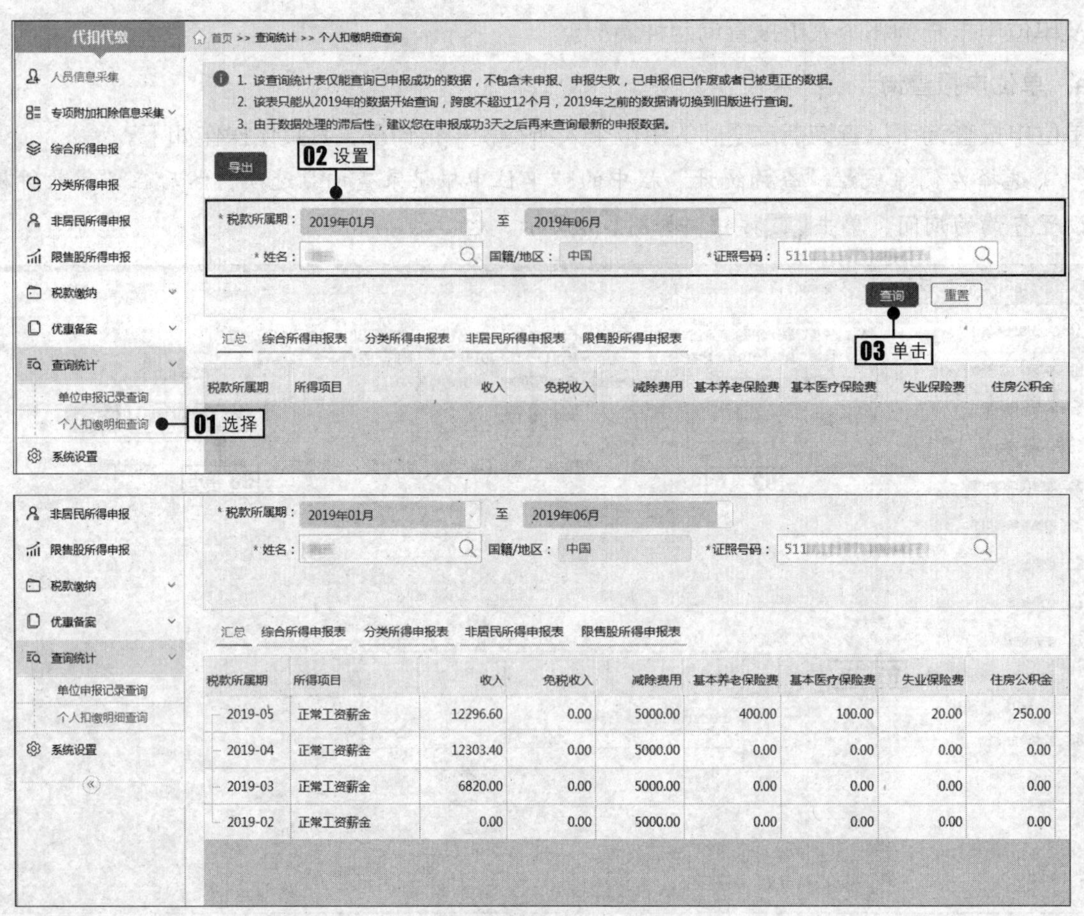

图2-34　个人申报查询

2.1.4　申报附加税（费）

城市维护建设税、教育费附加、地方教育附加也是企业在申报期会申报的常见税费，属于“综合申报”类。申报时可以单击“我要办税”选项卡，单击“税费申报及缴纳”按钮，在打开页面的左侧列表中选择“综合申报”选项，在右侧的页面中单击“城建税、教育费附加、地方教育附加申报”选项，如图2-35所示，在打开的页面中进行申报即可。

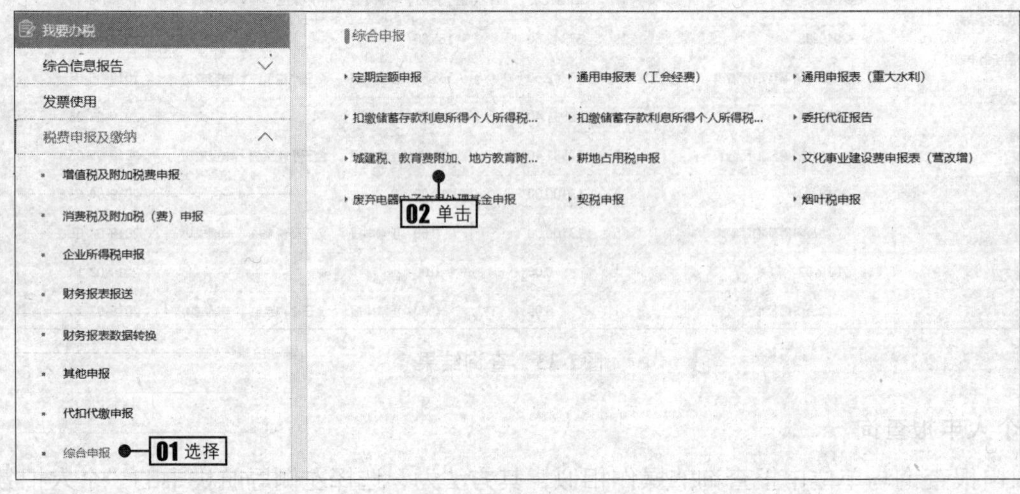

图2-35　申报附加税（费）

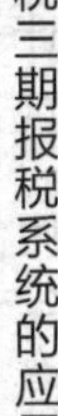

2.1.5 申报更正

企业发现已申报的数据有误时，可以通过申报更正功能进行修改，修改完成后重新提交报表数据即可，其具体操作如下。

（1）登录当地电子税务局，单击“我要办税”选项卡，单击“税费申报及缴纳”按钮，在显示的界面中单击“申报更正”按钮，打开“请选择业务”对话框，选择所需的申报更正选项，这里选择申报更正（增值税、消费税、居民企业所得税、附加税）选项，如图2-36所示。

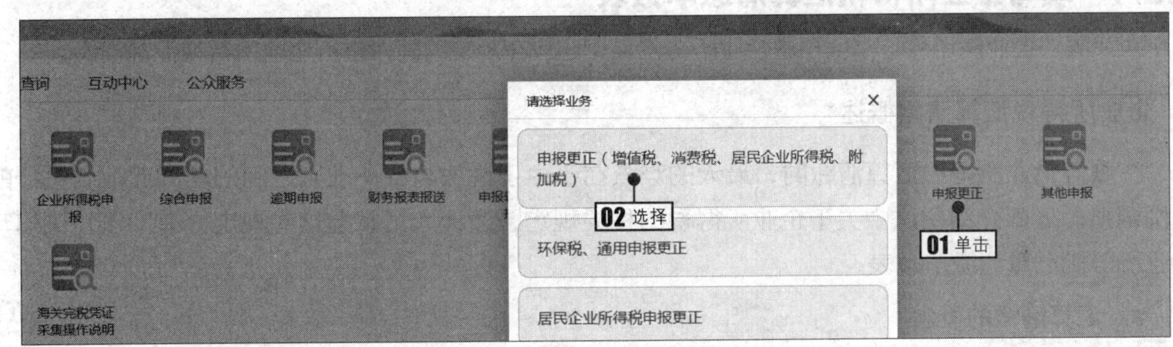

图2-36　申报更正

（2）在所显示界面的“征收项目”下拉列表框中选择需更正报表对应的税种，这里选择“增值税”选项，单击查询按钮搜索结果，然后单击该报表右侧对应的申报更正按钮，如图2-37所示。

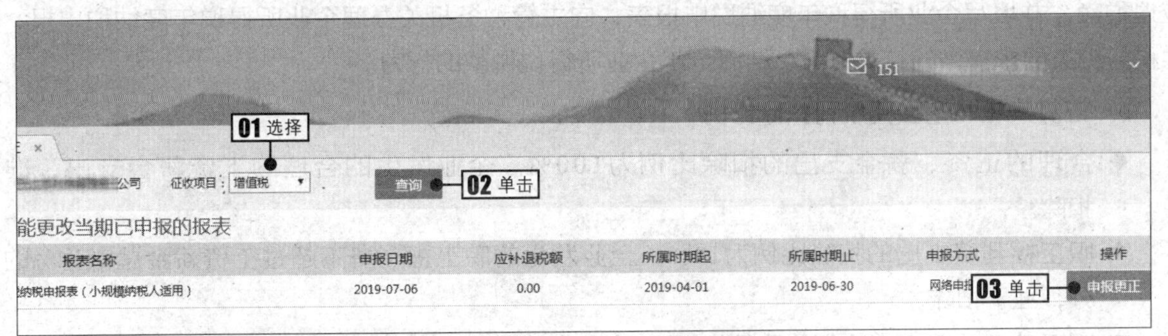

图2-37　选择需要更正的报表

（3）此时只需在打开的界面中更改报表数据，然后执行保存、校验、提交等操作即可，如图2-38所示。

图2-38　更正报表数据

2.2 非日常报税操作

除了日常的增值税、个人所得税等税种的申报以外，企业有时还需要进行一些非日常报税操作。本节将介绍该报税系统的非日常报税操作，主要包括填写企业所得税汇算清缴申报表、办理税收减免备案、申请延期申报以及申请汇算清缴结算多缴退抵税等内容。

2.2.1 填写企业所得税汇算清缴申报表

在我国，企业除了月、季度预缴企业所得税外，还应在规定时间内进行企业所得税汇算清缴。

1. 企业所得税汇算清缴概述

在进行企业所得税汇算清缴时，最大的难点在于由于税法与会计准则之间的差异而需要进行的纳税调整。下面介绍税法中关于企业所得税的相关规定，会计人员掌握这些规定，有助于正确填写企业所得税汇算清缴申报表。

a. 汇算清缴的概念

根据《国家税务总局关于印发〈企业所得税汇算清缴管理办法〉的通知》（国税发〔2009〕79号）第二条规定：企业所得税汇算清缴，是指纳税人自纳税年度终了之日起5个月内或实际经营终止之日起60日内，依照税收法律、法规、规章及其他有关企业所得税的规定，自行计算本纳税年度应纳税所得额和应纳所得税额，根据月度或季度预缴企业所得税的数额，确定该纳税年度应补或者应退税额，并填写企业所得税年度纳税申报表，向主管税务机关办理企业所得税年度纳税申报、提供税务机关要求提供的有关资料、结清全年企业所得税税款的行为。

b. 汇算清缴12项费用税前扣除比例

- 合理的工资、薪金支出的扣除比例为100%。企业发生的合理的工资薪金支出，准予扣除。
- 职工福利费支出的扣除比例为14%。企业发生的职工福利费不超过工资薪金总额14%的部分，准予扣除。
- 职工教育经费支出的扣除比例为8%。企业发生的职工教育经费支出，不超过工资薪金总额8%的部分，准予在计算企业所得税应纳税所得额时扣除；超过部分，准予在以后纳税年度结转扣除。
- 工会经费支出的扣除比例为2%。企业拨缴的工会经费，不超过工资薪金总额2%的部分，准予扣除。
- 研发费用支出的加计扣除比例为75%。企业开展研发活动中实际发生的研发费用，未形成无形资产计入当期损益的，在按规定据实扣除的基础上，在2018年1月1日至2020年12月31日期间，再按照实际发生额的75%在税前加计扣除；形成无形资产的，在上述期间按照无形资产成本的175%在税前摊销。
- 补充养老保险和补充医疗保险支出的扣除比例为5%。企业根据国家有关政策规定，为在本企业任职或者受雇的全体员工支付的补充养老保险费、补充医疗保险费，分别在不超过工资薪金总额5%标准内的部分，在计算应纳税所得额时准予扣除；超过的部分，不予扣除。
- 业务招待费支出的扣除比例为60%、5‰。企业发生的与生产经营活动有关的业务招待费支出，按照发生额的60%扣除，但最高不得超过当年销售（营业）收入的5‰。
- 广告费和业务宣传费支出的扣除比例为15%、30%。一般企业发生的符合条件的广告费和业

务宣传费支出（烟草企业不得扣除）不超过当年销售（营业）收入15%的部分，准予扣除；超过部分，准予在以后纳税年度结转扣除。化妆品制造或销售、医药制造和饮料制造（不含酒类制造）企业发生的广告费和业务宣传费支出，不超过当年销售（营业）收入30%的部分，准予扣除；超过部分，准予在以后纳税年度结转扣除。

◆ 公益性捐赠支出的扣除比例为12%。企业发生的公益性捐赠支出，在年度利润总额12%以内的部分，准予在计算应纳税所得额时扣除；超过年度利润总额12%的部分，准予结转以后3年内在计算应纳税所得额时扣除。

◆ 手续费和佣金支出的扣除比例为5%。企业发生与生产经营有关的手续费及佣金支出，按与具有合法经营资格中介服务机构或个人（不含交易双方及其雇员、代理人和代表人等）所签订服务协议或合同确认的收入金额的5%计算限额；超过部分，不得扣除。

知识拓展

对于保险企业，财产保险企业按当年全部保费收入扣除退保金等后余额的15%（含本数，下同）计算限额，人身保险企业按当年全部保费收入扣除退保金等后余额的10%计算限额；超过部分，不得扣除。

◆ 企业责任保险支出的扣除比例为100%。企业参加雇主责任险、公众责任险等责任保险，按照规定缴纳的保险费，准予在计算应纳税所得额时税前扣除。

◆ 党组织工作经费支出的扣除比例为1%。党组织工作经费纳入企业管理费列支，不超过职工年度工资薪金总额1%的部分，可以据实在计算应纳税所得额时税前扣除。

c. **其他相关规定**

◆ 企业在2018年1月1日至2020年12月31日期间新购进的设备、器具，单位价值不超过500万元的，允许一次性计入当期成本费用在计算应纳税所得额时扣除，不再分年度计算折旧。其中，设备、器具是指除房屋、建筑物以外的固定资产。

◆ 自2018年1月1日至2020年12月31日，将小型微利企业的年应纳税所得额上限由50万元提高至100万元，对年应纳税所得额低于100万元（含100万元）的小型微利企业，其所得减按50%计入应纳税所得额，按20%的税率缴纳企业所得税。

◆ 自2018年1月1日起，当年具备高新技术企业或科技型中小企业资格的企业，其具备资格年度之前5个年度发生的尚未弥补完的亏损，准予结转以后年度弥补，最长结转年限由5年延长至10年。

◆ 自2018年1月1日起，公司制创业投资企业采取股权投资方式直接投资于种子期、初创期科技型企业（以下简称“初创科技型企业”）满2年（24个月，下同）的，可以按照投资额的70%在股权持有满2年的当年抵扣该公司制创业投资企业的应纳税所得额；当年不足抵扣的，可以在以后纳税年度结转抵扣。

◆ 有限合伙制创业投资企业（以下简称“合伙创投企业”）采取股权投资方式直接投资于初创科技型企业满2年的，该合伙创投企业的法人合伙人可以按照对初创科技型企业投资额的70%抵扣法人合伙人从合伙创投企业分得的所得；当年不足抵扣的，可以在以后纳税年度结转抵扣。

◆ 自2018年1月1日起，对经认定的技术先进型服务企业（服务贸易类），减按15%的税率征收企业所得税。

◆ 实行查账征收企业所得税的小型微利企业免于填报《一般企业收入明细表》（A101010）、《金融企业收入明细表》（A101020）、《一般企业成本支出明细表》（A102010）、《金

融企业支出明细表》（A102020）、《事业单位、民间非营利组织收入、支出明细表》（A103000）、《期间费用明细表》（A104000）。此规定适用于小型微利企业2018年度及以后年度企业所得税汇算清缴纳税申报。

2. 网上汇算清缴操作

企业应该在规定时间内登录当地电子税务局网站进行企业所得税汇算清缴，其具体操作如下。

（1）登录当地电子税务局网站，单击“我要办税”选项卡，单击“税费申报及缴纳”按钮。在显示的界面中单击“企业所得税申报”按钮，打开“请选择业务”对话框，选择“居民企业（查账征收）企业所得税年度申报”选项，如图2-39所示。

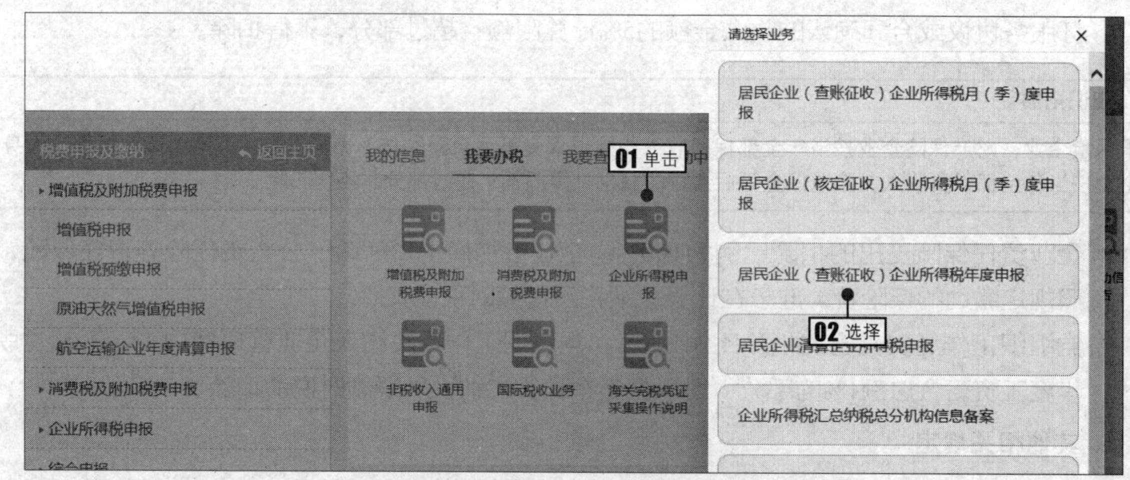

图2-39 企业所得税年度申报

（2）在打开的页面中详细阅读“特别提醒”中的内容，单击左侧列表中的“填报表单”选项，根据企业实际情况在右侧页面中选中所需填报的表单对应的复选框。

（3）单击“A000000企业基础信息表”选项，在右侧页面中填写企业基础信息。

（4）单击“A100000中华人民共和国企业所得税年度纳税申报表（A类）”选项，在如图2-40所示的页面中填写数据。该表为必填表，是企业计算申报缴纳企业所得税的主表。需要注意的是，企业在计算企业所得税应纳税所得额及应纳税额时，会计处理与税法规定是不一致的，应当按照税法规定计算。

图2-40 填写企业所得税年度纳税申报表（A类）

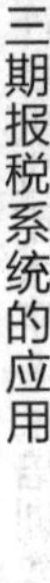

（5）单击“A101010一般企业收入明细表”选项，在图2-41所示的页面中填写数据。该表适用于除金融企业、事业单位和民间非营利组织外的纳税人填报。企业应根据国家统一会计制度的规定，填报“主营业务收入”“其他业务收入”“营业外收入”等项目。

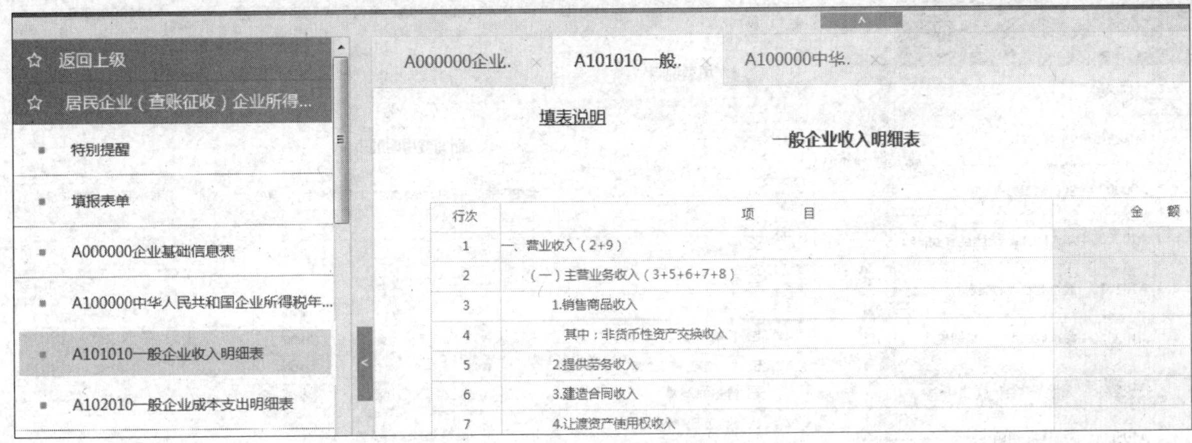

图2-41　填写一般企业收入明细表

知识拓展

金融企业（包括银行、信用社、保险公司、证券公司等）应填报《金融企业收入明细表》（A101020），反映金融企业按照企业会计准则规定取得收入情况。

（6）单击“A102010一般企业成本支出明细表”选项，在图2-42所示的页面中填写数据。该表适用于除金融企业、事业单位和民间非营利组织外的纳税人填报。企业应根据国家统一会计制度的规定，填报“主营业务成本”“其他业务成本”“营业外支出”等项目。

图2-42　填写一般企业成本支出明细表

知识拓展

金融企业（包括银行、信用社、保险公司、证券公司等）应填报《金融企业支出明细表》（A102020），反映金融企业按照企业会计准则规定发生支出情况；事业单位和民间非营利组织应填报《事业单位、民间非营利组织收入、支出明细表》（A103000），反映事业单位、社会团体、民办非企业单位、非营利组织等按照有关会计制度规定取得收入，发生支出、费用情况。

（7）单击“A104000期间费用明细表”选项，在图2-43所示的页面中填写数据。该表适用于除金

融企业、事业单位和民间非营利组织外的纳税人填报。填写完后单击保存按钮，保存所有填写的表单。

行次	项目	销售费用	其中：境外支付	管理费用	其中：境外支付	财务费用	其中：境外支付
		1	2	3	4	5	6
1	一、职工薪酬	0.00	*	0.00	*	*	*
2	二、劳务费	0.00	0.00	0.00	0.00	*	*
3	三、咨询顾问费	0.00	0.00	0.00	0.00	*	*
4	四、业务招待费	0.00	*	0.00	*	*	*
5	五、广告费和业务宣传费	0.00	*	0.00	*	*	*
6	六、佣金和手续费	0.00	0.00	0.00	0.00	0.00	0.00
7	七、资产折旧摊销费	0.00	*	0.00	*	*	*
8	八、财产损耗、盘亏及毁损损失	0.00	*	0.00	*	*	*

图2-43　填写企业期间费用明细表

知识拓展

企业所得税年度申报表基本已实现表间关系的自动计算、自动生成。为保证报表填列的连贯性、准确性，应先填列《一般企业收入明细表》（A101010）、《一般企业成本支出明细表》（A102010）、《期间费用明细表》（A104000）、《中华人民共和国企业所得税年度纳税申报表（A类）》（A100000）1～13行相关财务数据并保存，再填列其他报表。确认申报前，需重新保存主表。

（8）除了填写与收入、成本支出、费用等相关的表单外，由于税法与会计准则之间的差异，企业还需要填写一系列与纳税调整相关的表单。单击“A105000纳税调整项目明细表”选项，在图2-44所示的页面中按照“收入类调整项目”“扣除类调整项目”“资产类调整项目”“特殊事项调整项目”“特别纳税调整应税所得”“其他”6类分项填报，系统将自动汇总计算出纳税“调增金额”和“调减金额”的合计金额。

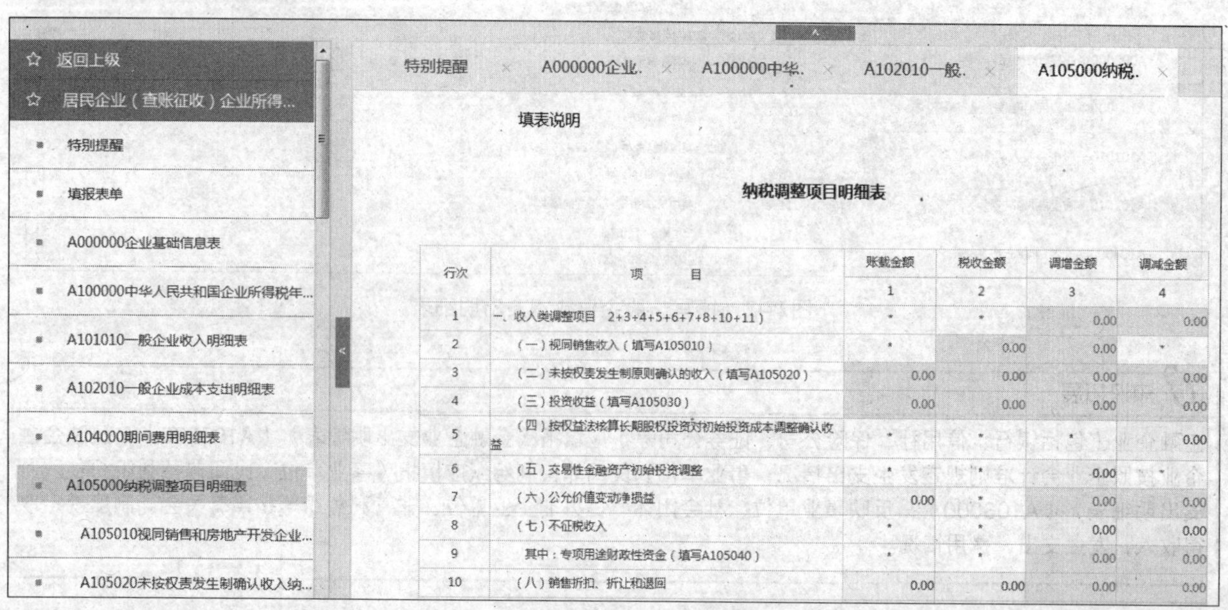

行次	项目	账载金额	税收金额	调增金额	调减金额
		1	2	3	4
1	一、收入类调整项目（2+3+4+5+6+7+8+10+11）	*	*	0.00	0.00
2	（一）视同销售收入（填写A105010）	*	0.00	0.00	*
3	（二）未按权责发生制原则确认的收入（填写A105020）	0.00	0.00	0.00	0.00
4	（三）投资收益（填写A105030）	0.00	0.00	0.00	0.00
5	（四）按权益法核算长期股权投资对初始投资成本调整确认收益	*	*	*	0.00
6	（五）交易性金融资产初始投资调整	*	*	0.00	*
7	（六）公允价值变动净损益	0.00	*	0.00	0.00
8	（七）不征税收入	*	*	0.00	0.00
9	其中：专项用途财政性资金（填写A105040）	*	*	0.00	0.00
10	（八）销售折扣、折让和退回	0.00	0.00	0.00	0.00

图2-44　填写纳税调整项目明细表

（9）企业根据自身实际情况继续填写与纳税调整相关的表单。这里单击“A105050职工薪酬支出及纳税调整明细表”选项，在图2-45所示的页面中填写数据。该表反映纳税人发生的职工薪酬支出，以及由于会计处理与税法规定不一致，需要进行纳税调整的项目和金额情况。企业只要发生职工薪酬支出，就需填报该表。

职工薪酬支出及纳税调整明细表

行次	项目	账载金额	实际发生额	税收规定扣除率	以前年度累计结转扣除额	税收金额	纳税调整金额	累计结转以后年度扣除额
		1	2	3	4	5	6（1-5）	7（2+4-5）
1	一、工资薪金支出	0.00	0.00	*	*	0.00	0.00	*
2	其中：股权激励	0.00	0.00	*	*	0.00	0.00	*
3	二、职工福利费支出	0.00	0.00	0.14	*	0.00	0.00	*
4	三、职工教育经费支出	0.00	0.00	*	0.00	0.00	0.00	0.00
5	其中：按税收规定比例扣除的职工教育经费	0.00	0.00	0.08	0.00	0.00	0.00	0.00
6	按税收规定全额扣除的职工培训费用	0.00	0.00	1.00	*	0.00	0.00	*
7	四、工会经费支出	0.00	0.00	0.02	*	0.00	0.00	*
8	五、各类基本社会保障性缴款	0.00	0.00	*	*	0.00	0.00	*
9	六、住房公积金	0.00	0.00	*	*	0.00	0.00	*
10	七、补充养老保险	0.00	0.00	0.05	*	0.00	0.00	*
11	八、补充医疗保险	0.00	0.00	0.05	*	0.00	0.00	*
12	九、其他	0.00	0.00	*	*	0.00	0.00	*
13	合计（1+3+4+7+8+9+10+11+12）	0.00	0.00	*	0.00	0.00	0.00	0.00

图2-45 填写职工薪酬支出及纳税调整明细表

（10）单击“A105060广告费和业务宣传费跨年度纳税调整明细表”选项，在图2-46所示的页面中填写数据。该表反映纳税人发生的广告费和业务宣传费支出，以及由于会计处理与税法规定不一致，需要进行纳税调整的项目和金额情况。企业以前年度广告费和业务宣传费未扣除完毕的，应填写以前年度累计结转情况。

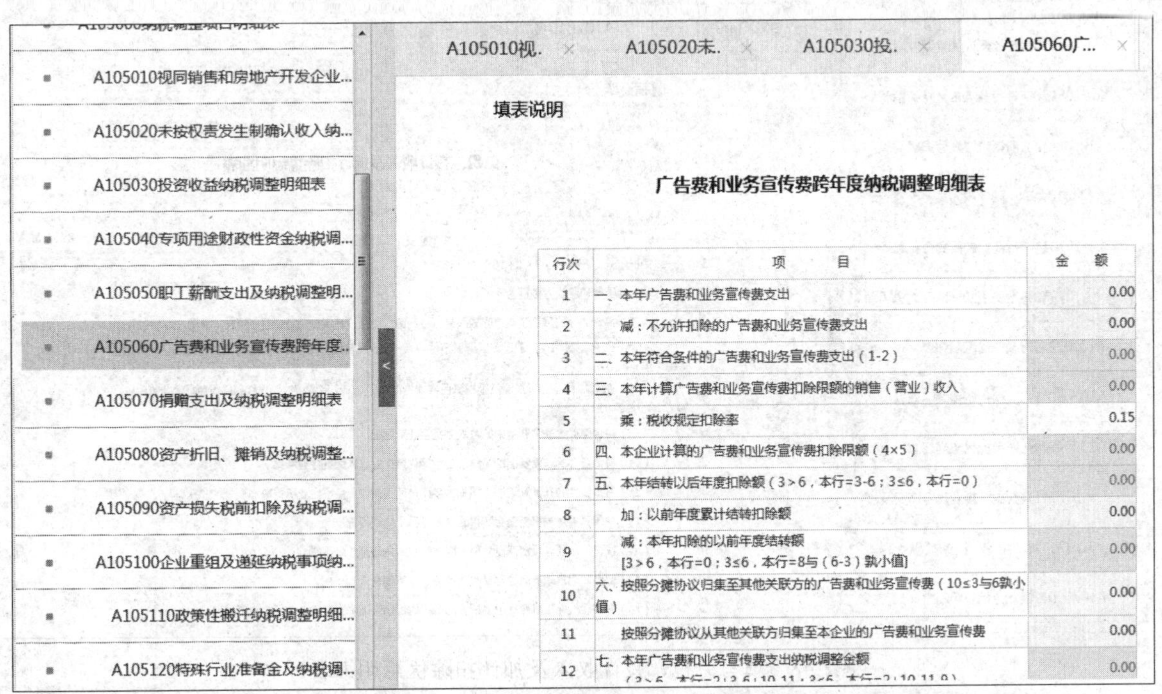

广告费和业务宣传费跨年度纳税调整明细表

行次	项目	金额
1	一、本年广告费和业务宣传费支出	0.00
2	减：不允许扣除的广告费和业务宣传费支出	0.00
3	二、本年符合条件的广告费和业务宣传费支出（1-2）	0.00
4	三、本年计算广告费和业务宣传费扣除限额的销售（营业）收入	0.00
5	乘：税收规定扣除率	0.15
6	四、本企业计算的广告费和业务宣传费扣除限额（4×5）	0.00
7	五、本年结转以后年度扣除额（3>6，本行=3-6；3≤6，本行=0）	0.00
8	加：以前年度累计结转扣除额	0.00
9	减：本年扣除的以前年度结转额 [3>6，本行=0；3≤6，本行=8与（6-3）孰小值]	0.00
10	六、按照分摊协议归集至其他关联方的广告费和业务宣传费（10≤3与6孰小值）	0.00
11	按照分摊协议从其他关联方归集至本企业的广告费和业务宣传费	0.00
12	七、本年广告费和业务宣传费支出纳税调整金额	0.00

图2-46 填写广告费和业务宣传费跨年度纳税调整明细表

（11）单击“A105080资产折旧、摊销及纳税调整明细表”选项，在图2-47所示的页面中填写数据。该表反映纳税人资产折旧、摊销及纳税调整情况，以及由于会计处理与税法规定不一致，需要进行纳税调整的项目和金额情况。企业只要发生资产折旧、摊销，就需填报该表。

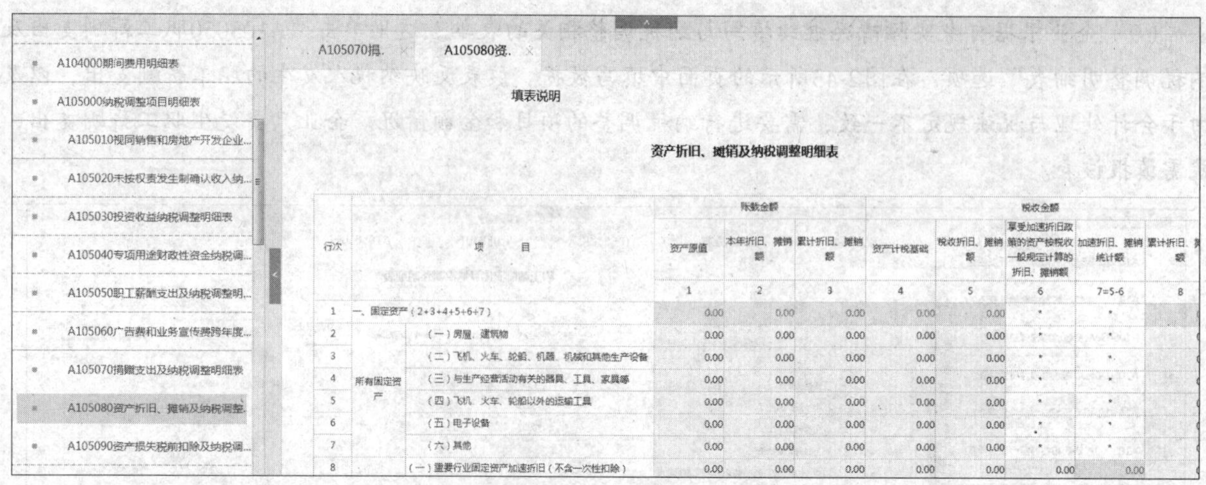

图2-47 填写资产折旧、摊销及纳税调整明细表

企业只要发生捐赠支出（含捐赠支出结转），无论是否需进行纳税调整，均应填报《捐赠支出及纳税调整明细表》（A105070）。企业只要在会计处理上计提了特殊行业（保险、证券、期货、金融、担保行业，小额贷款公司等）准备金，不论是否需进行纳税调整，均需填报《特殊行业准备金及纳税调整明细表》（A105120）。

（12）企业如果具有享受企业所得税税收优惠资格，还需要填写与税收优惠相关的表单。这里单击"A107010免税、减计收入及加计扣除优惠明细表"选项，在图2-48所示的页面中填写数据。

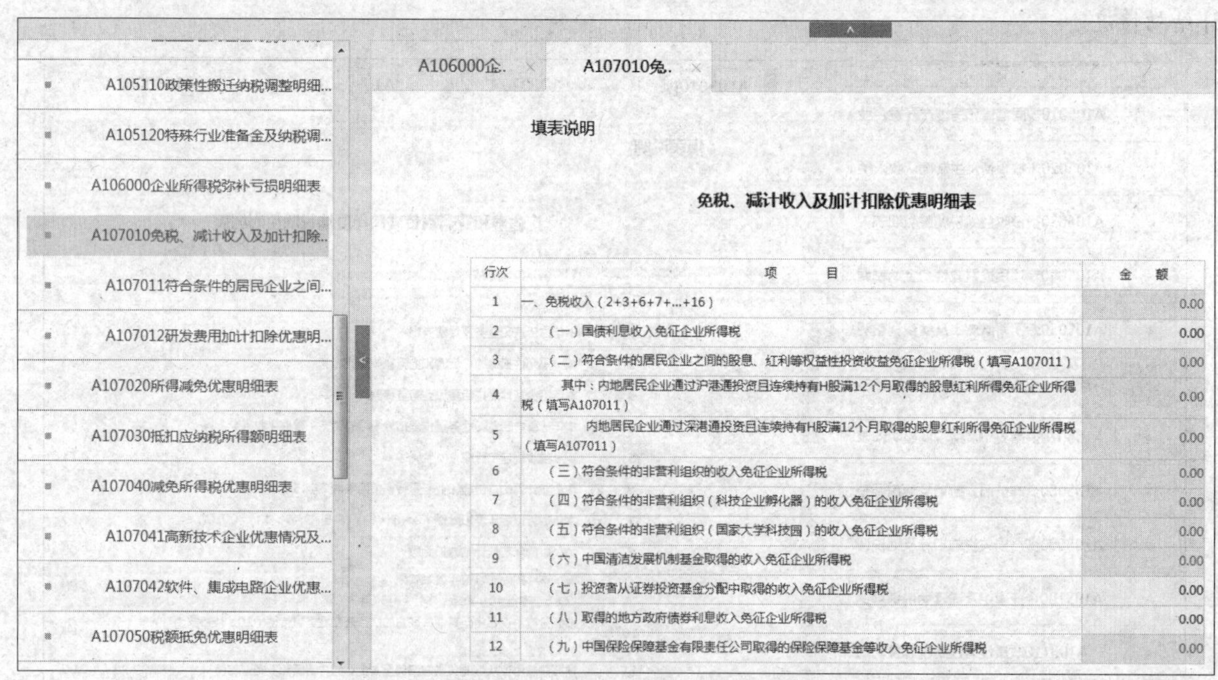

图2-48 填写免税、减计收入及加计扣除优惠明细表

（13）全部填写完毕后，单击"保存"按钮进行申报确认，按系统提示缴款，即可完成企业所得税汇算清缴。

【例题·单选题】关于企业所得税汇算清缴的说法中，不正确的是（　　）。

A. 企业只要发生职工薪酬支出，就需填报《职工薪酬支出及纳税调整明细表》

B. 企业只要发生资产折旧、摊销，就需填报《资产折旧、摊销及纳税调整明细表》

C. 《一般企业成本支出明细表》也适用于金融企业

D. 实行查账征收企业所得税的小型微利企业免于填报《一般企业收入明细表》

【解析】《一般企业成本支出明细表》适用于除金融企业、事业单位和民间非营利组织外的纳税人填报。金融企业应填报《金融企业支出明细表》。

【答案】C

2.2.2 办理税收减免备案

享受备案类减免税的纳税人，依据法律、行政法规的规定向主管税务机关提出备案申请。已享受减税、免税优惠的纳税人，其减税、免税条件发生变化的，应当向税务机关报告，重新备案。纳税人可在电子税务局中办理税收减免备案，其具体操作如下。

（1）登录当地电子税务局网站，单击“我要办税”选项卡，单击“税收减免”按钮，打开“税收减免”页面，在该页面右侧单击“税收减免备案”选项，如图2-49所示。

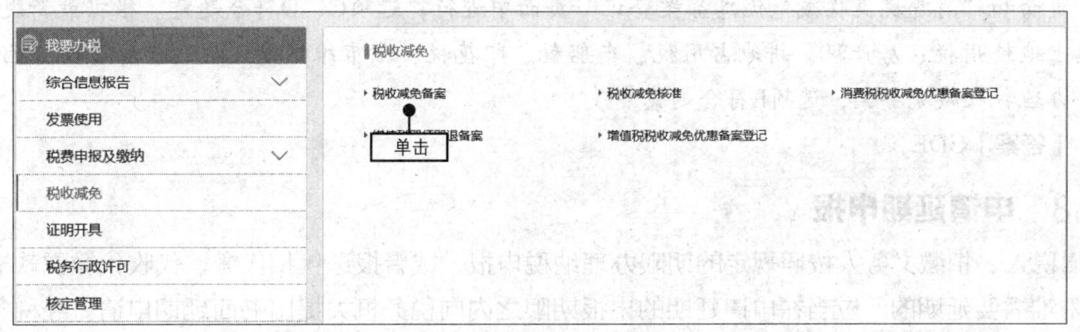

图2-49 单击“税收减免备案”选项

（2）打开“税收减免备案”页面，在该页面中填写申请信息，填写完后单击保存并提交按钮，如图2-50所示。

图2-50 填写申请信息

知识拓展

需要注意的是，在税收减免备案页面中只能办理个人所得税、资源税、土地增值税和契税等税种的税收减免备案。根据最新规定，城镇土地使用税、房产税、耕地占用税、车船税、印花税、城市维护建设税、教育费附加已不再需要办理税收减免备案。如果要办理增值税、消费税税收减免备案，应分别在“增值税税收减免优惠备案登记”页面和“消费税税收减免优惠备案登记”页面中进行，在如图2-49所示的页面单击相应的选项即可打开相应页面进行办理。

【例题·多选题】下列税种中，不可以在“税收减免备案”页面中办理税收减免的是（　　）。

A. 个人所得税　　B. 资源税

C. 增值税　　D. 消费税

E. 城市维护建设税

【解析】如果要办理增值税、消费税税收减免备案，应分别在“增值税税收减免优惠备案登记”页面和“消费税税收减免优惠备案登记”页面中进行，选项C、D符合题意。根据最新规定，城镇土地使用税、房产税、耕地占用税、车船税、印花税、城市维护建设税、教育费附加已不再需要办理税收减免备案，选项E符合题意。

【答案】CDE

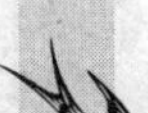

2.2.3 申请延期申报

纳税人、扣缴义务人按照规定的期限办理纳税申报，或者报送代扣代缴、代收代缴税款报告表确有困难需要延期的，应当在申请延期的申报期限之内向税务机关提出书面延期申请。经税务机关核准，可以延期申报。

纳税人经核准延期办理纳税申报的，其财务报表报送期限可以顺延。

纳税人、扣缴义务人因不可抗力，不能按期办理纳税申报或者报送代扣代缴、代收代缴税款报告表的，可以延期办理。但是，应当在不可抗力情形消除后立即向税务机关报告。税务机关应当查明事实，予以核准。

1. 延期申报的相关规定

根据相关法规，延期申报应按照以下规定办理。

a. 办理时限

纳税人提交资料齐全、符合法定形式、填写内容完整的，税务机关自受理之日起20个工作日内办结。

b. 报送资料

申请延期申报的纳税人应提交的资料如下。

- 《税务行政许可申请表》，1份。
- 《延期申报申请核准表》，1份。

c. 办理结果

- 纳税人提交资料齐全、符合法定形式的，表内表间逻辑关系正确的，税务机关受理《税务行政许可申请表》和《延期申报申请核准表》，制作《税务行政许可受理通知书》。
- 纳税人提交资料不齐全或不符合法定形式的，税务机关制作《税务事项通知书》（补正通

知），一次性告知纳税人需补正的内容。

- 依法不属于本机关职权或本业务受理范围的，税务机关制作《税务事项通知书》（不予受理通知），告知纳税人不予受理的原因。

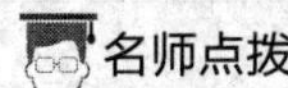

经税务机关核准可以延期申报的纳税人要在纳税期内按照上期实际缴纳的税额或者税务机关核定的税额预缴税款，并在核准的延期内办理税款结算。预缴税款之后，按照规定期限办理税款结算的，不适用《中华人民共和国税收征收管理法》第三十二条关于纳税人未按期缴纳税款而被加收滞纳金的规定。

2. 网上申请延期申报操作

企业可以在电子税务局申请延期申报，其具体操作如下。

（1）登录当地电子税务局网站，单击“我要办税”选项卡，单击“税务行政许可”按钮，打开“税务行政许可”页面，在该页面右侧单击“对纳税人延期申报的核准”选项，如图2-51所示。

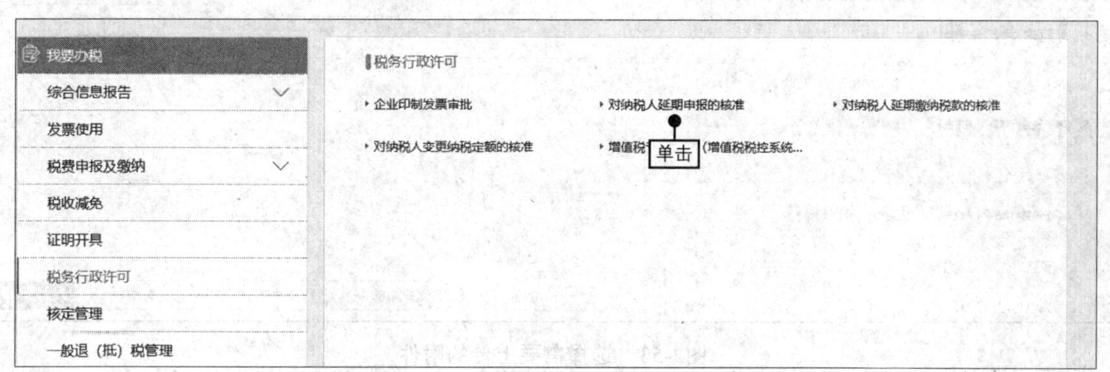

图2-51　单击“对纳税人延期申报的核准”选项

（2）打开“申请延期申报”页面，在该页面中填写申请信息，其中带“*”的为必填项，填写完后单击“上传”选项卡，如图2-52所示。

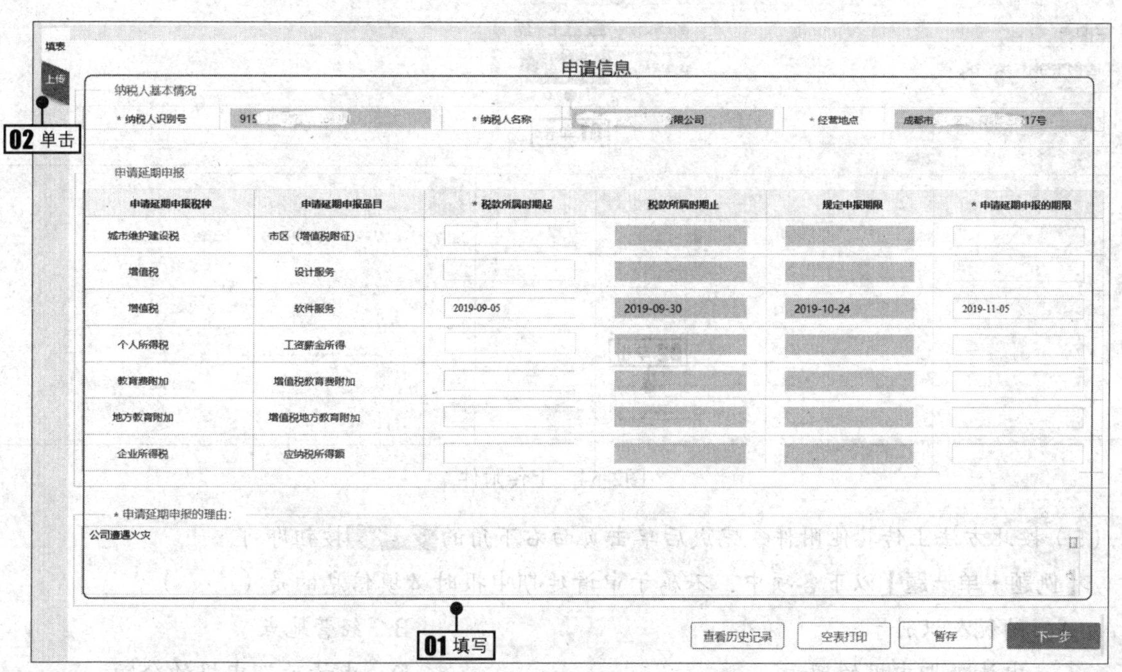

图2-52　填写申请信息

（3）在打开的页面中上传需要提交的附件，单击“本地上传”按钮，打开“多图上传”对话框，单击点击选择图片按钮，打开“选择要加载的文件”对话框，选择需要上传的附件后单击打开(O)按钮，如图2-53所示。

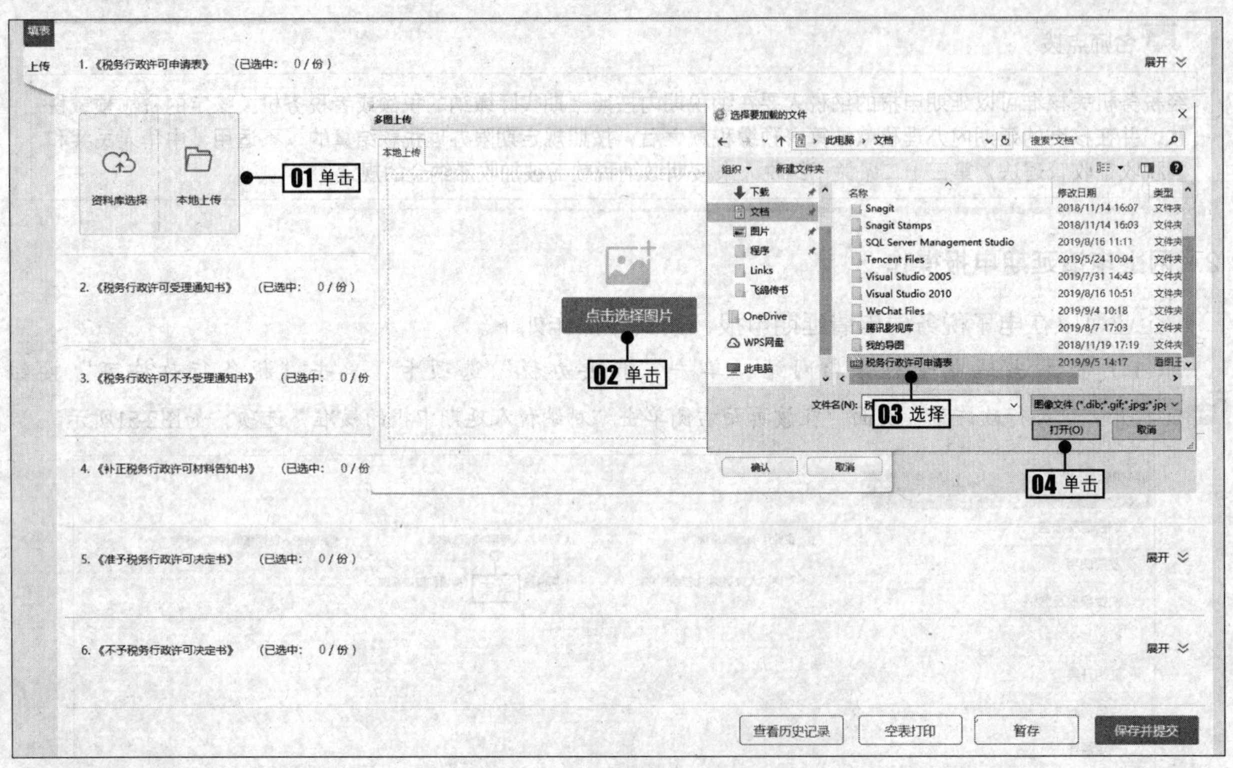

图2-53　选择需要上传的附件

（4）返回“多图上传”对话框，单击开始上传按钮，然后单击确认按钮关闭对话框，可看到附件已成功上传，如图2-54所示。

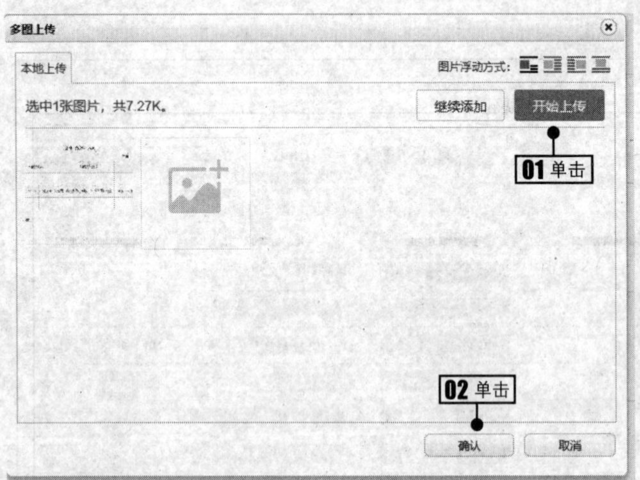

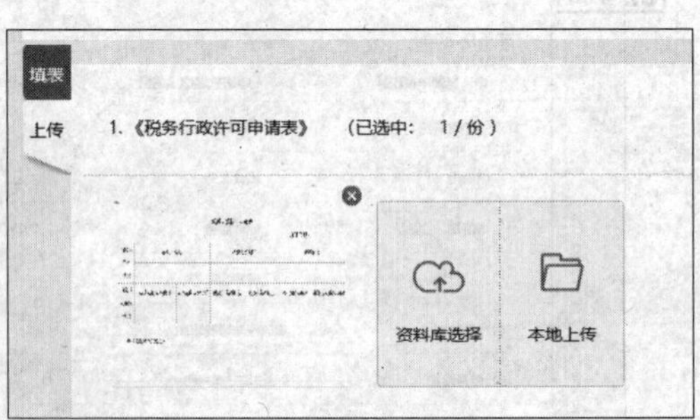

图2-54　上传附件

（5）按此方法上传其他附件，完成后单击页面右下角的保存并提交按钮即可。

【例题·单选题】以下各项中，不属于申请延期申报时必填信息的是（　　）。

A. 纳税人识别号　　B. 经营地点

C. 申请延期申报的理由　　D. 申请延期申报的金额

【解析】申请延期申报的金额不属于申请时需要填写的信息，选项D符合题意。

【答案】D

2.2.4 申请汇算清缴结算多缴退抵税

汇算清缴结算多缴退抵税，是指按照分期预缴、按期汇算结算的征管方式，对纳税人应清缴结算形成的多缴税款办理退抵税费。

1. 汇算清缴结算多缴退抵税的办理规范

◆ **受理**。纳税人提交资料齐全、符合法定形式的，主管税务机关受理纳税人提交的《退（抵）税申请表》，“申请退抵税（费）额”不能大于纳税人当期汇算清缴申报表中应退税额；纳税人既有应退税款又有欠缴税款的，税务机关可以将纳税人的应退税款和利息先抵扣欠缴的税款；抵扣后有余额的，办理应退余额的退库。因此纳税人有欠税（不包括呆账）的，退抵税（费）方式应选择“抵缴欠税”，办理完抵扣后仍有余额的，才选择“退库”。而独立核算的发、供电企业结算缴纳增值税多缴不退，结转下期抵扣或抵减下期应纳税额。

> 知识拓展
>
> 纳税人提交资料不齐全或不符合法定形式的，税务机关制作《税务事项通知书》（补正通知），一次性告知纳税人需补正的内容。依法不属于本机关职权或本业务受理范围的，税务机关制作《税务事项通知书》（不予受理通知），告知纳税人不予受理的原因。

◆ **调查巡查**。当纳税人提交资料存在疑点时，税务机关应进行调查巡查，对《退（抵）税申请表》中“税种”“申请退税金额”进行调查。

◆ **审批**。对于纳税人提供的资料完整、填写内容准确、各项手续齐全符合退税要求的，税务机关应在规定期限内进行审批，在《退（抵）税申请表》中填写审批意见。申请表中核准退抵税方式为退税的，应进行退库处理；核准退抵税方式为“抵缴欠税”的，先进行抵缴欠税，抵缴后再办理退税。

◆ **发放**。根据审批结果，税务机关制作并发放《税务事项通知书》。

◆ **办结时限**。本税务事项在30日内办结。

2. 报送资料

申请汇算清缴结算多缴退抵税的纳税人应提交的资料如下。

◆ 税务登记证（副本），1份。

◆《退（抵）税申请表》，1份。

◆ 多缴税费证明资料原件，1份。

◆ 多缴税费证明资料复印件，1份。

◆ 完税费（缴款）凭证复印件，1份。

◆ 完税费（缴款）凭证原件，1份。

◆ 房地产企业是否存在后续开发项目的说明，1份。

◆ 房地产项目缴纳的土地增值税总额、项目销售收入总额、项目年度销售收入额、各年度应分摊的土地增值税和已经税前扣除的土地增值税、各年度的适用税率的书面说明，1份。

◆ 税务机关认可的其他记载应退税款内容的资料，1份。

3. 网上申请汇算清缴结算多缴退抵税操作

（1）登录当地电子税务局网站，单击“我要办税”选项卡，单击“一般退（抵）税管理”按钮，打开“一般退（抵）税管理”页面，在该页面右侧单击“其他退抵税”选项，如图2-55所示。

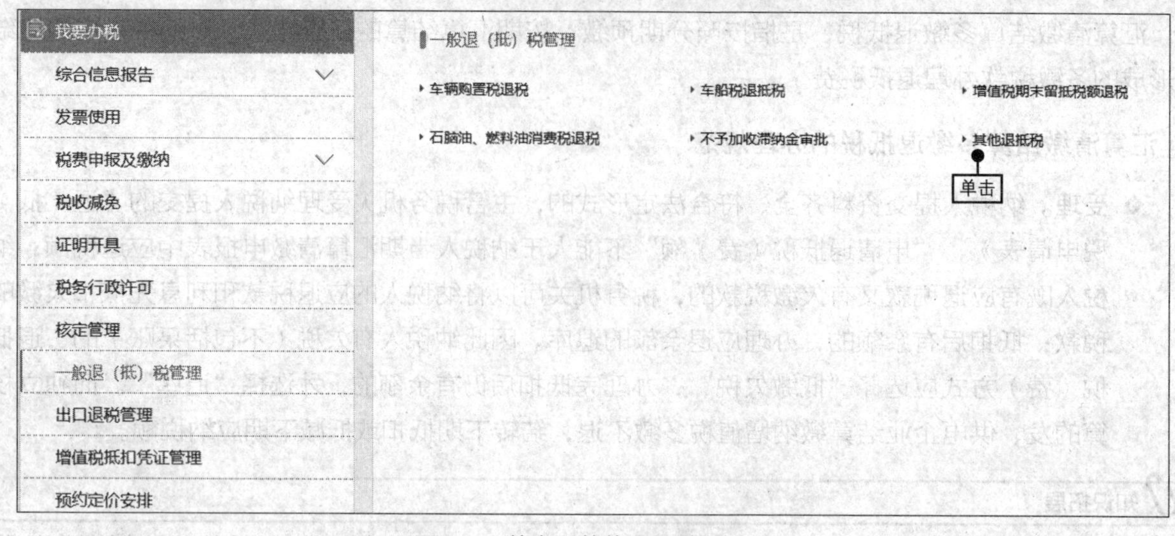

图2-55 单击“其他退抵税”选项

（2）打开“录入退抵税信息”页面，在该页面中填写申请信息。需要注意的是，应把“受理税务事项”设置为“汇算清缴结算多缴退抵税”，填写完后单击“上传”选项卡，如图2-56所示。

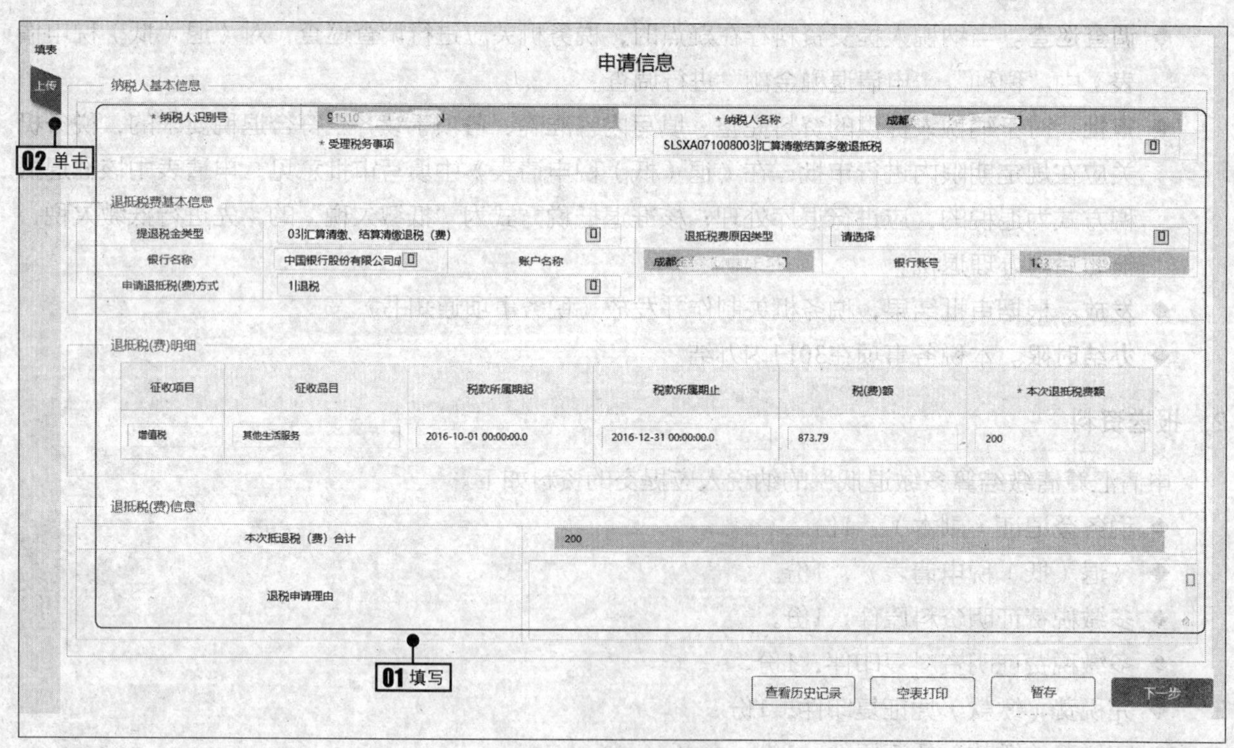

图2-56 填写申请信息

（3）在打开的页面中上传需要提交的附件，单击“本地上传”按钮，打开“文件上传”对话框，单击“点击选择文件”按钮，打开“选择要加载的文件”对话框，选择需要上传的附件后单击“打开(O)”按钮，如图2-57所示。

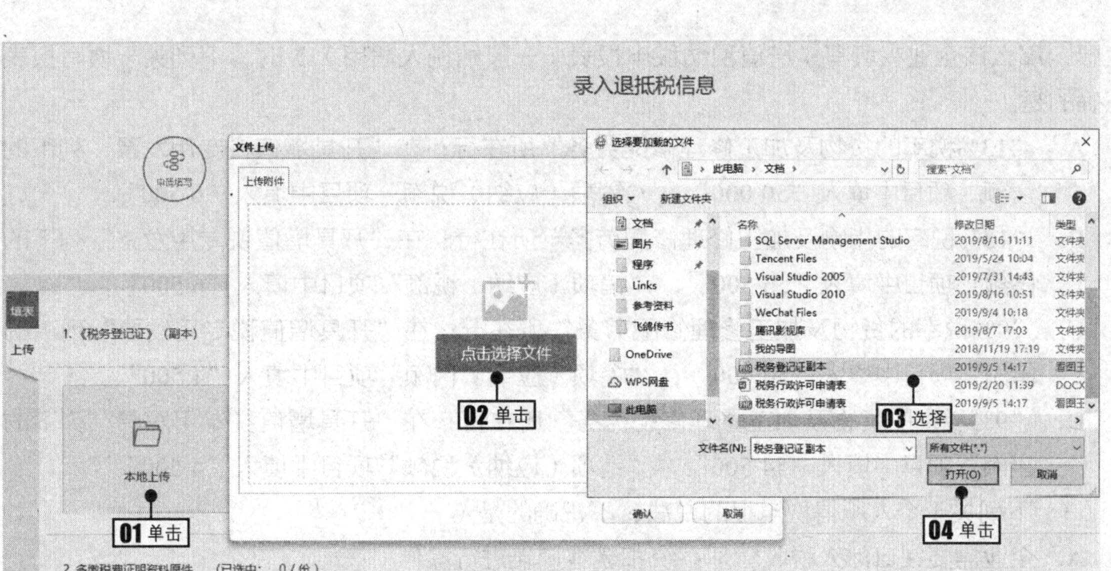

图2-57　选择需要上传的附件

（4）返回“文件上传”对话框，单击开始上传按钮，然后单击确认按钮关闭对话框，可看到附件已成功上传，如图2-58所示。

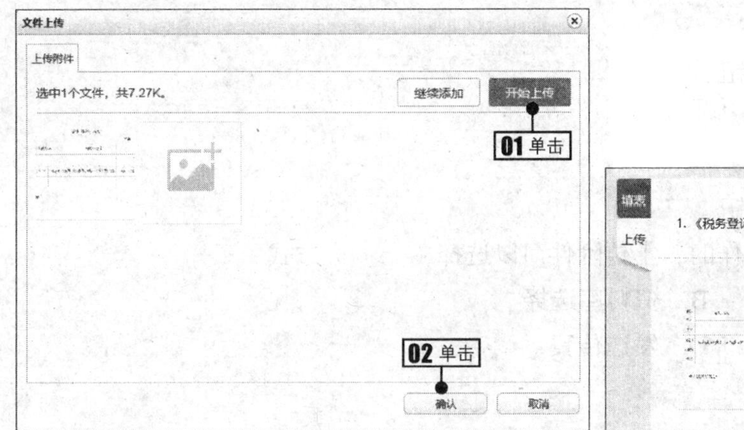

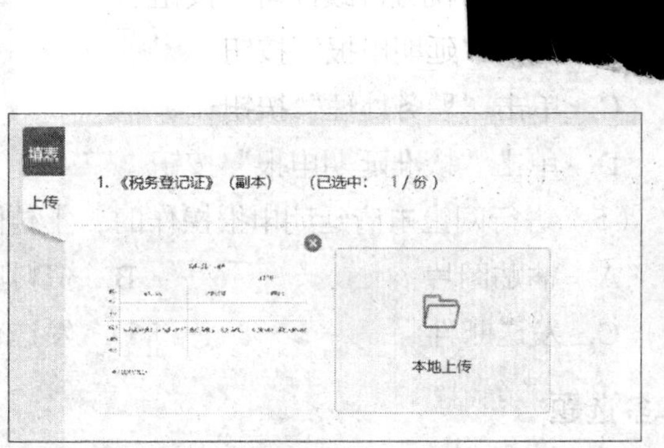

图2-58　上传附件

（5）按此方法上传其他附件，完成后单击页面右下角的保存并提交按钮即可。

2.3　同步强化练习题

1. 单选题

（1）在金税三期报税系统中，属于一般纳税人申报增值税纳税申报表的是（　　）。

A.《增值税纳税申报表（适用于增值税一般纳税人）》

B.《增值税纳税申报表附列资料（二）》（本期销售情况明细）

C.《增值税纳税申报表附列资料（一）》（本期进项税额明细）

D.《增值税纳税申报表附列资料（四）》（服务、不动产和无形资产扣除项目明细）

（2）某通信企业为增值税一般纳税人，2019年8月取得手机销售收入5万元（不含税），均开

具发票，那么该企业在填写《增值税纳税申报表（一般纳税人适用）》时，下列关于填写报表的描述正确的是（　　）。

A. “13%税率的货物及加工修理修配劳务”所在行：在“开具增值税专用发票”列下的“销售额”项目中填入“50 000”，“销项（应纳）税额”项目中填入“6 500”

B. “13%税率的货物及加工修理修配劳务”所在行：在“开具增值税专用发票”列下的“销售额”项目中填入“56 500”，“销项（应纳）税额”项目中填入“6 500”

C. “9%税率的货物及加工修理修配劳务”所在行：在“开具增值税专用发票”列下的“销售额”项目中填入“50 000”，“销项（应纳）税额”项目中填入“4 500”

D. “9%税率的货物及加工修理修配劳务”所在行：在“开具增值税专用发票”列下的“销售额”项目中填入“54 500”，“销项（应纳）税额”项目中填入“4 500”

（3）下列关于个人所得税申报的说法，不正确的是（　　）。

A. 企业需要在自然人税收管理系统扣缴客户端进行操作

B. 企业只能手动填写个人所得税申报表

C. 往期个人所得税申报信息的查询，主要涉及单位申报查询和个人申报查询

D. 导入个人所得税申报表后，需要单击“重新计算”按钮

（4）进行网上申请延期申报操作时，应登录当地电子税务局网站，单击“我要办税”选项

C. 单击“税务处理”按钮

D. 单击“核准延期申报”按钮

（5）进行网上申请延期申报操作时，上传附件可以选择（　　）方式。

A. 粘贴图片　　B. 资料库选择

C. 发送邮件　　D. 发送传真

2. 多选题

（1）网上预缴企业所得税涉及报表数据的（　　）环节。

A. 填写　　B. 保存　　C. 校验　　D. 暂存　　E. 提交

（2）实行查账征收的一般纳税人汇算清缴时，为保证企业所得税年度申报表填列的连贯性、准确性，在填写时应先填列（　　）并保存，再填列其他申报表。

A. 《一般企业收入明细表》

B. 《一般企业成本支出明细表》

C. 《资产折旧、摊销及纳税调整明细表》

D. 《中华人民共和国企业所得税年度纳税申报表（A类）》

E. 《广告费和业务宣传费跨年度纳税调整明细表》

第3章 外贸企业出口退税申报系统的应用

本章主要介绍外贸企业出口退税申报系统的应用，主要包括外贸企业出口退税基本知识和外贸企业出口退税申报系统操作两部分内容。

本章内容所占分值约为15分，要求考生具备外贸企业出口退税申报系统操作能力。其中，外贸企业出口退税条件、外贸企业出口退税申报系统基本操作、外贸企业一般贸易退税申报、设置出口退（免）税无纸化属于本章考试的热门考点，考生需要特别注意并加强练习。

▼ **本章知识体系一览表**

章节		主要内容
外贸企业出口退税申报系统的应用	外贸企业出口退税基本知识	（1）出口退（免）税制度概述（★★） （2）外贸企业出口退税条件（★★） （3）外贸企业办理出口退（免）税的流程（★★）
	外贸企业出口退税申报系统操作	（1）外贸企业出口退税申报系统基本操作（★★★） （2）外贸企业退（免）税备案（★★） （3）外贸企业一般贸易退税申报（★★★） （4）设置出口退（免）税无纸化（★★）

3.1 外贸企业出口退税基本知识

在使用外贸企业出口退税申报系统前，需要了解外贸企业出口退税基本知识，包括出口退（免）税制度概述、外贸企业出口退税条件以及外贸企业办理出口退（免）税的流程，下面分别进行介绍。

3.1.1 出口退（免）税制度概述

出口退（免）税是指对报关出口的货物、劳务以及跨境提供的应税行为，退还或免征在国内各生产环节和流转环节按税法规定缴纳的增值税和消费税。出口退（免）税是一种国际惯例，是世界各国的通行做法。

1. 退（免）税企业范围

在我国可以享受出口退（免）税政策的企业主要分为两大类。一是出口货物、劳务并享受出口货物退（免）税政策的企业；二是跨境提供服务和无形资产，而享受出口应税行为零税率政策的应税行为提供者。具体说明如下。

- **出口货物、劳务并享受出口货物退（免）税政策的企业。**根据《财政部 国家税务总局关于出口货物劳务增值税和消费税政策的通知》（财税〔2012〕39号）文件第一条第一款的规定："出口企业是指依法办理工商登记、税务登记、对外贸易经营者备案登记，自营或委托出口货物的单位或

个体工商户，以及依法办理工商登记、税务登记但未办理对外贸易经营者备案登记，委托出口货物的生产企业。”这里面所说的“出口企业”，可以分为3类：一是在商务主管部门备案取得进出口经营权的企业，包括外贸企业和生产企业；二是并未取得进出口经营权，委托有进出口经营权的企业代理出口自产货物的生产企业；三是发生视同出口货物行为的特殊企业。

知识拓展

2004年我国颁布实施新《中华人民共和国对外贸易法》，规定从2004年7月1日起，改变原对外贸易经营许可制为对外贸易经营备案制，作为对外贸易经营者的法人、其他组织和个人在商务主管部门备案登记后，均从事对外贸易经营活动。

◆ **跨境提供服务和无形资产，而享受出口应税行为零税率政策的应税行为提供者**。中华人民共和国境内，对外提供跨境国际运输服务的企业，航天运输服务的企业，向境外单位提供的完全在境外消费的研发服务、合同能源管理服务、设计服务、广播影视节目（作品）的制作和发行服务、软件服务、电路设计及测试服务、信息系统服务、业务流程管理服务、离岸服务外包业务、转让技术的企业。

2. 税种和税率

我国出口退（免）税的税种为增值税和消费税。财政部　税务总局　海关总署公告2019年第39号——《关于深化增值税改革有关政策的公告》，对出口产品退税率做出了调整。原适用16%税率且出口退税率为16%的出口货物劳务，出口退税率调整为13%；原适用10%税率且出口退税率为10%的出口货物、跨境应税行为，出口退税率调整为9%。

2019年4月1日调整后退税率为5档：13%、10%、9%、6%、0%。

此外，关于退税率，还有一些特殊规定，具体如下。

◆ 外贸企业购进按简易计税办法征税的出口货物、从小规模纳税人购进的出口货物，其退税率分别为简易计税办法实际执行的征收率、小规模纳税人征收率。上述出口货物取得增值税专用发票的，退税率按照增值税专用发票上的税率和出口货物退税率孰低的原则确定。

◆ 出口企业委托加工修理修配货物，其加工修理修配费用的退税率，为出口货物的退税率。

◆ 中标机电产品、出口企业向海关报关进入特殊区域销售给特殊区域生产企业生产耗用的列名原材料、输入特殊区域的水电气，其退税率为适用税率。

◆ 出口退税率执行时限。退税率有调整的，执行时间一般以货物（包括被加工修理修配的货物）出口报关单上注明的出口日期为准。如果属于非报关出口销售的货物，以增值税专用发票、出口发票或普通发票的开具时间为准。保税区外出口企业经保税区仓储出口的货物，以货物离境时海关出具的最后一批出境货物备案清单上注明的出口日期为准。启运港退（免）税政策的出口货物退税率执行时间以启运地海关签发的退税证明联上注明的出口日期为准。

3. 出口退（免）税方法

适用增值税退（免）税政策的出口货物劳务，按照下列规定实行增值税免抵退税或免退税办法。

◆ **免抵退税办法**。免抵退税办法是指生产企业出口自产货物和视同自产货物及对外提供加工修理修配劳务，列名生产企业出口非自产货物，以及外贸企业直接将服务或自行研发的无形资产出口，免征增值税。相应的进项税额抵减应纳增值税额（不包括适用增值税即征即退、先

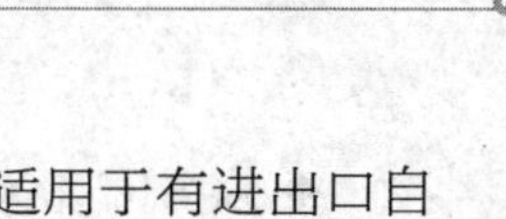

征后退政策的应纳增值税税额），未抵减完的部分予以退还。该办法主要适用于有进出口自主经营权和委托代理出口的生产企业、生产型集团公司、外贸企业出口自主研发设计的零税率应税服务。

◆ **免退税办法**。免退税办法是指不具备生产能力的出口企业或其他单位出口货物劳务，以及外贸企业外购服务或者无形资产出口，免征增值税，相应的进项税额予以退还。该办法主要适用于有进出口自主经营权和委托代理出口的外贸企业。

消费税出口退（免）税办法分为生产企业和外贸企业两种情况。

◆ **生产企业**。出口购进含已征消费税的货物，生产企业或其他单位可申请退还前一环节已征的消费税，主要是指生产企业委托加工及收购出口的含消费税的货物。在此，应注意3个方面情况：一是生产企业委托加工及收购出口的含消费税的货物，应符合增值税免抵退税出口货物视同自产范围的，才能享受消费税退税政策；二是必须是增值税免抵退税列名74家生产企业外购非自产含消费税的出口货物，才能享受消费税退税政策；三是生产企业自产含消费税的出口货物，享受免税政策。

◆ **外贸企业**。出口购进含已征消费税的货物，外贸企业及其他单位可申请退还前一环节已征消费税。

4. 计税依据

出口货物劳务的增值税退（免）税的计税依据，按出口货物劳务的出口商业发票、其他普通发票、购进出口货物劳务的增值税专用发票、海关进口增值税专用缴款书确定。

◆ 生产企业出口货物劳务增值税退（免）税的计税依据，为出口货物劳务的实际离岸价格（FOB）。实际离岸价格应以出口商业发票上的离岸价为准，但如果出口商业发票不能反映真实的离岸价格，主管税务机关有权予以核定。

◆ 生产企业进料加工复出口货物增值税退（免）税的计税依据，为出口货物的离岸价（FOB）扣除出口货物所含的海关保税进口料件后的金额。在进料加工贸易形式下，进口料件根据国家规定予以保税，并未在进口环节交纳关税和增值税，在计算出口退税时也要在计税依据中扣除。

◆ 生产企业国内购进无进项税额且不计提进项税额的免税原材料加工后出口的货物增值税退（免）税的计税依据，为出口货物的离岸价（FOB）扣除出口货物所含的国内购进免税原材料价格后的金额。

◆ 外贸企业出口货物（委托加工修理修配货物除外）增值税退（免）税的计税依据，为购进出口货物的增值税专用发票注明的金额或海关进口增值税专用缴款书注明的完税价格。

◆ 外贸企业出口委托加工修理修配货物增值税退（免）税的计税依据，为加工修理修配费用增值税专用发票注明的金额。外贸企业应将加工修理修配使用的原材料（进料加工海关保税进口料件除外）作价销售给受托加工修理修配的生产企业，受托加工修理修配的生产企业应将原材料成本并入加工修理修配费用开具发票。

◆ 出口进项税额未计算抵扣的已使用过的设备增值税退（免）税的计税依据，按下列公式确定：退（免）税计税依据=增值税专用发票上的金额或海关进口增值税专用缴款书注明的完税价格×已使用过的设备净值÷已使用过的设备原值，已使用过的设备净值=已使用过的设备原值-已使用过的设备已提累计折旧。

- 免税品经营企业销售的货物增值税退（免）税的计税依据，为购进货物的增值税专用发票注明的金额或海关进口增值税专用缴款书注明的完税价格。
- 中标机电产品增值税退（免）税的计税依据，生产企业为销售机电产品的普通发票注明的金额，外贸企业为购进货物的增值税专用发票注明的金额或海关进口增值税专用缴款书注明的完税价格。
- 生产企业向海上石油天然气开采企业销售的自产的海洋工程结构物增值税退（免）税的计税依据，为销售海洋工程结构物的普通发票注明的金额。
- 输入特殊区域的水电气增值税退（免）税的计税依据，为作为购买方的特殊区域内生产企业购进水（包括蒸汽）、电力、燃气的增值税专用发票注明的金额。

3.1.2 外贸企业出口退税条件

为了鼓励出口，国家制定了出口退税的政策，但只有满足相关条件的企业才可以享受出口退税政策。下面介绍外贸企业出口退税条件。

- **货物必须是增值税、消费税征收范围内的货物**。增值税、消费税的征收范围，包括除直接向农业生产者收购的免税农产品以外的所有增值税应税货物，以及烟、酒、高档化妆品等15类列举征收消费税的消费品。之所以必须具备这一条件，是因为出口货物退（免）税只能对已经征收过增值税、消费税的货物退还或免征其已纳税额和应纳税额。未征收增值税、消费税的货物（包括国家规定免税的货物）不能退税，以充分体现“未征不退”的原则。

- **货物必须是报关离境出口的货物**。所谓出口，即输出关口，包括自营出口和委托代理出口两种形式。区别货物是否报关离境出口，是确定货物是否属于退（免）税范围的主要标准之一。凡在国内销售、不报关离境的货物，除另有规定外，不论出口企业是以外汇还是以人民币结算，也不论出口企业在财务上如何处理，均不得视为出口货物予以退税。

> 知识拓展
>
> 对在境内销售收取外汇的货物，如宾馆、饭店等收取外汇的货物等，因其不符合离境出口条件，所以不能给予退（免）税。

- **货物必须是在财务上作出口销售处理的货物**。出口货物只有在财务上作出口销售处理后，才能办理退（免）税。也就是说，出口退（免）税的规定只适用于贸易性的出口货物，而对非贸易性的出口货物，如捐赠的礼品、在国内个人购买并自带出境的货物（另有规定除外）、样品、展品、邮寄品等，因其一般在财务上不作销售处理，故按照现行规定不能退（免）税。
- **货物必须是已收外汇并经核销的货物**。按照现行规定，出口企业申请办理退（免）税的出口货物，必须是已收外汇并经外汇管理部门核销的货物。

【例题·单选题】下列关于外贸企业出口退税条件的说法，不正确的是（　　）。

A. 货物必须是增值税、消费税征收范围内的货物

B. 货物必须是报关离境出口的货物

C. 非贸易性的出口货物可以退（免）税

D. 在境内销售收取外汇的货物，不能给予退（免）税

【解析】非贸易性的出口货物不可以退（免）税。

【答案】C

3.1.3 外贸企业办理出口退（免）税的流程

外贸企业自营或委托出口货物，应在货物报关出口之日次月起至次年4月30日前的各增值税纳税申报期内收齐有关凭证，向主管税务机关办理出口货物增值税、消费税退（免）税申报。

1. 报送资料

外贸企业办理出口退（免）税应报送的资料如下。

- 出口货物退（免）税申报电子数据1份。
- 《外贸企业出口退税汇总申报表》1份。
- 《外贸企业出口退税进货明细申报表》1份。
- 《外贸企业出口退税出口明细申报表》1份。
- 增值税专用发票抵扣联或海关进口增值税专用缴款书1份。

当然，除了上述必须报送的资料外，企业可能还需要根据条件报送其他资料，具体以税务机关的要求为准。

2. 办理流程

外贸企业办理出口退（免）税的具体流程如图3-1所示。

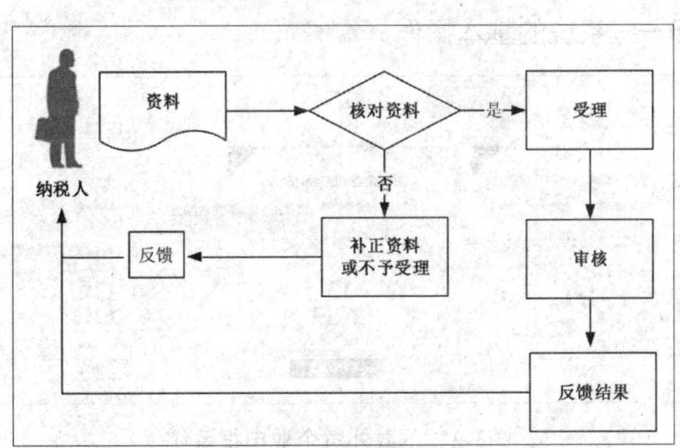

图3-1 办理流程

名师点拨

外贸企业首次向税务机关申报出口退（免）税时，还应向主管税务机关办理出口退（免）税备案。报送资料为《出口退（免）税备案表》及电子数据。备案表中的“退税开户银行账户”须从税务登记的银行账号中选择一个填报。

3. 办理时限

不同管理类别的外贸出口企业办理时限不同，具体如下。

- 管理类别为一类的出口企业的出口退（免）税，符合规范条件的，在5个工作日内办结退（免）税手续。
- 管理类别为二类的出口企业的出口退（免）税，符合规范条件的，在10个工作日内办结退（免）税手续。
- 管理类别为三类的出口企业的出口退（免）税，符合规范条件的，在15个工作日内办结退

（免）税手续。

◆ 管理类别为四类的出口企业的出口退（免）税，符合规范条件的，在 20 个工作日内办结退（免）税手续。

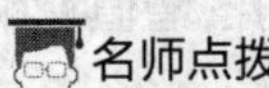

名师点拨

符合条件的纳税人可以申请无纸化申报。无纸化申报只需报送通过税控数字证书签名后的申报电子数据，应向主管税务机关报送的纸质凭证和申报表留存企业备查。

3.2 外贸企业出口退税申报系统操作

根据国家税务总局的要求，出口退税实行电子化管理，企业可以使用外贸企业出口退税申报系统完成退税申报数据的采集、管理，对税务机关审核情况的反馈处理及其他退税相关业务的处理等，掌握该申报系统的操作是十分有必要的。

3.2.1 外贸企业出口退税申报系统基本操作

外贸企业第一次在网上办理出口退税时，需要先下载申报系统，其方法如下。搜索并进入“出口退税咨询网”，在首页下载“外贸企业申报系统标准版”，如图3-2所示。下载安装后就可以进入系统进行申报，下面介绍一些系统的基本操作。

图3-2 下载外贸企业申报系统

1. 进入申报系统

进入申报系统的操作较为简单，其具体操作如下。

（1）安装好申报系统后，在桌面找到系统对应的快捷方式图标并双击运行，打开登录界面，登录默认用户名为小写“sa”，密码为空，单击确认按钮，如图3-3所示。

图3-3 登录界面

（2）登录后即可进入“登记企业信息”界面，在此界面输入“企业海关代码”“社会信用代码”“纳税人识别号”“企业名称”“商品代码版本”，或者通过企业信息导入按钮，选择备份数据来导入企业信息，然后单击确认按钮，如图3-4所示。需要注意的是，企业信息设置后不得修改。

（3）打开“确认当前所属期”对话框，在“当前所属期”文本框中输入纳税所属期，格式为年+月（如201910），单击确认按钮即可进入系统，如图3-5所示。

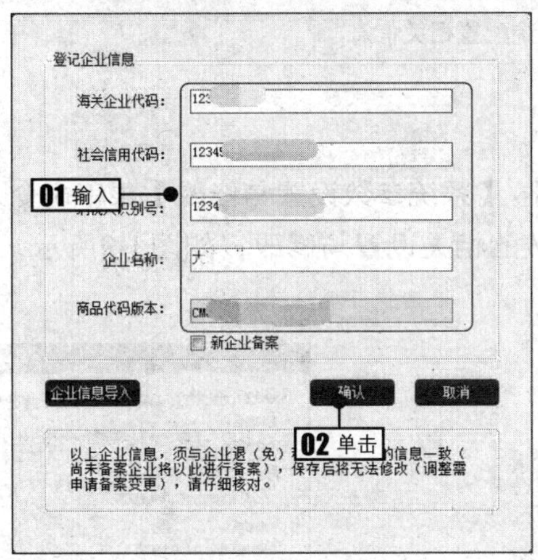

图3-4　登记企业信息

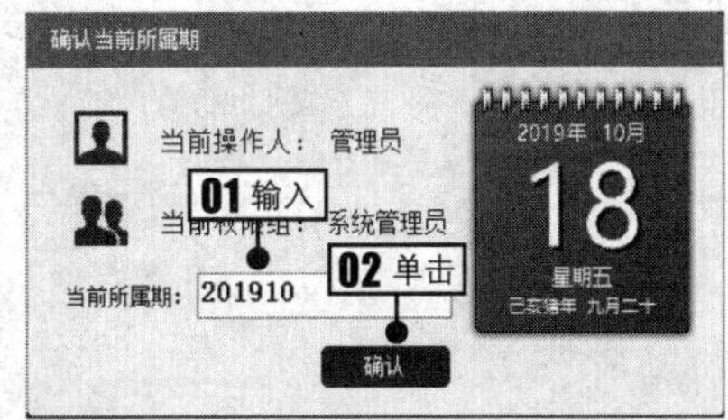

图3-5　确认当前所属期

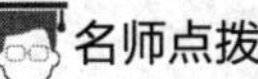

名师点拨

若通过单击企业信息导入按钮来导入备份数据，需选择备份文件夹中的“JSdotnet.db”文件进行导入，该操作只导入备份数据中的企业相关信息，而不导入其他备份数据。

2. 系统初始化

初次进入申报系统，建议进行系统初始化操作，其方法如下。在系统顶部选择【系统维护】/【系统初始化】菜单命令，在打开的“系统初始化”对话框中输入“YES”后单击确定按钮，如图3-6所示，即可完成系统初始化操作，并重新进入系统。需要注意的是，系统初始化仅在系统安装或第一次正式使用系统时才执行。

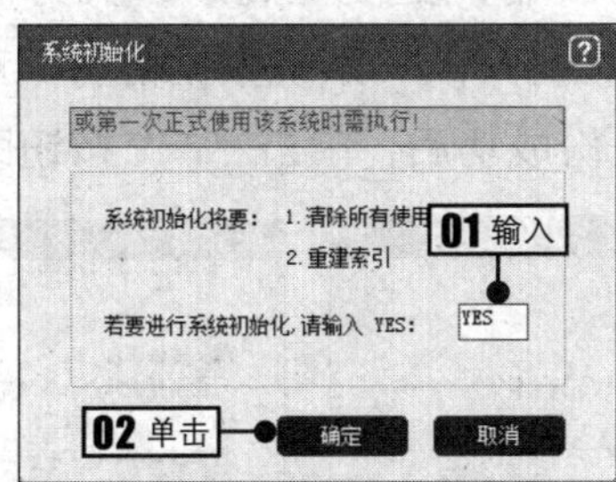

图3-6　系统初始化

3. 查询系统配置相关信息

若要进行企业信息的查询，可在系统顶部选择【系统维护】/【系统配置】/【系统配置信息】菜单命令，打开“系统配置信息”页面，在该页面中可以查询海关企业代码、社会信用代码、纳税人识别号、企业名称、申报系统版本等信息，如图3-7所示。

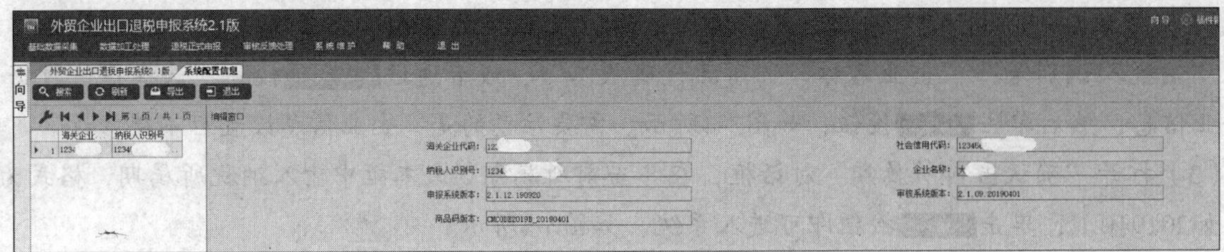

图3-7　查询系统配置相关信息

4. 设置与修改系统参数

在系统顶部选择【系统维护】/【系统配置】/【系统参数设置与修改】菜单命令，如图3-8所示。打开“系统参数设置”对话框进行系统参数的相关设置与修改，如图3-9所示，完成后单击确认按钮即可。

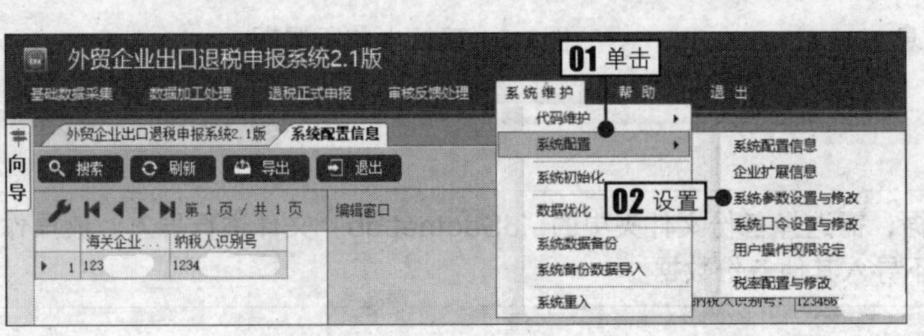

图3-8　选择“系统参数设置与修改”命令

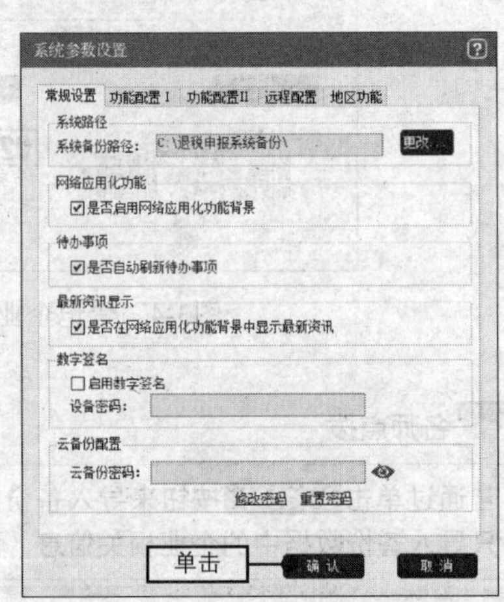

图3-9　设置与修改系统参数

5. 系统数据备份

系统数据备份分为云备份数据和本地备份数据两种情况，下面分别进行介绍。

a. 云备份数据

云备份数据是指将数据备份到云端，更便捷高效，其方法如下。在系统顶部选择【系统维护】/【系统数据备份】菜单命令，在打开的“系统数据备份”对话框中单击立即备份按钮，进行系统云备份数据，如图3-10所示。数据备份成功后，单击关闭按钮即可，如图3-11所示。

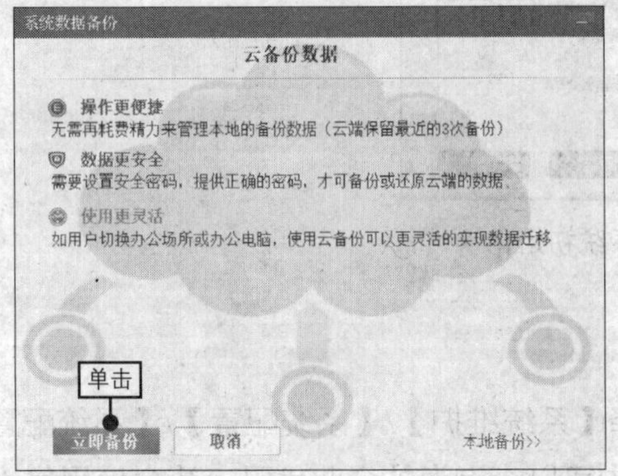

图3-10　立即备份

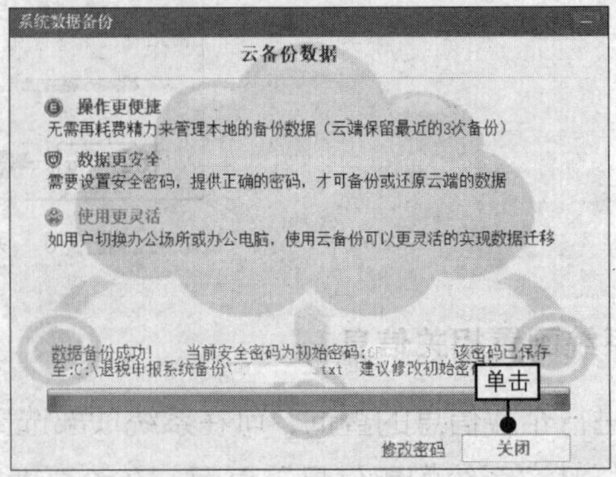

图3-11　备份成功

b. 本地备份数据

本地备份数据指将数据备份到本地计算机，其具体操作如下。

（1）在系统顶部选择【系统维护】/【系统数据备份】菜单命令，在打开的“系统数据备份”对话框中单击本地备份>>按钮，打开“数据备份”对话框，选中“完全数据备份（备份当前系统所有数据）”单选项，单击确认按钮，如图3-12所示。

（2）打开“系统询问”对话框，单击确认按钮确认备份，打开“浏览文件夹”对话框，选择备份数据路径，单击确定按钮。

（3）系统会自动在已选择的路径下，新建一个以当前时间命名的备份文件夹，此时在打开的“提示信息”对话框中将显示备份数据路径，单击关闭按钮，如图3-13所示。

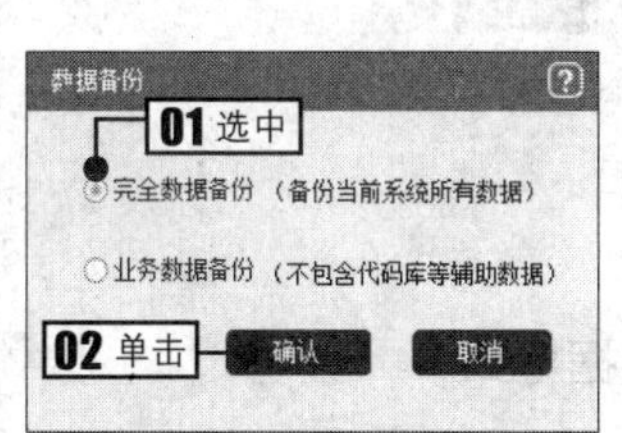

图3-12 选中“完全数据备份”单选项

图3-13 显示备份数据路径

知识拓展

在“数据备份”对话框中有两个单选项，即完全数据备份和业务数据备份。完全数据备份是指备份当前系统所有数据，备份文件类型为“.db”格式的数据库文件；而业务数据备份不备份代码库等辅助数据，备份文件类型为“.zip”格式的压缩文件。

6. 系统备份数据导入

根据备份数据的类型，备份数据导入也分为云备份数据导入和本地备份数据导入两种情况。下面分别进行介绍。

a. 云备份数据导入

若备份数据为云备份数据，则应采用以下方法进行数据导入。

（1）在系统顶部选择【系统维护】/【系统数据备份导入】菜单命令，打开“云备份数据导入”对话框，单击立即导入按钮，如图3-14所示。

（2）打开“云备份安全验证”对话框，输入云备份密码，单击确认按钮，如图3-15所示。

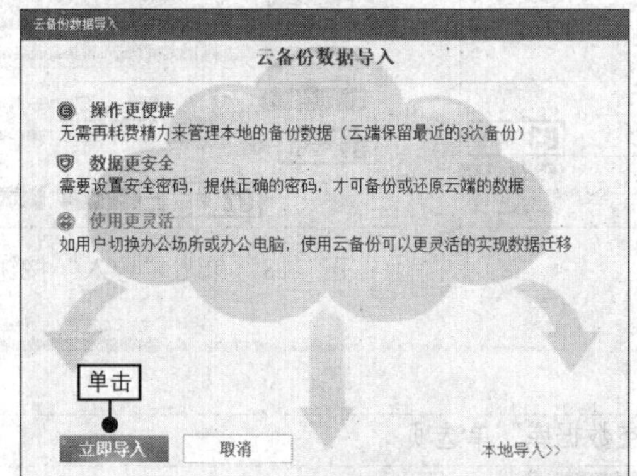

图3-14 立即导入

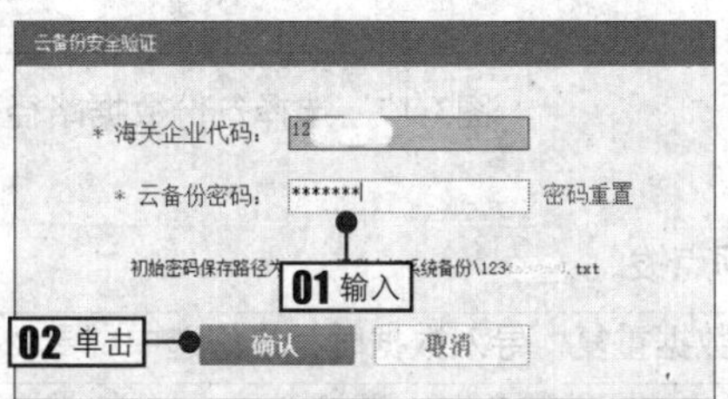

图3-15 输入云备份密码

（3）打开“选择备份数据”对话框，选中需要导入的云备份数据对应的单选项，单击确认按钮，系统开始导入备份数据。导入完成后，系统会打开“读入信息提示”对话框，其中详细显示了用户已导入的对应申报表的数据记录条数，单击确定按钮即可，如图3-16所示。

	数据表	数据条数	状态
1	部门代码	6	导入完成
2	发票信息库	25	导入完成
3	出口明细	8	导入完成
4	出口明细（已申报）	38	导入完成
5	进货明细	13	导入完成
6	进货明细（已申报）	45	导入完成
7	出口退税汇总申报表	9	导入完成
8	企业信息配置扩展表	2	导入完成
9	关联企业码	1	导入完成
10	二维码	1	导入完成

图3-16　导入完成

b. 本地备份数据导入

若备份数据为本地备份数据，则应采用以下方法进行数据导入。

（1）在系统顶部选择【系统维护】/【系统数据备份导入】菜单命令，打开“云备份数据导入”对话框，单击本地导入>>按钮。

（2）打开“系统备份数据导入”对话框，单击选择备份数据路径按钮，在打开的对话框中选择备份文件存放的路径，单击打开(O)按钮，如图3-17所示。需要注意的是，所选择的备份文件应为“.db”格式的数据库文件或者“.zip”格式的压缩文件。

（3）返回“系统备份数据导入”对话框，选中“导入前清空数据库”单选项，单击导入按钮，如图3-18所示。系统开始导入备份数据，导入完成后，系统会打开“读入信息提示”对话框，其中详细显示了用户已导入的对应申报表的数据记录条数，单击确定按钮即可。

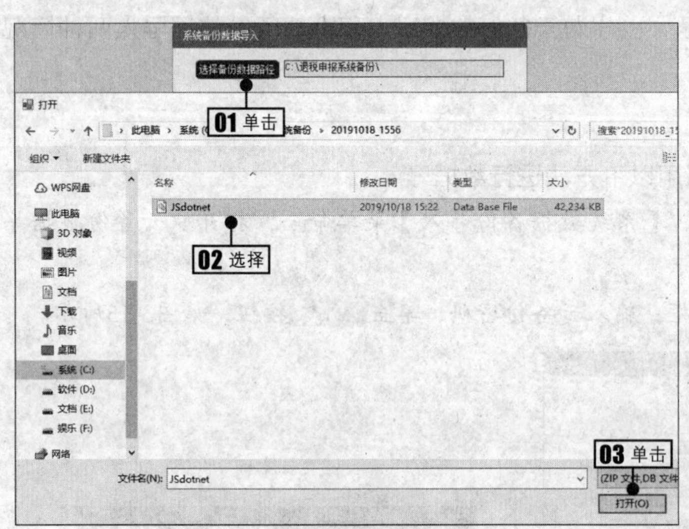

图3-17　选择备份数据路径

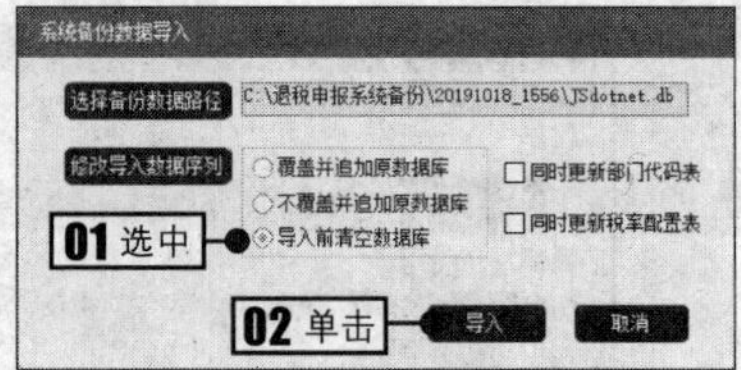

图3-18　单击“导入”按钮

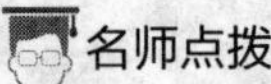
名师点拨

为防止数据重复，导入数据时，最好选中“导入前清空数据库”单选项。

3.2.2 外贸企业退（免）税备案

企业如果为新办企业，需向税务机关提交退（免）税备案申请。一般来说，备案操作的流程如图3-19所示。申报系统提供了“备案申请向导”，企业可以按照向导的提示来完成相关操作，如图3-20所示。

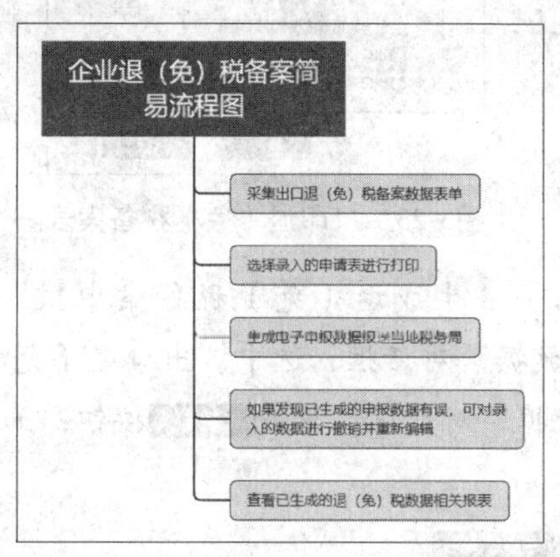

图3-19　备案操作的流程

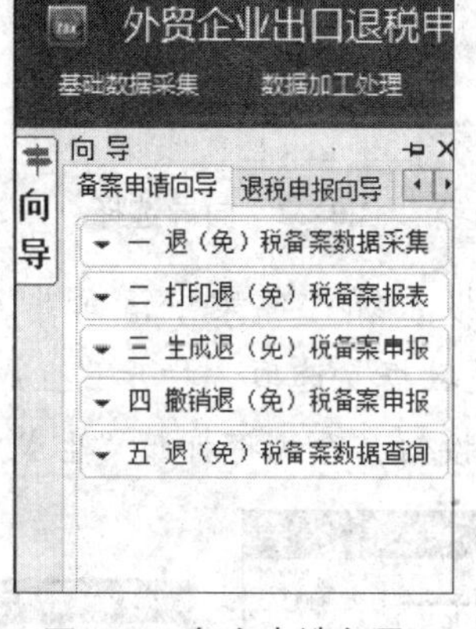

图3-20　备案申请向导

下面介绍在申报系统中进行退（免）税备案操作的方法，其具体操作如下。

（1）进入申报系统，单击申报系统“备案申请向导”第一步“退（免）税备案数据采集”，单击“出口退（免）税备案”选项，打开“出口退（免）税备案”页面，单击增加按钮，根据企业的真实信息进行数据录入，录入完成后单击保存按钮，如图3-21所示。系统将打开提示对话框，提示该条数据已校验通过，单击保存按钮保存数据即可。

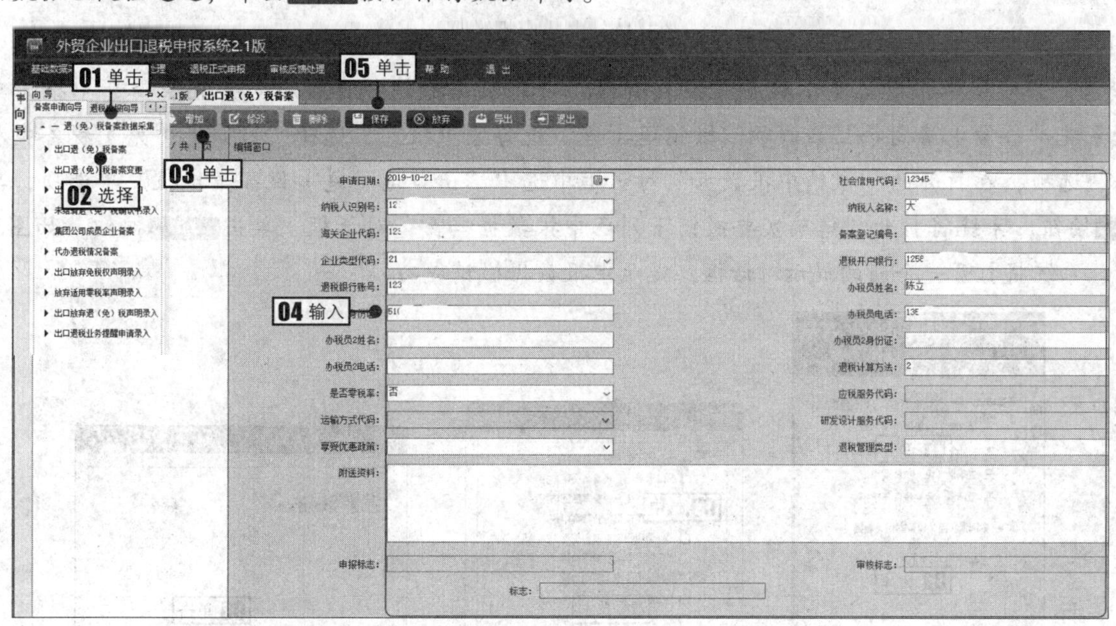

图3-21　备案数据采集

（2）单击申报系统“备案申请向导”第二步“打印退（免）税备案报表”，选择“打印退（免）税备案相关报表”选项，如图3-22所示。打开“打印退（免）税备案相关报表”对话框，选中“出口退（免）税备案表”单选项，单击确认按钮确认打印，如图3-23所示。系统将打开“打印预览”窗口，预览后单击“打印”按钮即可打印。

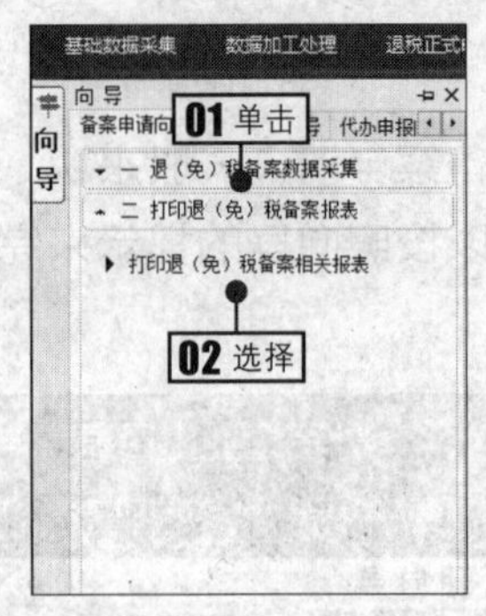

图3-22　向导选择

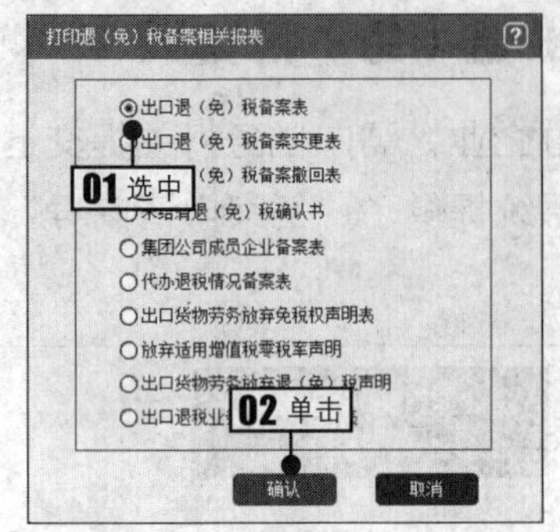

图3-23　打印退（免）税备案表

（3）单击申报系统“备案申请向导”第三步“生成退（免）税备案申报”，选择“生成退（免）税备案相关数据”选项，打开“生成申报数据”对话框，选中“出口退（免）税备案申报”单选项，单击确认按钮，系统将打开“生成申报数据”对话框，单击确定按钮，如图3-24所示。

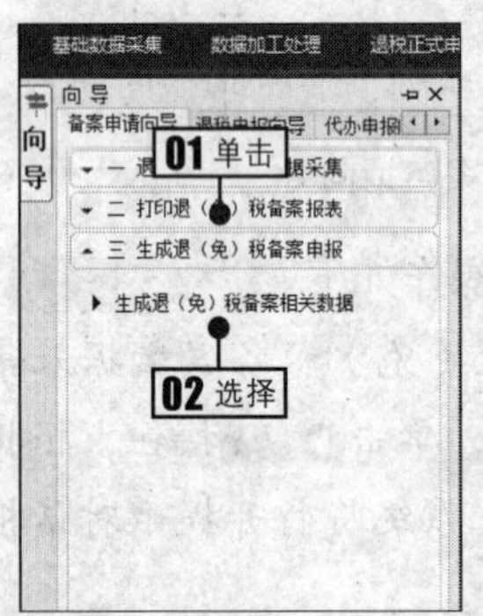

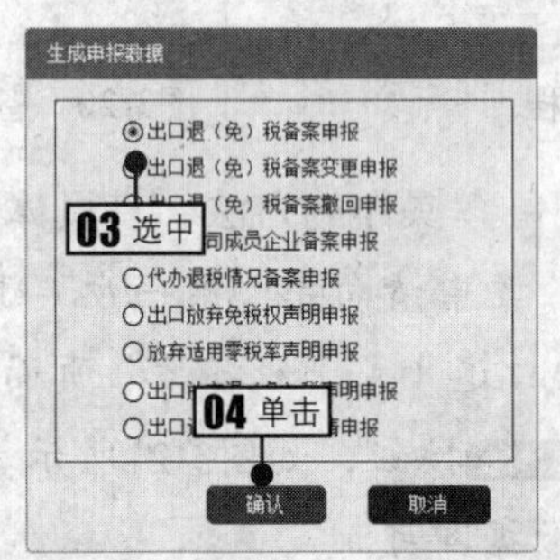

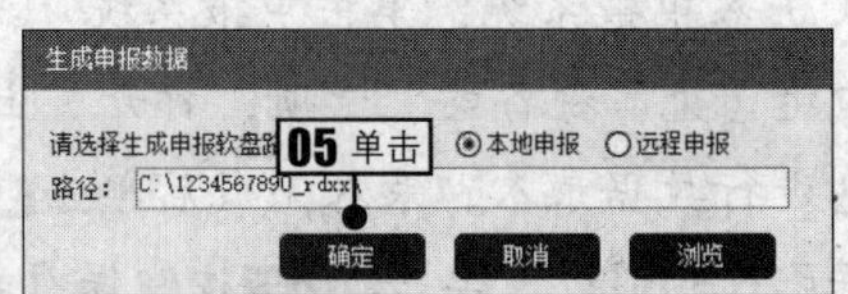

图3-24　生成申报数据

（4）若发现申报退（免）税备案报表有误，可将数据撤销，再按照向导流程重新申报。单击申报系统“备案申请向导”第四步“撤销退（免）税备案申报”，选择“撤销退（免）税备案相关数据”选项，在打开的“撤销申报数据”对话框中选中“出口退（免）税备案申报”单选项，单击确认按钮，系统将打开“您确实要撤销下列已申报数据吗？”对话框，单击是(Y)按钮，如图3-25所示。系统将打开一个新的提示对话框，提示申报数据撤销成功。

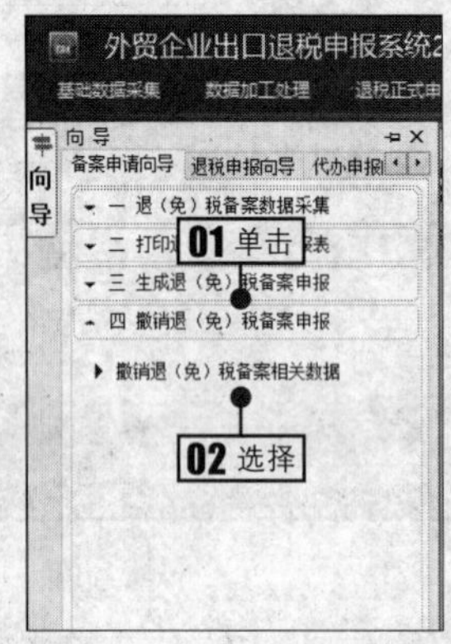

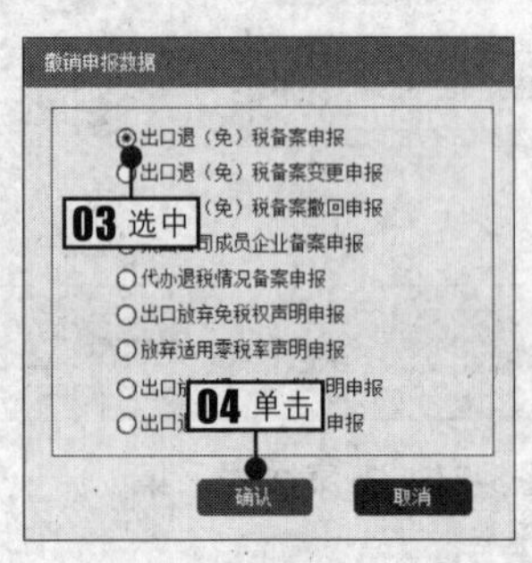

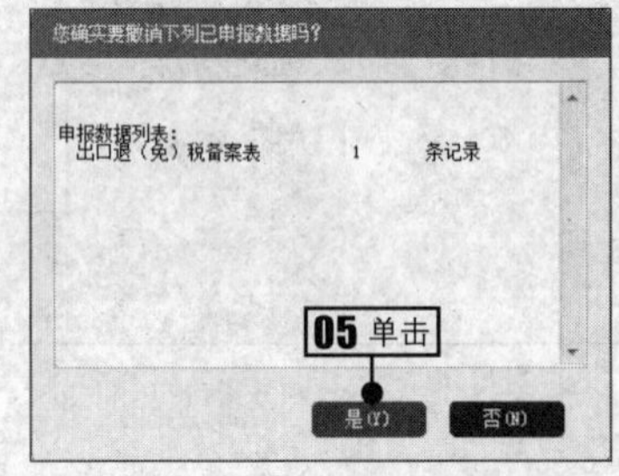

图3-25　撤销申报的数据

（5）单击申报系统“备案申请向导”第五步“退（免）税备案数据查询”，进行相关数据查询，这里选择“出口退（免）税备案查询”选项，打开“出口退（免）税备案查询”界面，查看相应信息，如图3-26所示。

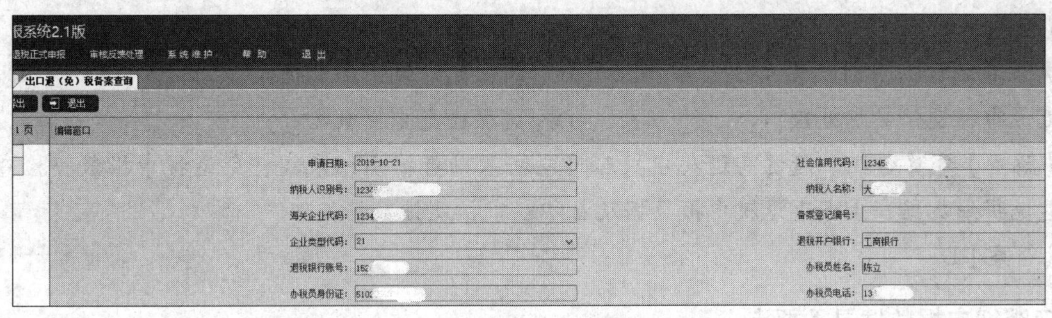

图3-26　出口退（免）税备案查询

3.2.3　外贸企业一般贸易退税申报

在申报系统中，申报包括一般贸易退税申报、代办申报、其他申报和单证申报，这里主要介绍一般贸易退税申报。

1. 一般贸易退税申报的环节

一般来说，外贸企业一般贸易退税申报包括以下环节。

◆ **基础数据明细采集**。该环节对应“退税申报向导”第一步和第二步。企业若有电子口岸设备和IC卡，可以通过电子口岸设备下载报关单“.xml”格式文件，通过“退税申报向导”第一步将其导入申报系统中，免去手工录入；企业若没有电子口岸设备，则可以直接进入“退税申报向导”第二步，手工录入出口明细、进货明细及相应业务明细表。

◆ **免退税申报数据检查**。该环节对应“退税申报向导”第三步，即进行出口进货数量关联检查及换汇成本检查。

◆ **确认免退税明细数据**。该环节对应“退税申报向导”第四步，即对已填报的免退税明细数据进行确认。

◆ **生成免退税申报数据及打印**。该环节对应“退税申报向导”第五步，包括汇总表数据录入、生成正式申报数据以及数据打印操作。

◆ **审核反馈数据处理**。该环节对应“退税申报向导”第六步。生成申报数据后，企业应将其上传到税务机关进行自检并确认申报。自检后企业可以下载反馈信息，并将其录入申报系统中进行反馈信息处理。

外贸企业一般贸易退税申报简易流程图如图3-27所示。申报系统提供了“退税申报向导”，企业可以按照向导的提示来完成相关操作，如图3-28所示。

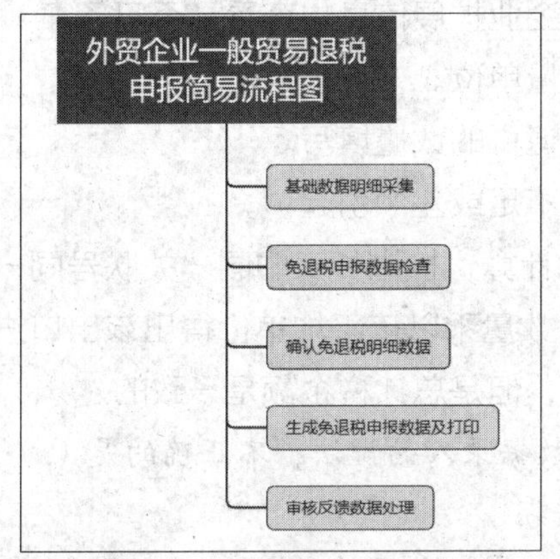

图3-27　退税申报环节

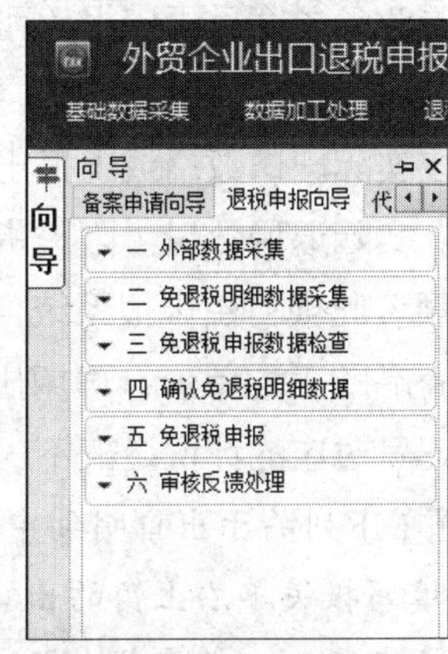

图3-28　退税申报向导

【例题·单选题】下列不属于外贸企业一般贸易退税申报环节的是（　　）。

A. 基础数据明细采集　　B. 确认免退税明细数据

C. 审核反馈数据处理　　D. 关联检查申报数据

【解析】外贸企业一般贸易退税申报环节包括基础数据明细采集、免退税申报数据检查、确认免退税明细数据、生成免退税申报数据及打印、审核反馈数据处理。

【答案】D

2. 出口明细申报数据录入要点

出口明细申报数据包括多个数据项，其填写的依据是出口报关单等凭证，下面介绍重点数据项的录入要点。

- **关联号**。出口企业可以自行编写，是进货和出口数据唯一关联的标志，建议编写规则为申报年月+流水号，或申报年月后4位+部门代码+流水号。
- **部门代码**。企业在税务机关登记的部门码。
- **申报年月**。申报年月不应小于报关单出口日期的出口年月。
- **申报批次**。同一个申报年月的数据，可分为不同申报批次，用于同一个月多次申报。
- **序号**。填写4位流水号，当序号大于9999时，可以填写A001，A002……即英文字母A加数字组合；序号若不足4位，系统自动补0；也可不录入，通过序号重排功能实现自动排列。
- **出口发票号**。企业外销货物出口发票号码。
- **出口日期**。报关单右上角的出口日期。
- **报关单号**。一般填写海关出口货物报关单右上角的海关统一编号，共21位；特殊退税业务可以按照税务机关要求填写。
- **美元离岸价**。离岸价格为FOB，如果成交方式为到岸价格（CIF）或其他价格，应折成离岸价格；美元离岸价是换汇成本监测的重要参考数据，企业应仔细录入。
- **核销单号**。出口收汇核销单的编号。
- **申报商品代码**。按出口报关单的商品代码填写，若该商品有国家税务总局扩充代码，则按扩充代码填写，即出口退税率文库中的基本商品代码；若因出口退税率文库升级导致商品代码调整的，应先填写《海关出口商品代码、名称、退税率调整对应表》。
- **申报商品名称**。应按商品税率库中该商品代码对应的名称填写，或按商品实际名称填写；在同一商品代码下，名称可与商品代码中的商品名称略有不同，但单位必须相同。
- **业务类型**。“免税店”“外轮货物”“水电气”“外资研发机构”“内资研发机构”业务，需先进行相关业务备案后再申报（可在企业扩展信息中查看是否已备案）。
- **单位**。填写出口货物报关单上的第一计量单位。
- **出口数量**。按实际出口数量或申报出口退税的数量填写。
- **实退税数量**。实际退税数量（因进货量不足或差额引起）。
- **出口进货金额**。此项目由申报系统自动计算，按进货表中同一关联号同一商品代码下加权平均计算出该商品的平均单价，再用出口数量乘以该平均单价得出该出口进货金额，可能和每一笔进货凭证号对应的计税金额不一致，但是总计税金额是一致的。

【例题·单选题】下列关于出口明细申报数据录入的说法，不正确的是（　　）。

A. 出口日期填写报关单右上角的出口日期

B. 出口数量按实际出口数量或申报出口退税的数量填写

C. 申报年月应小于报关单出口日期的出口年月

D. 报关单号一般填写海关出口货物报关单右上角的海关统一编号

【解析】申报年月不应小于报关单出口日期的出口年月，选项C符合题意。

【答案】C

3. 进货明细申报数据录入要点

进货明细申报数据包括多个数据项，其填写的依据是进货凭证，下面介绍重点数据项的录入要点。

- **关联号**。出口企业可以自行编写，是进货和出口数据唯一关联的标志，建议编写规则为申报年月+流水号，或申报年月后4位+部门代码+流水号。
- **税种**。若涉及增值税，填写“V”；若涉及消费税，填写“C”。
- **部门代码**。企业在税务机关登记的部门码。
- **发票号码**。增值税发票右上角8位号码。
- **发票代码**。增值税发票左上角10位号码。
- **进货凭证号**。如果是增值税专用发票，填写增值税专用发票的发票代码+发票号码共同组成的18位数字，否则填写其他退税凭证的数字。
- **发票开票日期**。进货凭证开票日期，一般为增值税专用发票的开票日期。
- **商品代码**。按出口报关单的商品代码填写，若该商品有国家税务总局扩充代码，则按扩充代码填写，即出口退税率文库中的基本商品代码填写；若因出口退税率文库升级导致商品代码调整的，应先填写《海关出口商品代码、名称、退税率调整对应表》。
- **商品名称**。应按商品税率库中该商品代码对应的名称填写，或按商品实际名称填写；在同一商品代码下，名称可与商品代码中的商品名称略有不同，但单位必须相同。
- **供货方纳税号**。供货方的纳税人识别号或社会信用代码。
- **数量**。如果增值税专用发票上该商品的计量单位与报关单上该商品第一计量单位不符，则应按报关单计量单位折算进货数量；加工费、辅料、配套产品等视同委托加工方式的进货凭证，数量项填“0”，备注项填英文字母“WT”。
- **计税金额**。如果增值税发票开具的货物或应税劳务名称项与对应的出口报关单中的名称为同一商品代码，可录入发票计税金额总和，否则应分项填写。
- **法定征税税率**。若为增值税，则按百分比的格式填写增值税专用发票上的发率；若为消费税从价定率方式征税，则以小数的格式填写消费税专用发票的法定税率；若为消费税从量定额方式征税，则填写消费税专用发票的法定税额。
- **税额**。若为增值税，则税额=计税金额×征税税率/100；若为消费税从价定率方式征税，则税额=计税金额×征税税率；若为消费税从量定额方式征税，则税额=数量×征税税率。
- **退税率**。填写商品代码库对应出口商品的退税率，出口表中同一关联号同一商品代码由于出口日期不同，导致退税率不同的，应使用最小退税率申报，对于这种情况最好分两个关联号申报。
- **业务类型**。“免税店”“外轮货物”“水电气”“外资研发机构”“内资研发机构”业务，需先进行相关业务备案后再申报（可在企业扩展信息中查看是否已备案）。

【例题·单选题】下列关于进货明细申报数据录入的说法，不正确的是（　　）。

A. 发票号码填写增值税发票左上角10位号码

B. 若为增值税，则税额=计税金额×征税税率/100

C. 退税率应填写商品代码库对应出口商品的退税率

D. 若涉及增值税，则税种填写“V”

【解析】发票号码应填写增值税发票右上角8位号码，选项A符合题意。

【答案】A

4. 一般贸易退税申报操作

下面介绍在申报系统中进行退（免）税申报的方法，其具体操作如下。

（1）企业若有电子口岸设备和IC卡，可以进行“退税申报向导”第一步操作，进入申报系统，选择申报系统“退税申报向导”第一步“外部数据采集”中的“出口报关单数据查询与读入”选项，打开“出口报关单数据查询与读入”页面，通过数据读入按钮导入出口报关单数据。

（2）企业若没有电子口岸设备，可以直接选择申报系统“退税申报向导”第二步“免退税明细数据采集”中的“出口明细申报数据录入”选项，打开“出口明细申报数据录入”页面。单击增加按钮，按照（1）中介绍的方法录入数据，录入完成后单击保存按钮，如图3-29所示。

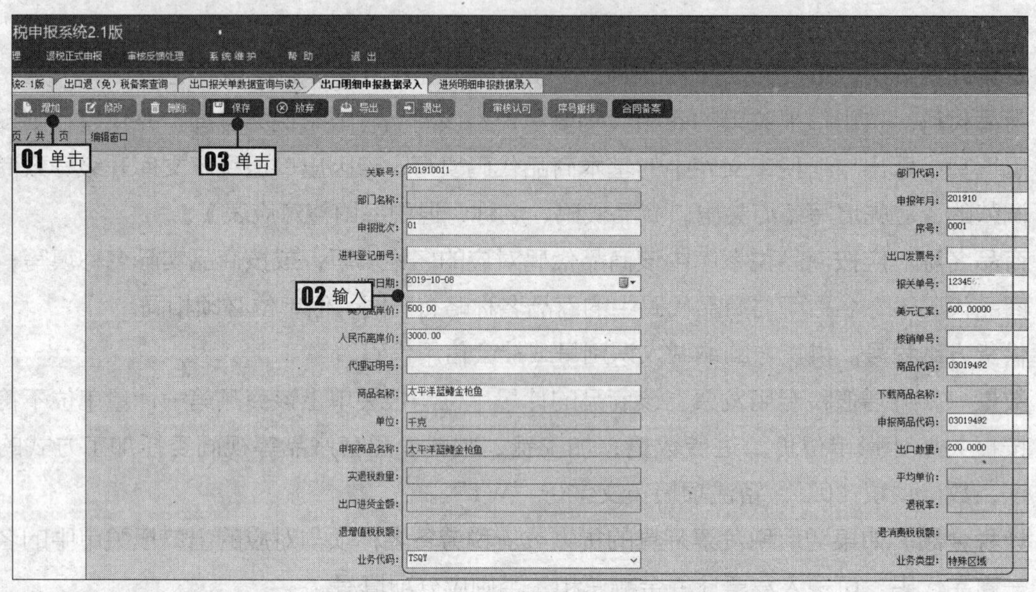

图3-29　出口明细申报数据录入

（3）系统将打开提示对话框，提示该条数据已校验通过，单击保存按钮，如图3-30所示。

（4）返回“出口明细申报数据录入”页面，单击审核认可按钮，打开“审核/设置认可标志”对话框，单击确认按钮即可，如图3-31所示。

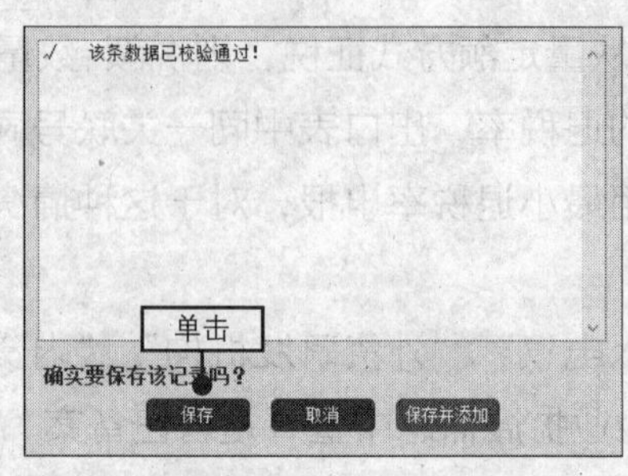

图3-30　确认保存

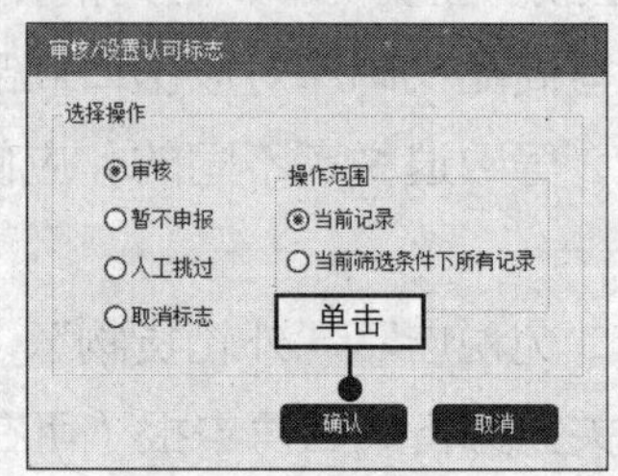

图3-31　确认审核

（5）选择申报系统“退税申报向导”第二步“免退税明细数据采集”中的“进货明细申报数据

录入”选项，打开“进货明细申报数据录入”页面。单击 增加 按钮，按照（1）中介绍的方法录入数据，录入完成后单击 保存 按钮，如图3-32所示。需要注意的是，同一笔业务的出口明细和进货明细内的数量应保证一致。

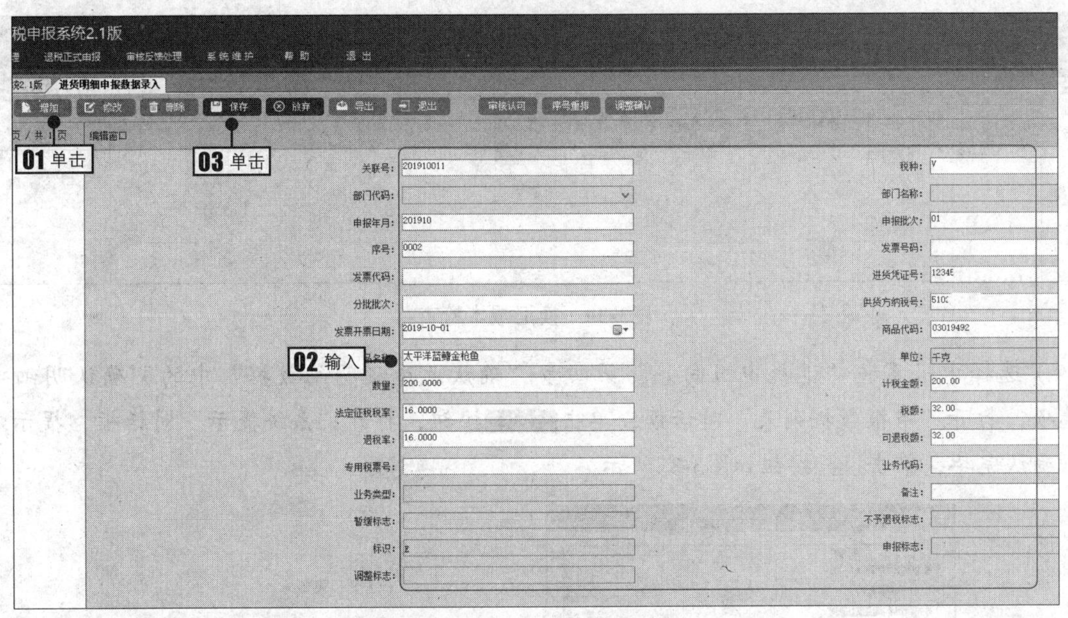

图3-32　进货明细申报数据录入

（6）系统将打开提示对话框，单击 保存 按钮保存数据。返回“进货明细申报数据录入”页面，单击 审核认可 按钮，打开“审核/设置认可标志”对话框，单击 确认 按钮即可。

（7）选择申报系统“退税申报向导”第三步“免退税申报数据检查”中的“进货出口数量关联检查”选项，打开“进货出口数量关联检查”页面，系统将自动对采用相同关联号的进货数量总和与出口数量总和进行对比，如果同一关联号比对进货数量和出口数量之后不相符，申报系统会给出详细的错误信息。这里系统未检查出错误信息，如图3-33所示。对于未通过此检查的数据是无法生成自检数据的，因此必须改正并通过检查之后才能申报。

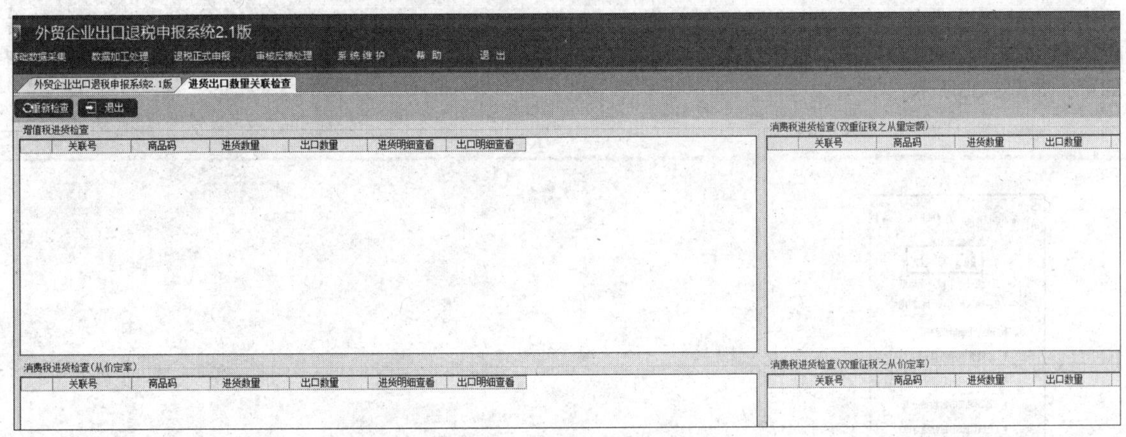

图3-33　进货出口数量关联检查

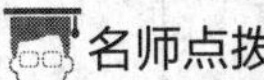
名师点拨

需要注意的是，企业如果在“退税申报向导”第一步中进行信息读入，需要额外进行数据一致性检查操作，其方法为，选择申报系统“退税申报向导”第三步“免退税申报数据检查”中的“数据一致性检查”选项。

（8）选择申报系统“退税申报向导”第三步“免退税申报数据检查”中的“换汇成本检查”选项，打开“进货出口换汇成本检查”页面，系统将根据换汇成本的上限与下限，检查数据的关联号换汇成本是否超出合理范围。这里系统未检查出错误信息，如图3-34所示。

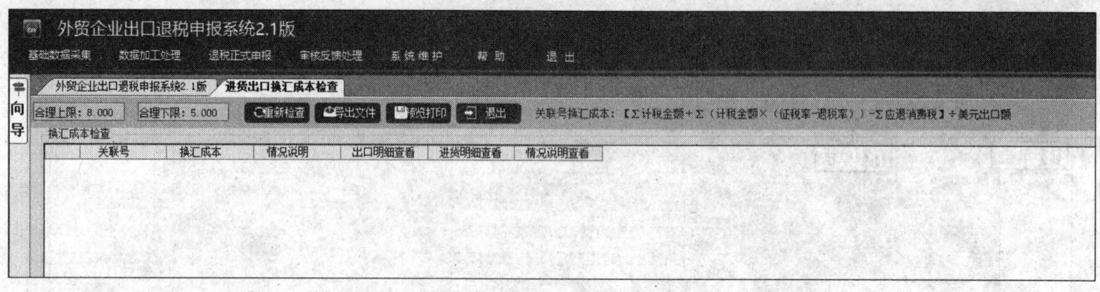

图3-34　换汇成本检查

（9）选择申报系统“退税申报向导”第四步“确认免退税明细数据”中的“确认明细申报数据”选项，打开“申报数据列表”对话框，单击确认按钮，打开“系统提示”对话框，提示本次申报数据确认完毕，单击确认按钮如图3-35所示。

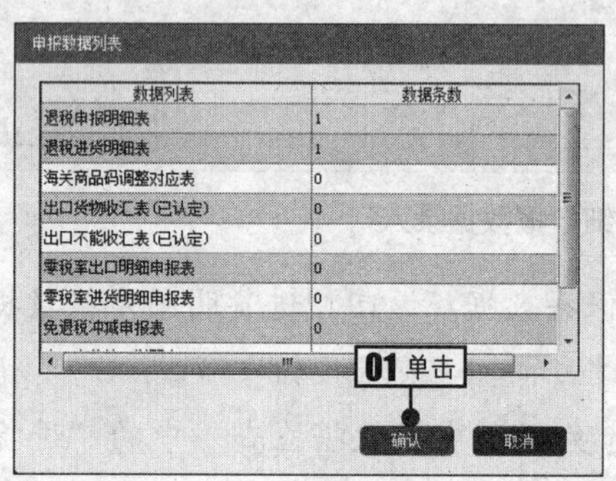

图3-35　确认明细申报数据

名师点拨

如发现数据有问题需要撤销数据重新申报的，可选择申报系统“退税申报向导”第四步“确认免退税明细数据”中的“撤销本次申报数据”选项进行撤销，如图3-36所示。系统将打开“系统询问”对话框，单击确认按钮，如图3-37所示。撤销完成后系统将打开“系统提示”对话框，提示撤销成功，单击确认按钮即可，如图3-38所示。

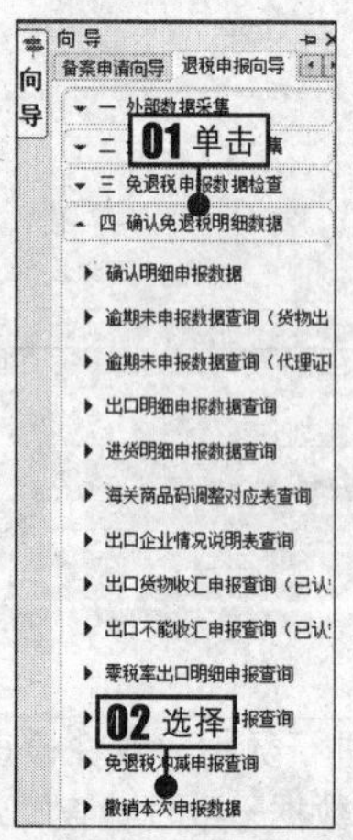

图3-36　向导选择

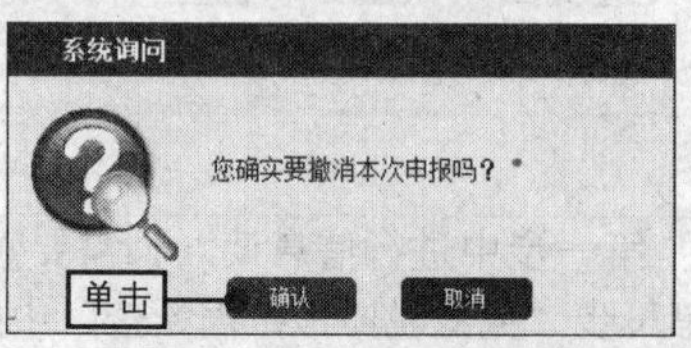

图3-37　确认撤销

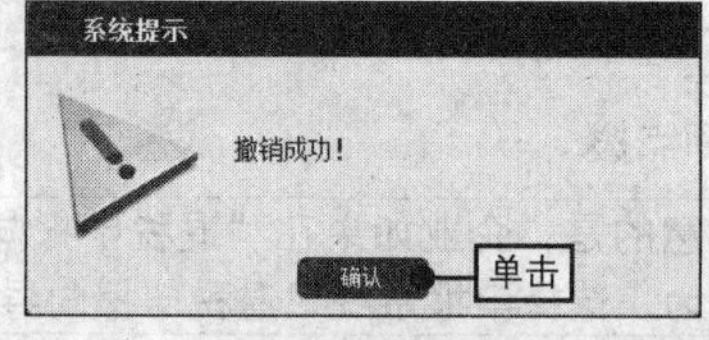

图3-38　提示撤销成功

（10）选择申报系统“退税申报向导”第五步“免退税申报”中的“退税汇总申报表录入”选项，打开“退税汇总申报表录入”页面，单击增加按钮，系统将根据本次申报录入的明细数据自动生成汇总表，单击保存按钮保存数据即可，如图3-39所示。

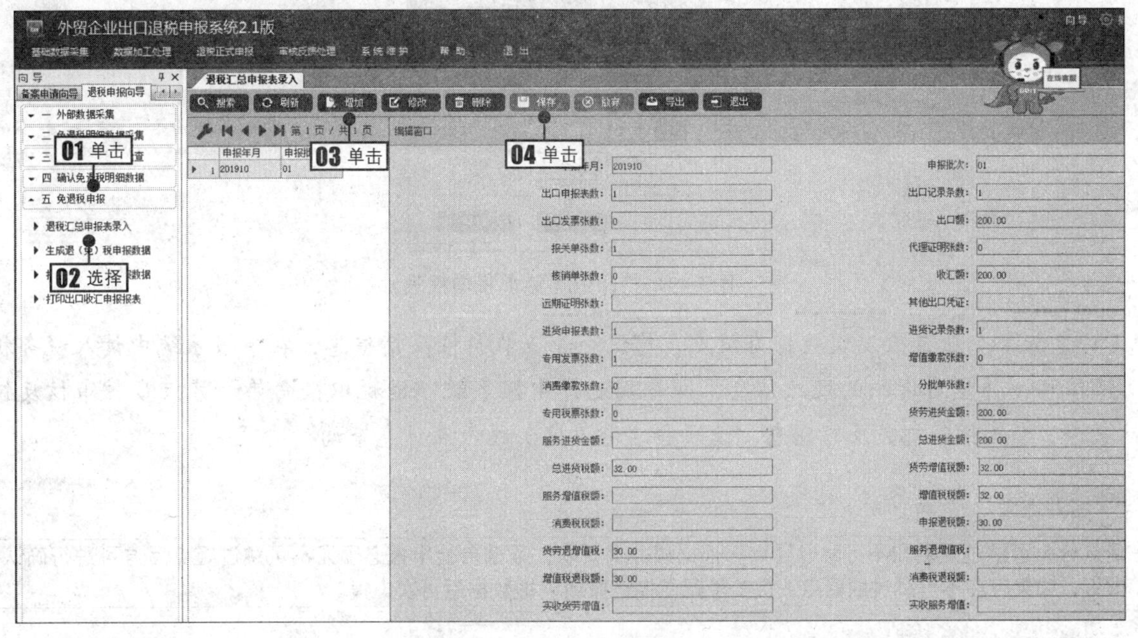

图3-39　退税汇总申报表录入

（11）选择申报系统“退税申报向导”第五步“免退税申报”中的“生成退（免）税申报数据”选项，打开“生成申报软盘”对话框，单击确定按钮，如图3-40所示。若文件路径不存在，系统打开“系统询问”对话框，提示“路径不存在，是否要创建路径？”，单击确认按钮即可，如图3-41所示。确认后，系统将打开“生成正式申报数据”对话框，显示数据申报情况，表明系统已将数据生成在创建好的路径中，最后单击关闭按钮，如图3-42所示。企业可将生成的电子数据上传到当地电子税务局出口退税综合服务平台进行数据的自检，如果没有疑点，就可以在综合服务平台中进行确认申报。

图3-40　生成申报软盘

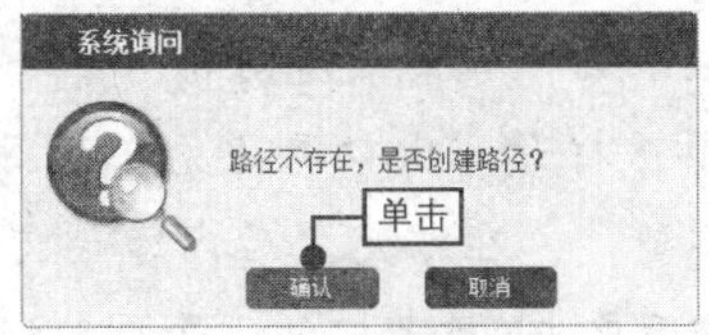

图3-41　生成正式申报数据

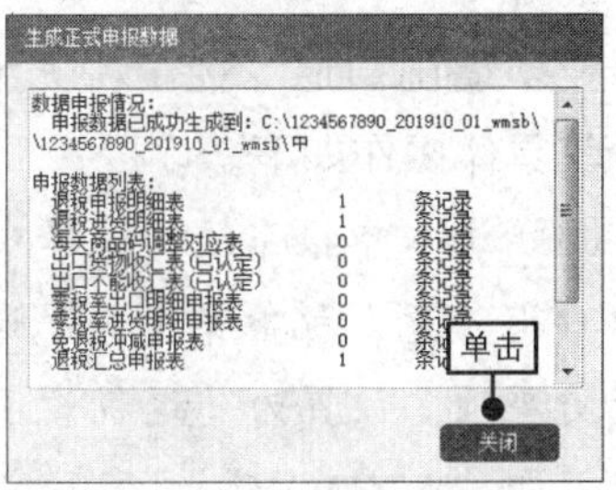

图3-42　创建路径

名师点拨

在申报系统中，企业可以填写申报数据表单并生成电子数据，但最后的自检和申报操作应该在当地电子税务局出口退税综合服务平台上进行。企业确认申报数据后，该平台会将数据传递到税务机关，由税务机关受理并审核，企业可以通过该平台查询受理进度。税务机关审核通过后将向企业发放退税款。

（12）选择申报系统“退税申报向导”第五步“免退税申报”中的“打印退（免）税申报数据”

选项，打开“打印退（免）税申报表”对话框，设置打印所属期、批次，选中“出口明细申报数据”单选项，单击确认按钮如图3-43所示。

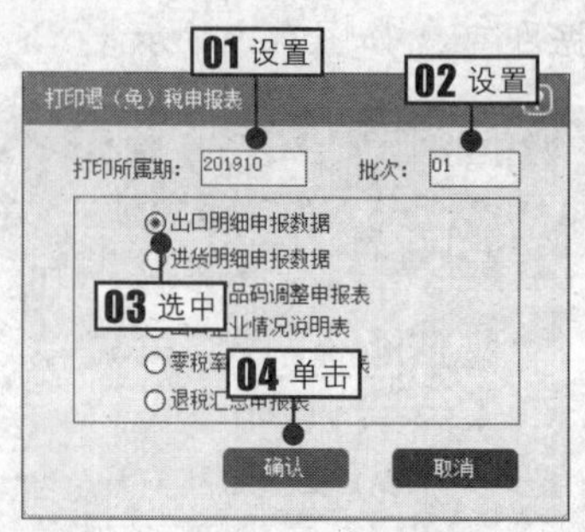

图3-43　打印退（免）税申报表

（13）如果企业自检发现数据有疑点，建议企业下载自检反馈信息，在申报系统中读入税务机关的反馈信息，并查看详细的疑点信息，即分别选择申报系统“退税申报向导”第六步“审核反馈处理”中的“读入税务机关反馈信息”选项和“退（免）税疑点信息查询”选项。

名师点拨

疑点分为可跳过疑点和不可跳过疑点。根据税务局要求，数据自检申报必须无不可跳过疑点后方可进行确认申报，如果存在不可跳过的疑点，应参考疑点描述撤销申报数据后再次申报。

3.2.4　设置出口退（免）税无纸化

出口退（免）税无纸化是指出口企业进行出口退（免）税申报以及申请办理出口退（免）税相关证明时，只需提供电子数据，原规定应向主管税务机关报送的纸质凭证和纸质申报表留存企业备查。也就是说，出口企业在申报出口退税时，不用再前往税务局提交纸质申报资料了，直接将申报系统中生成的申报数据上传到出口服务综合服务平台进行退（免）税申报就可以了。下面介绍申请出口退（免）税无纸化以及系统配置出口退（免）税无纸化的方法。

1. 申请出口退（免）税无纸化

要申请出口退（免）税无纸化，首先应在申报系统中填写并生成出口退（免）税备案变更数据，其具体操作如下。

（1）进入申报系统，选择申报系统“备案申请向导”第一步“退（免）税备案数据采集”中的“出口退（免）税备案变更”选项，打开“出口退（免）税备案变更”页面。单击增加按钮，将“变更事项”设置为“退税管理类型”，在“变更后内容”文本框中输入“无纸化企业”的拼音首字母，即“WZHQY”，填写完成后单击保存按钮，如图3-44所示。系统将打开提示对话框，提示该条数据已校验通过，单击保存按钮确认保存数据即可。

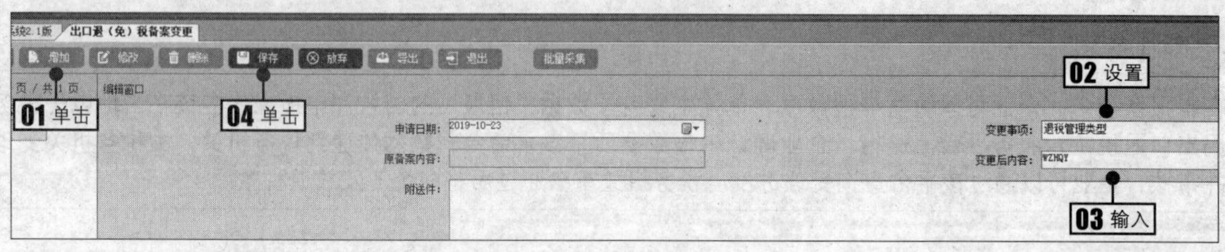

图3-44　出口退（免）税备案变更

（2）选择申报系统“备案申请向导”第二步“打印退（免）税备案报表”中的“打印退（免）

税备案相关报表”选项，打开“打印退（免）税备案相关报表”对话框，选中“出口退（免）税备案变更表”单选项，单击确认按钮，进入“打印预览”页面，单击“打印”按钮即可打印，如图3-45所示。

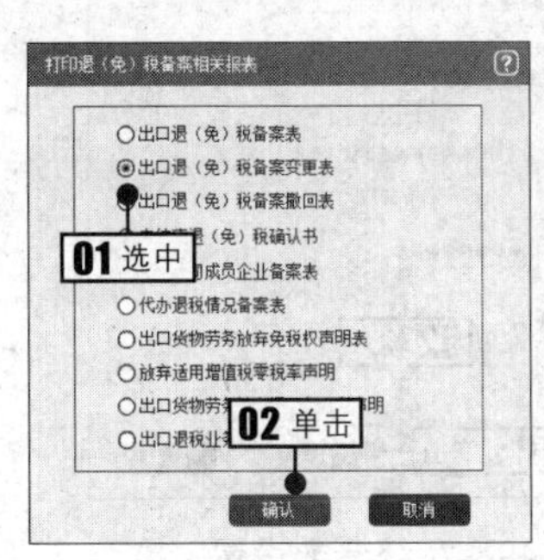

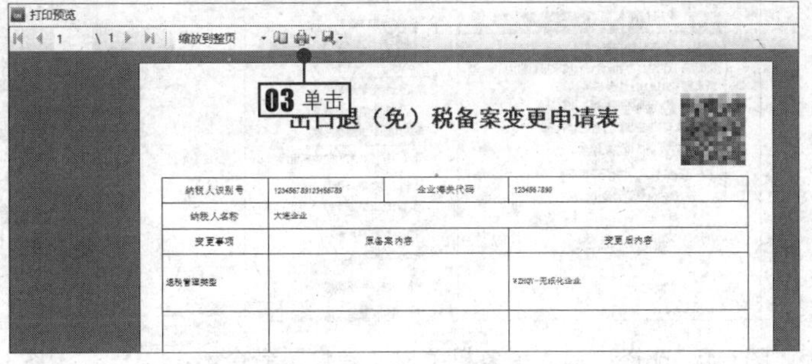

图3-45　打印出口退（免）税备案变更申请表

（3）选择申报系统“备案申请向导”第三步“生成退（免）税备案申报”中的“生成退（免）税备案相关数据”选项，打开“生成申报数据”对话框，选中“出口退（免）税备案变更申报”单选项，单击确认按钮，在打开的“生成申报数据”对话框中单击确定按钮，如图3-46所示。系统将打开“生成申报数据”对话框，显示数据申报情况，表明系统已将数据生成在创建好的路径中，最后单击关闭按钮，如图3-47所示。

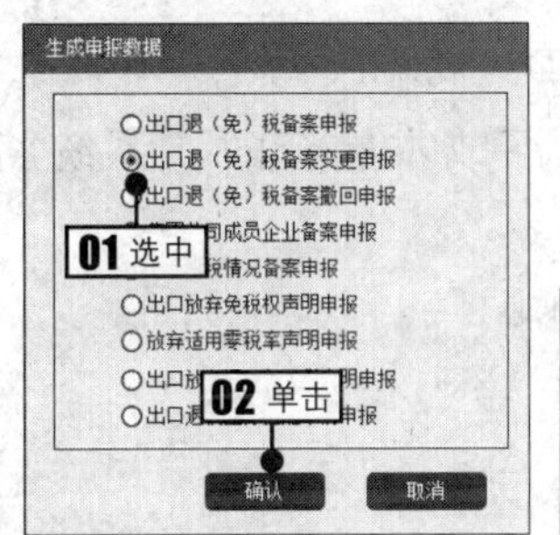

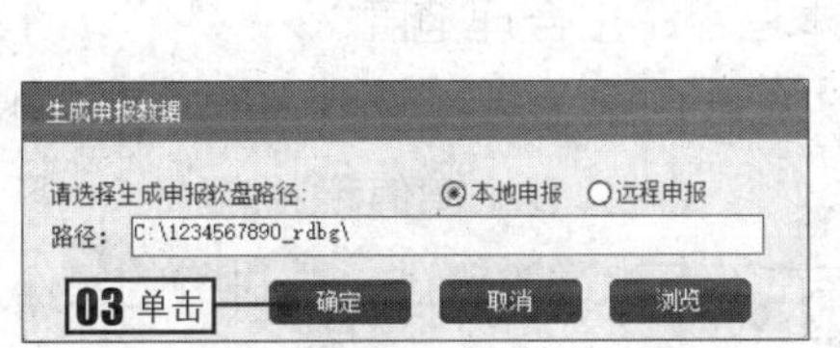

图3-46　生成申报数据　　　　图3-47　数据已生成

生成电子数据后，企业可以携带出口退（免）税备案变更表和电子数据，到主管税务机关申请出口退（免）税无纸化，当然也可以在当地电子税务局出口退税综合服务平台中上传电子数据进行申请。

2. 系统配置出口退（免）税无纸化

企业在申报出口退（免）税的计算机上安装税控程序并获取税务机关关于无纸化申请的反馈后，就可以在申报系统中配置出口退（免）税无纸化，其具体操作如下。

（1）在系统顶部选择【审核反馈处理】/【读入税务机关反馈信息】菜单命令，如图3-48所示。在“打开”对话框中选择已获取的税务机关反馈文件，单击打开(O)按钮，读入反馈信息。

（2）在系统顶部选择【系统维护】/【系统配置】/【企业扩展信息】菜单命令，打开“企业拓展信息”页面，将看到“扩展类型代码”显示为“WZHQY”，“扩展类型名称”显示为“无纸化企业”，表明企业已具备无纸化申报的资格。

（3）在系统顶部选择【系统维护】/【系统配置】/【系统参数修改与设置】菜单命令，打开“系统参数设置”对话框，选中“启用数字签名”复选框，在“设备密码”文本框中输入密码，单击确认按钮即可，如图3-49所示。

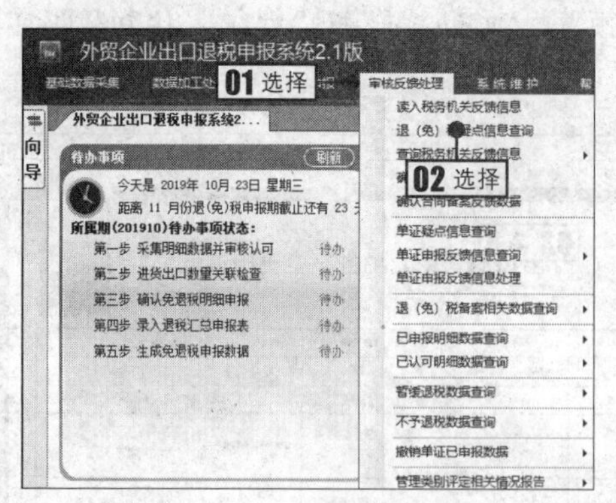

图3-48 选择“读入税务机关反馈信息”命令

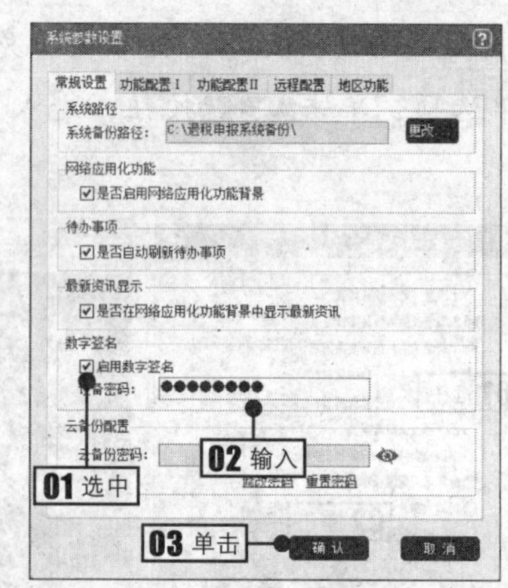

图3-49 系统参数设置

3.3 同步强化练习题

1. 单选题

（1）在一般贸易出口退（免）税申报中，进行进货出口数量关联检查时，申报系统将自动对采用相同（　　）的进货数量总和与出口数量总和进行对比。

A. 发票号　　B. 业务日期　　C. 关联号　　D. 商品代码

（2）在一般贸易出口退（免）税申报中，进行进货出口换汇成本检查时，系统将根据（　　）检查数据的关联号换汇成本是否超出合理范围。

A. 外汇差额　　B. 换汇成本的上限与下限

C. 退税率　　D. 增值税税额

（3）企业数据自检时若发现存在不可跳过的疑点，应进行的操作为（　　）。

A. 直接在申报表中进行修改　　B. 向税务机关提交一份情况说明

C. 撤销申报数据后再次申报　　D. 向税务机关提供会计账簿等资料以供核查

2. 多选题

（1）企业若没有电子口岸设备，进行一般贸易出口退（免）税时应填写的表单包括（　　）。

A. 出口明细申报数据　　B. 进货明细申报数据

C. 外部数据导入表　　D. 退税汇总申报表

E. 退税计算总表

（2）下列关于出口退（免）税无纸化的说法，正确的有（　　）。

A. 企业申请出口退（免）税无纸化通过后，企业在进行出口退（免）税申报时，只需提供电子数据

B. 企业申请出口退（免）税无纸化通过后，还需要在申报系统中配置出口退（免）税无纸化

C. 出口退（免）税无纸化申请通过并读入税务机关反馈信息后，打开“企业拓展信息”页面，将看到“扩展类型名称”显示为“无纸化企业”

D. 企业若要申请出口退（免）税无纸化，应选择申报系统“备案申请向导”第一步“退（免）税备案数据采集”中的“出口退（免）税备案”

E. 出口退（免）税无纸化申请通过并读入税务机关反馈信息后，打开“企业拓展信息”页面，将看到“扩展类型代码”显示为“WZHQY”

第4章 Excel软件的应用

本章主要以Excel 2010（以下简称“Excel”）为例，介绍如何在会计处理中利用该软件对数据进行编辑、计算和管理等操作，重点包括利用Excel管理表格数据、利用Excel规范管理报表格式、利用Excel进行财务数据分析、Excel函数的基本应用以及利用Excel处理会计日常经济业务5个方面的内容。

本章内容属于考试重点，所占分值约为30分，但涉及的内容较多，知识点较为分散，考点并不固定，要求考生对Excel的各种基本知识和常见操作进行全方位的了解与熟悉。

▼ 本章知识体系一览表

章节		主要内容
Excel软件的应用	利用Excel管理表格数据	（1）数据的输入（★★） （2）数据的编辑与保存（★★） （3）数据的保护（★★） （4）数据的验证（★★）
	利用Excel规范管理报表格式	（1）报表中的图片处理（★★） （2）页面设置（★★）
	利用Excel进行财务数据分析	（1）利用筛选功能分析数据（★★★） （2）利用数据透视表分析数据（★★★）
	Excel函数的基本应用	（1）公式与函数的基础知识（★★） （2）求和函数的应用（★★★） （3）求平均值函数的应用（★★） （4）最大值和最小值函数的应用（★★★） （5）货币的时间价值相关函数的应用（★★） （6）固定资产折旧额计算相关函数的应用（★★） （7）查找函数的应用（★★）
	利用Excel处理会计日常经济业务	（1）制作会计凭证表（★★★） （2）登记日记账（★★★） （3）登记分类账（★★） （4）编制工资明细表（★★）

4.1 利用Excel管理表格数据

Excel具有强大的数据输入与编辑功能，可以帮助用户更好地管理表格数据。本节便将详细介绍数据的输入、编辑与保存、保护以及验证等各种常用操作。

4.1.1 数据的输入

输入数据是制作会计表格最基本的操作，掌握多种输入数据的方法，可以在制表过程中选择更为合适的输入方法，以提高制表效率。

1. 数值型数据的输入

Excel中默认将输入的数值型数据右对齐，当输入较长的数值（大于11位）时，会以科学计数法来显示，如输入身份证号码。数值型数据的输入方法很简单，直接选择单元格，输入相应的内容即可。如果想要输入的身份证号码等较长数值正常显示，除了先将单元格格式设置为“文本”格式外，还可直接输入“'”符号，再输入相应的内容，Excel将直接判断输入的数值为文本型数据，从而完整地显示数据内容。

当需要将文本型数据转换为数值型数据时，可利用文本型数据所在单元格左上角出现的绿色三角形标识来转换。出现这个标识是Excel自动检查功能的运用结果，其表示该单元格中的内容可能有误。此时，使用“追踪错误”按钮可将文本型数据转换为数值型数据。

（1）选择需转换数据类型的单元格，单击其右侧出现的“追踪错误”按钮，如图4-1所示。

（2）在弹出的下拉列表框中选择“转换为数字”选项，即可将文本型数据转换为数值型数据，如图4-2所示。

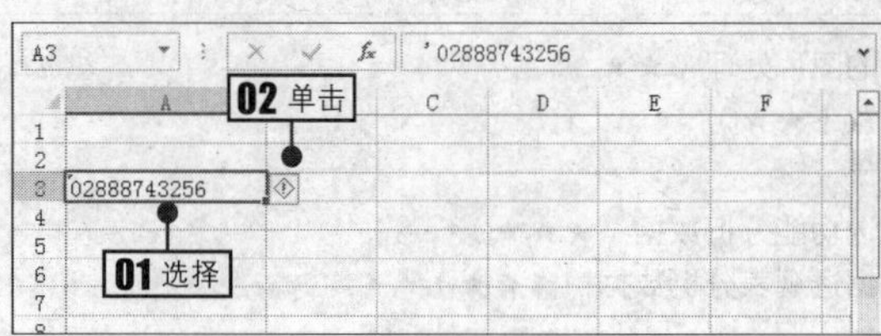

图4-1 单击“追踪错误”按钮

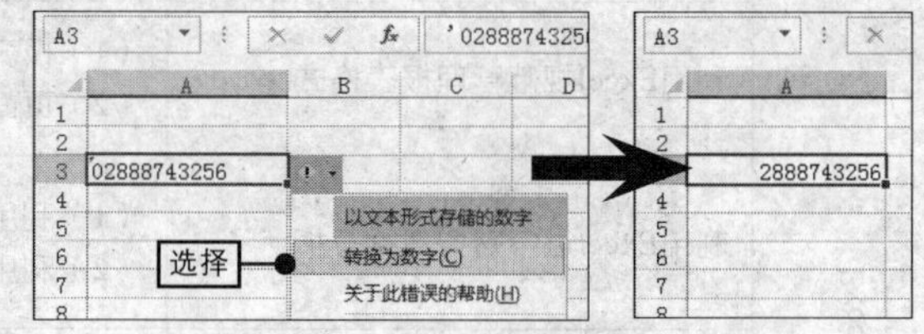

图4-2 选择“转换为数字”选项

知识拓展

Excel中默认将数值型数据最前面的1个或多个数字“0”去掉，因为就数值型数据而言，无论前面有多少个“0”都是无用的。如果是文本型数据，则会保留前面的数字“0”。

2. 日期型数据的输入

在Excel中，只有输入指定的日期格式，Excel才会将其判断为日期型数值，否则会视为不可计算的文本。

a. 常见的日期型数据的输入方式

以下几种输入方式，Excel均可以将其判断为日期型数据。

- ◆ **短横线“-”**。如“2019-2-1”。
- ◆ **左斜线“/”**。如“2019/2/1”。
- ◆ **中文年月日**。如“2019年2月1日”。
- ◆ **英文月份或缩写**。如“February1”或“Feb-1”。

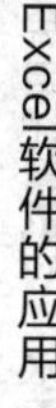

知识拓展

除了前面介绍的几种日期型数据格式外，其他格式的数据都不会被Excel判断为日期型数据，最常见的错误格式有“20190201”“2019.2.1”“2019\2\1”，用户输入时要特别留意。

b. 使用分列功能处理错误的日期型数据

如果在输入完所有的日期型数据后，才发现输入的格式错误，如以“2019.2.1”或“2019\2\1”格式输入，此时可直接利用“查找和替换”功能将“.”或“\”替换为“—”或“/”即可。但如果输入的为“20190201”这种格式，就无法利用“查找和替换”功能了，此时可使用分列功能来处理。

（1）选择需进行分列的单元格区域，在【数据】/【数据工具】组中单击“分列”按钮，如图4-3所示。

（2）打开设置文本分列的向导对话框，默认前两步设置，即单击两次 下一步(N) > 按钮，如图4-4所示。

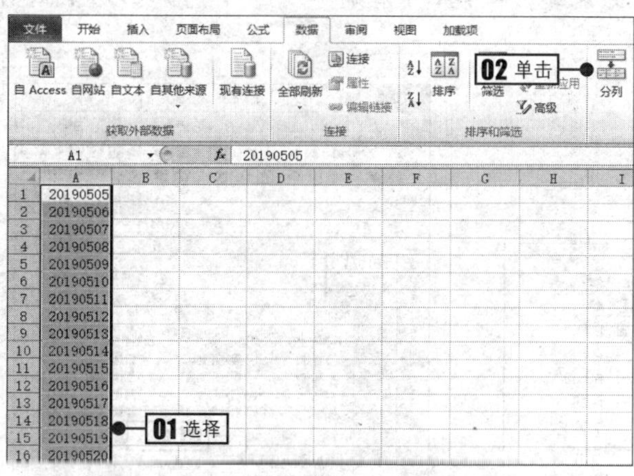

图 4-3　单击“分列”按钮

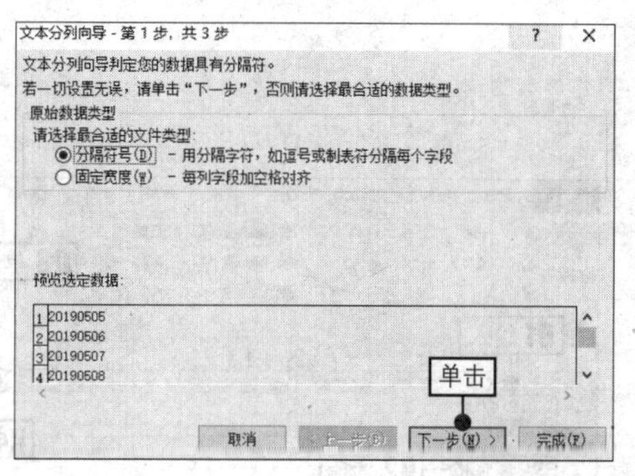

图 4-4　单击“下一步”按钮

（3）在如图4-5所示的对话框中选中“日期”单选项，单击 完成(F) 按钮。

（4）此时错误的日期型数据将被更改为标准的日期型数据格式，如图4-6所示。

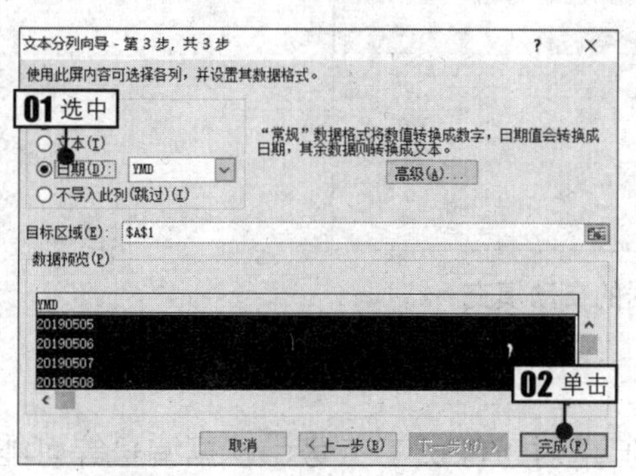

图4-5　选中“日期”单选项

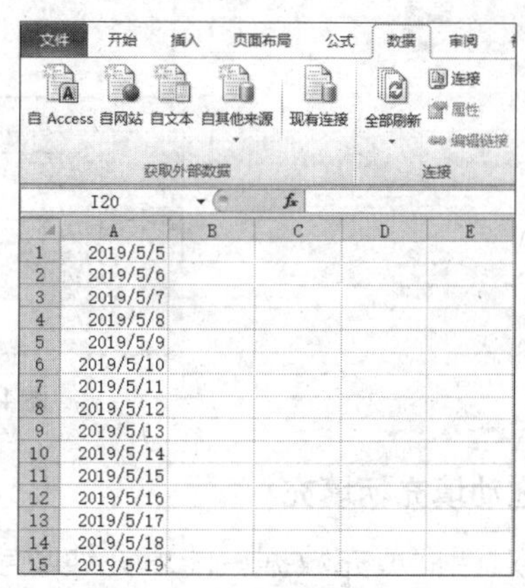

图4-6　更改为标准的日期型数据格式

3. 填充有规律的数据

对于一些有规律的数据，如学号的KJ-001、KJ-002、KJ-003等，工作小组的1小组、2小组、3小组等，可通过快速填充工具来快速输入，从而提高工作效率。

a．通过对话框填充

利用“序列”对话框可以快速填充一组等差、等比或日期等数据，并可设置步长值（数据之间的间隔数值）、终止值（序列的最后一个数值）等参数，使用十分方便。例如，以2019年4月1日为第一个数据，每隔一星期输入一个日期数据，连续输入10个这样的日期数据，此时利用对话框填充就非常方便。

（1）选择A1单元格为起始单元格，在其中输入起始数据“2019/4/1”，选择A1:A10单元格区域作为数据的输入范围，在【开始】/【编辑】组中单击“填充”按钮，在弹出的下拉列表框中选择“系列”选项，如图4-7所示。

（2）打开“序列”对话框，Excel根据输入的内容和选择的单元格区域自动在“序列产生在”栏中选中“列”单选项，并在“类型”栏中选中“日期”单选项，由于填充间隔一个星期的数据，且“日期单位”栏中选中的是“日”单选项，因此在“步长值”文本框中应输入“7”，即7天为1个星期，单击 确定 按钮，如图4-8所示。

图4-7　输入起始数据

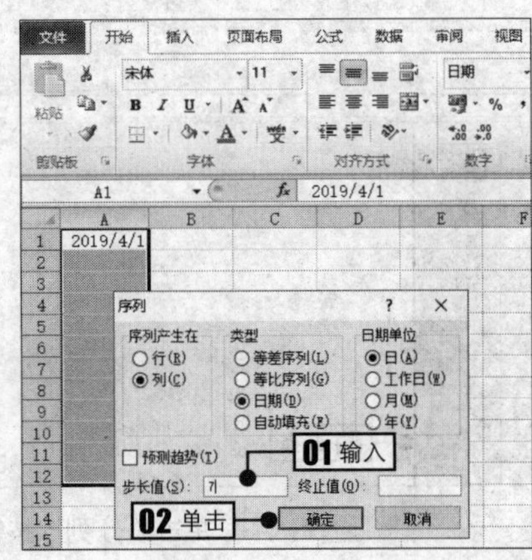

图4-8　设置填充序列的参数

（3）此时Excel便根据设置的参数和选择的填充范围，自动填充间隔为一个星期的日期数据，如图4-9所示。

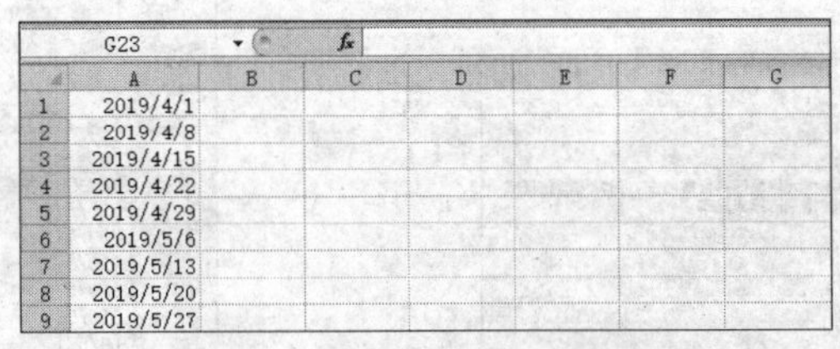

	A	B	C	D	E	F	G
1	2019/4/1						
2	2019/4/8						
3	2019/4/15						
4	2019/4/22						
5	2019/4/29						
6	2019/5/6						
7	2019/5/13						
8	2019/5/20						
9	2019/5/27						

图4-9　完成数据的自动填充

b．拖动填充柄填充

通过对话框填充数据只能填充纯数字的数据，但是对于像员工工号、单据编号等可能带有其他字符的数据，就无法通过对话框来填充。遇到这种情况时，可通过拖动单元格右下角的填充柄来实现数据的填充。

选择某个单元格后，单元格右下角会出现一个小黑点，这就是填充柄，拖动它便可快速填充各种有规律的数据。

◆ **纯数字填充**。如“2019”，直接拖动填充柄将得到相同的数据；若按住【Ctrl】键的同时拖动填充柄，则可得到递增或递减的序列，如图4-10所示。

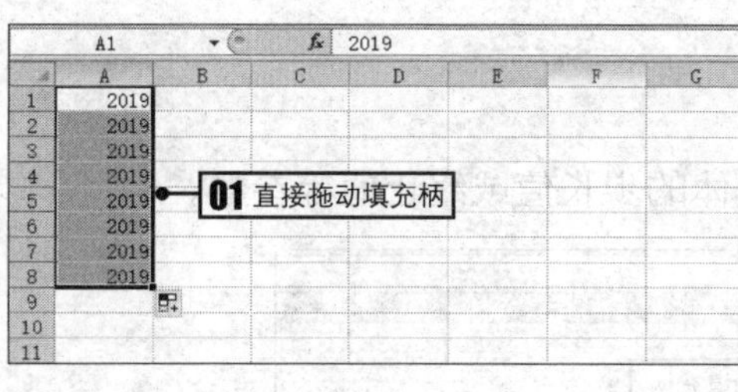

图4-10　纯数字填充

◆ **字符+数字填充**。如“KLJ-001”，直接拖动填充柄将得到递增或递减的数据；若按住【Ctrl】键的同时拖动填充柄，则可得到相同的数据。这种方式下填充的结果与纯数字填充的结果刚好相反，如图4-11所示。

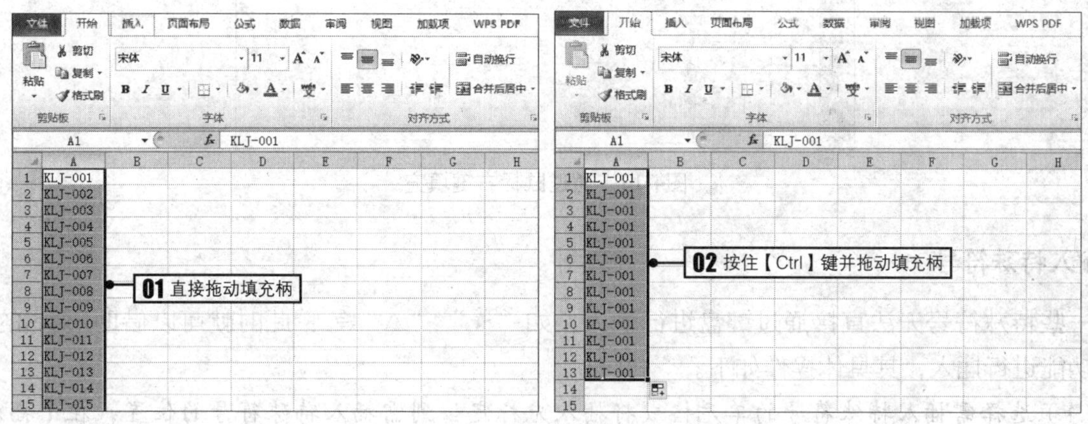

图4-11　字符+数字填充

c. 双击填充柄填充

通过填充操作除了能填充数据、字符以外，还能填充公式和函数。特别对于公式而言，如果需要填充的公式存在于结构完整的单元格区域中，那么除了拖动填充柄填充外，还可直接双击填充柄快速填充，如图4-12所示。

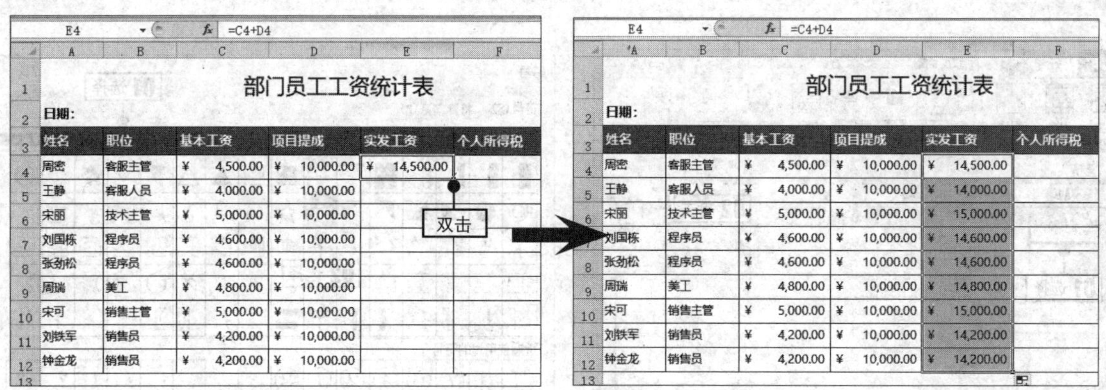

图4-12　双击填充柄填充

d. 通过鼠标右键填充

右击，在弹出的快捷菜单中选择对应命令也可实现数据的填充，具体的操作方法为：输入起始数据并选择起始单元格，在填充柄上按住鼠标右键不放并拖动填充柄，到目标位置后释放鼠标右键，弹出快捷菜单，在其中选择相应的命令，即可填充不同的数据序列，如图4-13所示。快捷菜单中各常用命令的作用如下。

◆ **复制单元格**。复制起始单元格中的数据。

◆ **填充序列**。填充递增序列。

◆ **序列**。打开“序列”对话框，从中可设置具体的步长值或终止值等参数。

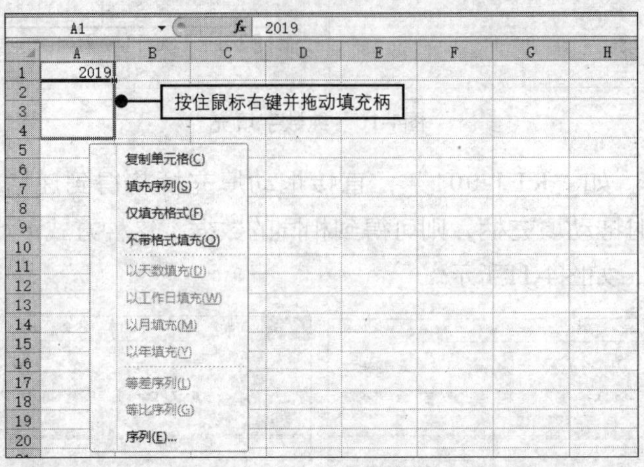

图4-13　通过鼠标右键填充

4. 输入特殊符号

一些特殊符号无法直接通过键盘进行输入，如“★”“△”等，此时就可以借助Excel的“符号”功能进行插入，其具体操作如下。

（1）选择需插入特殊符号的单元格或将插入光标定位到需插入特殊符号的位置，在【插入】/【符号】组中单击“符号”按钮Ω。这里选择A1单元格，然后单击“符号”按钮Ω，如图4-14所示。

（2）打开“符号”对话框的“符号”选项卡，在“字体”下拉列表框中可选择符号的字体格式，在“子集”下拉列表框中可选择符号类型，在下方的列表框中即可选择该子集下的某一个特殊符号。这里选择“其他符号”子集下的黑色五角星符号对应的选项，单击 插入(I) 按钮，如图4-15所示。

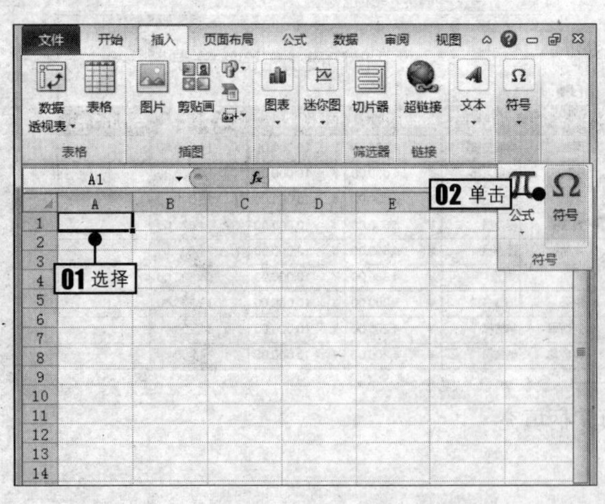

图4-14　插入符号

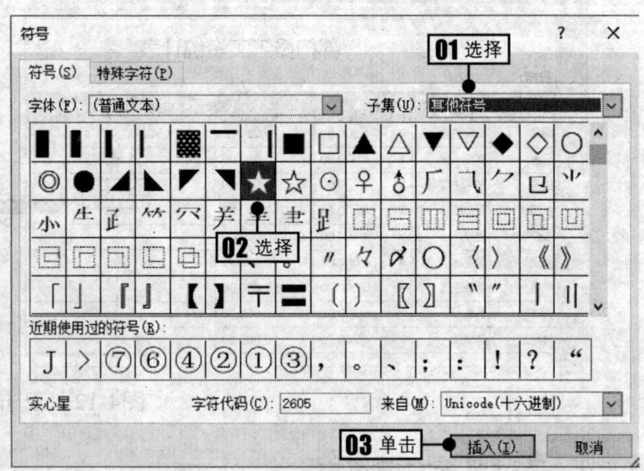

图4-15　选择特殊符号

（3）此时“符号”对话框仍呈打开状态，以方便用户继续选择其他的特殊符号进行插入。如果不再需要插入符号，可单击 关闭 按钮手动关闭对话框，如图4-16所示。

（4）按【Enter】键即可完成特殊符号的插入操作，效果如图4-17所示。

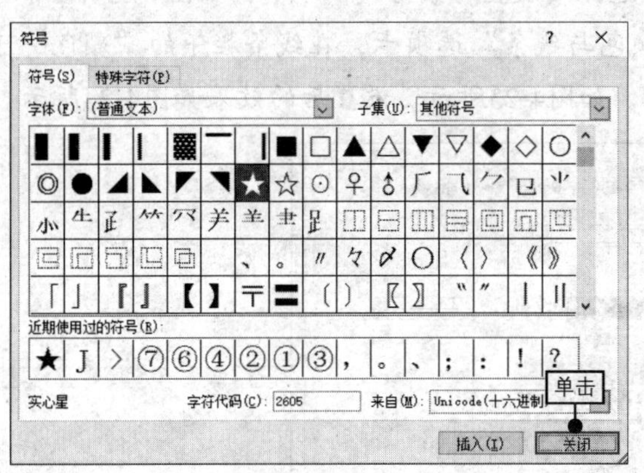

图4-16 关闭“符号”对话框

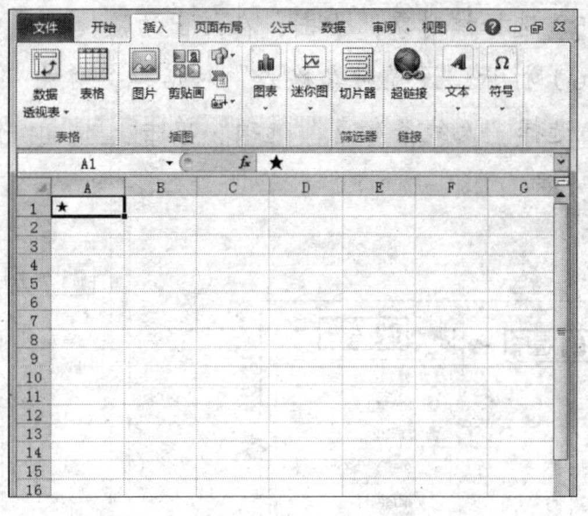

图4-17 完成插入

5. 输入分数

在Excel中，输入分数需要一定的技巧。一般来说，输入分数的规则为“整数+空格+数字”，如输入“2（空格）4/5”时，即可得到“2 4/5”。当输入的是真分数时，整数部分则可输入“0”来代替。按照此方法输入的分数可以直接运算。

但有时为了满足排版要求，可能需要使用更高级的操作技巧，其具体操作如下。

（1）选择需要输入分数的单元格，在【插入】/【文本】组中单击“对象”按钮。

（2）打开“对象”对话框的“新建”选项卡，在“对象类型”列表框中选择“Microsoft 公式3.0”选项，单击确定按钮，如图4-18所示。

（3）打开“公式”工具栏，选择需要的公式样式，如图4-19所示。

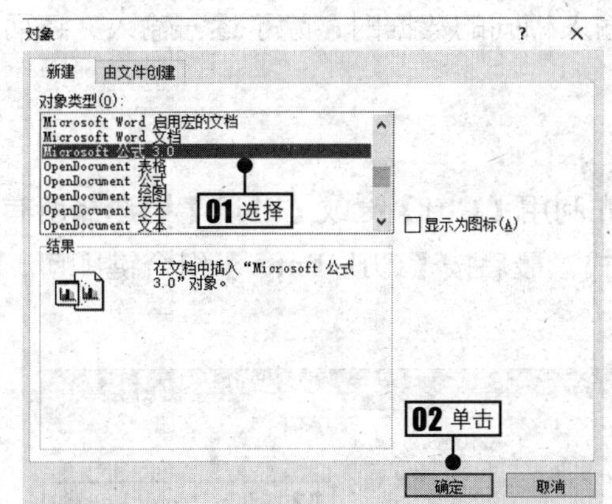

图4-18 选择“Microsoft 公式3.0”选项

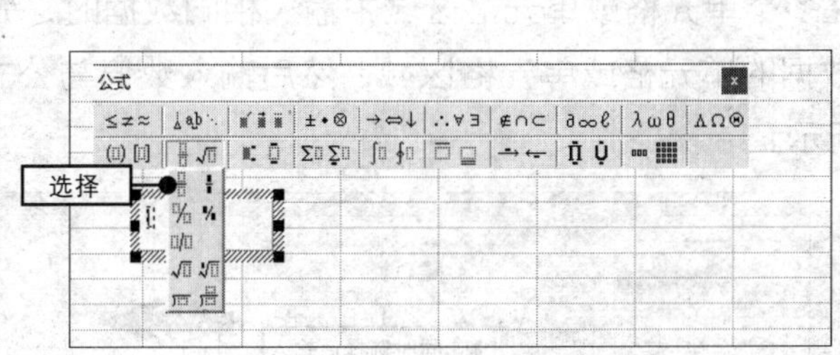

图4-19 选择需要的公式样式

（4）此时可以看到光标定位于分子位置，表明已进入公式输入状态，输入分子的数字后按【Tab】键将光标切换到分母位置，输入分母数字后单击对象边框外的空白单元格即可完成分数输入，如图4-20所示。完成输入后的效果如图4-21所示。

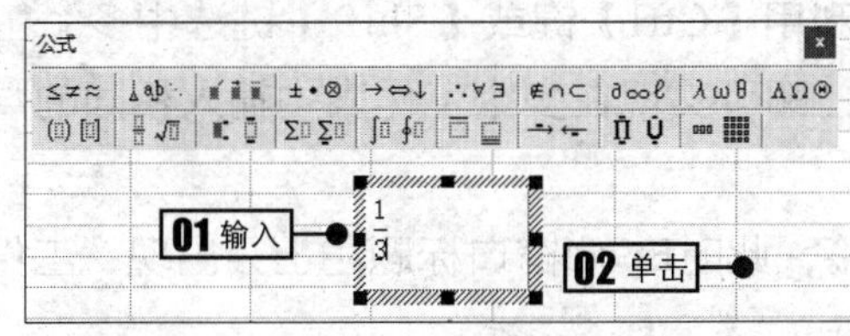

图4-20 输入分数

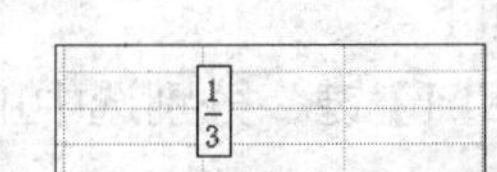

图4-21 完成输入后的效果

（5）选择该对象，右击，在弹出的快捷菜单中选择“设置对象格式”命令，如图4-22所示。

（6）打开“设置对象格式”对话框，单击“颜色与线条”选项卡，在线条栏下的“颜色”下拉列表框中选择“无线条颜色”选项，单击确定按钮，如图4-23所示。设置后的效果如图4-24所示。

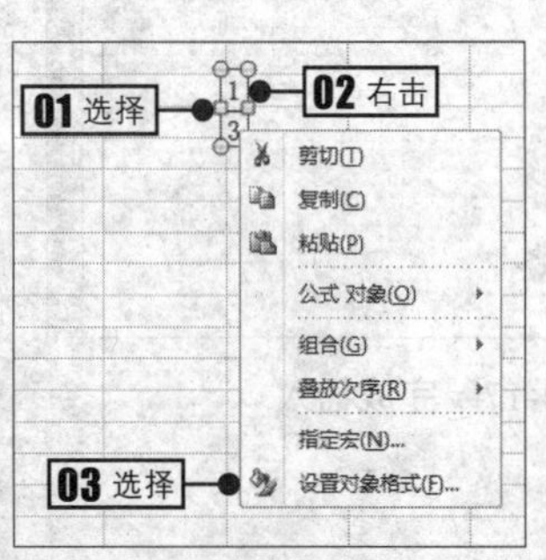

图4-22 选择“设置对象格式”命令

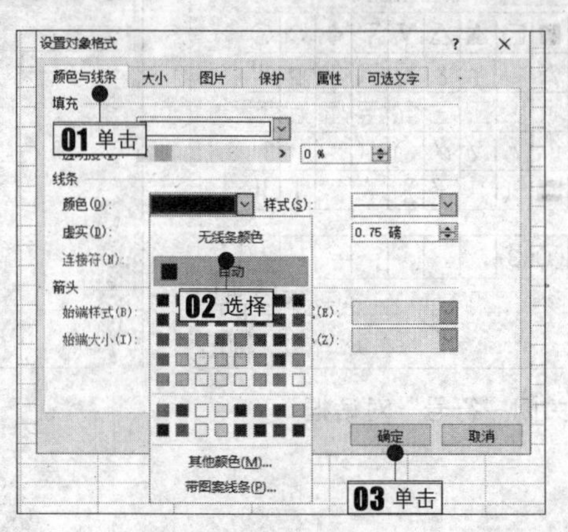

图4-23 选择“无线条颜色”选项

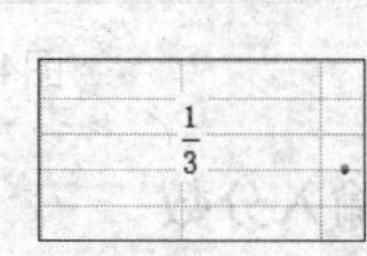

图4-24 设置后的效果

【例题·单选题】在Excel中若要输入分数“5/7”，则首先应该输入的数据是（　　）。

A. 空格　　B. 0　　C. 5　　D. '

【解析】在Excel中输入分数的规则为“整数+空格+数字”，如果整数部分没有数字，则应输入“0”。

【答案】B

6. 同时输入相同的数据

当需要在不连续的单元格或者不在同一工作表中输入相同的数据时，除了逐一输入，还可通过快捷操作一次性快速完成输入。

a. 在多个单元格中输入相同的数据

在多个单元格或单元格区域中输入相同数据时，先利用【Ctrl】键或【Shift】键选择所有需要输入数据的单元格或单元格区域，然后输入数值与公式，最后按【Ctrl+Enter】组合键即可，如图4-25所示。

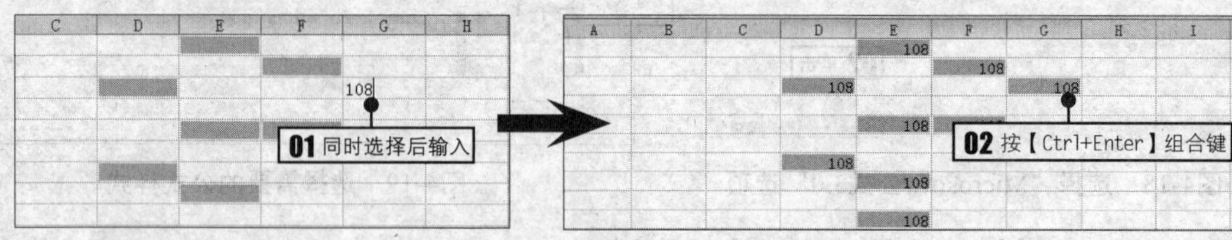

图4-25 在多个单元格中输入相同的数据

b. 在不同工作表中输入相同的数据

如果工作簿中存在多张工作表，则可先利用【Ctrl】键或【Shift】键选中多个工作表标签，然后按照在多个单元格中输入相同数据的方法，即可实现在多个工作表中输入相同的数据。选中多个工作表的方法如下。

- 按住【Ctrl】键，分别选中工作表标签，此时Excel窗口标题栏上会出现“工作组”字样，表示已选中了多个工作表。

◆ 选中第一个工作表标签，按住【Shift】键的同时选中另一个工作表标签，此时将选中两个工作表及其中间的所有工作表。

◆ 在任意一个工作表标签上右击，在弹出的快捷菜单中选择“选定全部工作表”命令，可选中工作簿中的所有工作表。

知识拓展

完成在多个工作表中输入数据后，有两种方法可以取消工作组状态：一种方法是单击未选中的工作表标签；另一种方法是在所有工作表都已选中的情况下，在任意工作表标签上右击，在弹出的快捷菜单中选择“取消组合工作表”命令。

7. 利用记录单输入数据

记录单适用于结构清晰的数据清单，利用其可以更方便、更准确地添加、修改、查询和删除表格记录。数据清单的格式如图4-26所示，它的特点有3个：一是含有数据的单元格区域必须是连续的，二是不允许出现空行或空列，三是以列为字段、以行为数据记录。图4-26中的“产品名称”“进货单价”等就是字段，而每一行的信息就是一个数据记录。

采购单编号	产品名称	单位	进货数量	进货单价	进货金额	验收日期
CZ-001	饮水机	台	2	¥ 399.00	¥ 798.00	2019/6/6
CZ-002	纯净水	桶	4	¥ 15.00	¥ 60.00	2019/6/6
CZ-003	文件夹	个	200	¥ 2.00	¥ 400.00	2019/6/11
CZ-004	档案袋	个	100	¥ 1.00	¥ 100.00	2019/6/11
CZ-005	计算器	个	30	¥ 15.00	¥ 450.00	2019/6/16
CZ-006	打印机	台	1	¥ 980.00	¥ 980.00	2019/6/16
CZ-007	电脑	台	2	¥ 4,999.00	¥ 9,998.00	2019/6/16
CZ-008	工作服	套	20	¥ 120.00	¥ 2,400.00	2019/6/16
CZ-009	棉手套	双	60	¥ 1.00	¥ 60.00	2019/6/16
CZ-010	网卡	个	5	¥ 32.00	¥ 160.00	2019/6/20
CZ-013	传真纸	件	2	¥ 84.00	¥ 168.00	2019/6/20
CZ-012	纯净水	桶	4	¥ 15.00	¥ 60.00	2019/6/20
CZ-011	传真机	台	[illegible]	[illegible]080.00	¥ 2,160.00	2019/6/20
CZ-014	纯净水	桶	4	¥ 15.00	¥ 60.00	2019/6/25
CZ-015	扫描仪	台	1	¥ 1,800.00	¥ 1,800.00	2019/6/26
CZ-016	空调	台	2	¥ 3,999.00	¥ 7,998.00	2019/6/26
CZ-017	中性笔	盒	10	¥ 18.00	¥ 180.00	2019/6/26
CZ-018	笔记本电脑	台	5	¥ 5,699.00	¥ 28,495.00	2019/6/30

字段

数据记录

图4-26 数据清单的格式

系统默认情况下，需要先将“记录单”按钮添加到快速访问工具栏中才能使用该功能，其具体操作如下。

（1）在Excel中单击“文件”选项卡，选择左侧的“选项”选项，打开“Excel选项”对话框。

（2）选择左侧的“快速访问工具栏”选项，在“从下列位置选择命令”下拉列表框中选择“不在功能区中的命令”选项，在下方的列表框中选择“记录单”选项，单击添加(A) >>按钮，将其添加到右侧的列表框中，完成后单击确定按钮，如图4-27所示。

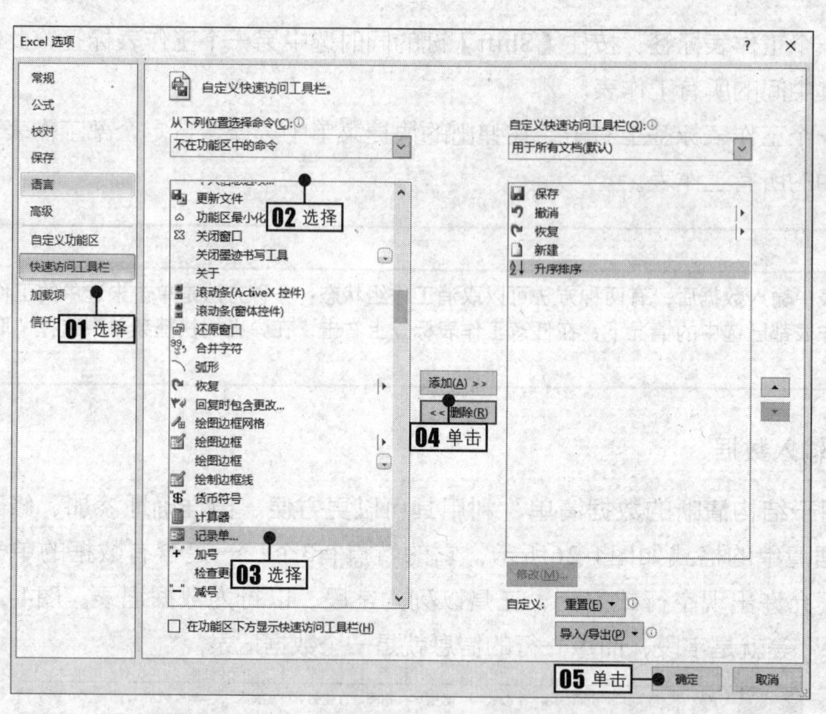

图4-27　将“记录单”按钮添加到快速访问工具栏

知识拓展

在进行快速访问工具栏自定义时，可以设置该自定义应用于当前文档或所有文档，图4-28所示为应用于当前文档。除了通过“Excel选项”对话框对快速访问工具栏进行自定义外，对于一些常用功能，还可以单击快速访问工具栏右侧的下拉按钮，在弹出的下拉列表框中选择对应的选项进行添加，如图4-29所示。

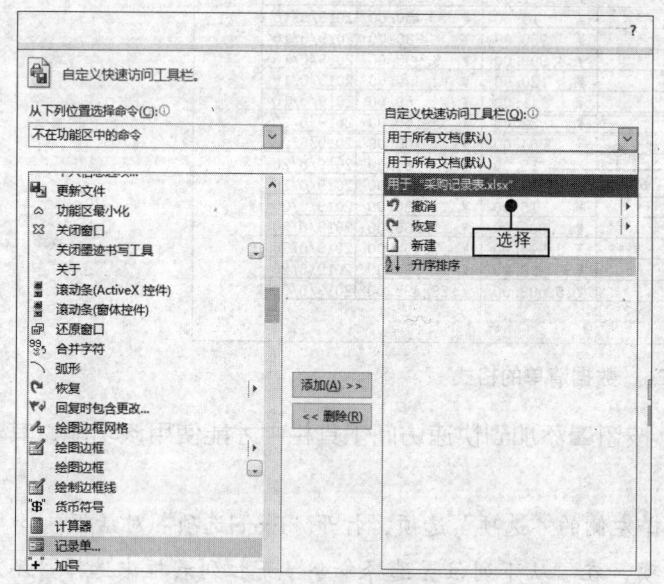

图4-28　应用于当前文档

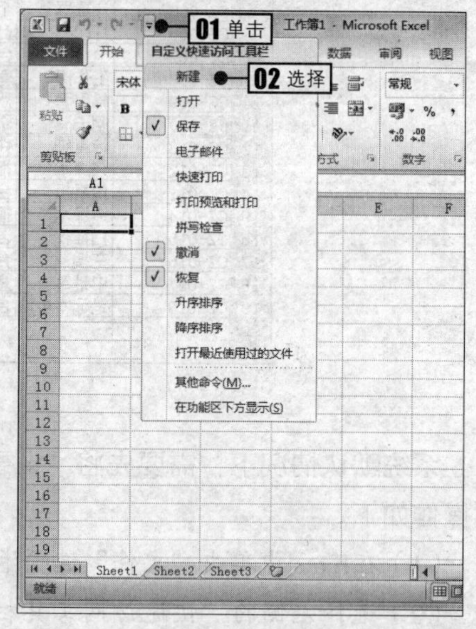

图4-29　单击快速访问工具栏右侧的下拉按钮

（3）将“记录单”按钮添加到快速访问工具栏之后，便可在数据清单中使用它来输入数据。选择数据清单中的任意一个单元格，然后单击快速访问工具栏中的“记录单”按钮，打开“Sheet1”对话框，单击 新建(W) 按钮，依次输入数据，最后单击 关闭(L) 按钮，如图4-30所示。

图4-30　使用记录单输入数据

4.1.2　数据的编辑与保存

当输入的数据有误或需要重新添加新的内容时，可以及时对数据进行修改。数据输入完毕后，可以通过保存工作簿来保存已输入数据。

1. 修改数据

常见的修改数据的方法有以下几种。

- **修改所有数据**。当需要修改单元格中的所有数据时，可以选择该单元格，然后输入新的数据，按【Enter】键或【Ctrl+Enter】组合键确认输入即可。
- **修改部分数据**。当需要修改单元格中的部分数据时，可以双击该单元格，然后拖动鼠标选择需要修改的数据，或选择单元格后，在编辑栏中拖动鼠标选择需修改的数据，然后输入新的数据，并按【Enter】键或【Ctrl+Enter】组合键确认输入即可，如图4-31所示。

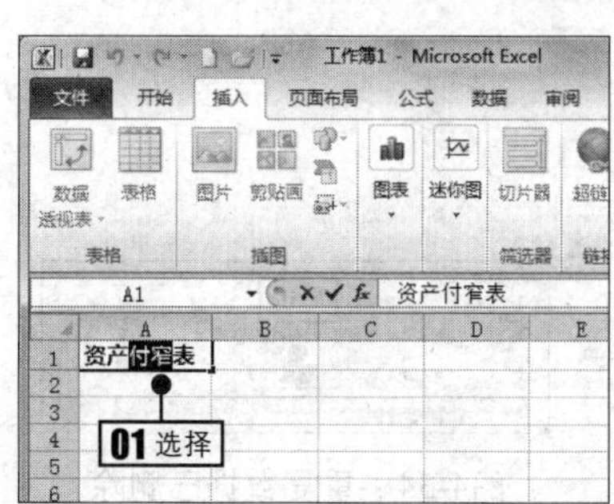

图4-31　修改部分数据

- **添加新的数据**。当需要在单元格中添加新的数据时，可以双击该单元格，然后在需要添加数据的位置通过单击定位插入光标，或选择单元格后，在编辑栏中需要添加数据的位置通过单击定位插入光标，然后输入新的数据，并按【Enter】键或【Ctrl+Enter】组合键确认输入即可，如图4-32所示。

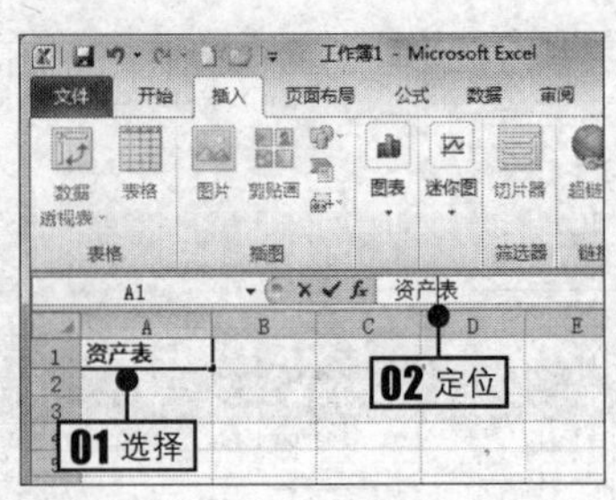

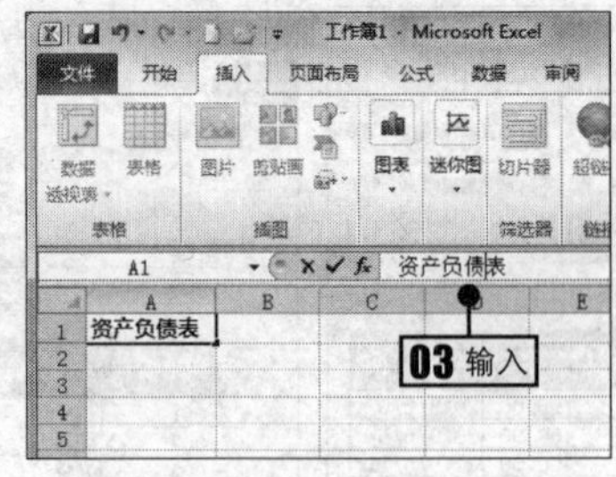

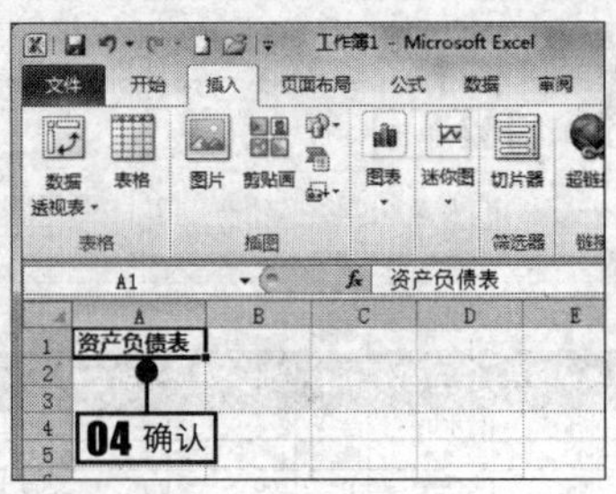

图4-32　添加新的数据

2. 删除数据

◆ 如果需要删除整个单元格中的数据，则可选择该单元格或单元格区域，按【Delete】键或【BackSpace】键。

◆ 如果只删除单元格中的部分数据，则可双击该单元格，然后拖动鼠标选择需要删除的数据，或选择单元格后，在编辑栏中拖动鼠标选择需要删除的数据，按【Delete】键或【BackSpace】键即可。

◆ 如果需要删除工作表中的重复数据，则可选择包含重复值的单元格区域，在“数据”选项卡的“数据工具”组中单击“删除重复项”按钮，打开“删除重复项”对话框，选中包含重复数据的列所对应的复选框，这里直接单击全选(A)按钮，然后单击确定按钮，如图4-33所示。打开“Microsoft Excel”对话框，在该对话框中将显示发现的重复值数量、删除的重复值数量，以及保留的唯一值数量等，单击确定按钮，如图4-34所示。

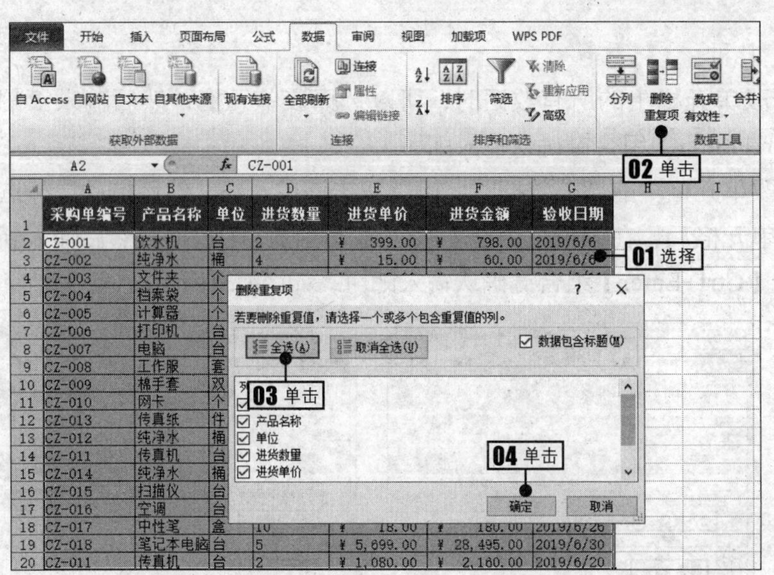

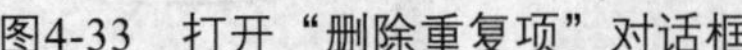
图4-33　打开“删除重复项”对话框

图4-34　重复数据已删除

【例题·单选题】如果需要删除工作表中的重复数据，则可选择包含重复数据的单元格区域，在“数据”选项卡的“数据工具”组中单击（　　）按钮。

A. 删除重复值　　　　B. 删除重复项

C. 删除重复数据　　　D. 删除重复数

【解析】如果需要删除工作表中的重复数据，则可选择包含重复数据的单元格区域，在“数据”选项卡的“数据工具”组中单击“删除重复项”按钮。

【答案】B

3. 删除文本中的空格

有时表格中的文本会出现空格，而且空格的位置和数量都不确定，使数据不整齐、不协调。若要一个一个地进行调整比较费时费力，此时，可通过查找和替换快速删除空格，提高工作效率，其方法如下。

首先在工作表中选择需要处理的列，然后在“开始”选项卡的“编辑”组中单击“查找和选择”按钮，在打开的下拉列表框中选择“替换”选项，打开“查找和替换”对话框。单击“替换”选项卡，在“查找内容”文本框中输入一个空格，在“替换为”文本框中不输入任何内容，单击全部替换(A)按钮，如图4-35所示。此时，单元格中所有空格均被删除，然后在自动打开的“Microsoft Excel”对话框中单击确定按钮完成操作，如图4-36所示。

图4-35 删除空格

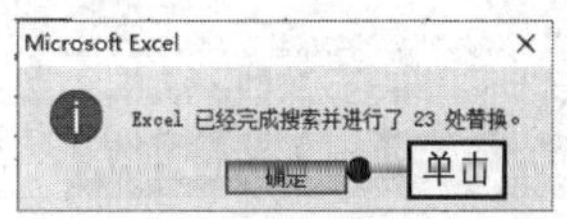

图4-36 确认替换操作

4. 使用选择性粘贴编辑数据

使用Excel编辑数据时常常会遇到粘贴数据与公式的情况，如果所需要粘贴的只是其中一部分对象，如只粘贴公式，或只粘贴数值时，一般的粘贴方法会将单元格的全部信息粘贴过去，这样就会导致数据混乱。此时，使用“选择性粘贴”功能就能更有针对性地粘贴需要的对象。

使用“选择性粘贴”功能的方法：复制需要粘贴的单元格或单元格区域，在【开始】/【剪贴板】组中单击“粘贴”按钮下方的下拉按钮，在弹出的下拉列表框中选择“选择性粘贴”选项，打开“选择性粘贴”对话框，选中需要粘贴的内容单选项，这里选中“公式”单选项，单击确定按钮即可，如图4-37所示。

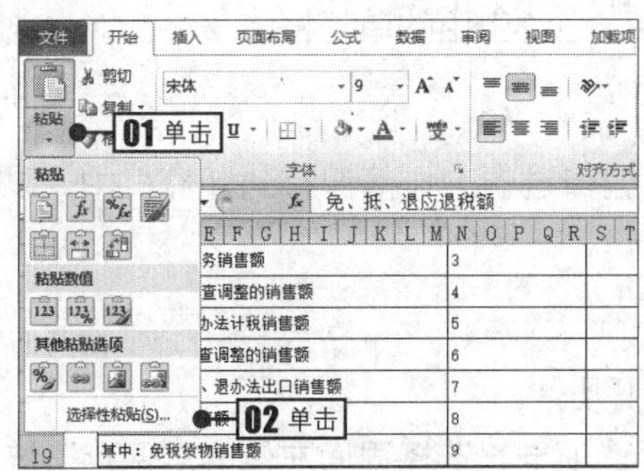

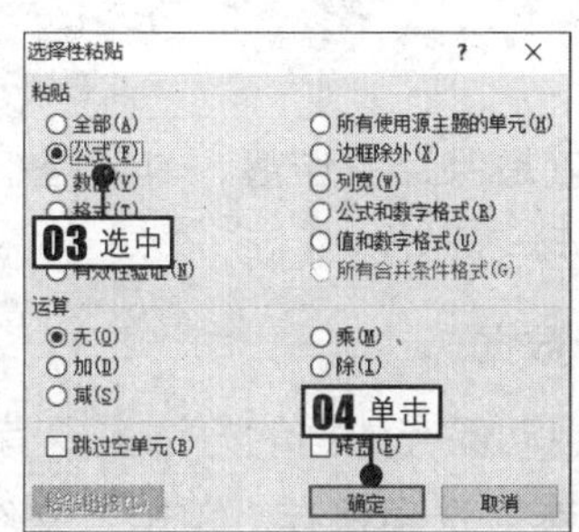

图4-37 选择性粘贴

“选择性粘贴”对话框中一些常用的选项作用如下。

◆ **公式**。需要从源单元格复制公式到指定单元格时可选中此项，即仅粘贴源单元格中的公式。需要注意的是，公式被粘贴到目标单元格后，会根据所引用的单元格类型（相对引用、绝对引用以及混合引用）而使公式内容发生变化。

◆ **数值**。需要从源单元格区域复制由相关公式计算出的数值，或要将单元格的数值粘贴到指定单元格而不需要同时应用格式时可选中此项。

◆ **格式**。当需要复制源单元格格式（含条件格式）到目标单元格时可选中此项。这种方式只能粘贴单元格的格式，不能粘贴单元格的内容。

◆ **列宽**。当需要将源单元格或单元格区域的列宽应用到目标单元格区域时可选中此项。这种方式只能复制列宽而不能粘贴内容。

◆ **跳过空单元**。如果复制的单元格区域中有空白单元格，粘贴时不希望空白单元格覆盖掉目标单元格对应的值时可选中此项。这种方式对结构相同的汇总表格之间的数据复制引用十分实用，减少了分段复制的麻烦。图4-38中的部分产品的进货数量需要更新，此时便可通过跳过空单元快速更新源数据。方法：选择“进货数量更新”栏下与进货数量对应的单元格区域并进行复制，然后选择“进货数量”栏下的进货量数据，打开“选择性粘贴”对话框，选中“跳过空单元”复选框，单击确定按钮即可完成更新，效果如图4-39所示。

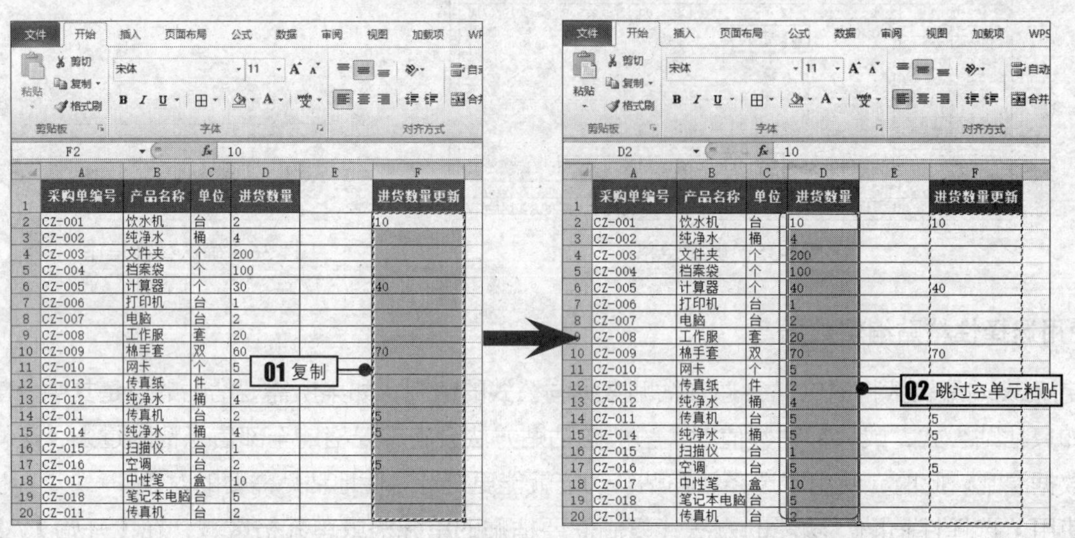

图4-38　需要更新的数据　　　　图4-39　完成后的效果

◆ **转置**。该选项会将被复制数据的列变成行，行变成列。具体而言，复制的单元格区域的顶行将在粘贴后位于指定单元格区域的最左列，而复制的单元格区域的最左列将在粘贴后位于指定单元格区域的顶行。转置功能只适用于绝对引用的单元格。

5. 保存数据

保存数据也就是保存工作簿，具体是指将编辑过的工作簿保存到计算机中，以便以后可以重新打开该工作簿并使用其中的数据。

a. 手动保存数据

一般而言，手动保存数据的方法主要有以下几种。

◆ **通过“保存”选项保存**。单击“文件”选项卡，选择界面左侧的“保存”选项。

◆ **通过工具按钮保存**。单击快速访问工具栏中的“保存”按钮。

◆ **通过快捷键保存**。按【Ctrl+S】组合键或【F12】键。

执行以上任意操作后，Excel都将打开“另存为”对话框，通过选择左侧列表框中的文件夹来确认保存位置，在“文件名”下拉列表框中输入工作簿名称，完成后单击保存(S)按钮即可，如图4-40所示。

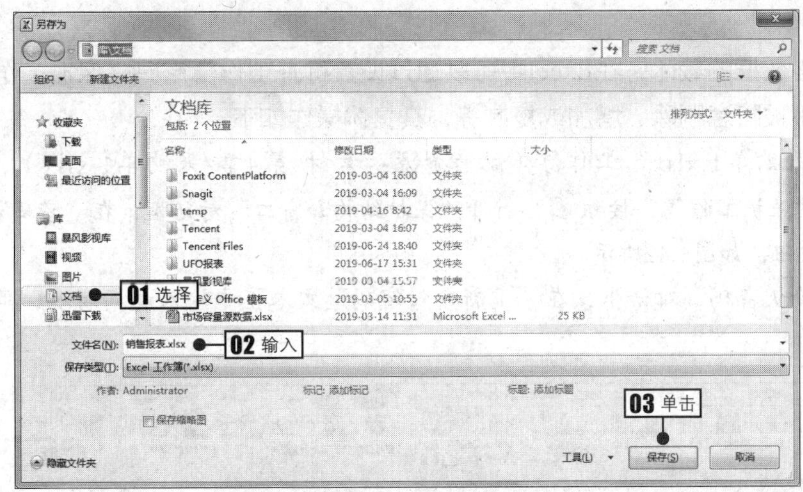

图4-40　保存工作簿

知识拓展

对于已经保存到计算机上的工作簿，在编辑后也可按上述方法进行保存，此时将不会打开“另存为”对话框，而是直接覆盖原有数据（按【F12】键则仍会打开“另存为”对话框）。

b. 设置自动保存数据

如果要执行自动保存工作簿的操作，可单击“文件”选项卡，选择左侧的“选项”选项，打开“Excel 选项”对话框，选择左侧列表框中的“保存”选项，然后在右侧选中“保存自动恢复信息时间间隔”复选框，并设置自动保存的时间，单击确定按钮即可，如图4-41所示。

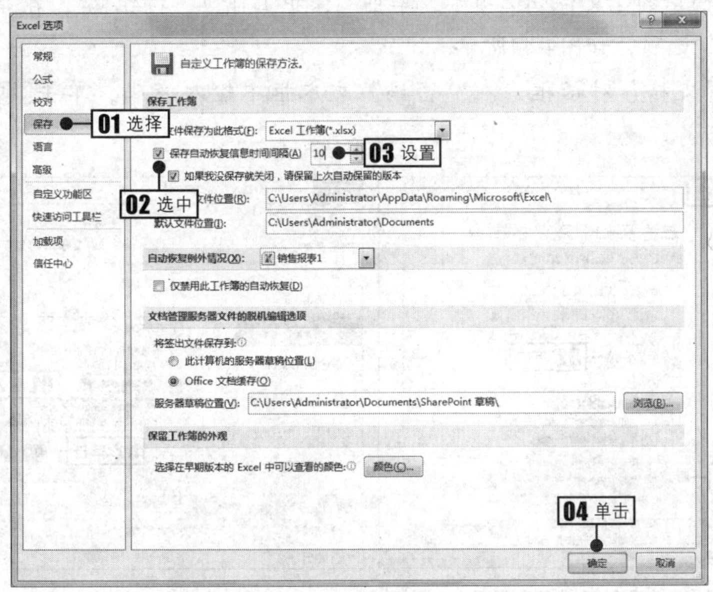

图4-41　设置自动保存工作簿的时间

4.1.3 数据的保护

为保证表格数据的使用安全，Excel提供了许多重要的保护功能，可以实现对工作簿、工作表和单元格等对象的保护。

1. 保护工作簿

工作簿是表格数据的载体，在Excel中可以通过设置打开工作簿密码来保护工作簿结构或内容，使其中的工作表不被随意删除、增加或复制等，其具体操作如下。

（1）打开“采购单1.xlsx”工作簿（配套资源：素材/第4章/采购单1.xlsx），单击【审阅】/【更改】组中的“保护工作簿”按钮，打开“保护结构和窗口”对话框，在“密码”文本框中输入密码，单击确定按钮，如图4-42所示。

（2）打开“确认密码”对话框，在“重新输入密码”文本框中输入相同密码，单击确定按钮，如图4-43所示。

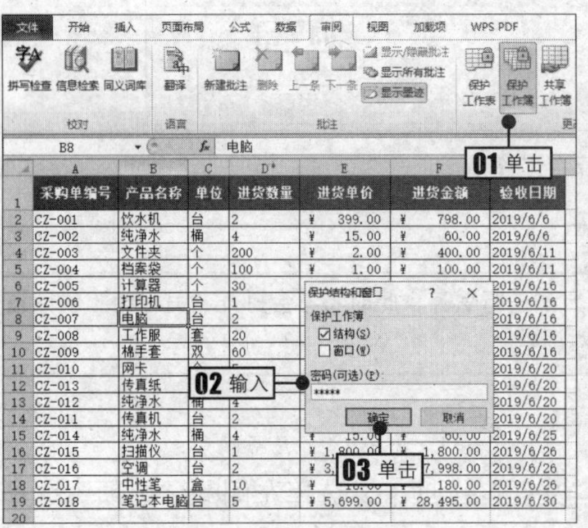

图4-42 设置工作簿的结构保护密码

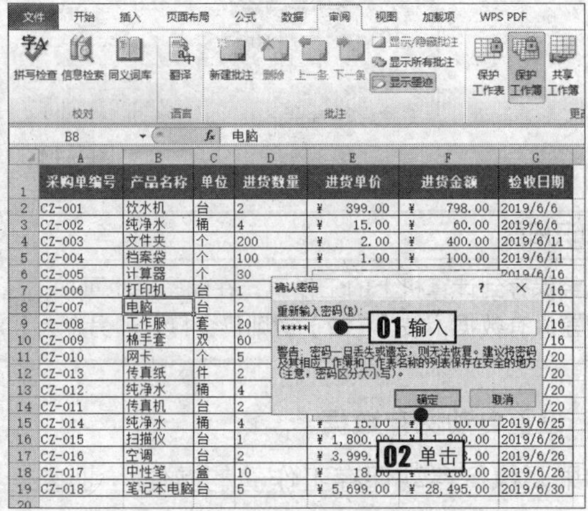

图4-43 确认密码

（3）单击操作界面中的“文件”选项卡，单击“保护工作簿”按钮，在弹出的下拉列表框中选择“用密码进行加密”选项，如图4-44所示。

（4）打开“加密文档”对话框，在“密码”文本框中输入密码，单击确定按钮，如图4-45所示。

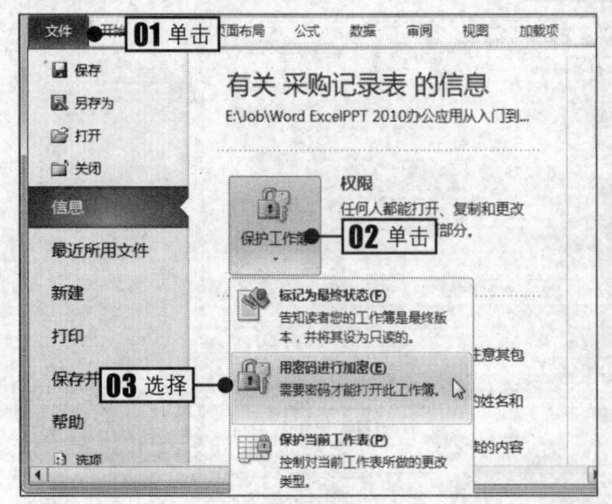

图4-44 选择“用密码进行加密”选项

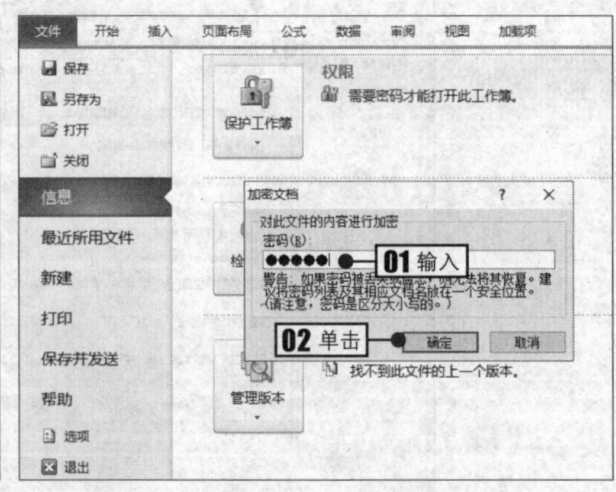

图4-45 输入密码

（5）在打开的“确认密码”对话框的“重新输入密码”文本框中输入相同密码，单击确定按钮，如图4-46所示。

（6）按【Esc】键返回操作界面，然后按【Ctrl+W】组合键关闭工作簿，并在打开的对话框中单击保存(S)按钮（配套资源：效果/第4章/采购单1.xlsx），如图4-47所示。

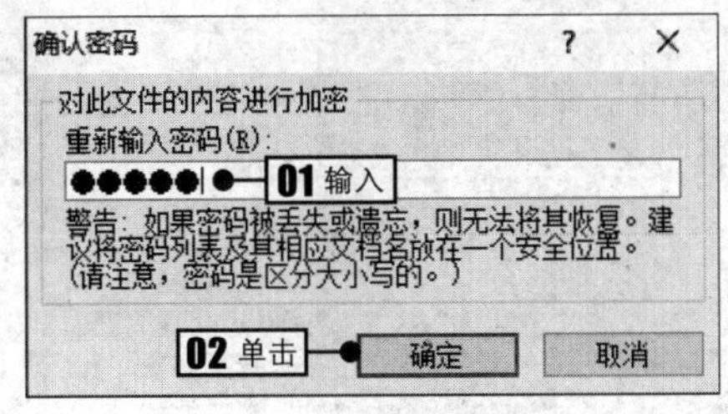

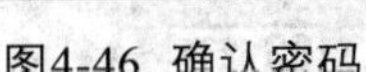

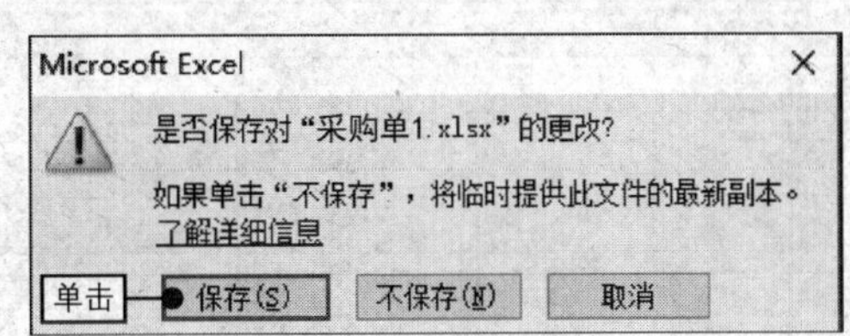

图4-46 确认密码　　　　图4-47 关闭并保存工作簿

（7）重新打开该工作簿，此时将打开“密码”对话框，在其中输入正确的密码，单击确定按钮，如图4-48所示。

（8）此时将打开该工作簿，在工作表标签上右击，可见由于进行了保护设置，其中的“插入”“删除”“重命名”等命令都无法使用了，如图4-49所示。

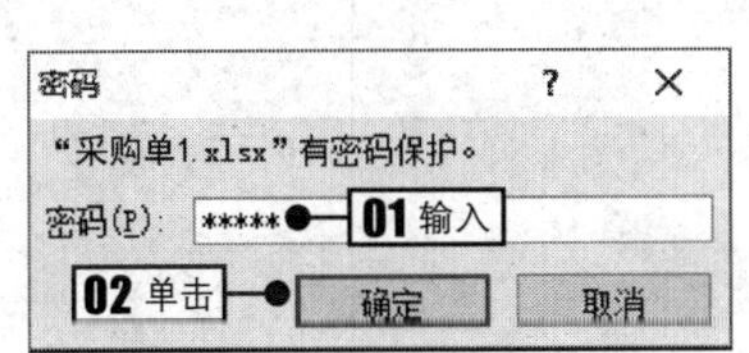

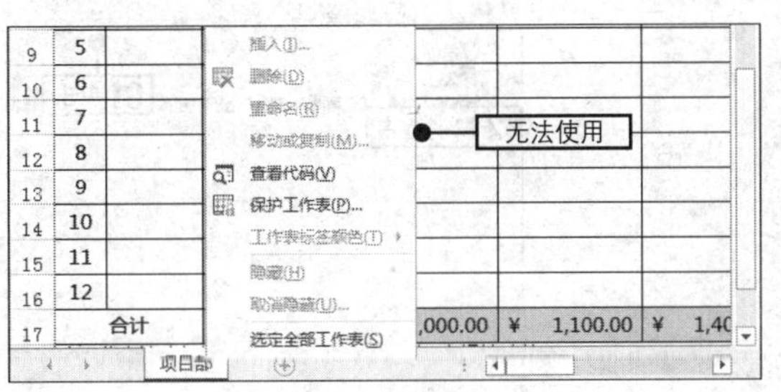

图4-48 输入密码　　　　图4-49 无法使用

知识拓展

如果要撤销对工作簿的保护操作，可单击“保护工作簿”按钮，在打开的“加密文档”对话框和“撤销工作簿保护”对话框中依次删除密码即可。

【例题·单选题】下列各项中，不属于设置工作簿保护后无法使用的命令的是（　　）。

A．插入工作表　　　　B．删除工作表

C．重命名工作表　　　　D．查看代码

【解析】设置了保护工作簿后，插入工作表、删除工作表、重命名工作表等命令都无法使用，选项D符合题意。

【答案】D

2. 保护工作表和单元格

为进一步保证表格数据的安全，可以通过保护工作表并结合锁定单元格的操作，使表格中包含数据的单元格无法被修改，最大限度地保证数据安全，其具体操作如下。

（1）打开“采购单2.xlsx”工作簿（配套资源：素材/第4章/采购单2.xlsx），单击“全选”按钮，在【开始】/【单元格】组中单击“格式”按钮，在弹出的下拉列表框中选择“设置单元格格式”选择，如图4-50所示。

图4-50　选择“设置单元格格式”选项

（2）打开“设置单元格格式”对话框，单击“保护”选项卡，取消选中“锁定”复选框，即取消工作表中所有单元格的锁定状态，然后单击确定按钮，关闭对话框，如图4-51所示。

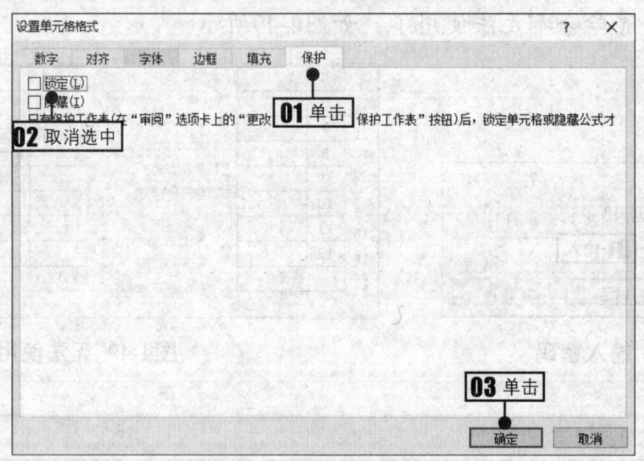

图4-51　取消锁定状态

（3）选择需要锁定的单元格区域，重新打开“设置单元格格式”对话框，选中“锁定”复选框和“隐藏”复选框，然后单击确定按钮，关闭对话框，如图4-52所示。

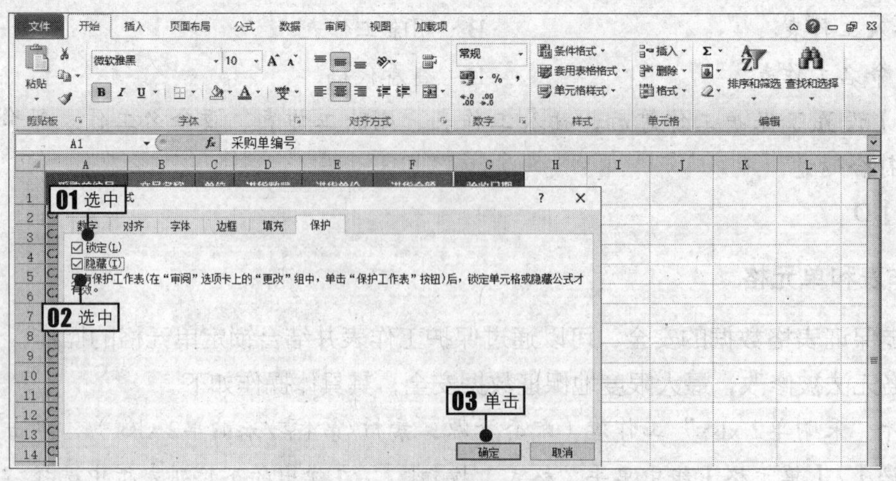

图4-52　重新锁定数据单元格

（4）单击【审阅】/【更改】组中的“保护工作表”按钮，打开“保护工作表”对话框，在“取消工作表保护时使用的密码”文本框中输入密码，在下方的列表框中仅选中“选定未锁定的单元格”复选框，单击确定按钮，打开“确认密码”对话框，在“重新输入密码”文本框中输入相同密码，单击确定按钮（配套资源：效果/第4章/采购单2.xlsx），如图4-53所示。

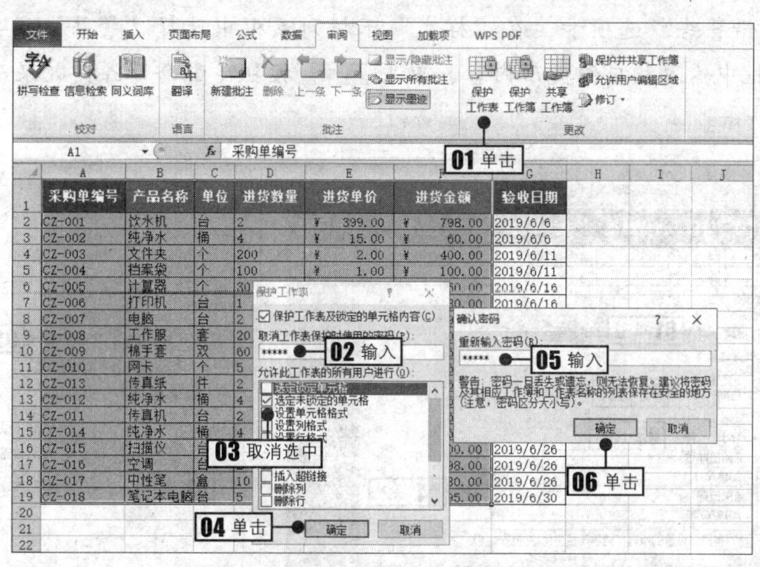

图4-53　保护工作表

（5）此时工作表中包含数据的单元格区域将无法选择，而只能选择其中没有数据的单元格。

4.1.4　数据的验证

为了进一步保证数据录入的正确性，可利用Excel的数据验证功能辅助录入操作，如录入的数据错误时及时提醒，或者直接设置数据范围，通过选择的方式进行录入操作等。这些设置可以避免手动录入数据可能产生的错误。

1. 设置数据验证的提示方式

通过数据验证的提示设置，可使在某些单元格区域中输入非允许的数据时，系统及时给出相应的出错提示，让录入者立即发现错误并重新输入，其具体操作如下。

（1）打开“采购记录表1.xlsx”工作簿（配套资源：素材/第4章/采购记录表1.xlsx），选择需进行数据验证的单元格区域，在【数据】/【数据工具】组中单击“数据有效性”按钮，在弹出的下拉列表框中选择“数据有效性”选项，如图4-54所示。

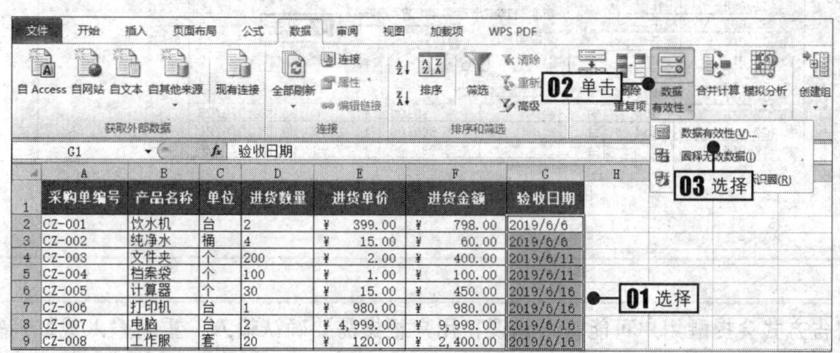

图4-54　选择“数据有效性”选项

（2）打开“数据有效性”对话框，单击“设置”选项卡，在“允许”下拉列表框中选择“日期”选项，在“数据”下拉列表框中选择“介于”选项，在“开始日期”和“结束日期”文本框中分别输入“2019/6/1”和“2019/6/30”，表示在所选的单元格区域中只能输入2019年6月的日期，如图4-55所示。

（3）单击“出错警告”选项卡，在“样式”下拉列表框中选择“警告”选项，在“标题”和“错误信息”文本框中输入相应的提示内容，单击 确定 按钮（配套资源：效果/第4章/采购记录表1.xlsx），如图4-56所示。

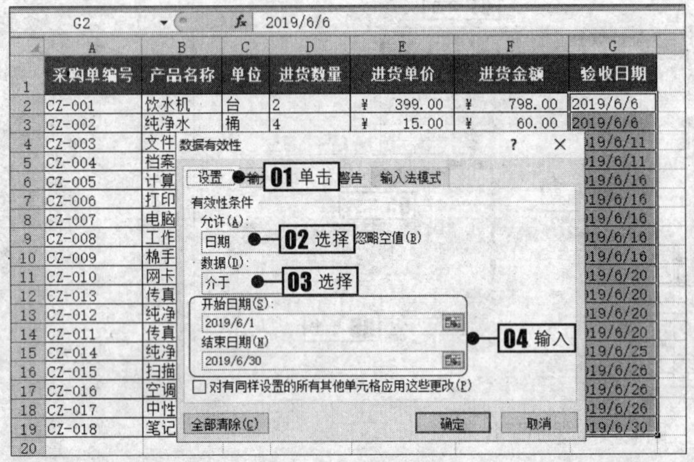

图4-55　设置数据有效性

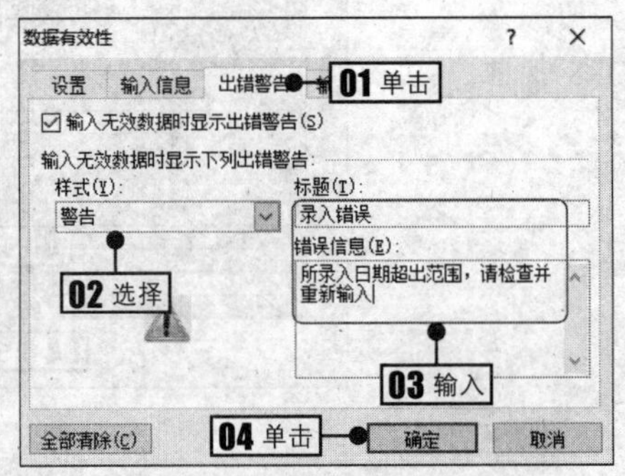

图4-56　设置出错警告

（4）关闭对话框后，在所选的单元格区域中输入非2019年6月的某个日期数据，如“2019/7/6”，按【Enter】键确认输入，此时Excel便将弹出“录入错误”对话框（对话框标题可自行设置），单击 是(Y) 按钮可确认输入，单击 否(N) 按钮可重新输入，单击 取消 按钮将取消输入操作。这里单击 否(N) 按钮，如图4-57所示。

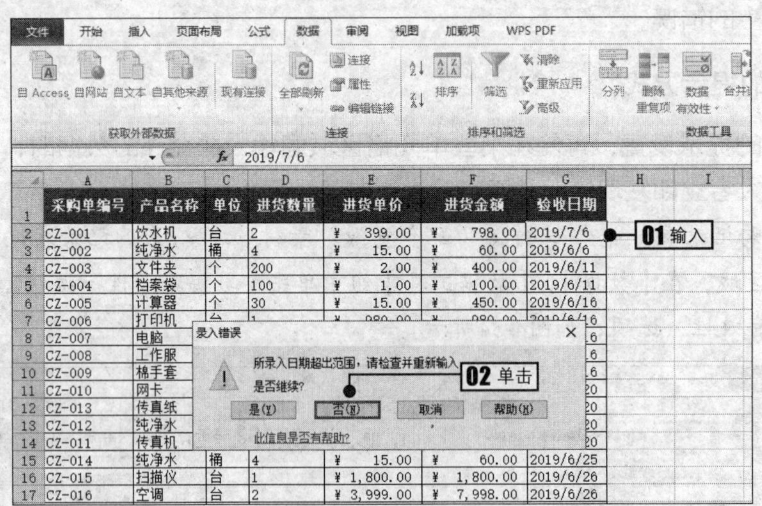

图4-57　输入错误后的提示效果

知识拓展

数据有效性中的警告方式会提醒用户可能输入错误，用户根据需要确认输入、重新输入或取消输入。除此以外，Excel还提供有其他两种出错警告方式，分别是“停止”和“信息”：前者在输入错误数据后只能重新输入，警告级别最高；后者在输入错误数据后，系统只是会执行提醒功能，用户可确认输入或取消输入，警告级别最低。

2. 通过选择的方式录入数据

当录入的数据只有固定的几种内容，如性别、产品类型、生产车间等，便可通过数据验证将其设置为选择方式，通过选择来准确录入相应数据，其具体操作如下。

（1）打开“采购记录表2.xlsx”工作簿（配套资源：素材/第4章/采购记录表2.xlsx），选择需进行数据验证的单元格区域，这里选择表格中“单位”项目下所有包含数据的单元格区域，在【数据】/【数据工具】组中单击“数据有效性”按钮，在弹出的下拉列表框中选择“数据有效性”选项，如图4-58所示。

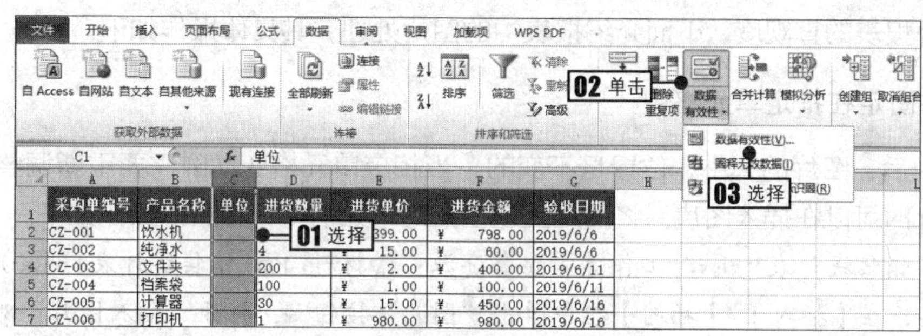

图4-58 选择“数据有效性”选项

（2）打开“数据有效性”对话框的“设置”选项卡，在“允许”下拉列表框中选择“序列”选项，在“来源”文本框中输入具体的可选数据，这里输入“台,袋,套,个,件”，逗号需在英文状态下输入，单击 确定 按钮，如图4-59所示。

（3）在输入单位时，可选择相应的单元格，单击右侧出现的下拉按钮，在弹出的下拉列表框中选择需要的选项即可（配套资源：效果/第4章/采购记录表2.xlsx），如图4-60所示。

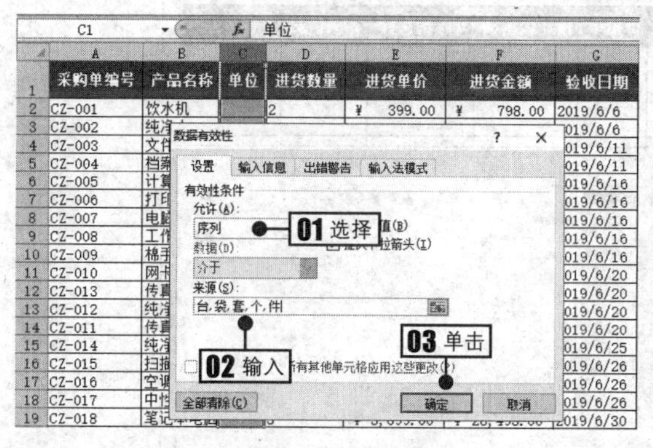

图4-59 设置数据的可选内容

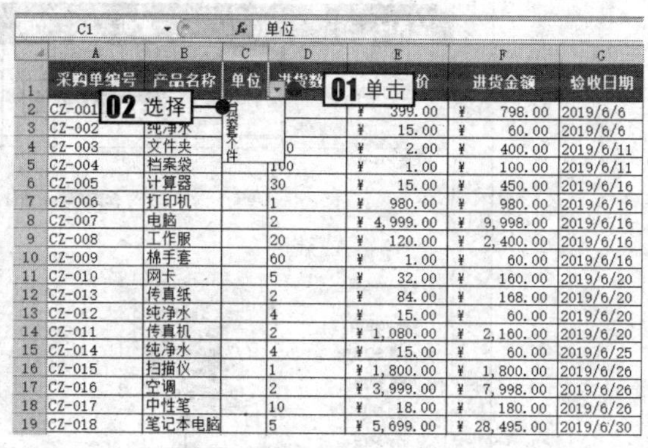

图4-60 选择需输入的内容

【例题·单选题】选择需进行数据验证的单元格区域，在【数据】/【数据工具】组中单击“数据有效性”按钮，在弹出的下拉列表框中选择（　　）选项，可以打开“数据有效性”对话框。

A. 数据验证　　B. 数据有效性

C. 数据有效性验证　　D. 数据验证工具

【解析】选择需进行数据验证的单元格区域，在【数据】/【数据工具】组中单击“数据有效性”按钮，在弹出的下拉列表框中选择“数据有效性”选项，可以打开“数据有效性”对话框。

【答案】B

4.2　利用Excel规范管理报表格式

除了管理表格数据外，Excel还可以对报表格式进行规范管理，本节主要介绍报表中的图片处理和页面设置两部分内容。

4.2.1　报表中的图片处理

在部分报表中，单纯地使用文字看起来会比较烦琐，造成报表使用者的阅读困难，此时就可以插入图片来提升报表的直观度。下面介绍报表中的图片处理，其具体操作如下。

1. 插入图片并固定在指定单元格中

在插入图片后，图片的大小和位置是不变的，当相应单元格变动时需要重新调整图片，因而增加了工作量，此时可以在插入图片后将图片固定在指定单元格中，其具体操作如下。

（1）打开“销售统计表1.xlsx”工作簿（配套资源：素材/第4章/销售统计表1.xlsx），选择需要插入图片的单元格，在【插入】/【插图】组中单击“图片”按钮，打开“插入图片”对话框，选择需要插入的图片文件（配套资源：素材/第4章/熟饼.tif），单击插入(S)按钮，如图4-61所示。

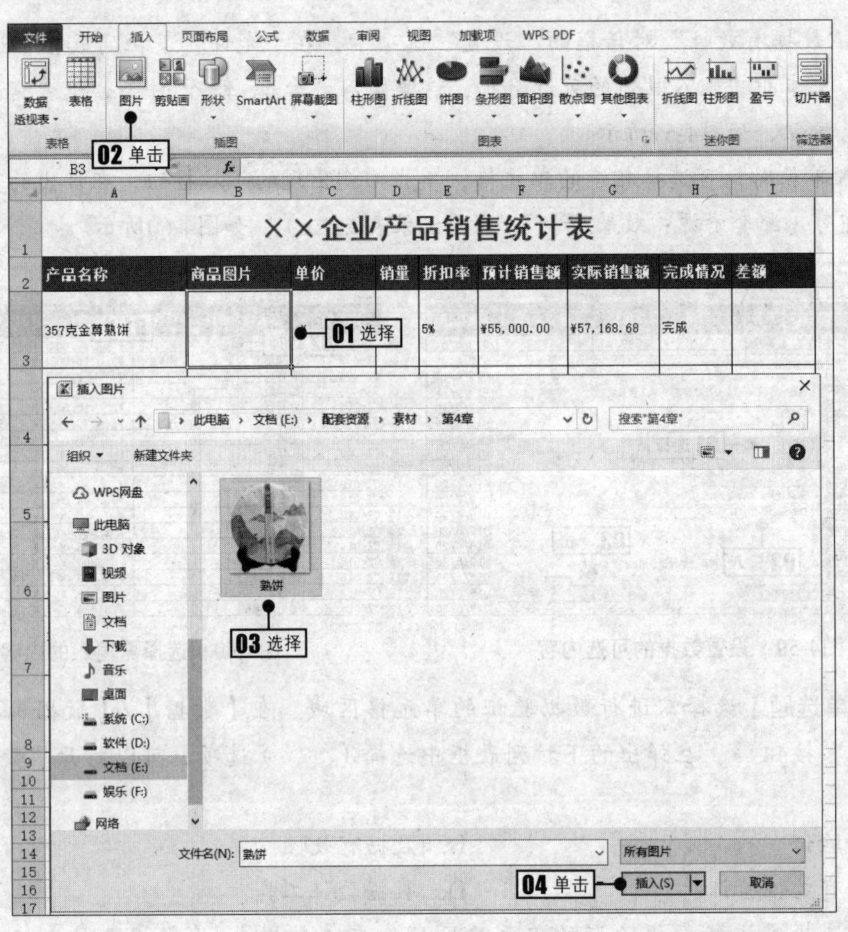

图4-61　插入图片

（2）拖动图片右下角，调整图片大小，使图片适应单元格并处于单元格中间位置，如图4-62所示。

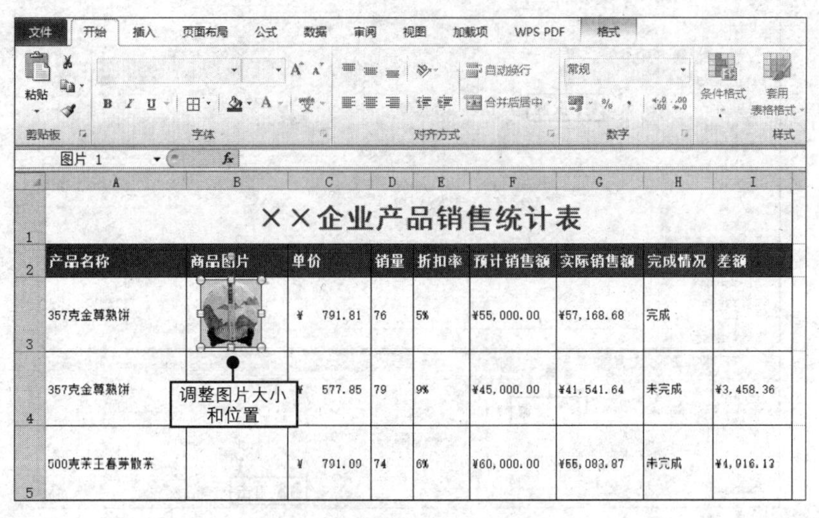

图4-62　调整图片大小和位置

（3）选择图片，右击，在弹出的快捷菜单中选择“设置图片格式”命令，打开“设置图片格式”对话框，单击“属性”选项，选中“大小和位置随单元格而变”单选项，单击 关闭 按钮（配套资源：效果/第4章/销售统计表1.xlsx），如图4-63所示。设置好之后不论是添加行、列还是删除行、列，图片都会随单元格的变化而变化，也就是将图片固定到了指定的单元格中。

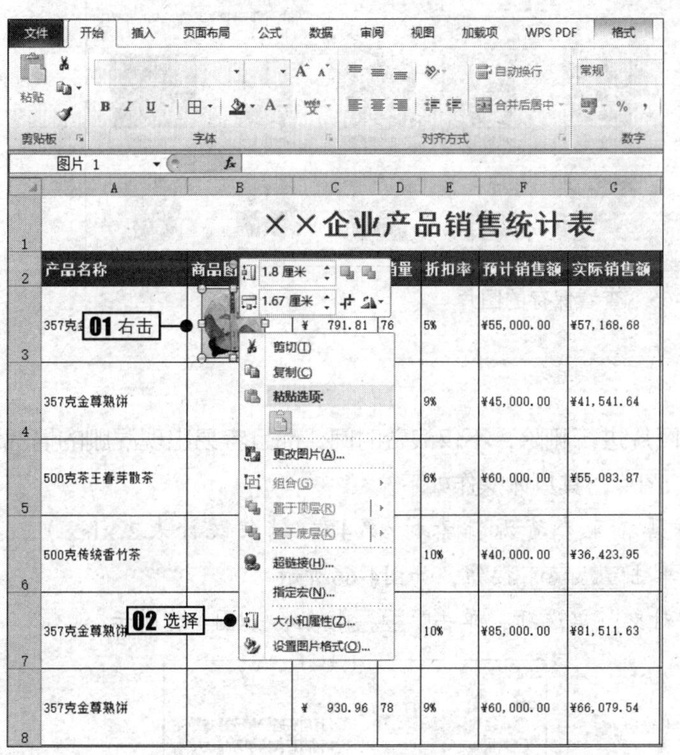

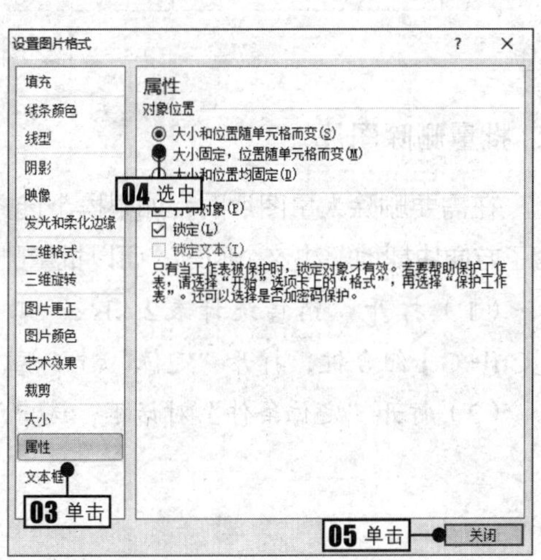

图4-63　将图片固定到指定的单元格中

知识拓展

有时Excel中有很多图片，如果要将图片全部提取出来需要花费大量时间，采用以下方法可以进行快捷操作。按【F12】键打开“另存为”对话框，设置文件保存路径，设置保存类型为“网页”，单击 保存(S) 按钮，如图4-64所示。在打开的对话框中单击 是(Y) 按钮，然后在指定的文件保存路径中即可查看保存的图片，如图4-65所示。

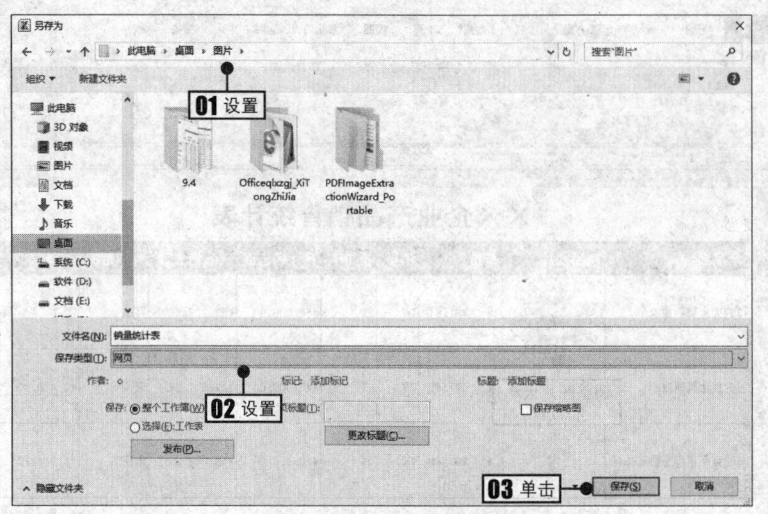

图4-64　另存为网页

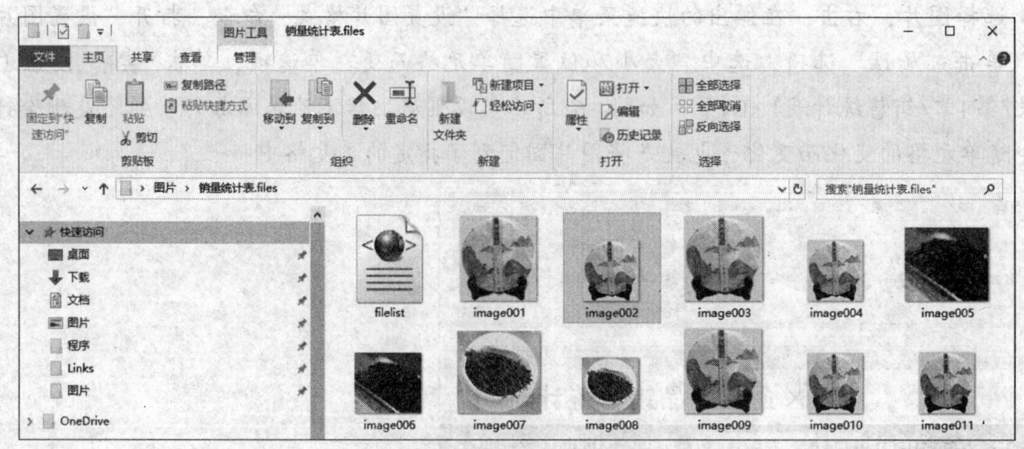

图4-65　查看保存的图片

2. 批量删除图片

在需要删除大量图片时，如果挨个选择图片进行删除，不仅浪费时间，而且容易出现漏删的情况。为了方便快捷地解决这个问题，可以批量删除图片，其具体操作如下。

（1）打开“销售统计表2.xlsx”工作簿（配套资源：素材/第4章/销售统计表2.xlsx），按【Ctrl+G】组合键，打开“定位”对话框，单击定位条件(S)...按钮，如图4-66所示。

（2）打开“定位条件”对话框，选中“对象”单选项，单击确定按钮，如图4-67所示。

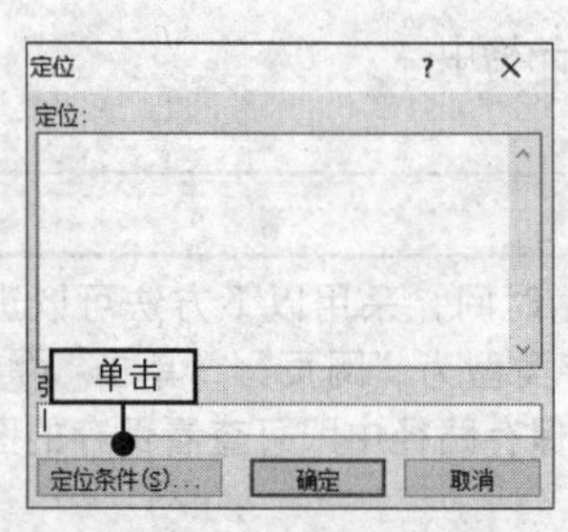

图4-66　单击“定位条件”按钮

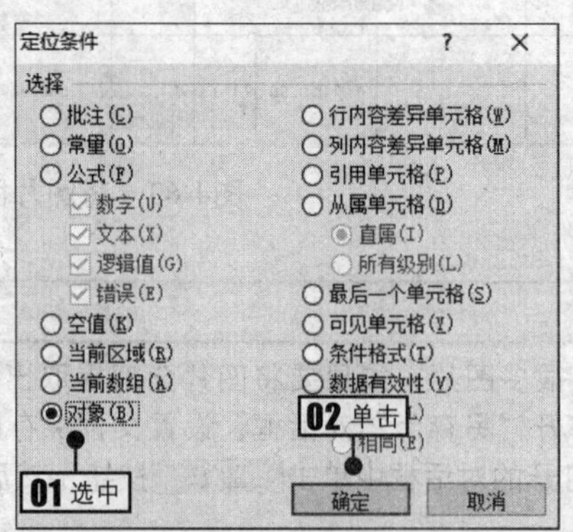

图4-67　选中“对象”单选项

（3）此时可以看到报表中的所有图片都已被选择，如图4-68所示。此时按【Delete】键即可批量删除图片。

××企业产品销售统计表

产品名称	商品图片	单价	销量	折扣率	预计销售额	实际销售额	完成情况	差额
357克金尊熟饼		¥ 791.81	76	5%	¥55,000.00	¥57,168.68	完成	
357克金尊熟饼		¥ 577.85	79	9%	¥45,000.00	¥41,541.64	未完成	¥3,458.36
500克茶王春芽散茶		¥ 791.89	74	6%	¥60,000.00	¥55,083.87	未完成	¥4,916.13
500克传统香竹茶		¥ 663.46	61	10%	¥40,000.00	¥36,423.95	未完成	¥3,576.05
357克金尊熟饼		¥ 984.44	92	10%	¥85,000.00	¥81,511.63	未完成	¥3,488.37
357克金尊熟饼		¥ 930.96	78	9%	¥60,000.00	¥66,079.54	完成	

图4-68　选择所有图片

3. 插入背景图片

为了美化报表，常常插入与报表内容相关的背景图片做衬托，使报表显得更美观，其操作方法如下。打开“销售统计表3.xlsx”工作簿（配套资源：素材/第4章/销售统计表3.xlsx），在【页面布局】/【页面设置】组中单击“背景”按钮，打开“工作表背景”对话框，选择需要插入的背景图片（配套资源：素材/第4章/背景图片2.jpeg），单击插入(S)按钮，如图4-69所示。完成后的效果如图4-70所示（配套资源：效果/第4章/销售统计表3.xlsx）。

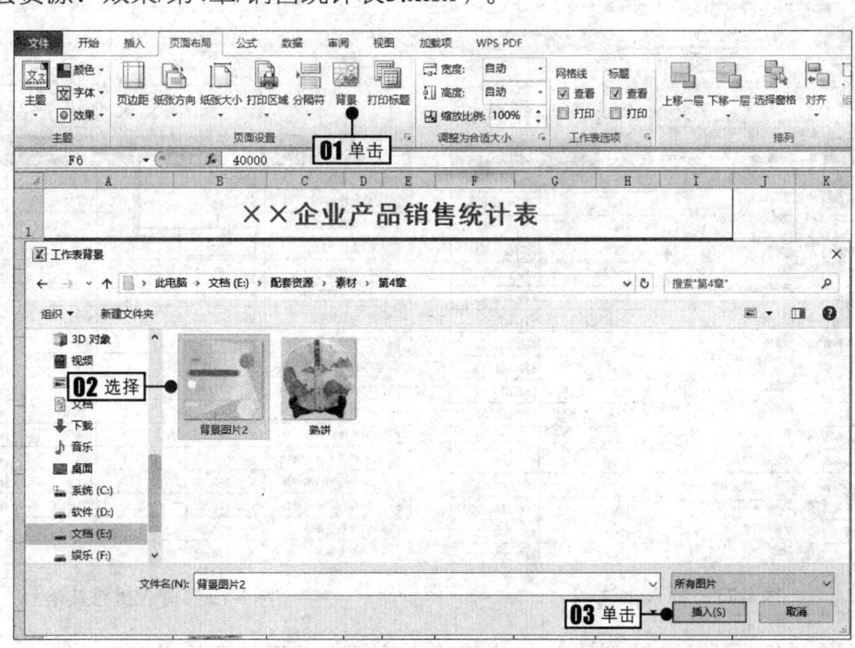

图4-69　插入背景图片

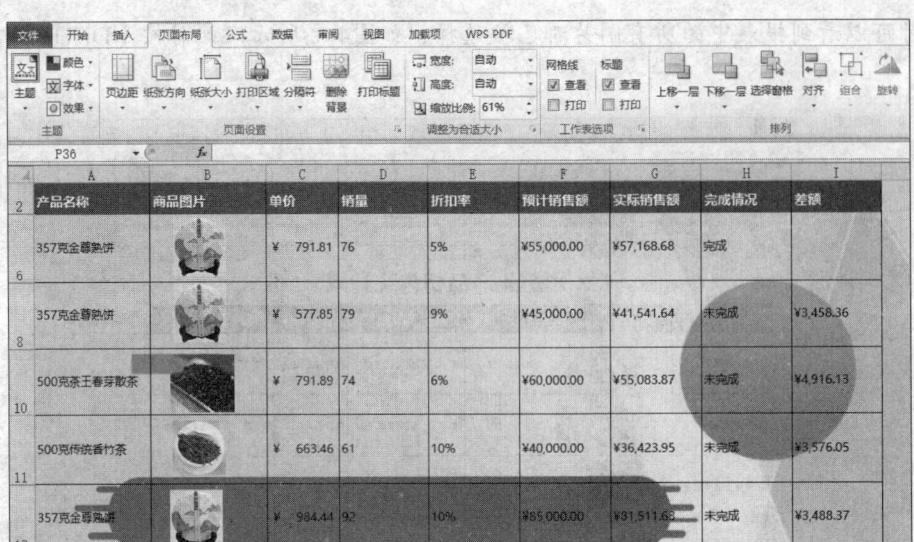

图4-70　完成后的效果

4. 在批注中插入图片

在Excel中，批注可以对单元格进行注释，帮助报表使用者理解单元格中的数据。在批注中插入图片可以使数据更直观，同时又不直接显示在报表中，适合一些较为正式的报表。下面介绍在批注中插入图片的方法，其具体操作如下。

（1）打开"销售统计表4.xlsx"工作簿（配套资源：素材/第4章/销售统计表4.xlsx），为某单元格添加批注，这里选择A3单元格，右击，在弹出的快捷菜单中选择"插入批注"命令，如图4-71所示。在出现的批注框中输入批注内容，如图4-72所示。

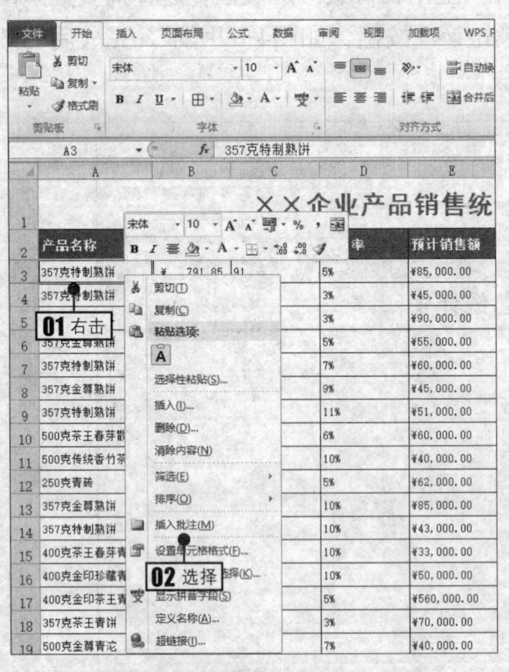

图4-71　插入批注

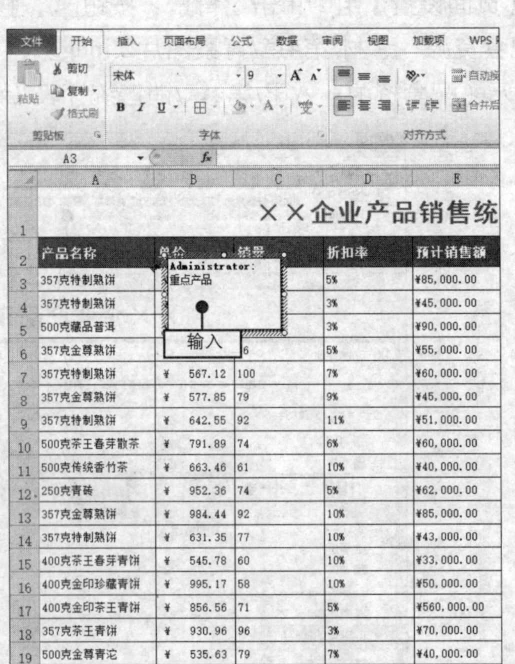

图4-72　输入批注内容

（2）在批注框框线上右击，在弹出的快捷菜单中选择"设置批注格式"命令，打开"设置批注格式"对话框，选择"颜色与线条"选项卡，在"颜色"下拉列表框中选择"填充效果"选项，如图4-73所示。

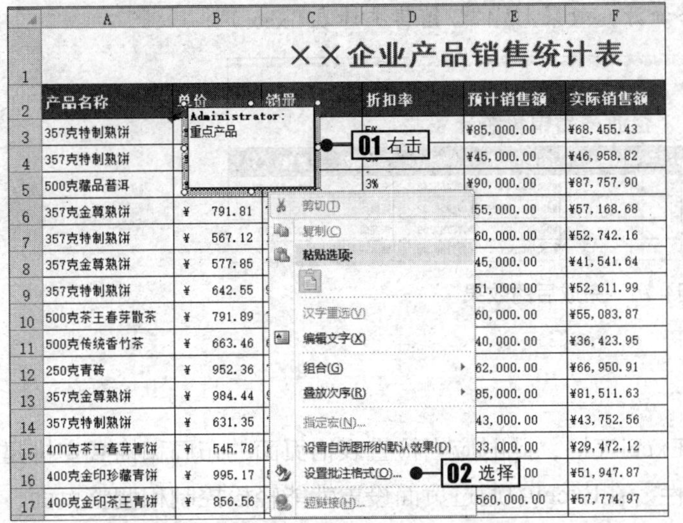

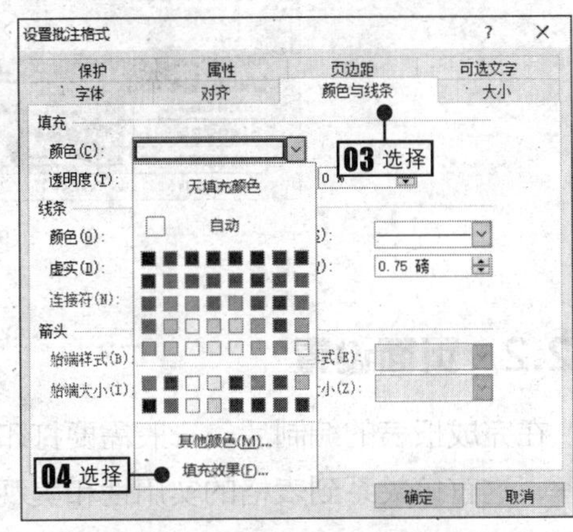

图4-73　设置批注格式

（3）打开“填充效果”对话框，选择“图片”选项卡，单击 选择图片(L)... 按钮，打开“选择图片”对话框，选择需要插入的图片文件（配套资源：素材/第4章/熟饼.tif），单击 插入(S) 按钮，如图4-74所示。

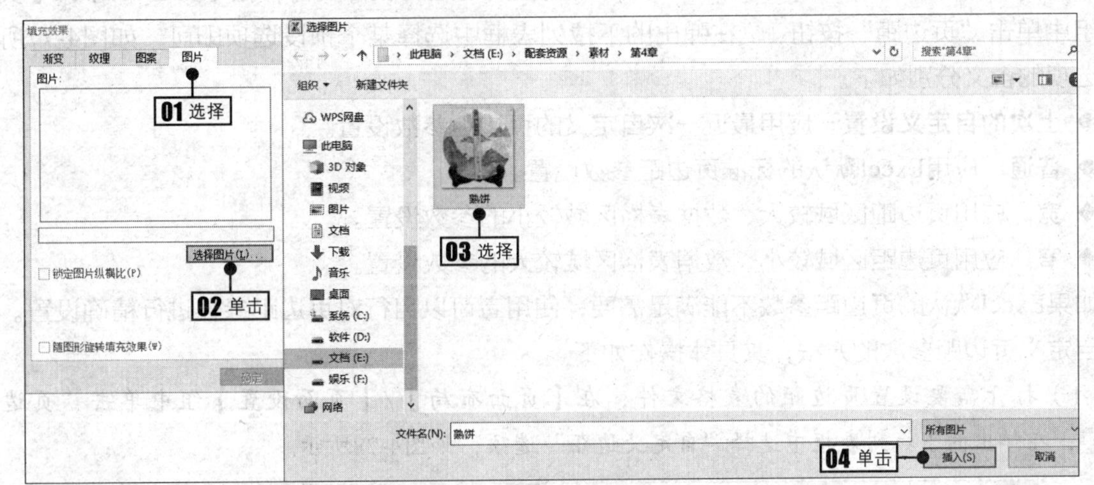

图4-74　选择图片

（4）返回“填充效果”对话框，单击 确定 按钮，返回“设置批注格式”对话框，单击 确定 按钮，如图4-75所示。

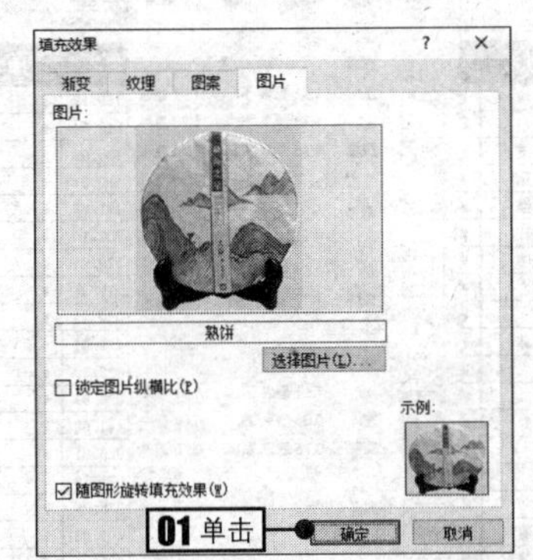

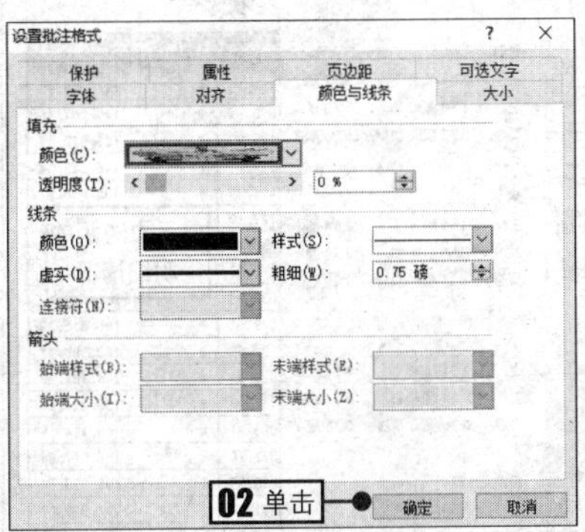

图4-75　确认设置

（5）完成后的效果如图4-76所示（配套资源：效果/第4章/销售统计表4.xlsx）。

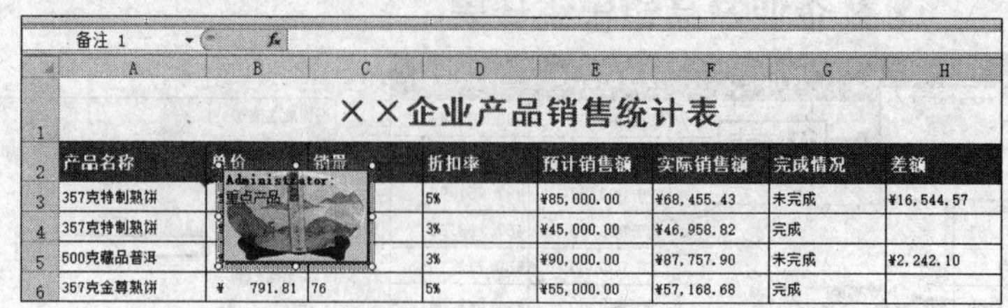

图4-76　完成后的效果

4.2.2　页面设置

在完成报表的编制后，一般需要打印Excel表格，此时应当检查表格页面的布局和格式安排是否合理，这直接关系到表格的实用性和美观性。在Excel中通过页面设置就能轻松控制和调整页面，如设置页边距、设置页面纸张、设置页眉和页脚、插入与调整分页符等。

1. 设置页边距

页边距即表格数据与纸张四周的距离，通过对页边距进行设置，可以使打印出来的工作表在纸张中处于理想位置。页边距的设置方法：打开需调整页边距的表格文件，在【页面布局】/【页面设置】组中单击“页边距”按钮□，在弹出的下拉列表框中选择某个预设选项即可，如图4-77所示。各个选项的含义分别如下。

- ◆ **上次的自定义设置**。应用最近一次自定义的页边距参数设置。
- ◆ **普通**。应用Excel默认的标准页边距参数设置。
- ◆ **宽**。应用页边距区域较大、数据表格区域较小的参数设置。
- ◆ **窄**。应用页边距区域较小、数据表格区域较大的参数设置。

如果Excel默认的页边距参数不能满足需要，使用者可以自行对页边距参数进行精确设置。下面介绍自定义页边距参数的方法，其具体操作如下。

（1）打开需要设置页边距的表格文件，在【页面布局】/【页面设置】组中单击“页边距”按钮□，在弹出的下拉列表框中选择“自定义边距”选项，如图4-78所示。

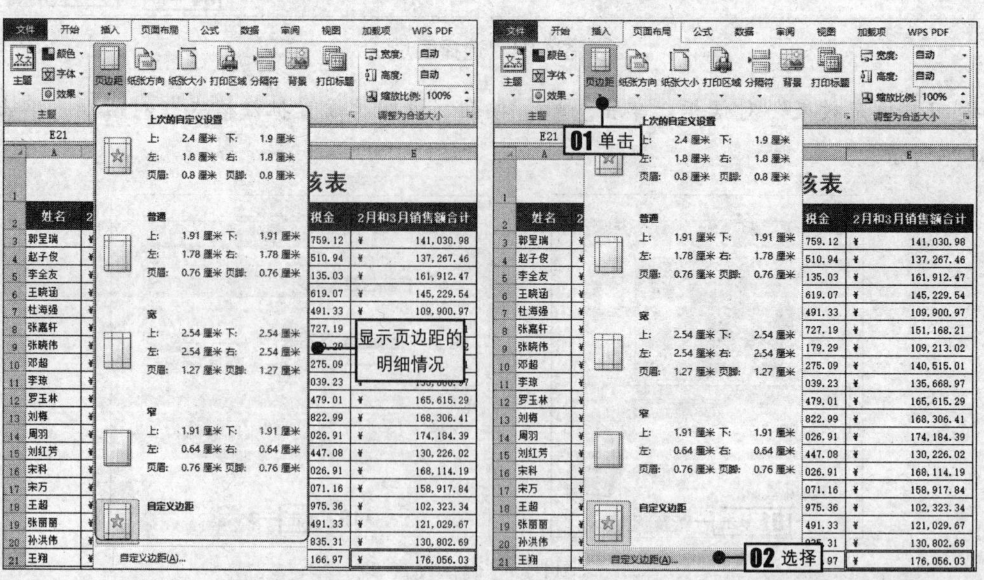

图4-77　设置页边距　　　　图4-78　自定义页边距

（2）打开“页面设置”对话框的“页边距”选项卡，在“居中方式”栏下选中“水平”复选框，使表格在页面呈水平方向居中，将上边距的数值设置为“3”，增加上边距的区域范围，单击确定按钮，如图4-79所示。

（3）单击“文件”选项卡，选择左侧的“打印”选项，如图4-80所示。

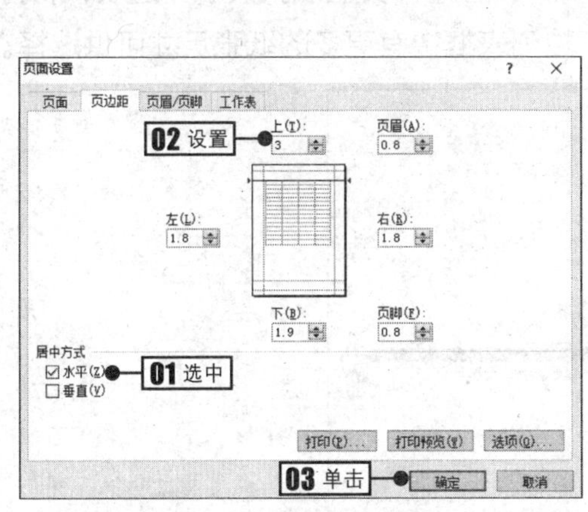

图4-79　设置页边距

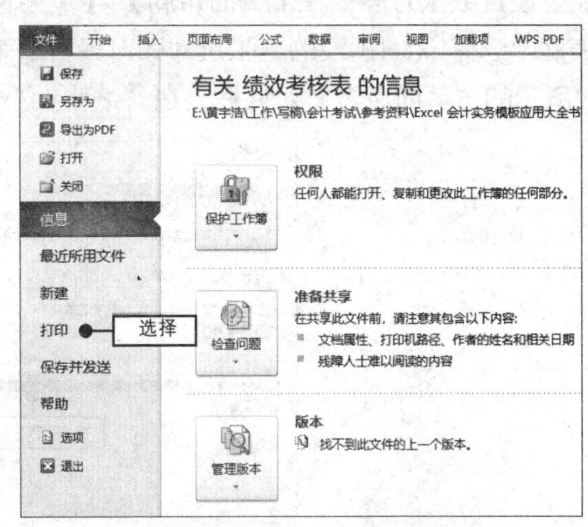

图4-80　选择“打印”选项

（4）此时界面将显示表格数据在页面中的位置，通过反复设置页边距和预览打印效果，确定最终的页边距，如图4-81所示。

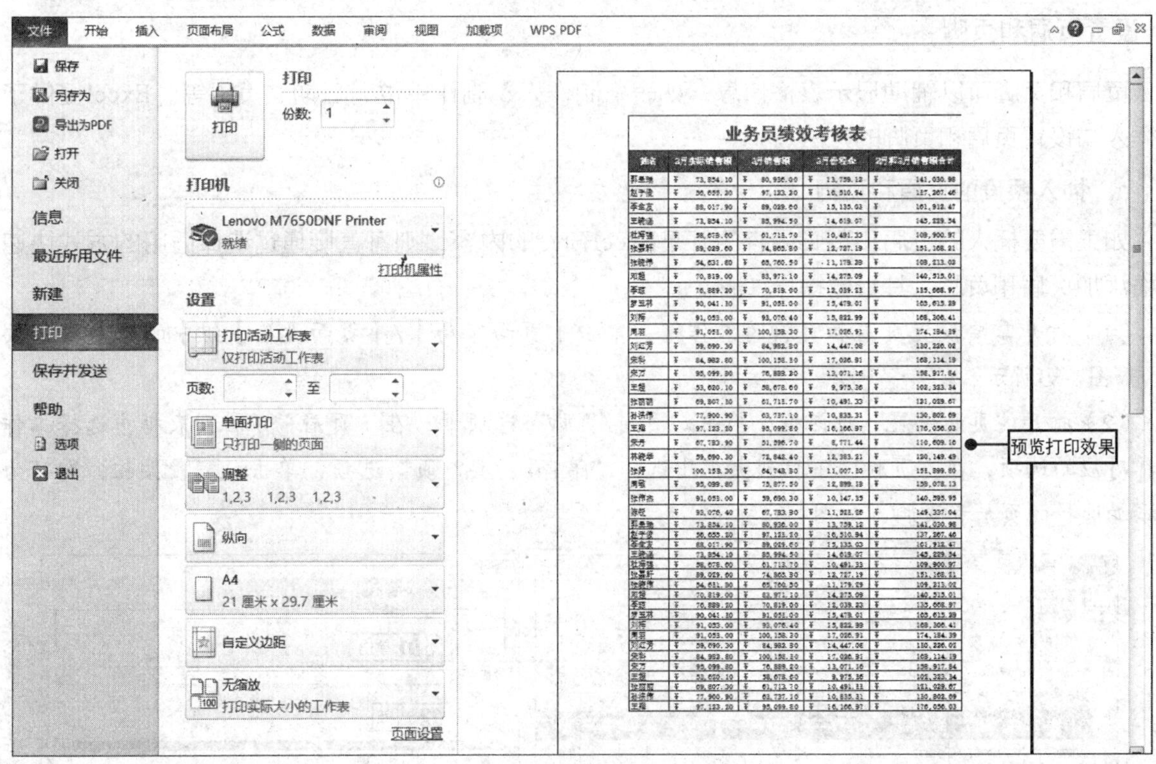

图4-81　预览打印效果

知识拓展

单击Excel操作界面上方快速访问工具栏右侧的下拉按钮，在弹出的下拉列表框中选择“打印预览和打印”选项，可将该选项对应的按钮添加到快速访问工具栏中，单击该按钮便可直接进入打印和预览界面。

2. 设置页面纸张

设置页面纸张包括设置纸张方向（横向、纵向）和纸张大小两项内容，设置方法也很简单。在【页面布局】/【页面设置】组中单击“纸张方向”按钮，在弹出的下拉列表框中选择对应的方向选项即可设置纸张方向；在【页面布局】/【页面设置】组中单击“纸张大小”按钮，在弹出的下拉列表框中选择Excel预设的纸张尺寸即可设置纸张大小，若选择“其他纸张大小”选项，将打开如图4-82所示的“页面设置”对话框，在“纸张大小”下拉列表框中有更多的纸张尺寸可供选择。

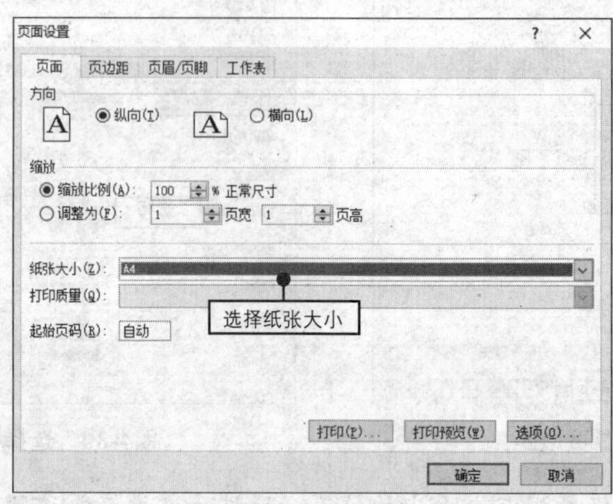

图4-82　设置页面纸张

3. 设置页眉和页脚

页眉和页脚可以辅助显示表格信息，如表格制作人、制作单位、日期、页码等。Excel提供了多种插入与设置页眉和页脚的方法。

a. 插入预设的页眉和页脚

如果需要插入的页眉和页脚内容恰好是Excel预设的内容，则可直接通过选择适用的方式快速为表格添加页眉和页脚，其具体操作如下。

（1）打开需要设置页眉和页脚的工作簿，单击【页面布局】/【页面设置】组中的“更多”按钮，如图4-83所示。

（2）打开“页面设置”对话框，单击“页眉/页脚”选项卡，在“页眉”下拉列表框中选择工作簿名称对应的选项，在“页脚”下拉列表框中选择“第1页，共？页”选项，单击确定按钮，即可为表格添加选择的页眉和页脚，如图4-84所示。

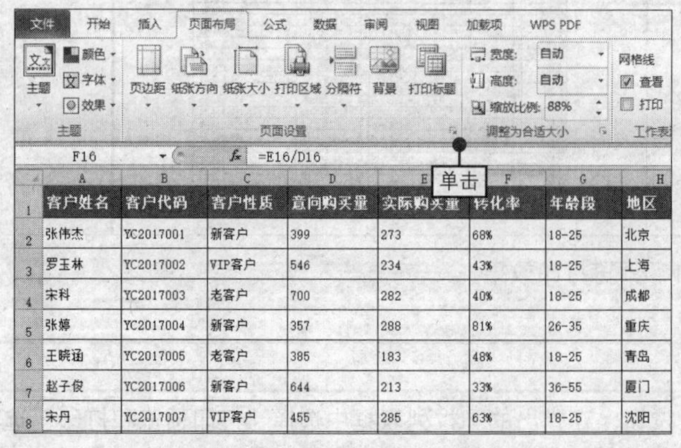

客户姓名	客户代码	客户性质	意向购买量	实际购买量	转化率	年龄段	地区
张伟杰	YC2017001	新客户	399	273	68%	18-25	北京
罗玉林	YC2017002	VIP客户	546	234	43%	18-25	上海
宋科	YC2017003	老客户	700	282	40%	18-25	成都
张婷	YC2017004	新客户	357	288	81%	26-35	重庆
王晓丽	YC2017005	老客户	385	183	48%	18-25	青岛
赵子俊	YC2017006	新客户	644	213	33%	36-55	厦门
宋丹	YC2017007	VIP客户	455	285	63%	18-25	沈阳

图4-83　启用页面设置功能

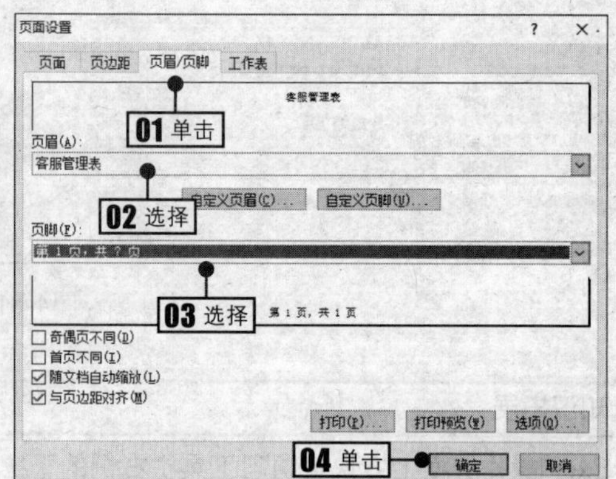

图4-84　选择页眉和页脚

b. 自行设置页眉和页脚

系统预设的页眉和页脚无法满足需要时，可通过自定义页眉和页脚的方法设置页眉和页脚。自行设置页眉和页脚的方法为：在“页面设置”对话框中单击自定义页眉(C)...按钮或自定义页脚(U)...按钮，在打开的对话框中将光标定位到页眉或页脚的某个区域，然后利用上方的各个按钮插入对应的对象即可。图4-85所示为自定义页眉的对话框，将“页眉”对话框分为了“左、中、右”3个区域（“页脚”对话框类似），将光标定位到某个区域后，单击上方的某个按钮即可在该页眉区域插入对象。其中，各按钮的作用分别如下。

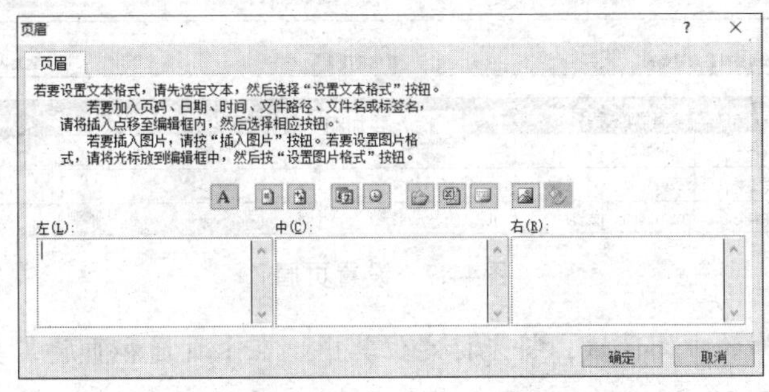

图4-85 自定义页眉

- 按钮。可在打开的对话框中设置文本格式，如字体、字形、大小、颜色等。
- 按钮。插入页码，显示当前页面是第几页。
- 按钮。插入页数，显示当前表格数据的总页数。
- 按钮。插入日期，显示当前系统中的年、月、日信息。
- 按钮。插入时间，显示当前系统中的时、分、秒信息。
- 按钮。插入文件路径，显示此Excel工作簿的存放位置和文件名称。
- 按钮。插入文件名称，显示此Excel工作簿的名称。
- 按钮。插入工作表名称，显示当前表格数据所在工作表的标签名称。
- 按钮。插入图片，在计算机中选择图片插入页眉中，如企业标志等可以通过图片方式插入。
- 按钮：设置图片格式，调整图片的位置、大小等属性，只有插入图片后此按钮才能使用。

c. 手动输入页眉和页脚

当上述两种方法都不能满足用户对页眉和页脚内容的需求时，用户可以直接进入页眉和页脚编辑状态，按需要手动输入并设置页眉和页脚内容，其具体操作如下。

（1）打开需要设置页眉和页脚的工作簿，在【插入】/【文本】组中单击“页眉和页脚”按钮，如图4-86所示。

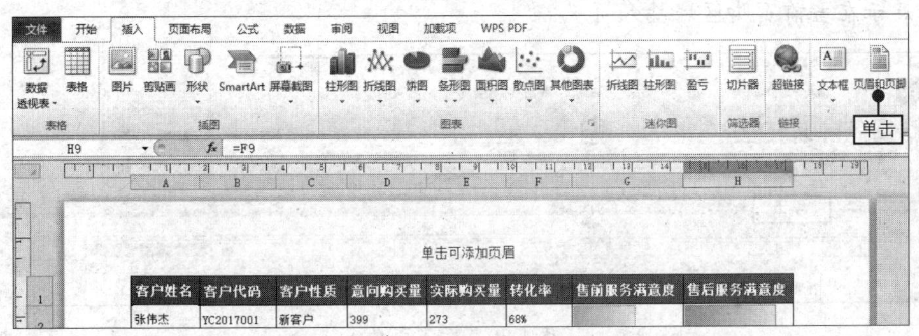

图4-86 单击“页眉和页脚”按钮

（2）进入页眉和页脚编辑状态：单击页眉左侧的区域，输入公司名称；单击页眉中间的区域，输入文件名称；单击页眉右侧的区域，输入制表人姓名。依次选中页眉3个区域中的文本，按【Ctrl+B】组合键加粗字体，如图4-87所示。

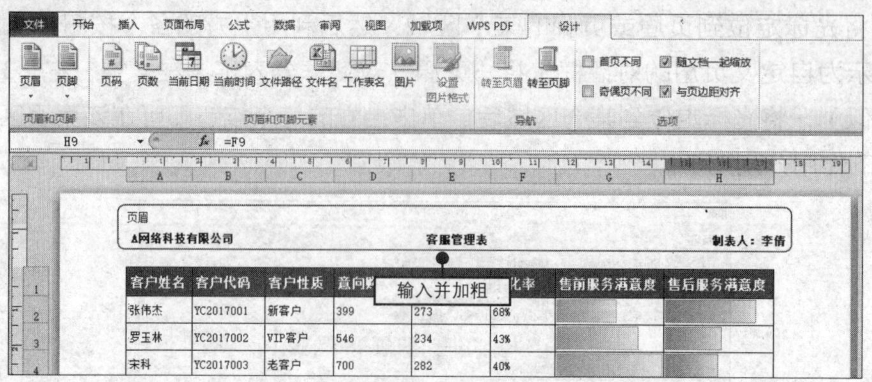

图4-87　设置页眉

（3）单击表格下方页脚的中间区域，将光标定位其中。在【页眉和页脚工具】下的【设计】/【页眉和页脚元素】组中单击“页码”按钮，如图4-88所示，表示在当前页脚区域插入页码。

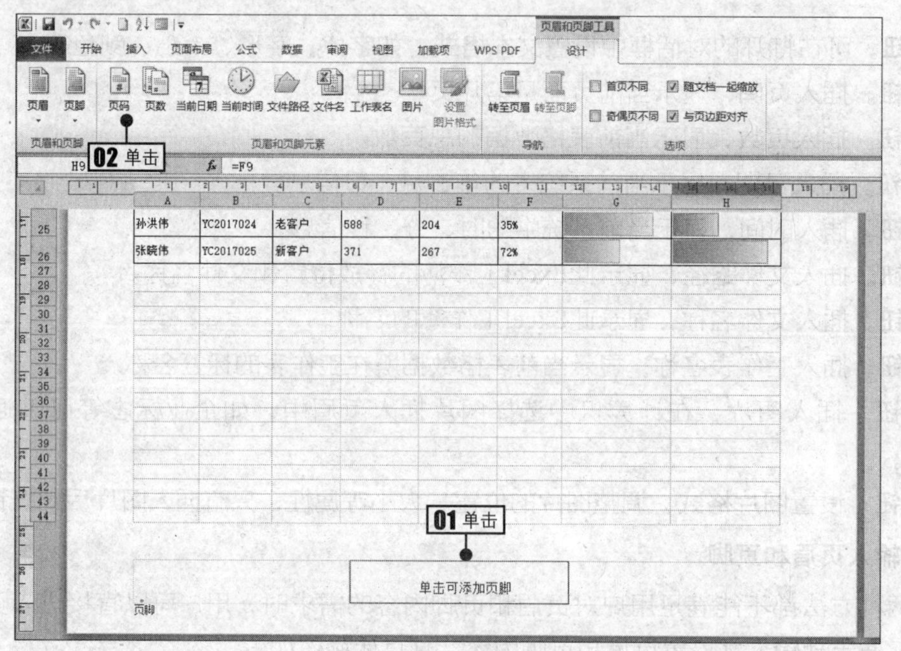

图4-88　插入页码

（4）继续在【页眉和页脚工具】下的【设计】/【页眉和页脚元素】组中单击“页数”按钮，如图4-89所示，表示在当前页脚区域插入页数。

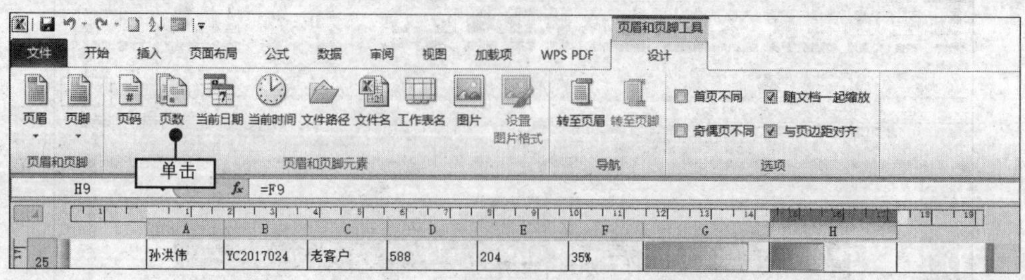

图4-89　插入页数

（5）在当前页脚区域中输入辅助文本，使页脚内容在打印后可以显示“第×页/共×页”的效果，并加粗输入的文本，如图4-90所示。

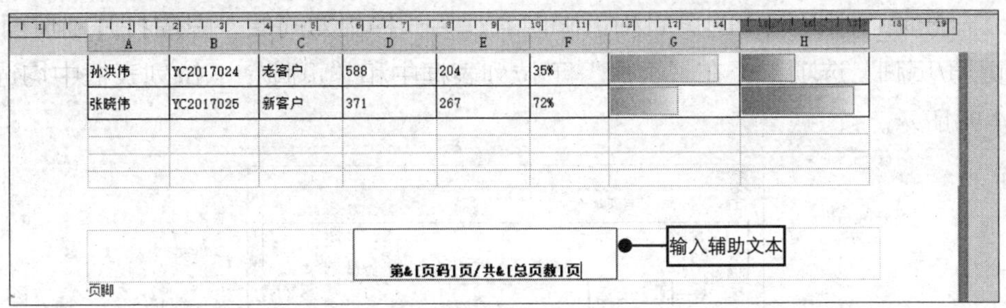

图4-90　输入辅助文本

（6）完成页眉和页脚的编辑后，在【视图】/【工作簿视图】组中单击“普通”按钮，即可退出页眉和页脚编辑状态，切换回普通视图模式，如图4-91所示。

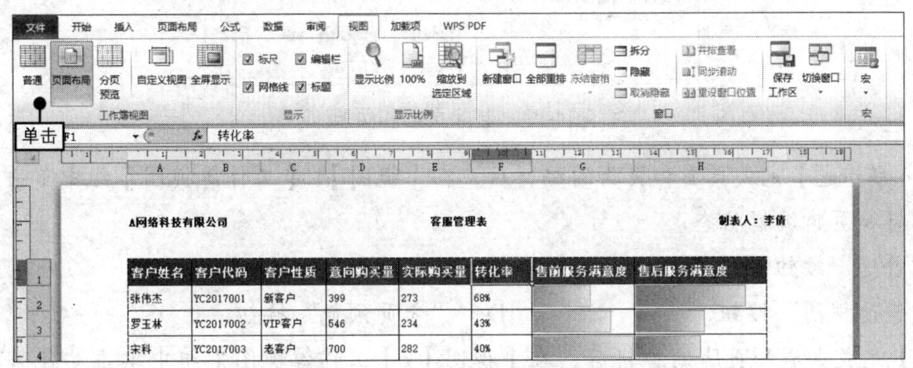

图4-91　退出页眉和页脚编辑状态

（7）进入打印预览界面，此时表格上下方将显示设置的页眉和页脚内容，如图4-92所示。

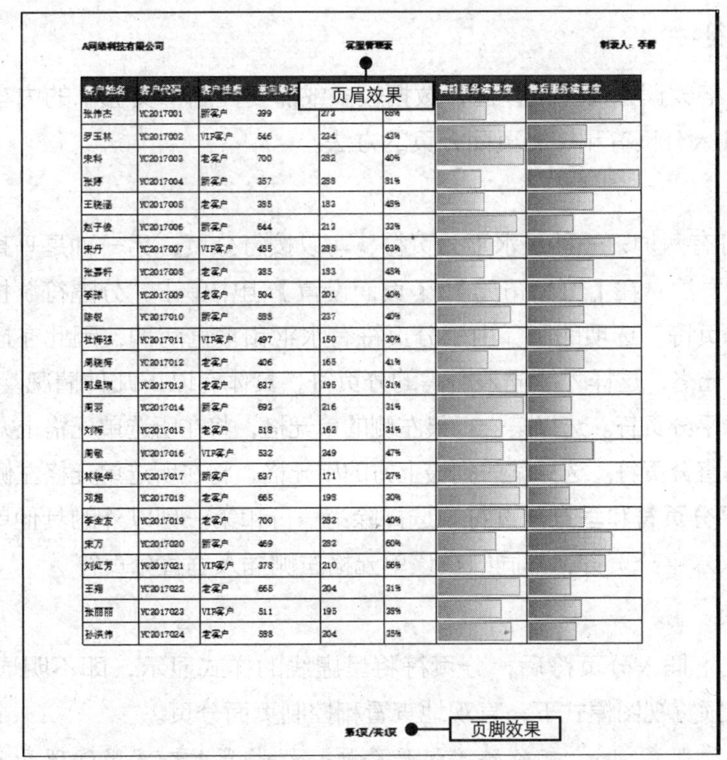

图4-92　预览页眉和页脚效果

d. 删除页眉和页脚

当不需要页眉和页脚时，也可将其从表格中删除。其方法有两种：一种是进入页眉和页脚编辑状态，手动逐一删除各个区域中的页眉和页脚内容；另一种更为简便，只需打开“页面设置”对话框，单击“页眉/页脚”选项卡，在“页眉”下拉列表框中和“页脚”下拉列表框中均选择“(无)”选项，如图4-93所示。

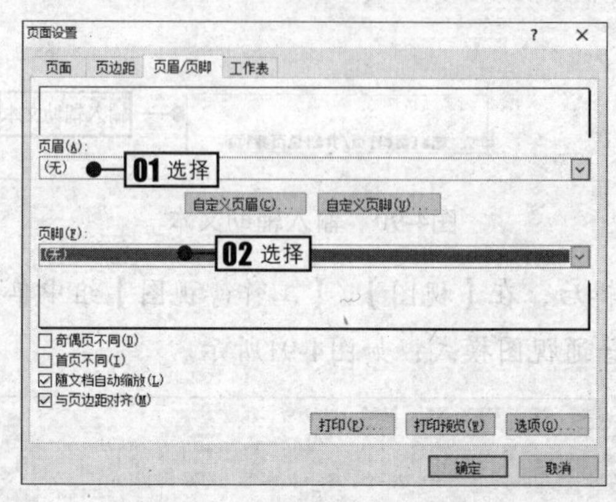

图4-93　删除页眉和页脚

【例题·单选题】完成页眉和页脚的编辑后，在【视图】/【工作簿视图】组中单击（　　），即可退出页眉和页脚编辑状态。

A. “普通”按钮　　B. “页面布局”按钮

C. “普通视图”按钮　　D. “分页预览”按钮

【解析】完成页眉和页脚的编辑后，在【视图】/【工作簿视图】组中单击“普通”按钮，即可退出页眉和页脚编辑状态。

【答案】A

4. 插入与调整分页符

分页符可以将表格数据分页显示，这在数据较多或需要控制每页显示的内容时是非常有用的。下面介绍在Excel中插入分页符和控制页面分页的方法。

a. 插入分页符

Excel中的分页符有两种：一种是水平分页符，可以按行分页；另一种是垂直分页符，可以按列分页。插入分页符的方法：在【页面布局】/【页面设置】组中单击“分隔符”按钮，在弹出的下拉列表框中选择“分页符”选项即可。由于分页符有水平和垂直两种，因此在插入分页符之前，应根据需要正确选择单元格，这样才能插入所需的分页符，具体有以下几种情况。

- **只需要插入水平分页符**。选择某一行最左侧的单元格，将在所选单元格上方插入分页符。
- **只需要插入垂直分页符**。选择某一列最上方的单元格，将在所选单元格左侧插入分页符。
- **同时插入水平分页符和垂直分页符**。选择除第一行和第一列以外的其他单元格，将在所选单元格上方插入水平分页符，并同时在该单元格左侧插入垂直分页符。

b. 控制页面分页

在默认视图模式下插入分页符后，分页符将呈虚线的样式显示，即不明显，也无法调整其位置。此时可以在分页预览视图模式下，直观地查看和控制页面分页。

（1）打开“客服管理表.xlsx”工作簿（配套资源：素材/第4章/客服管理表.xlsx），选择B5单元

格，在【页面布局】/【页面设置】组中单击“分隔符”按钮，在弹出的下拉列表框中选择“插入分页符”选项，如图4-94所示。

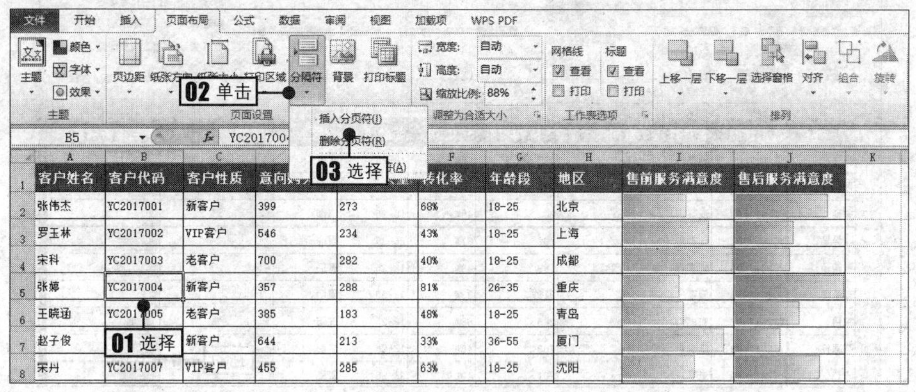

图4-94　插入分页符

（2）在【视图】/【工作簿视图】组中单击“分页预览”按钮，打开“欢迎使用‘分页预览’视图”对话框，单击确定按钮，如图4-95所示。

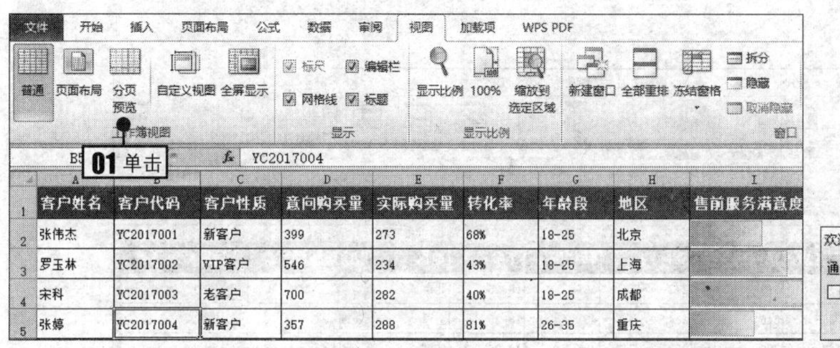

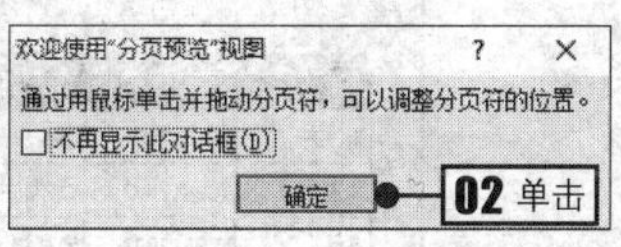

图4-95　进入分页预览模式

（3）此时将显示2条实线分页符和1条虚线分页符，其中虚线分页符代表Excel根据表格宽度自动插入的分页符。3条分页符将整个表格数据分为了6个区域，即6页，每个区域以灰色文字标注了页面顺序，如图4-96所示。

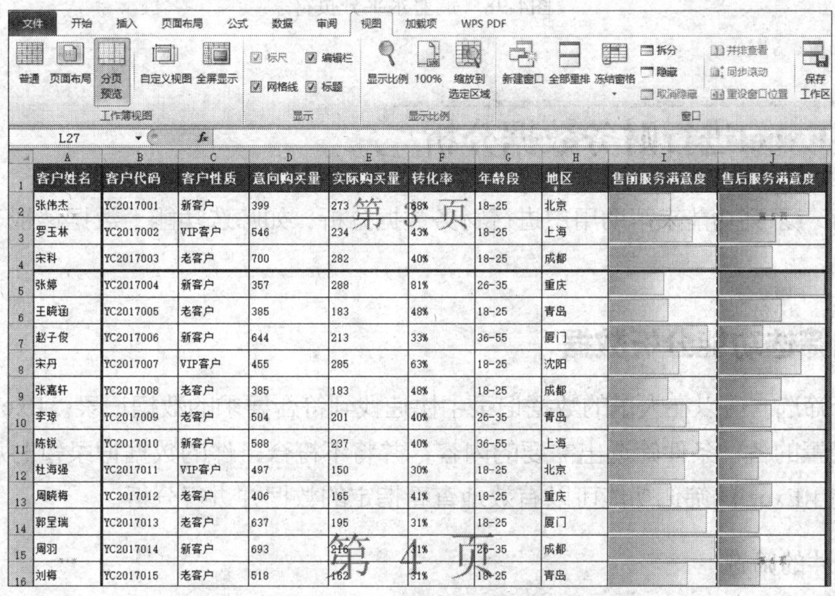

图4-96　查看分页情况

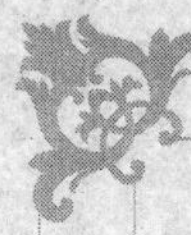

（4）拖动虚线分页符至最右侧，即可将该分页符从表格区域中删除，如图4-97所示。

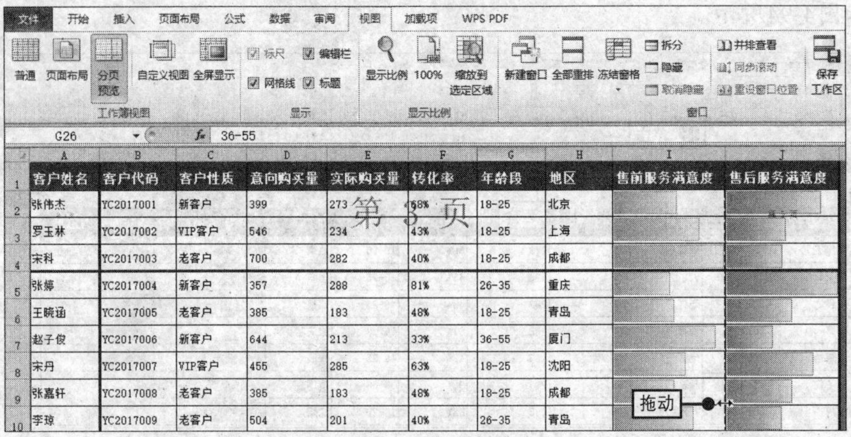

客户姓名	客户代码	客户性质	意向购买量	实际购买量	转化率	年龄段	地区	售前服务满意度	售后服务满意度
张伟杰	YC2017001	新客户	399	273	68%	18-25	北京		
罗玉林	YC2017002	VIP客户	546	234	43%	18-25	上海		
宋科	YC2017003	老客户	700	282	40%	18-25	成都		
张婷	YC2017004	新客户	357	288	81%	26-35	重庆		
王晓涵	YC2017005	老客户	385	183	48%	18-25	青岛		
赵子俊	YC2017006	新客户	644	213	33%	36-55	厦门		
宋丹	YC2017007	VIP客户	455	285	63%	18-25	沈阳		
张嘉轩	YC2017008	老客户	385	183	48%	18-25	成都		
李琼	YC2017009	老客户	504	201	40%	26-35	青岛		

图4-97　删除虚线分页符

（5）拖动水平分页符至第8行和第9行之间，表示将在第8行后对数据进行分页处理，如图4-98所示。同样拖动垂直分页符，也可以在垂直方向上调整页面分页（配套资源：效果/第4章/客服管理表.xlsx）。

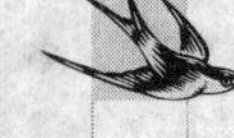

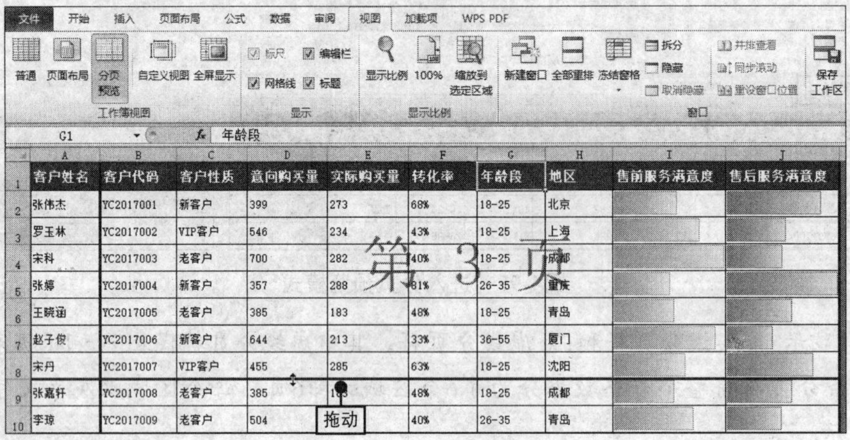

客户姓名	客户代码	客户性质	意向购买量	实际购买量	转化率	年龄段	地区	售前服务满意度	售后服务满意度
张伟杰	YC2017001	新客户	399	273	68%	18-25	北京		
罗玉林	YC2017002	VIP客户	546	234	43%	18-25	上海		
宋科	YC2017003	老客户	700	282	40%	18-25	成都		
张婷	YC2017004	新客户	357	288	81%	26-35	重庆		
王晓涵	YC2017005	老客户	385	183	48%	18-25	青岛		
赵子俊	YC2017006	新客户	644	213	33%	36-55	厦门		
宋丹	YC2017007	VIP客户	455	285	63%	18-25	沈阳		
张嘉轩	YC2017008	老客户	385	183	48%	18-25	成都		
李琼	YC2017009	老客户	504	201	40%	26-35	青岛		

图4-98　调整水平分页符

4.3　利用Excel进行财务数据分析

Excel提供了一系列功能来帮助用户进行财务数据分析，如筛选功能、数据透视表，本节将进行具体介绍。

4.3.1　利用筛选功能分析数据

对数据进行筛选，可以在大量的数据记录中快速找到符合要求的数据记录。Excel具备多种筛选功能，可以按设置的各种条件筛选出需要的内容，并将不符合条件的数据记录暂时从工作表中隐藏起来。因此，使用Excel的筛选功能可以有效地查看指定的数据并进行分析。

1. 满足一个条件的筛选

如果筛选数据时只需要设置一个条件，则可利用Excel提供的自动筛选功能快速进行操作。下面

介绍如何进行满足一个条件的筛选，其具体操作如下。

（1）打开“库存盘点表1.xlsx”工作簿（配套资源：素材/第4章/库存盘点表1.xlsx），选择表格中任意一个含有数据的单元格，单击【数据】/【排序和筛选】组中的“筛选”按钮，如图4-99所示。

（2）此时表头项目右侧都将出现下拉按钮，单击“月末盘点数”项目右侧的下拉按钮，在弹出的下拉列表框中选择【数字筛选】/【介于】命令，如图4-100所示。

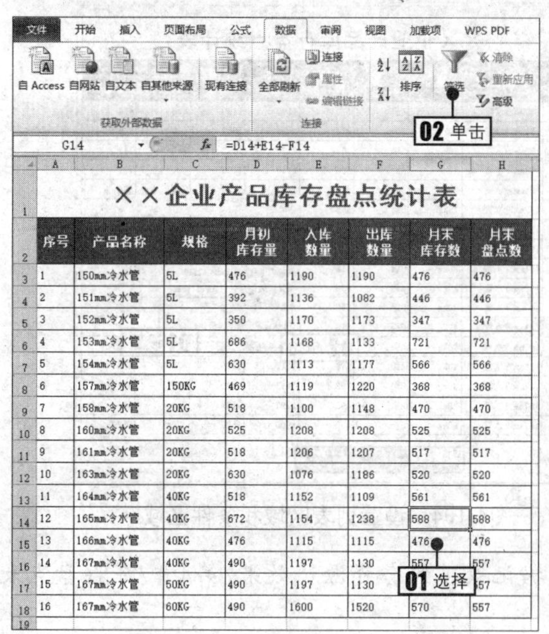

图4-99　启用筛选功能

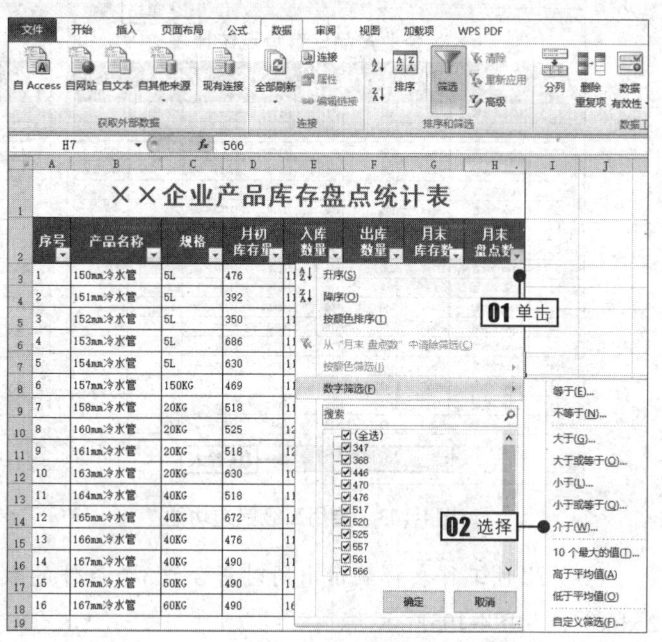

图4-100　选择筛选的命令

（3）打开“自定义自动筛选方式”对话框，在右侧的上下两个文本框中分别输入“500”和“550”，单击确定按钮，如图4-101所示。

（4）此时表格中将仅显示月末盘点数在500（含）~550（含）的数据记录，如图4-102所示。

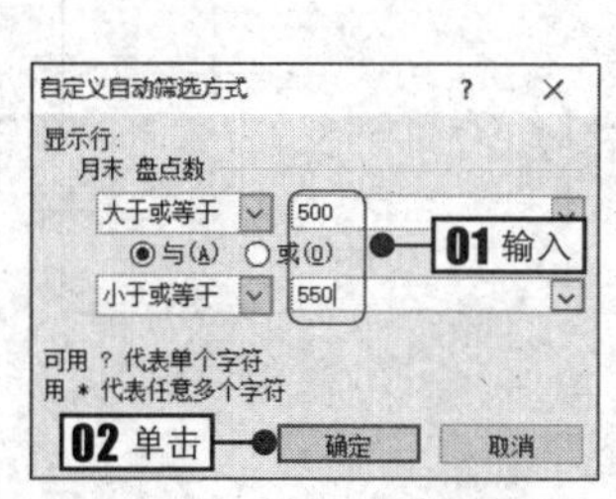

图4-101　自定义筛选方式

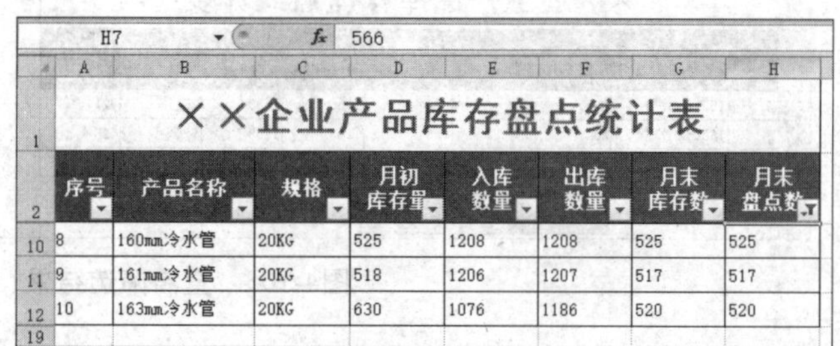

序号	产品名称	规格	月初库存量	入库数量	出库数量	月末库存数	月末盘点数
8	160mm冷水管	20KG	525	1208	1208	525	525
9	161mm冷水管	20KG	518	1206	1207	517	517
10	163mm冷水管	20KG	630	1076	1186	520	520

图4-102　查看筛选结果

2. 同时满足多个条件的筛选

当需要设置多个条件来筛选数据记录时，可利用Excel的高级筛选功能实现。该功能首先需要手动输入多个筛选条件，然后分别指定筛选数据记录所在区域和筛选条件所在区域，即可完成筛选。下面以筛选出规格为20kg，级别为A级，且月末盘点数大于500的数据记录为例，介绍如何进行同时满足多个条件的筛选，其具体操作如下。

（1）打开“库存盘点表2.xlsx”工作簿（配套资源：素材/第4章/库存盘点表2.xlsx），在表格空白区域输入筛选的条件，注意输入条件的区域必须连续，且上方为表格的字段项目，下方为对应的条件，单击【数据】/【排序和筛选】组中的“高级”按钮，如图4-103所示。

（2）打开“高级筛选”对话框，在“列表区域”和“条件区域”文本框中利用按钮分别设置待筛选的数据区域和输入的筛选条件区域，单击确定按钮，如图4-104所示。

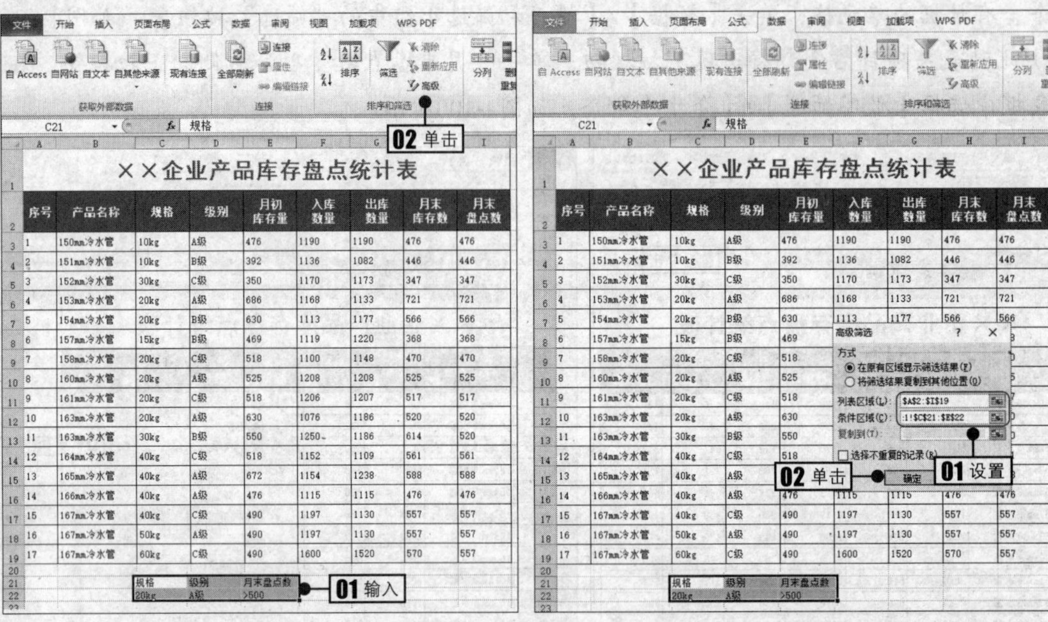

图4-103　启用高级筛选功能　　图4-104　设置列表区域和条件区域

（3）此时工作表将显示出同时符合这3个条件的数据记录（配套资源：效果/第4章/库存盘点表2.xlsx），如图4-105所示。

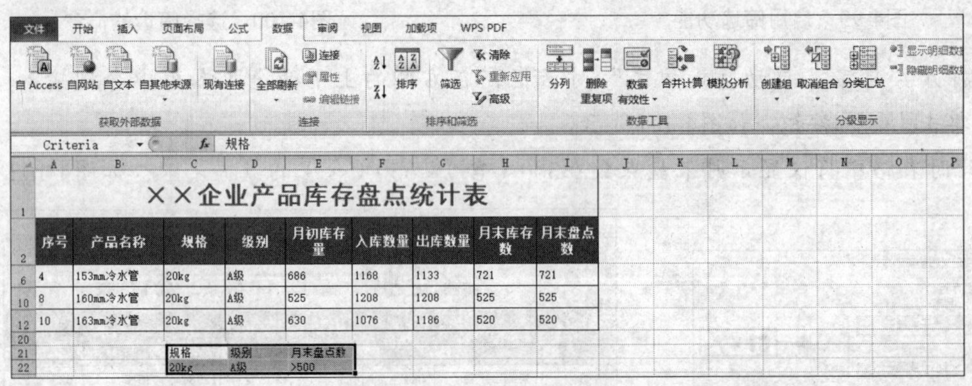

图4-105　查看筛选结果

4.3.2　利用数据透视表分析数据

数据透视表是利用Excel进行数据分析的重要工具，它通过报表的形式，使用户可以直观地汇总、分析表格数据，为实际工作带来很大的便利。利用数据透视表能够对大量数据进行快速汇总并建立交叉列表，且能够随时根据需要调整表格布局，以符合不同的分析需要。

1. 创建数据透视表

数据透视表的建立必须以表格中的数据为基础，通过指定引用的数据源和建立位置便可进行创建。在此基础上将相应字段添加到数据透视表中即可。

（1）打开“业绩统计表.xlsx”工作簿（配套资源：素材/第4章/业绩统计表.xlsx），选择表格中任意一个包含数据的单元格，在【插入】/【表格】组中单击“数据透视表”按钮，如图4-106所示。

（2）打开“创建数据透视表”对话框后，Excel自动识别数据源区域（即根据二维表格结构自动选择单元格区域），选中“现有工作表”单选项，选择A20单元格，将其地址引用到“位置”文本框中，表示该单元格为数据透视表创建时的起始位置，单击[确定]按钮，如图4-107所示。

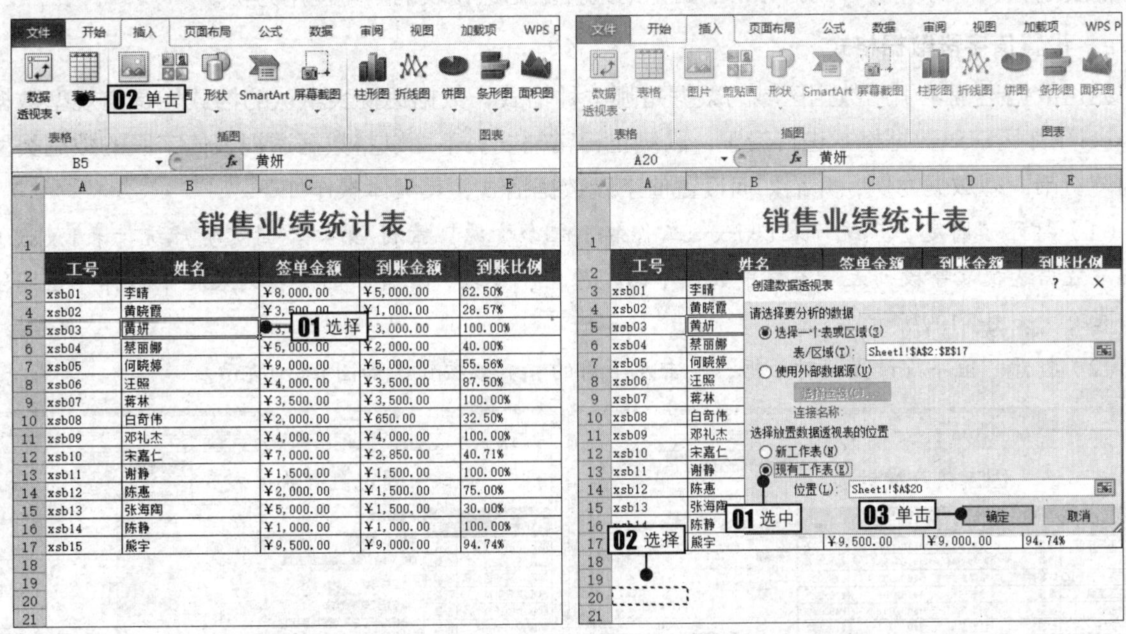

图4-106　启用数据透视表功能　　　　图4-107　指定数据透视表起始位置

（3）打开“数据透视表字段列表”窗格，其中的字段与数据源区域中的字段项目一一对应。选中“姓名”复选框和“签单金额”复选框，此时数据透视表中便同步生成相应的表格数据，用户即可查看每位员工的签单金额情况（配套资源：效果/第4章/业绩统计表.xlsx），如图4-108所示。

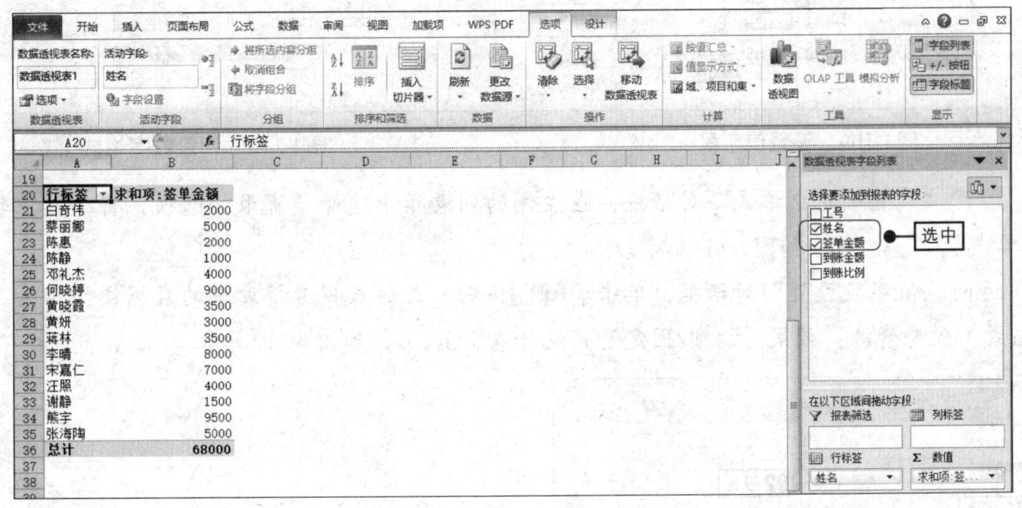

图4-108　为数据透视表添加字段

名师点拨

数据透视表由4个部分组成，分别是行、列、值和筛选区域。对应到“数据透视表字段列表”窗格中，就是行标签、列标签、数值和报表筛选4个区域。选中字段对应的复选框，Excel会判断字段下的数据类型，一般会将数值型（如数字、货币等数据）字段添加到数值区域，将非数值型字段添加到行标签区域。行标签区域的字段会在每行显示不同的数据（重复数据视为一个数据），数值区域则显示行标签区域中各个数据对应的值。

2. 数据透视表常见的使用方法

数据透视表是一种具备强大统计功能和分析功能的工具，利用数据透视表可以查看数据结果、计算需要的数据、分类查看数据等，下面介绍几种数据透视表的常见使用方法。

a. 设置值字段数据格式

无论数据透视表引用数据区域的数据是哪一种格式，数据透视表默认的格式均是常规型数据。但Excel允许用户对数据格式进行设置，以满足日常需要。下面以将数据透视表值字段的数据类型更改为“货币”型数据为例，介绍如何设置值字段数据格式，其具体操作如下。

（1）打开“固定资产统计表1.xlsx”工作簿（配套资源：素材/第4章/固定资产统计表1.xlsx），单击“数据透视表字段列表”窗格中数值中的“原值”字段，在弹出的下拉列表框中选择“值字段设置”选项，如图4-109所示。

（2）打开“值字段设置”对话框，单击左下角的数字格式(N)按钮，如图4-110所示。

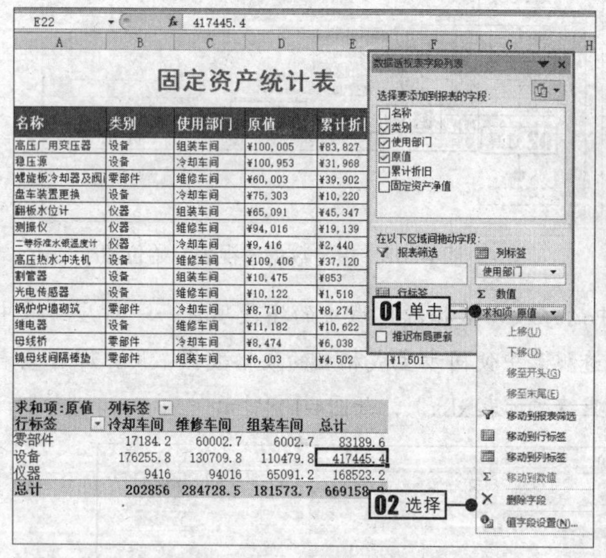

图4-109 设置值字段

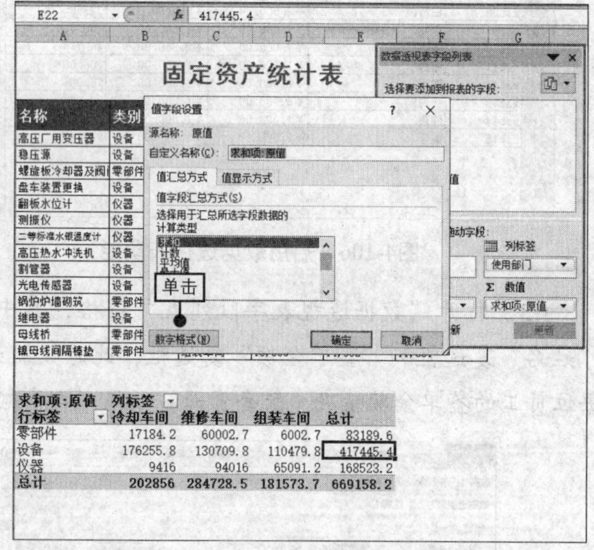

图4-110 设置数字格式

（3）打开“设置单元格格式”对话框，在左侧的列表框中选择“货币”选项，将小数位数设置为“0”，单击确定按钮，如图4-111所示。

（4）返回“值字段设置”对话框，单击确定按钮。此时数据透视表中的数据便显示为“货币”型数据格式（配套资源：效果/第4章/固定资产统计表1.xlsx），如图4-112所示。

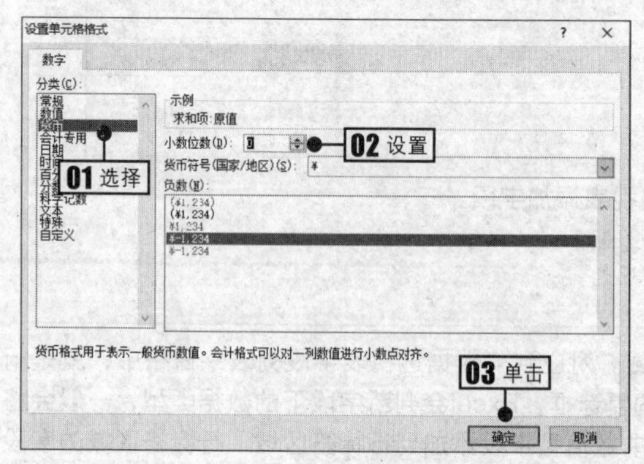

图4-111 指定数据格式

图4-112 完成后的效果

知识拓展

在“数据透视表字段列表”窗格中直接将“列标签”“行标签”“数值”区域中的某个字段向外拖动，当鼠标指针右下方出现“×”标记时，释放鼠标即可快速删除字段。

b．设置值字段汇总方式

数据透视表默认的值字段汇总方式是求和，用户可以根据需要重新设置汇总方式，如求平均值、最大值、最小值等。下面以在数据透视表中将值字段汇总方式设置为求平均值为例，介绍如何设置值字段汇总方式，其具体操作如下。

（1）打开“固定资产统计表2.xlsx”工作簿（配套资源：素材/第4章/固定资产统计表2.xlsx），单击“数据透视表字段列表”窗格中数值中的“固定资产净值”字段，在弹出的下拉列表框中选择“值字段设置”选项，如图4-113所示。

（2）打开“值字段设置”对话框，在“值汇总方式”选项卡的“选择用于汇总所选定段数据的计算类型”列表框中选择“平均值”选项，单击左下角的数字格式(N)按钮，如图4-114所示。

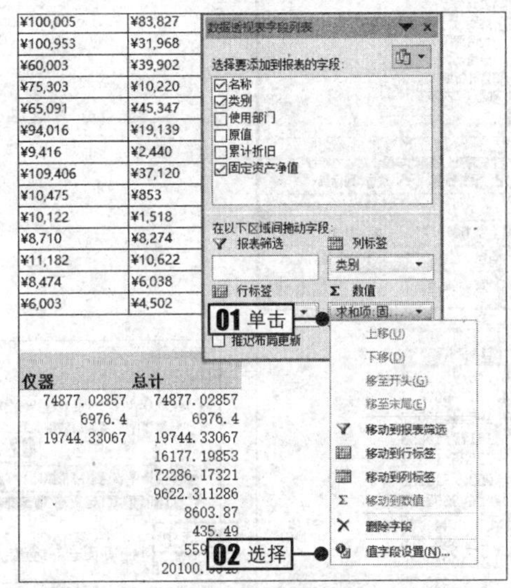

图4-113　设置值字段

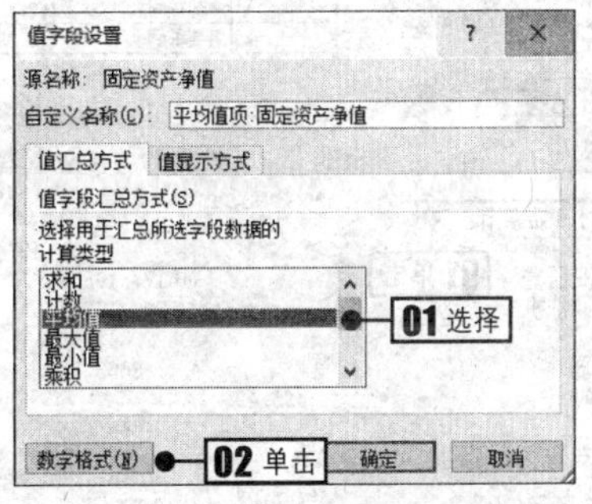

图4-114　设置汇总方式

（3）打开“设置单元格格式”对话框，在左侧的列表框中选择“货币”选项，将小数位数设置为“0”，单击确定按钮，如图4-115所示。

（4）返回“值字段设置”对话框，单击确定按钮。此时数据透视表中的总计结果将由求和更改为求平均值（配套资源：效果/第4章/固定资产统计表2.xlsx），如图4-116所示。

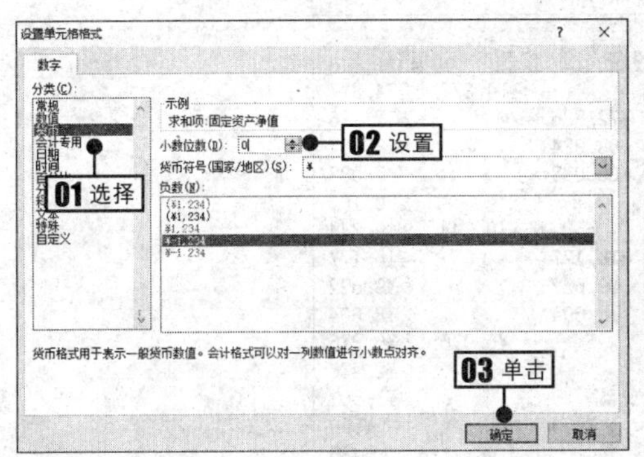

图4-115　设置数字格式

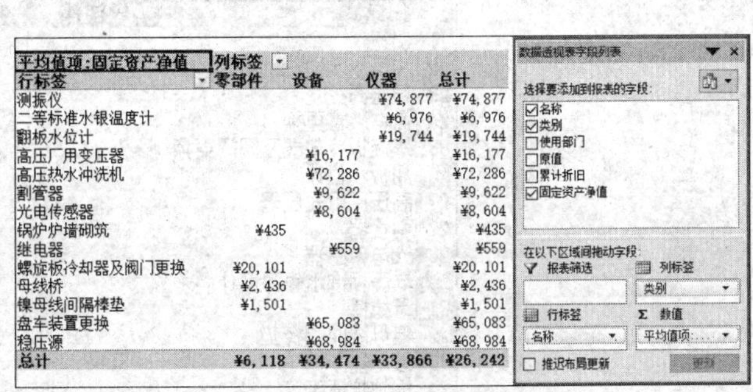

图4-116　完成后的效果

c. 排序数据透视表

数据透视表具备排序功能，用户可以通过对字段进行排序设置，使数据按照设置的条件顺序显示。下面以在数据透视表中通过排序功能来更改数据显示顺序为例，介绍如何对数据透视表进行排序，其具体操作如下。

（1）打开“固定资产统计表3.xlsx”工作簿（配套资源：素材/第4章/固定资产统计表3.xlsx），单击数据透视表“行标签”单元格右侧的下拉按钮，在弹出的下拉列表框中选择“其他排序选项”选项，如图4-117所示。

（2）打开“排序（名称）”对话框，选中“降序排序（Z到A）依据”单选项，在下方的下拉列表框中选择“平均值项：固定资产净值”选项，单击确定按钮，如图4-118所示。

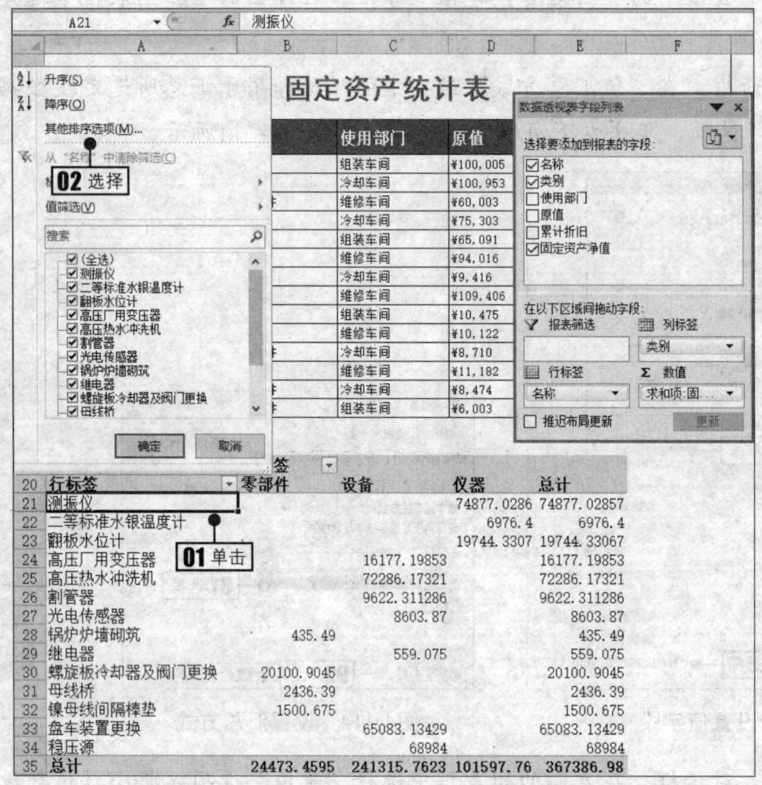

图4-117 选择“其他排序选项”选项

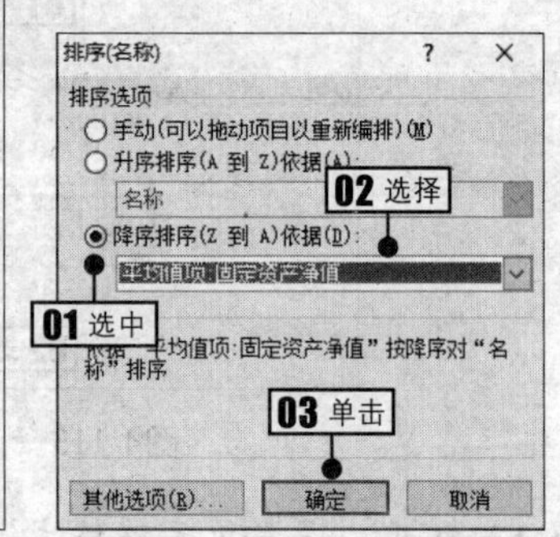

图4-118 设置排序方式

（3）此时数据透视表的数据记录将按照各固定资产净值的数值大小，由高到低进行排列（配套资源：效果/第4章/固定资产统计表3.xlsx），如图4-119所示。

19	平均值项：固定资产净值	列标签			
20	行标签	零部件	设备	仪器	总计
21	测振仪			¥74,877	¥74,877
22	高压热水冲洗机		¥72,286		¥72,286
23	稳压源		¥68,984		¥68,984
24	盘车装置更换		¥65,083		¥65,083
25	螺旋板冷却器及阀门更换	¥20,101			¥20,101
26	翻板水位计			¥19,744	¥19,744
27	高压厂用变压器		¥16,177		¥16,177
28	割管器		¥9,622		¥9,622
29	光电传感器		¥8,604		¥8,604
30	二等标准水银温度计			¥6,976	¥6,976
31	母线桥	¥2,436			¥2,436
32	镍母线间隔棒垫	¥1,501			¥1,501
33	继电器		¥559		¥559
34	锅炉炉墙砌筑	¥435			¥435
35	总计	¥6,118	¥34,474	¥33,866	¥26,242

图4-119 查看数据

d. 筛选数据透视表

除排序外，在数据透视表中也能轻松实现各种筛选操作。筛选数据透视表可以直接在标签中进行筛选，也可以通过添加筛选器进行筛选。下面以在数据透视表中使用这两种筛选方式来筛选数据为例，介绍如何筛选数据透视表，其具体操作如下。

（1）打开“固定资产统计表4.xlsx”工作簿（配套资源：素材/第4章/固定资产统计表4.xlsx），在“数据透视表字段列表”窗格中，拖动“使用部门”字段至“报表筛选”中以添加字段，如图4-120所示。

（2）此时数据透视表左上方将出现添加的字段，单击该字段右侧的下拉按钮，在弹出的下拉列表框中选择“组装车间”选项，单击确定按钮，如图4-121所示。

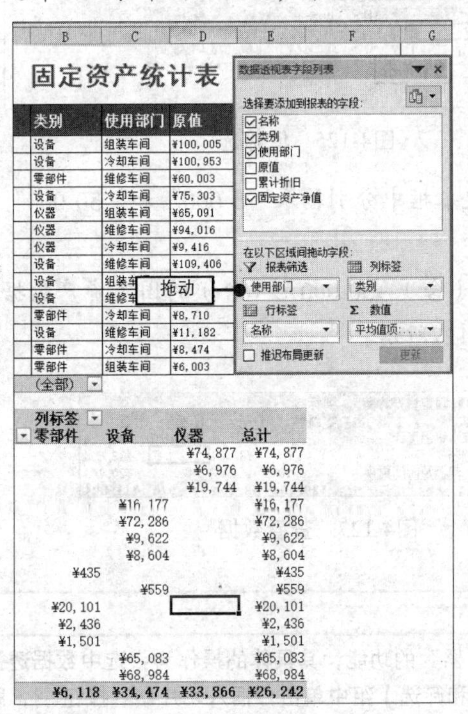

图4-120 添加字段

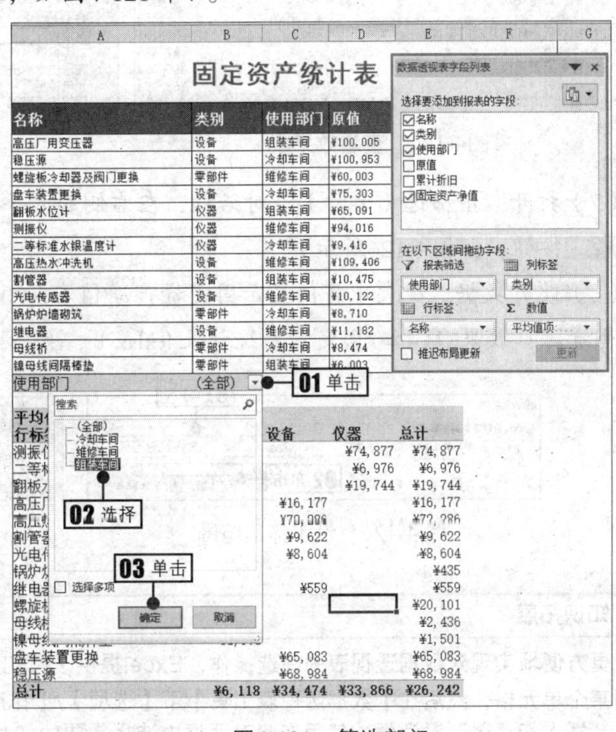

图4-121 筛选部门

（3）此时数据透视表中将只会显示组装车间的固定资产净值数据，如图4-122所示。

（4）再次单击“使用部门”字段右侧的下拉按钮，在弹出的下拉列表框中选中“选择多项”复选框，在上方选中“冷却车间”复选框和“维修车间”复选框，单击确定按钮，如图4-123所示。

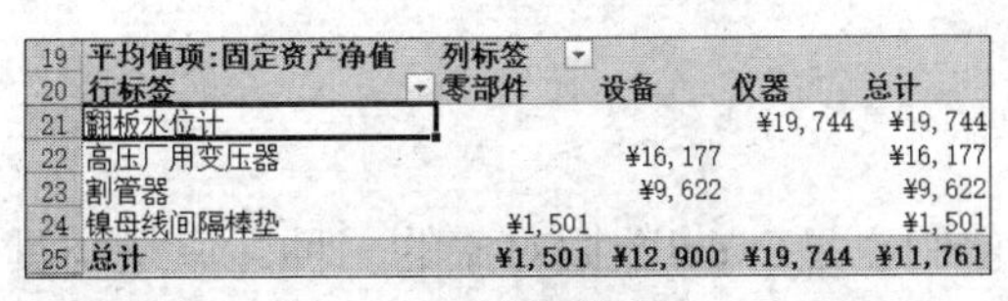

图4-122 查看数据

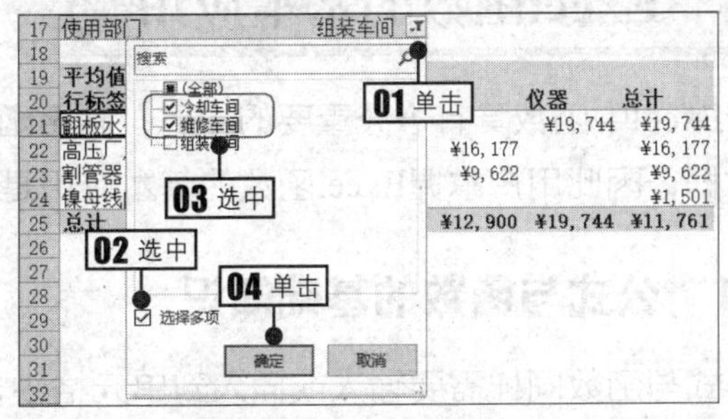

图4-123 筛选多个部门

（5）此时数据透视表中将显示冷却车间和维修车间的固定资产净值的相关数据，如图4-124所示。

（6）单击“行标签”单元格右侧的下拉按钮，在弹出的下拉列表框中选择【值筛选】/“介于”命令，如图4-125所示。

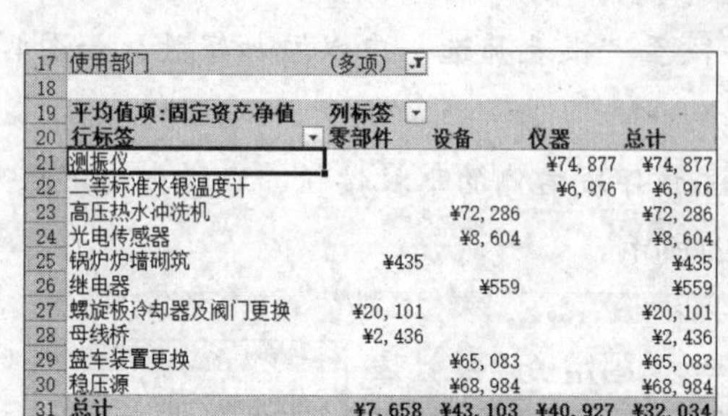

图4-124　查看效果

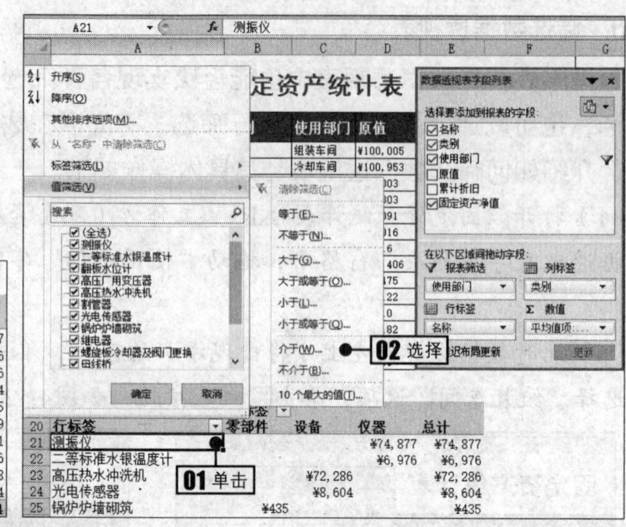

图4-125　值筛选

（7）打开“值筛选（名称）”对话框，在右侧的两个文本框中分别输入“5 000”和“50 000”，单击确定按钮，如图4-126所示。

（8）此时数据透视表中将仅显示固定资产净值在5 000（含）~50 000元（含）的固定资产数据情况（配套资源：效果/第4章/固定资产统计表4.xlsx），如图4-127所示。

图4-126　设置筛选范围

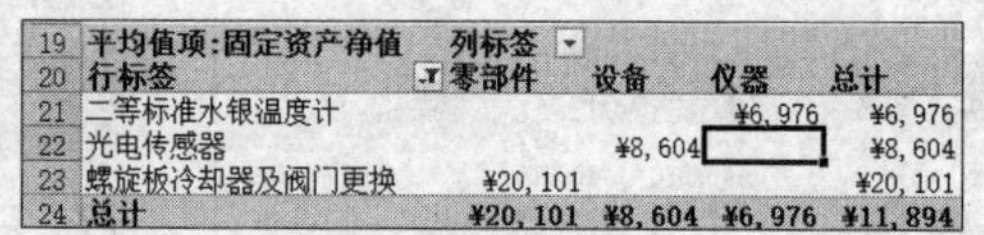

图4-127　查看数据

知识拓展

为了更方便地实现对数据透视表的筛选操作，Excel提供了“切片器”的功能，其具体的操作为：选中数据透视表中的某个单元格，然后在【数据透视表工具】下【选项】/【排序和筛选】组中单击“插入切片器”按钮，即可打开“插入切片器”对话框，然后在此对话框中选择需要的切片器（与字段一一对应），单击确定按钮后，即可将筛选后的结果显示在表格中。

4.4　Excel函数的基本应用

在Excel中函数具有十分重要的作用，利用函数不仅可以计算数据，而且可以帮助用户更高效地查找数据，因此用户掌握Excel函数的基本应用是很有必要的。

4.4.1　公式与函数的基础知识

公式与函数同样需要输入或插入到单元格中，它们也是Excel数据对象的一种，只是与其他普通数据相比，公式与函数有着独特的结构。下面分别介绍公式和函数的基础知识。

1. 公式的结构

公式就是计算表格中数据的算式，由等号和表达式构成，如“=A4*A5”，表示将A4单元格和A5单元格中的数据相乘并返回计算结果。利用公式可以快速完成各种复杂的数据运算，这不仅可以

节省时间，还能够避免人工计算可能带来的错误。

从结构上看，公式中包含的元素主要有常量、运算符、字符串、函数、单元格或单元格区域引用等，各元素的用法分别如下。

- ◆ **常量**。直接在公式中输入的数值，如5、6等。
- ◆ **运算符**。把公式中各个元素连接起来并进行相应运算的符号，如加号“+”、减号“-”、文本连接符“&”等。
- ◆ **字符串**。可以是数字、符号、文本等各种对象，一般用英文状态下的引号将字符串内容括起来表示，如“"优秀"”“"TQ2019-"”等。
- ◆ **函数**。在公式中引用或输入的函数，该函数为公式的一个参数，如公“=A2+MAX(5,2,7)”中的“MAX(5,2,7)”函数就是这种用法。
- ◆ **单元格或单元格区域引用**。这是公式中最常见的一种变量，将参与运算的单元格地址、单元格区域的地址或单元格区域的名称显示在公式中，如单元格“A5”、单元格区域“C3:C4”、单元格区域的名称“当月销售量”等。

知识拓展

除了引用的中文字符串外，公式及函数中的元素，几乎都是英文字符，因此都应当在英文状态下输入。特别要注意的是引号、逗号等，更应当在英文状态下输入，否则公式或函数的运算会出错。鉴于引用单元格或单元格区域的地址是大写的，函数名称也是大写的，所以这些内容可以在大写状态下进行输入。

2. 函数的语法

函数的参数可以是数字、文本、单元格引用，也可以是其他的公式或函数等。在描述函数时通常以语法结构来表现，Excel中函数的语法结构为“=函数名(参数1,参数2,...)”，如图4-128所示。函数中常用参数的作用分别如下。

- ◆ **常量**。指不进行计算、不发生改变的值，如数值、文本。
- ◆ **逻辑值**。用于判断数据真假的值，即TRUE（真值）和FALSE（假值）。
- ◆ **数组**。用于建立可生成多个结果或可对在行和列中排列的一组参数进行计算的单个公式。
- ◆ **单元格引用**。用来表示单元格在工作表中所处位置的坐标集。
- ◆ **嵌套函数**。将函数作为另一个函数的参数使用。

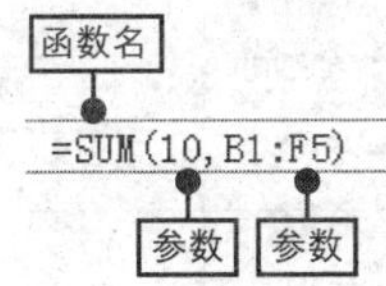

图4-128　函数的语法结构

3. 公式与函数中的运算符

运算符不仅是公式中连接各个元素的“锁链”，而且决定着公式运算的方式，是公式中不可缺少的元素。在公式中常用的运算符主要有4种类型：算术运算符、比较运算符、文本连接符和引用运算符。

- ◆ **算术运算符**。算术运算符就是基本的数学运算涉及的运算符号，包括加号、减号、乘号、除号等。各算术运算符的含义、示例与运算结果如表4-1所示。

表4-1　算术运算符的含义、示例与运算结果

运算符	含义	示例	运算结果
+	加号，执行加法运算	5+3	8
-	减号，执行减法运算	6-2	4
*	乘号，执行乘法运算	3*5	15
/	除法，执行除法运算	6/3	2
^	乘方，执行幂运算	3^2	9

◆ **比较运算符**。比较运算符就是将多个数字、文本、单元格内容或函数结果的大小进行比较并得出结果的运算符号。常用的比较运算符的含义、示例与运算结果如表4-2所示。

表4-2　比较运算符的含义、示例与运算结果

运算符	含义	示例	运算结果
=	等号，判断等号两边的值是否相等	5=6	FALSE
>	大于号，执行大于比较运算	5>2	TRUE
<	小于号，执行小于比较运算	10<3	FALSE
>=	大于或等于，执行大于或等于比较运算	5>=0.5	TRUE
<=	小于或等于，执行小于或等于比较运算	2<=2.6	TRUE
><	不等于，判断等号两边的值是否不等	6<>-6	TRUE

◆ **文本连接符**。文本连接符是一类比较特殊的符号，它有且只有一种表示符号，即“&”。文本连接符能将多个字符串连接起来，并合并为一个字符串。例如，在单元格中输入“="3"&"是一个数字"”，得到的结果为“3是一个数字”。

◆ **引用运算符**。引用运算符主要是将单元格或单元格区域中的数据进行合并计算。常用的引用运算符的含义、示例与运算结果如表4-3所示。

表4-3　引用运算符的含义、示例与运算结果

运算符	含义	示例	运算结果
:	冒号，区域运算符，引用两个单元格之间的所有单元格	A1:C2	引用A1、A2、B1、B2、C1、C2单元格中的数据
,	逗号，联合运算符，将多个引用合并为一个引用	B1,B3:E3	引用B1、B3、C3、D3、E3单元格中的数据

4. 单元格引用

在Excel中，单元格引用的作用在于标识工作表上的单元格或单元格区域，并指明公式中所使用的数据地址。如在公式“=A1+B1”中，引用了A1单元格和B1单元格的地址，则表示需要计算A1与B1单元格中的数据之和。

Excel中的单元格引用分为相对引用、绝对引用和混合引用等，它们具有不同的作用。

◆ **相对引用**。Excel中默认情况下使用的都是相对引用。在相对引用中，被引用单元格的位置

与公式所在单元格的位置相关联，当公式所在单元格的位置改变时，其引用的单元格的位置也会发生相应变化。如C1单元格中的公式为“=A1+B1”，若将C1单元格的公式复制到C2单元格中，则公式内容更改为“=A2+B2”，如图4-129所示。

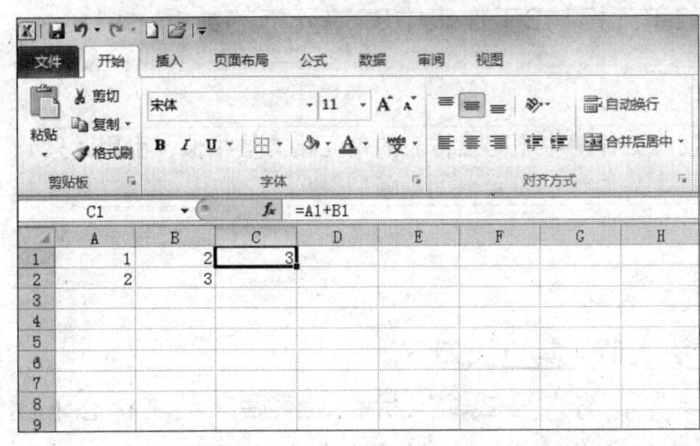
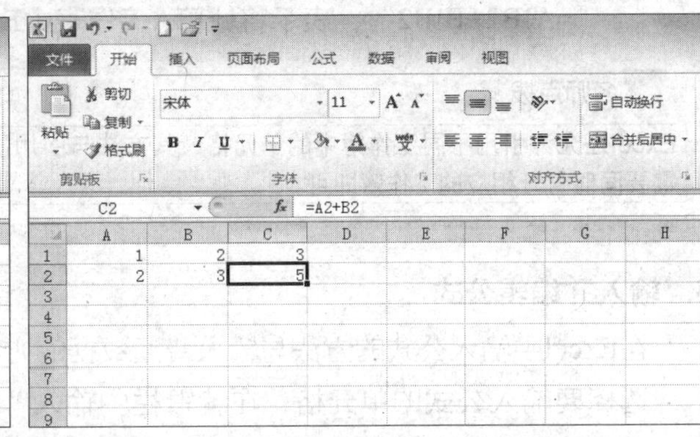

图4-129 相对引用的公式

◆ **绝对引用**。绝对引用下，无论公式所在单元格的位置如何改变，其公式内容是不会发生改变的。绝对引用的方法为：选择需进行绝对引用单元格编辑栏中的公式内容，按【F4】键将公式转换为绝对引用即可。也可直接在单元格地址左侧手动输入“$”进行转换。如C1单元格中的公式为“=A1+B1”，选择公式内容后按【F4】键，即可将公式转变为“=$A$1+$B$1”，此时若将C1单元格的公式复制到C2单元格中，公式内容同样为“=$A$1+$B$1”，如图4-130所示。

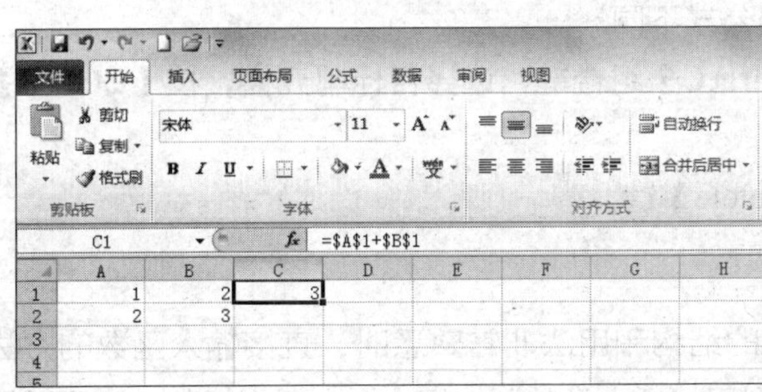
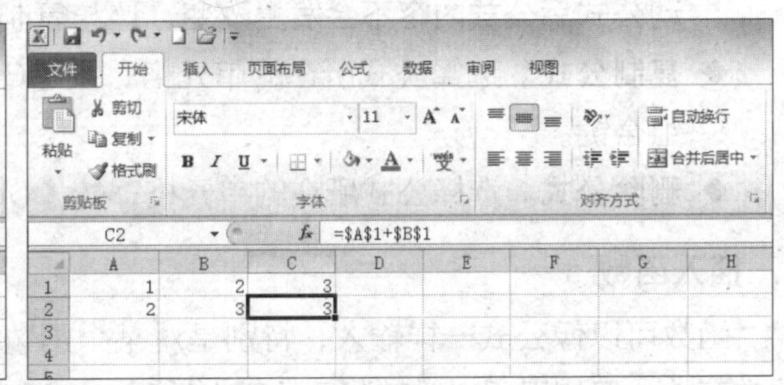

图4-130 绝对引用的公式

◆ **混合引用**。混合引用是指在一个单元格地址的引用中，同时存在相对引用与绝对引用。如果公式所在单元格的位置改变，则公式中相对引用地址也会随之改变，而绝对引用地址保持不变。如C1单元格中的公式为“=A1+$B1”，若将C1单元格的公式复制到D1单元格中，则公式内容将更改为“=B1+$B1”。这是因为本次公式的复制操作在同一行，所以行号不变，列标则根据引用类型发生或不发生变化，如图4-131所示。

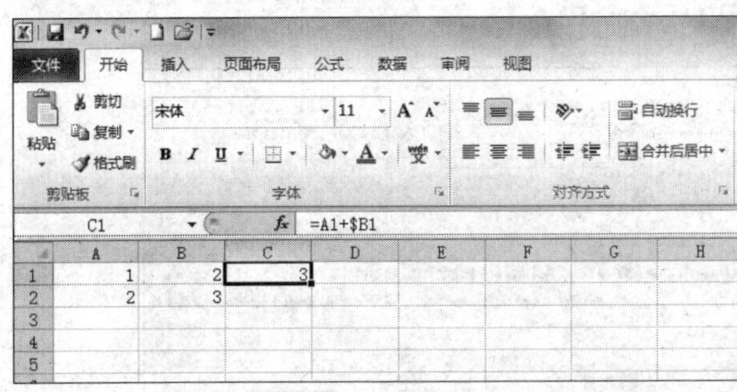
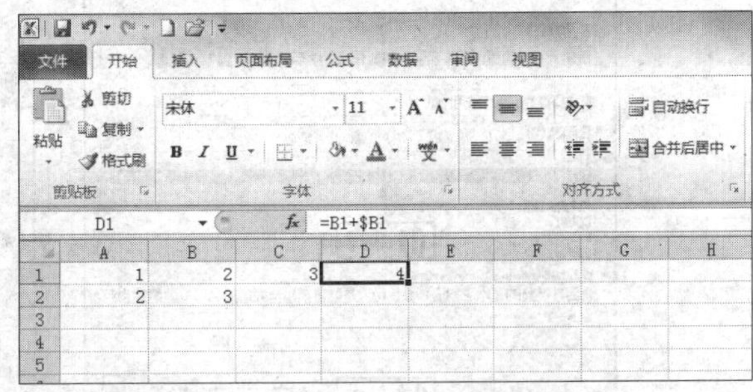

图4-131 混合引用的公式

◆ **引用同一工作簿中不同工作表的单元格**。如果要引用同一工作簿中其他工作表的单元格或单元格区域，可在公式输入状态下，单击需引用对象所在的工作表标签，单击单元格或拖动鼠标选择单元格区域，按【Enter】键即可。其格式为“=工作表名称！单元格地址”，如“=A!B2+B!B2”，表示将计算A工作表中B2单元格与B工作表中B2单元格的数据之和。

名师点拨

Excel还允许引用不同工作簿中的单元格，其方法与引用同一工作簿中不同工作表的单元格方法相似，引用时只需要同时打开相应的工作簿即可。

5. 输入并编辑公式

在Excel中输入公式的方法与输入普通数据的方法类似，其方法如下。

选择要输入公式的单元格，在编辑栏中输入“=”，进入公式输入状态，然后在英文状态下逐次输入公式所需的内容，完成后按【Enter】键或单击编辑栏左侧的“输入”按钮✔即可。如果需要引用某个单元格或单元格区域的地址，则可直接使用鼠标单击单元格或拖动鼠标选择单元格区域。

在Excel中编辑公式主要包括修改公式、移动公式、复制公式、删除公式等操作，其方法分别如下。

◆ **修改公式**。将光标定位到编辑栏的公式中，按修改数据的方法修改公式内容，完成后按【Enter】键或【Ctrl+Enter】组合键确认修改。

◆ **移动公式**。选择公式所在的单元格，拖动该单元格的边框至目标单元格。需要注意的是，移动公式后公式内容不会发生改变，这与复制公式不同。

◆ **复制公式**。选择公式所在的单元格，按【Ctrl+C】组合键，选择目标单元格，按【Ctrl+V】组合键。

◆ **删除公式**。选择公式所在的单元格，按【Delete】键。

6. 插入函数

函数可以像公式一样输入，特别是对某个函数的结构和用法非常熟悉时，直接输入函数的方法非常高效。但如果用户对某些函数不太熟悉，则可利用“插入函数”按钮fx插入所需函数。这里以插入平均值函数为例，介绍如何插入函数，其方法如下。选择需要插入函数的单元格，单击编辑栏中的“插入函数”按钮fx，打开“插入函数”对话框，选择“AVERAGE ”选项，对话框下方将显示所选函数的作用，单击确定按钮，如图4-132所示。打开“函数参数”对话框，在“Number1”文本框中通过单击定位插入光标，在表格中选择需要进行平均值求值的数据所在的单元格区域，返回“函数参数”对话框，单击确定按钮，如图4-133所示。

图4-132 选择函数

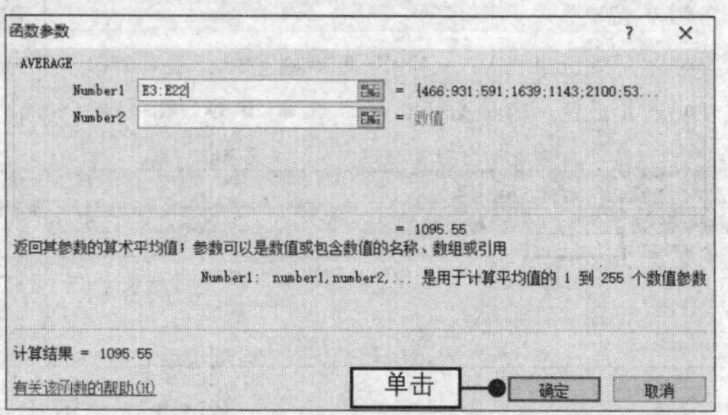

图4-133 选择求值单元格区域

4.4.2 求和函数的应用

对数据进行汇总合计是常见的操作，因此求和函数的使用频率较高。这里主要介绍SUM函数、SUMIF函数以及SUMIFS函数。

1. SUM函数

SUM函数可以用于计算所有参数的数值之和，其语法结构为“=SUM(number1,number2,number3,...)”。使用此函数时需注意以下几点。

- 参数的数量范围为1~30个。
- 若参数均为数值，则直接返回计算结果，如“=SUM(10,20)”将返回“30”。
- 若参数中包含文本数字和逻辑值，则会将文本数字判断为对应的数值，将逻辑值TRUE判断为“1”。如“=SUM("10",20,TRUE)”将返回“31”。
- 若参数为引用的单元格或单元格区域的地址，则只计算单元格或单元格区域中为数字的参数，其他如空白单元格、文本、逻辑值和错误值都将被忽略。

下面使用该函数计算员工的应发工资总额，其具体操作如下。

（1）打开“员工工资表1.xlsx”工作簿（配套资源：素材/第4章/员工工资表1.xlsx），选择G3:G14单元格区域，在编辑栏中输入“=SUM()”，如图4-134所示。

（2）将光标定位到编辑栏中输入的括号内，选择B3:F3单元格区域，表示计算该区域的数值之和，如图4-135所示。

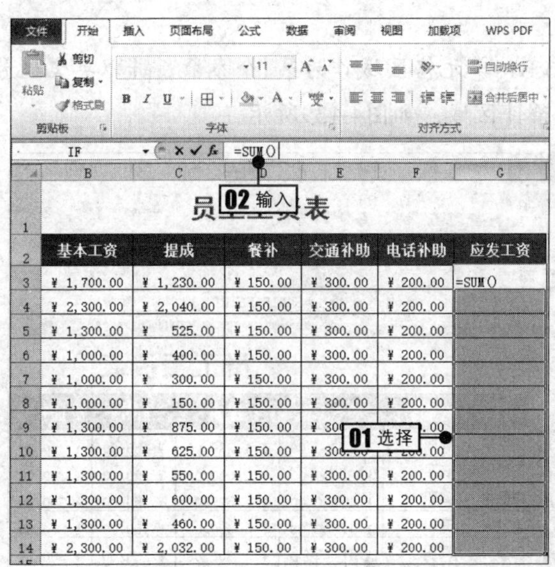

图4-134　输入SUM函数

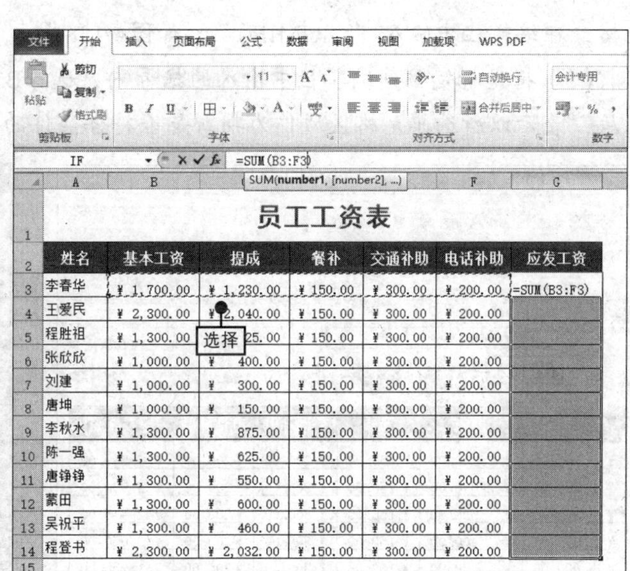

图4-135　选择引用的单元格区域

（3）按【Ctrl+Enter】组合键确认输入并返回所有员工的应发工资总额（配套资源：效果/第4章/员工工资表1.xlsx），如图4-136所示。

知识拓展

在二维表格中，如果求和区域比较清晰和整齐，则可以先选择结果单元格区域，然后在【公式】/【函数库】组中单击“自动求和”按钮**Σ**，如图4-137所示。Excel将根据表格结构和单元格的数据类型，自动判断可能的求和区域并返回计算结果。

G3 =SUM(B3:F3)

员工工资表

姓名	基本工资	提成	餐补	交通补助	电话补助	应发工资
李春华	¥ 1,700.00	¥ 1,230.00	¥ 150.00	¥ 300.00	¥ 200.00	¥ 3,580.00
王爱民	¥ 2,300.00	¥ 2,040.00	¥ 150.00	¥ 300.00	¥ 200.00	¥ 4,990.00
程胜祖	¥ 1,300.00	¥ 525.00	¥ 150.00	¥ 300.00	¥ 200.00	¥ 2,475.00
张欣欣	¥ 1,000.00	¥ 400.00	¥ 150.00	¥ 300.00	¥ 200.00	¥ 2,050.00
刘建	¥ 1,000.00	¥ 300.00	¥ 150.00	¥ 300.00	¥ 200.00	¥ 1,950.00
唐坤	¥ 1,000.00	¥ 150.00	¥ 150.00	¥ 300.00	¥ 200.00	¥ 1,800.00

图4-136　确认输入并返回结果

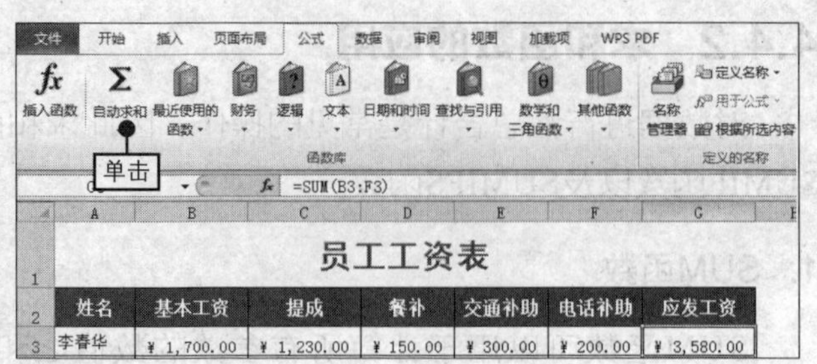

图4-137　自动求和

2. SUMIF函数

SUMIF函数也是一种求和函数，但它只会对符合条件的单元格求和。使用SUMIF函数时，即使选择了单元格区域，但如果其中包含不符合条件的单元格，该单元格中的数值也不会被计算在求和范围内。SUMIF函数的语法结构为“=SUMIF(range，criteria，sum_range)”。

- ◆ range。该参数指条件区域，用于判断对应的求和区域是否符合条件。
- ◆ criteria。该参数指求和条件，用于判断具体条件。
- ◆ sum_range。该参数指求和区域，用于求和的单元格区域，但其中只有符合条件的数值才被引用。

下面利用SUMIF函数计算所有离职员工的应发工资总额,其具体操作如下。

（1）打开“员工工资表2.xlsx”工作簿（配套资源：素材/第4章/员工工资表2.xlsx），选择G15单元格，在编辑栏中输入“=SUMIF()”，如图4-138所示。

（2）将光标定位到编辑栏中输入的括号内，选择B3:B14单元格区域作为第1个参数，并以英文逗号结尾，表示以所选单元格区域作为判断是否符合条件的条件区域，如图4-139所示。

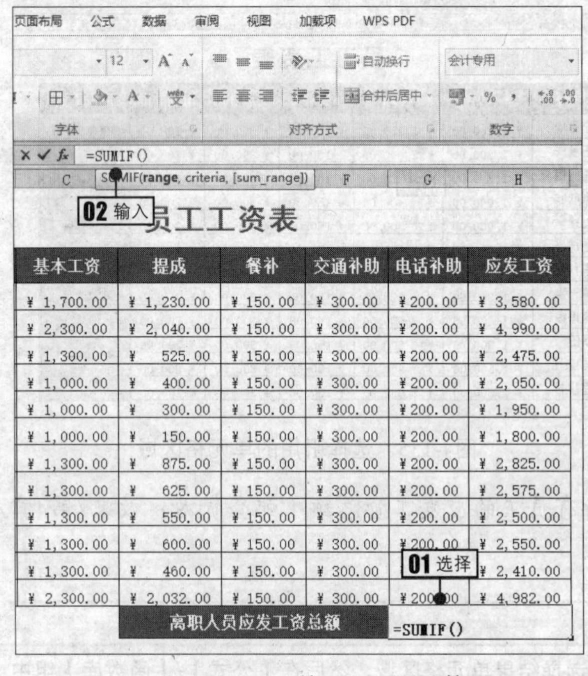

基本工资	提成	餐补	交通补助	电话补助	应发工资
¥ 1,700.00	¥ 1,230.00	¥ 150.00	¥ 300.00	¥ 200.00	¥ 3,580.00
¥ 2,300.00	¥ 2,040.00	¥ 150.00	¥ 300.00	¥ 200.00	¥ 4,990.00
¥ 1,300.00	¥ 525.00	¥ 150.00	¥ 300.00	¥ 200.00	¥ 2,475.00
¥ 1,000.00	¥ 400.00	¥ 150.00	¥ 300.00	¥ 200.00	¥ 2,050.00
¥ 1,000.00	¥ 300.00	¥ 150.00	¥ 300.00	¥ 200.00	¥ 1,950.00
¥ 1,000.00	¥ 150.00	¥ 150.00	¥ 300.00	¥ 200.00	¥ 1,800.00
¥ 1,300.00	¥ 875.00	¥ 150.00	¥ 300.00	¥ 200.00	¥ 2,825.00
¥ 1,300.00	¥ 625.00	¥ 150.00	¥ 300.00	¥ 200.00	¥ 2,575.00
¥ 1,300.00	¥ 550.00	¥ 150.00	¥ 300.00	¥ 200.00	¥ 2,500.00
¥ 1,300.00	¥ 600.00	¥ 150.00	¥ 300.00	¥ 200.00	¥ 2,550.00
¥ 1,300.00	¥ 460.00	¥ 150.00	¥ 300.00	[illegible]	¥ 2,410.00
¥ 2,300.00	¥ 2,032.00	¥ 150.00	¥ 300.00	¥ 200.00	¥ 4,982.00
	离职人员应发工资总额			=SUMIF()	

图4-138　输入SUMIF函数

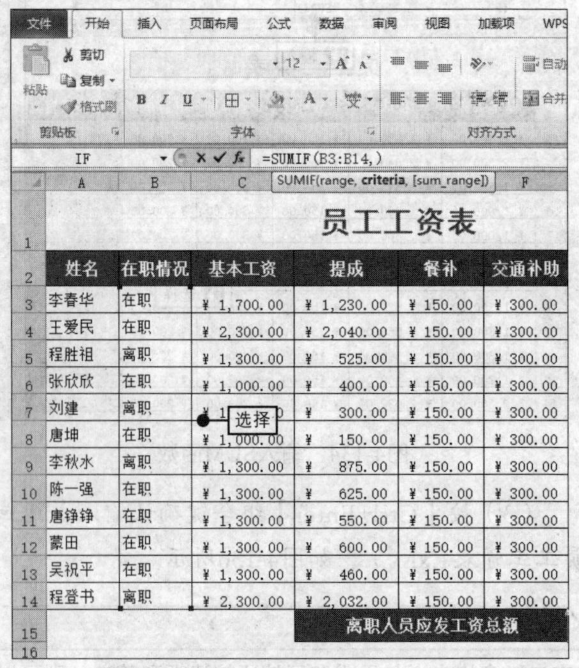

姓名	在职情况	基本工资	提成	餐补	交通补助
李春华	在职	¥ 1,700.00	¥ 1,230.00	¥ 150.00	¥ 300.00
王爱民	在职	¥ 2,300.00	¥ 2,040.00	¥ 150.00	¥ 300.00
程胜祖	离职	¥ 1,300.00	¥ 525.00	¥ 150.00	¥ 300.00
张欣欣	在职	¥ 1,000.00	¥ 400.00	¥ 150.00	¥ 300.00
刘建	离职	[illegible]	¥ 300.00	¥ 150.00	¥ 300.00
唐坤	在职	¥ 1,000.00	¥ 150.00	¥ 150.00	¥ 300.00
李秋水	离职	¥ 1,300.00	¥ 875.00	¥ 150.00	¥ 300.00
陈一强	在职	¥ 1,300.00	¥ 625.00	¥ 150.00	¥ 300.00
唐铮铮	在职	¥ 1,300.00	¥ 550.00	¥ 150.00	¥ 300.00
蒙田	在职	¥ 1,300.00	¥ 600.00	¥ 150.00	¥ 300.00
吴祝平	在职	¥ 1,300.00	¥ 460.00	¥ 150.00	¥ 300.00
程登书	离职	¥ 2,300.00	¥ 2,032.00	¥ 150.00	¥ 300.00

图4-139　设置条件区域

（3）继续在括号内输入第2个参数“"离职"”，并以英文逗号结尾，表示判断前面所选的条件区域中哪些单元格的数值为“离职”，如图4-140所示。

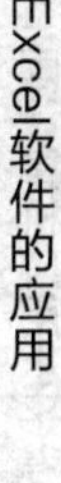

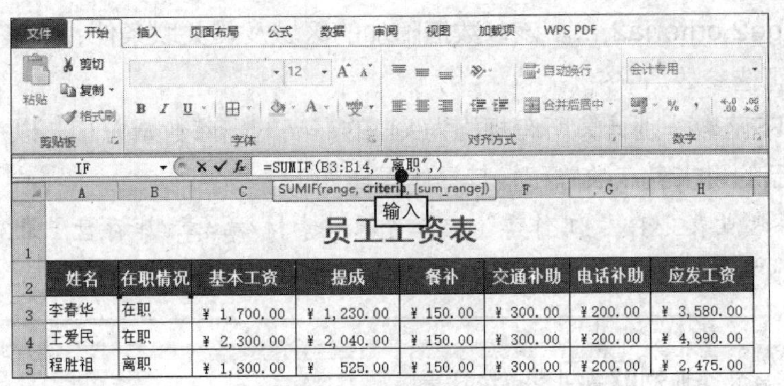

图4-140　输入判断条件

（4）选择H3:H14单元格区域作为第3个参数，表示对所选区域求和，但其中对应的“在职情况”属于“在职”的，不在求和范围内，如图4-141所示。

（5）输入完成后按【Ctrl+Enter】组合键，确认输入并返回计算结果（配套资源：效果/第4章/员工工资表2.xlsx），如图4-142所示。

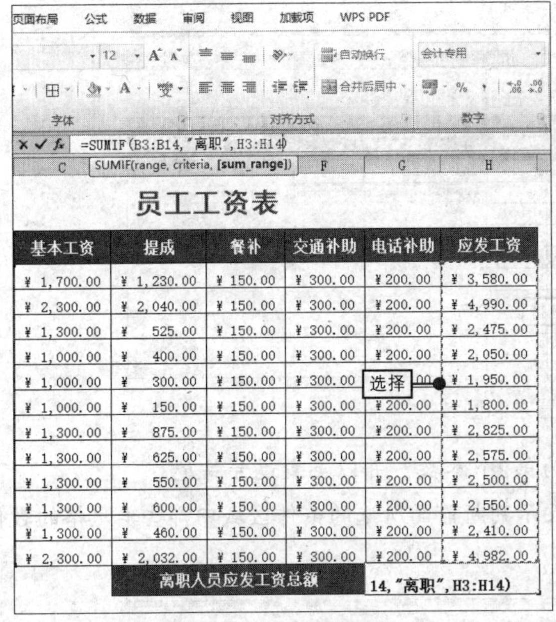

图4-141　设置求和区域　　　　图4-142　确认输入并返回结果

3. SUMIFS函数

SUMIFS函数是对工作表中的两个或多个单元格（单元格可以相邻或不相邻）中满足多个条件的单元格求和，其语法结构为“=SUMIFS(sum_range,criteria_range1,criteria1,[criteria_range2, criteria2], ...)”。简单来说，其语法结构为“=SUMIFS（实际求和区域，第一个条件区域，第一个对应的求和条件，第二个条件区域，第二个对应的求和条件……第*N*个条件区域，第*N*个对应的求和条件）”。

- sum_range。该参数指进行求和的单元格或单元格区域，包括数值或包含数值的名称、区域、单元格引用，忽略空白和文本值，属于必需参数。
- criteria_range1。该参数指在其中计算关联条件的第一个区域，属于必需参数。
- criteria1。该参数指求和条件，求和条件的形式为数字、表达式、单元格引用或文本，如32、">32"、B4、"苹果"，属于必需参数。

◆ criteria_range2,criteria2,...。该参数指附加的区域及其关联条件，最多允许127个区域、条件对，属于可选参数。

下面利用SUMIFS函数分别计算所有规格为20kg的产品的出库数量总和，以及入库数量和出库数量均大于1 200的产品的月末盘点数总和，其具体操作如下。

（1）打开“库存盘点表3.xlsx”工作簿（配套资源：素材/第4章/库存盘点表3.xlsx），选择I3单元格，在编辑栏中输入“=SUMIFS()”，如图4-143所示。

图4-143 输入SUMIFS函数

（2）将光标定位到编辑栏中输入的括号内，选择F3:F19单元格区域作为第1个参数，并以英文逗号结尾，表示以所选单元格区域作为求和区域，如图4-144所示。

IF =SUMIFS(F3:F19,)

××企业产品库存盘点统计表

序号	产品名称	规格	月初库存量	入库数量	出库数量	月末库存数	月末盘点数	所有规格为20KG的产品的出库数量总和	入库数量和出库数量均大于1200的产品的月末盘点数总和
1	150mm冷水管	10kg	476	1190	1190	476	476	=SUMIFS(F3:F19,)	
2	151mm冷水管	10kg	392	1136	1082	446	446	SUMIFS(sum_range, **criteria_range1**, criteria1, [criteria_range2, ...)	
3	152mm冷水管	30kg	350	1170	1173	347	347		
4	153mm冷水管	20kg	686	1168	1133	721	721		
5	154mm冷水管	20kg	630	1113	1177	566	566		
6	157mm冷水管	15kg	469	1119	1220	368	368		
7	158mm冷水管	20kg	518	1100	1148	470			
8	160mm冷水管	20kg	525	1208	1208	525			
9	161mm冷水管	20kg	518	1206	1207	517	517		
10	163mm冷水管	20kg	630	1076	1186	520	520		

选择

图4-144 设置求和区域

（3）按照同样的方法选择C3:C19单元格区域作为第2个参数，并以英文逗号结尾。

（4）继续在括号内输入第3个参数“"20kg"”，表示判断前面所选的条件区域中哪些单元格的数值为“20kg”，如图4-145所示。

IF =SUMIFS(F3:F19,C3:C19,"20kg")

SUMIFS(sum_range, criteria_range1, **criteria1**, [criteria_range2, criteria2], ...)

××企业产品库存盘点统计表 输入

序号	产品名称	规格	月初库存量	入库数量	出库数量	月末库存数	月末盘点数	所有规格为20kg的产品的出库数量总和	入库数量和出库数量均大于1200的产品的月末盘点数总和
1	150mm冷水管	10kg	476	1190	1190	476	476	=SUMIFS(F3:F19,C3:C19,"20kg")	
2	151mm冷水管	10kg	392	1136	1082	446	446		
3	152mm冷水管	30kg	350	1170	1173	347	347		
4	153mm冷水管	20kg	686	1168	1133	721	721		
5	154mm冷水管	20kg	630	1113	1177	566	566		
6	157mm冷水管	15kg	469	1119	1220	368	368		
7	158mm冷水管	20kg	518	1100	1148	470	470		
8	160mm冷水管	20kg	525	1208	1208	525	525		
9	161mm冷水管	20kg	518	1206	1207	517	517		
10	163mm冷水管	20kg	630	1076	1186	520	520		
11	163mm冷水管	30kg	550	1250	1186	614	520		
12	164mm冷水管	40kg	518	1152	1109	561	561		

图4-145 设置求和条件

（5）输入完成后按【Enter】键，确认输入并返回计算结果。

（6）选择J3单元格，在编辑栏中输入“=SUMIFS()”，按上面介绍的方法设置公式为“=SUMIFS(H3:H19,E3:E19,">1200",F3:F19,">1200")”，如图4-146所示。

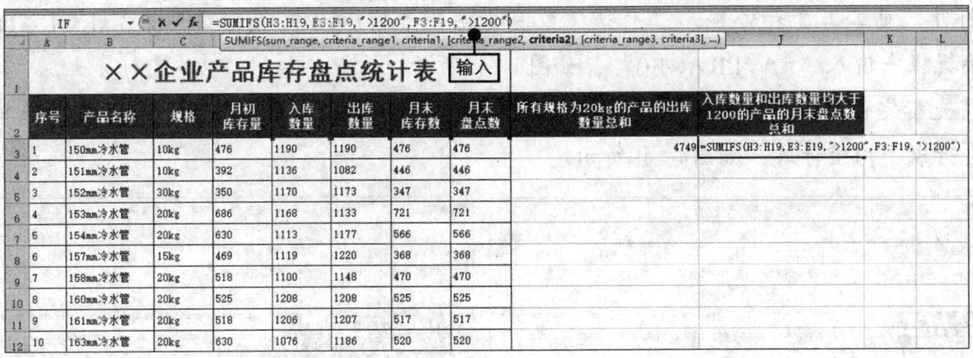

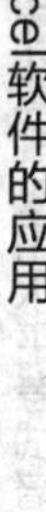

IF =SUMIFS(H3:H19,E3:E19,">1200",F3:F19,">1200")

SUMIFS(sum_range, criteria_range1, criteria1, [criteria_range2, criteria2], [criteria_range3, criteria3], ...)

××企业产品库存盘点统计表 输入

序号	产品名称	规格	月初库存量	入库数量	出库数量	月末库存数	月末盘点数	所有规格为20kg的产品的出库数量总和	入库数量和出库数量均大于1200的产品的月末盘点数总和
1	150mm冷水管	10kg	476	1190	1190	476	476	4749	=SUMIFS(H3:H19,E3:E19,">1200",F3:F19,">1200")
2	151mm冷水管	10kg	392	1136	1082	446	446		
3	152mm冷水管	30kg	350	1170	1173	347	347		
4	153mm冷水管	20kg	686	1168	1133	721	721		
5	154mm冷水管	20kg	630	1113	1177	566	566		
6	157mm冷水管	15kg	469	1119	1220	368	368		
7	158mm冷水管	20kg	518	1100	1148	470	470		
8	160mm冷水管	20kg	525	1208	1208	525	525		
9	161mm冷水管	20kg	518	1206	1207	517	517		
10	163mm冷水管	20kg	630	1076	1186	520	520		

图4-146　设置公式

（7）输入完成后按【Enter】键，确认输入并返回计算结果（配套资源：效果/第4章/库存盘点表3.xlsx），如图4-147所示。

I28

××企业产品库存盘点统计表

序号	产品名称	规格	月初库存量	入库数量	出库数量	月末库存数	月末盘点数	所有规格为20kg的产品的出库数量总和	入库数量和出库数量均大于1200的产品的月末盘点数总和
1	150mm冷水管	10kg	476	1190	1190	476	476	4749	1599
2	151mm冷水管	10kg	392	1136	1082	446	446		
3	152mm冷水管	30kg	350	1170	1173	347	347		
4	153mm冷水管	20kg	686	1168	1133	721	721		
5	154mm冷水管	20kg	630	1113	1177	566	566		
6	157mm冷水管	15kg	469	1119	1220	368	368		
7	158mm冷水管	20kg	518	1100	1148	470	470		
8	160mm冷水管	20kg	525	1208	1208	525	525		
9	161mm冷水管	20kg	518	1206	1207	517	517		
10	163mm冷水管	20kg	630	1076	1186	520	520		
11	163mm冷水管	30kg	550	1250	1186	614	520		

图4-147　确认输入并返回计算结果

【例题·单选题】下列关于Excel函数的说法，不正确的是（　　）。

A. 使用SUMIF函数时，即使选择了单元格区域，但如果其中包含不符合条件的单元格，该单元格中的数值也不会被计算在求和范围内

B. SUM函数参数的数量范围为1~30个

C. 在SUM函数中，若参数中包含文本数字和逻辑值，则会将文本数字判断为对应的数值，将逻辑值TRUE判断为“0”

D. 在SUMIFS函数参数中，求和条件的形式为数字、表达式、单元格引用或文本

【解析】在SUM函数中，若参数中包含文本数字和逻辑值，则会将文本数字判断为对应的数值，将逻辑值TRUE判断为“1”。

【答案】C

4.4.3 求平均值函数的应用

求平均值也是日常工作中使用非常频繁的统计方法，如计算平均销量、平均工资、平均产量等。常用的求平均值函数主要有AVERAGE函数和AVERAGEIF函数。

1. AVERAGE函数

AVERAGE函数与SUM函数的用法类似，其语法结构为“=AVERAGE(number1,number2, number3,...)”。下面使用该函数计算员工的平均应发工资，其具体操作如下。

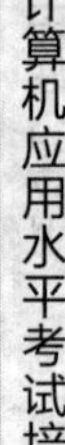

（1）打开“员工工资表3.xlsx”工作簿（配套资源：素材/第4章/员工工资表3.xlsx），选择H15单元格，在编辑栏中输入“=AVERAGE()”，如图4-148所示。

（2）将光标定位到编辑栏中输入的括号内，然后选择H3:H14单元格区域，表示将所选单元格区域中的数据进行求平均值计算，如图4-149所示。

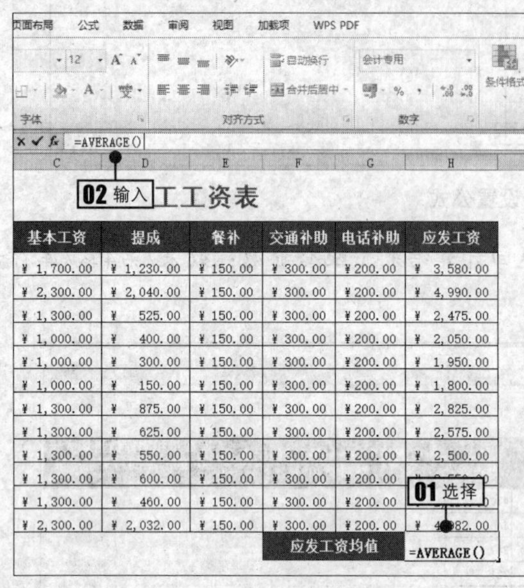

图4-148 输入AVERAGE函数

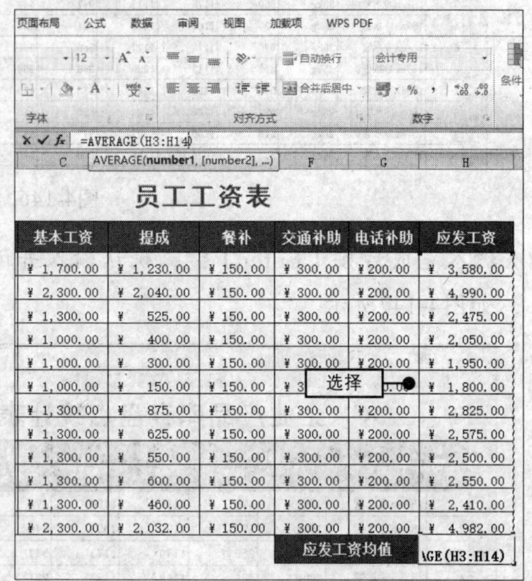

图4-149 设置求平均值区域

（3）按【Ctrl+Enter】组合键，确认输入并返回计算结果（配套资源：效果/第4章/员工工资表3.xlsx），如图4-150所示。

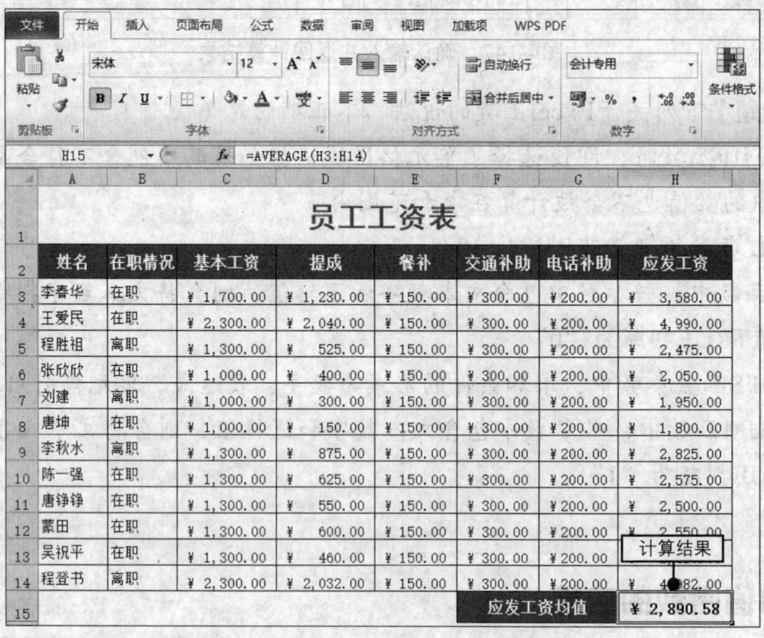

员工工资表

姓名	在职情况	基本工资	提成	餐补	交通补助	电话补助	应发工资
李春华	在职	¥ 1,700.00	¥ 1,230.00	¥ 150.00	¥ 300.00	¥200.00	¥ 3,580.00
王爱民	在职	¥ 2,300.00	¥ 2,040.00	¥ 150.00	¥ 300.00	¥200.00	¥ 4,990.00
程胜祖	离职	¥ 1,300.00	¥ 525.00	¥ 150.00	¥ 300.00	¥200.00	¥ 2,475.00
张欣欣	在职	¥ 1,000.00	¥ 400.00	¥ 150.00	¥ 300.00	¥200.00	¥ 2,050.00
刘建	离职	¥ 1,000.00	¥ 300.00	¥ 150.00	¥ 300.00	¥200.00	¥ 1,950.00
唐坤	在职	¥ 1,000.00	¥ 150.00	¥ 150.00	¥ 300.00	¥200.00	¥ 1,800.00
李秋水	离职	¥ 1,300.00	¥ 875.00	¥ 150.00	¥ 300.00	¥200.00	¥ 2,825.00
陈一强	在职	¥ 1,300.00	¥ 625.00	¥ 150.00	¥ 300.00	¥200.00	¥ 2,575.00
唐铮铮	在职	¥ 1,300.00	¥ 550.00	¥ 150.00	¥ 300.00	¥200.00	¥ 2,500.00
蒙田	在职	¥ 1,300.00	¥ 600.00	¥ 150.00	¥ 300.00	¥200.00	¥ 2,550.00
吴祝平	在职	¥ 1,300.00	¥ 460.00	¥ 150.00	¥ 300.00	¥200.00	[illegible]
程登书	离职	¥ 2,300.00	¥ 2,032.00	¥ 150.00	¥ 300.00	¥200.00	¥ 4[illegible]82.00
					应发工资均值		¥ 2,890.58

图4-150 确认输入并返回计算结果

2. AVERAGEIF函数

AVERAGEIF函数与SUMIF函数类似，只对符合条件的单元格求平均值。AVERAGEIF函数的语法结构为“=AVERAGEIF(range，criteria，average_range)”。

◆ range。该参数为条件区域，用于判断对应的求平均值区域是否符合条件。

◆ criteria。该参数为求平均值的条件，用于判断具体条件。

◆ average_range。该参数为求平均值的区域，用于求平均值的单元格区域，其中只有符合条件的数值才被引用。

下面利用该函数计算所有在职员工应发工资的平均值，其具体操作如下。

（1）打开“员工工资表4.xlsx”工作簿（配套资源：素材/第4章/员工工资表4.xlsx），选择H15单元格，在编辑栏中输入“=AVERAGEIF()”，如图4-151所示。

（2）将光标定位到编辑栏中输入的括号内，选择B3:B14单元格区域作为第1个参数，并以英文逗号结尾，表示以所选单元格区域作为判断是否符合条件的条件区域，如图4-152所示。

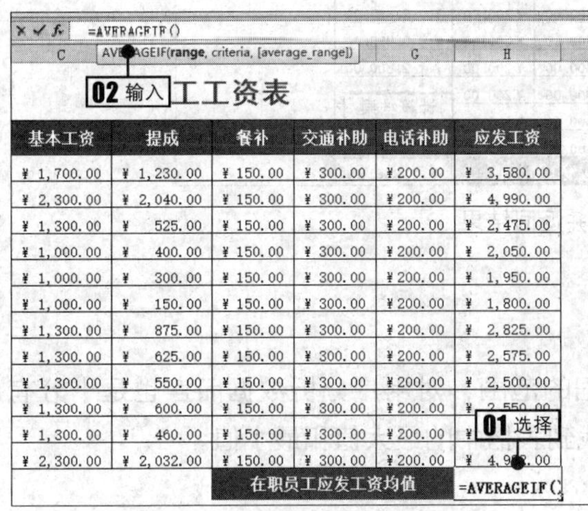

图4-151 输入AVERAGEIF函数

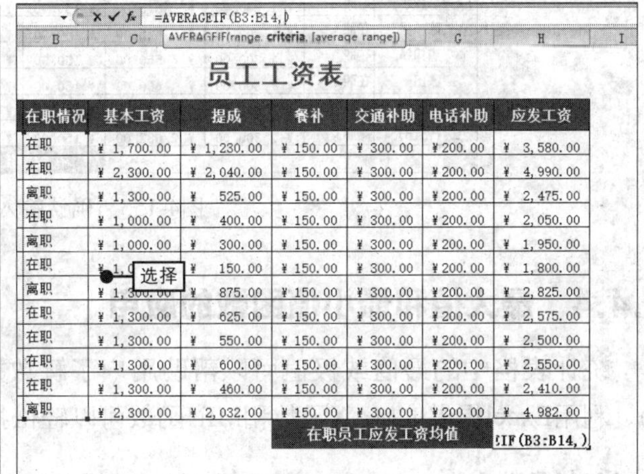

图4-152 设置条件区域

（3）继续在括号内输入第2个参数“"在职"”，并以英文逗号结尾，表示判断前面所选的条件区域中哪些单元格的数值为“在职”，如图4-153所示。

（4）选择H3:H14单元格区域作为第3个参数，表示对所选区域求平均值，但其中对应的“在职情况”属于“离职”的，不在求平均值的范围内，如图4-154所示。

图4-153 设置求和区域

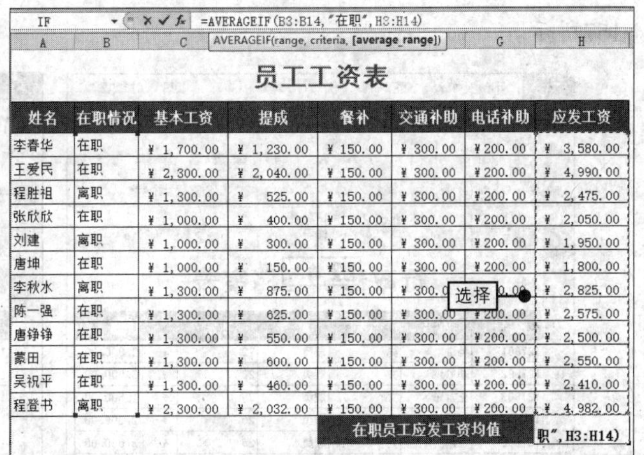

图4-154 设置条件

（5）输入完成后按【Ctrl+Enter】组合键，确认输入并返回计算结果（配套资源：效果/第4章/员工工资表4.xlsx），如图4-155所示。

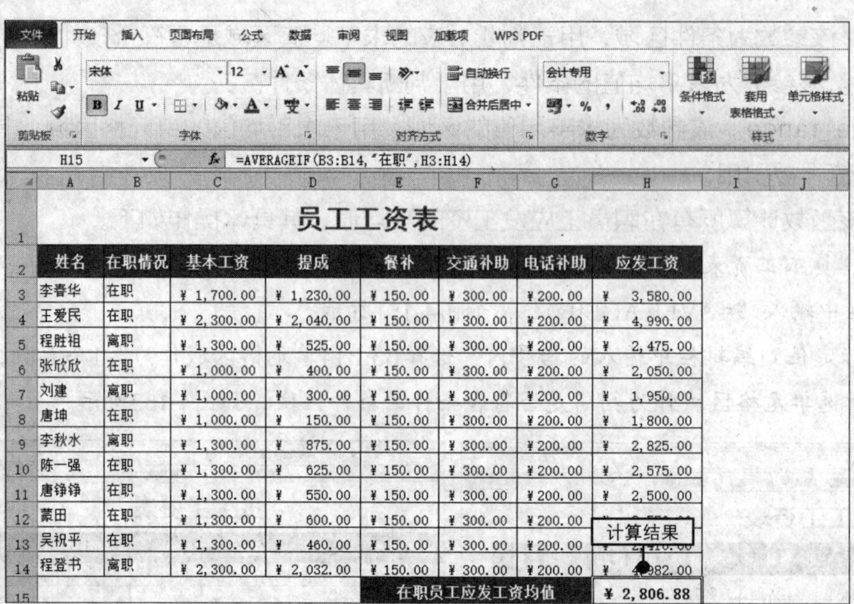

图4-155　确认输入并返回结果

4.4.4　最大值和最小值函数的应用

统计表格中的最值或极值可以帮助用户了解数据的范围，对用户分析数据而言也是十分有用的。利用Excel提供的MAX函数和MIN函数可以轻松找到表格中的最大值和最小值。

1. MAX函数

利用MAX函数可以返回所引用单元格区域中最大的数值，其语法结构为“=MAX(number1, number2,...)”。下面使用该函数查询员工的最高薪酬，其具体操作如下。

（1）打开“员工档案表1.xlsx”工作簿（配套资源：素材/第4章/员工档案表1.xlsx），选择F13单元格，在编辑栏中输入“=MAX()”，如图4-156所示。

（2）将光标定位到编辑栏中输入的括号内，选择F3:F12单元格区域，查找其中最大的数值，如图4-157所示。

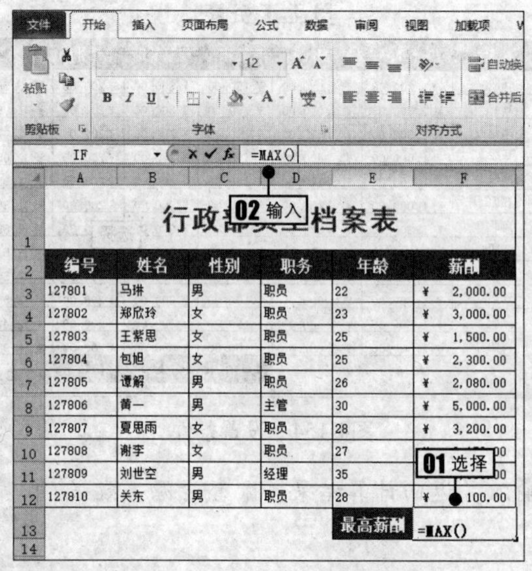

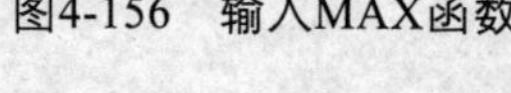
图4-156　输入MAX函数

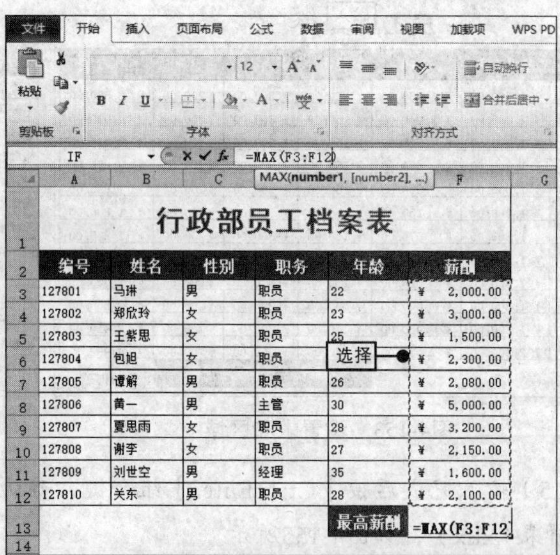

图4-157　设置条件区域

（3）按【Ctrl+Enter】组合键，确认并返回计算结果（配套资源：效果/第4章/员工档案表1.xlsx），如图4-158所示。

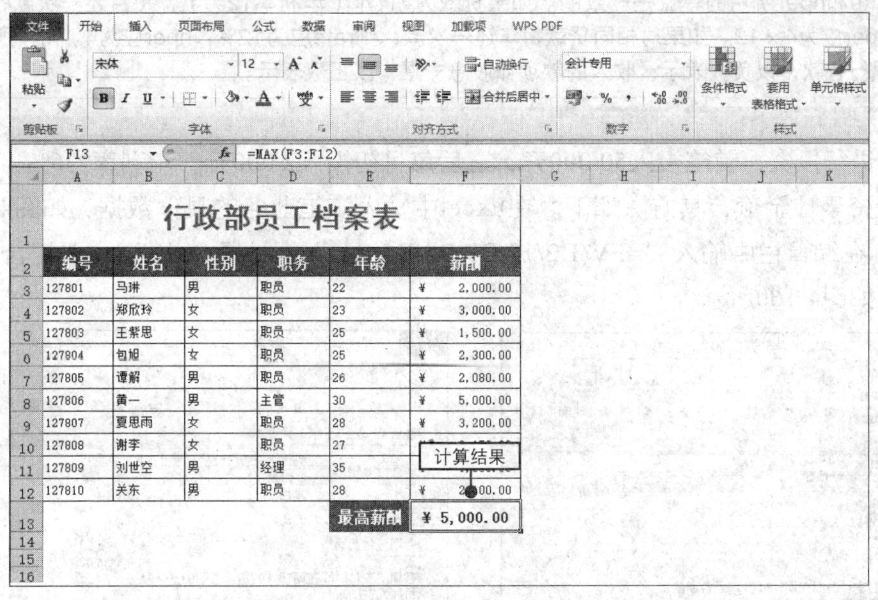

行政部员工档案表

编号	姓名	性别	职务	年龄	薪酬
127801	马琳	男	职员	22	¥ 2,000.00
127802	郑欣玲	女	职员	23	¥ 3,000.00
127803	王紫思	女	职员	25	¥ 1,500.00
127804	包旭	女	职员	25	¥ 2,300.00
127805	谭解	男	职员	26	¥ 2,080.00
127806	黄一	男	主管	30	¥ 5,000.00
127807	夏思雨	女	职员	28	¥ 3,200.00
127808	谢李	女	职员	27	[illegible]
127809	刘世空	男	经理	35	[illegible]
127810	关东	男	职员	28	¥ 2[illegible]00.00
				最高薪酬	¥ 5,000.00

图4-158　确认输入并返回结果

2. MIN函数

MIN函数可以返回所引用单元格区域中最小的数值，其语法结构为“=MIN(number1, number2,...)”。MIN函数的使用方法与MAX函数的使用方法类似，引用需要查找最小值的单元格区域即可返回其中的最小值。

4.4.5　货币的时间价值相关函数的应用

货币的时间价值在企业的管理中是评价投资、筹资方案等的基本标准，因此货币的时间价值的计算是很重要的。Excel提供的财务函数可以帮助用户方便地计算终值、现值等，涉及的函数包括FV函数、PV函数和PMT函数。下面进行具体介绍。

1. FV函数

FV函数是基于固定利率和等额分期付款方式，计算某项投资的未来值（即终值）的函数。其语法结构为“=FV（rate，nper，pmt，[pv]，[type]）”。

- rate。该参数指各期利率，属于必需参数。
- nper。该参数指年金的付款总期数，属于必需参数。
- pmt。该参数指各期所应支付的金额，在整个年金期间保持不变，属于必需参数。通常 pmt 包括本金和利息，但不包括其他费用和税款。如果省略pmt，则必须包括pv参数。
- pv。该参数指现值，或一系列未来付款的当前值的累计，属于可选参数。如果省略pv参数，则假定其值为0，并且必须包括pmt参数。
- type。该参数为数字0或1，用以指定各期的付款时间是在期初还是期末，属于可选参数。付款时间在期初，type为1；付款时间在期末，type为0。如果省略type参数，则假定其值为0。

名师点拨

应确保指定rate和nper所用的单位是一致的。如果贷款为期4年（年利率12%），每月还一次款，则rate应为12%÷12，nper应为4×12。如果对相同贷款每年还一次款，则rate应为12%，nper应为4。对于所有参数：支出的款项如银行存款，以负数表示；收入的款项如股息支票，以正数表示。

假设王某进行投资，首笔投入50 000元，之后每月初投入2 000元，年利率为6%，试计算10个月后王某该笔投资累计金额，其方法如下。在Excel中输入该笔业务的具体数据，如图4-159所示。选择B7单元格，在编辑栏中输入“=FV(B2/12,B3,B4,B5,B6)”，按【Ctrl+Enter】组合键，确认并返回计算结果，如图4-160所示。

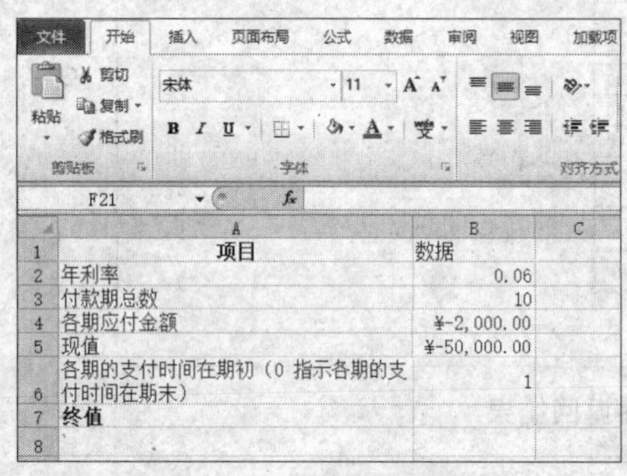

图4-159　输入具体数据

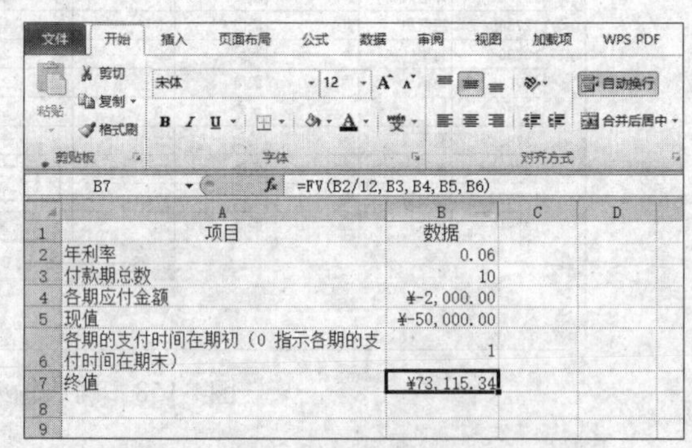

图4-160　确认并返回计算结果

2. PV函数

PV函数是一个财务函数，用于根据固定利率计算贷款或投资的现值。用户可以将PV函数与定期付款、固定付款（如按揭或其他贷款）或投资目标的未来值结合使用，其语法结构为“=PV(rate,nper,pmt,[fv],[type])”。

- rate。该参数指各期利率，属于必需参数。如一笔年利率为10%的汽车贷款，每月还款一次，则每月的利率为10%÷12（即0.83%）。
- nper。该参数指年金的付款总期数，属于必需参数。如一笔为期4年的汽车贷款，每月还款一次，则贷款期数为4×12（即48）期。
- pmt。该参数指每期的付款金额，在年金周期内不能更改，属于必需参数。通常pmt包括本金和利息，但不含其他费用和税金。例如，对于金额为100 000元、年利率为12%的4年期汽车贷款，每月付款为2 633.30元，则pmt为-2 633.30。如果省略pmt参数，则必须包括fv参数。
- fv。该参数指未来值（即终值），或在最后一次付款后希望得到的现金余额，属于可选参数。如果省略fv参数，则假定其值为0（如贷款的未来值是0）。如果省略fv参数，则必须包括pmt参数。
- type。该参数为数字0或1，用以指定各期的付款时间是在期初还是期末，属于可选参数。付款时间在期初，type为1；付款时间在期末，type为0。如果省略type参数，则假定其值为0。

名师点拨

应确保指定rate和nper所用的单位是一致的。如果贷款为期4年（年利率12%），每月还一次款，则rate应为12%÷12，nper应为4×12。如果对相同贷款每年还一次款，则rate应为12%，nper应为4。

假设有一笔20年期分期付款购买设备的业务，每年年末付50 000元，银行实际年利率为8%，试计算该项业务分期付款总额相当于现在一次性支付的价款，其方法如下。

在Excel中输入该笔业务的具体数据，如图4-161所示。选择B5单元格，在编辑栏中输入“=PV(B3/12,12*B4,B2,0)”，按【Ctrl+Enter】组合键，确认并返回计算结果，如图4-162所示。

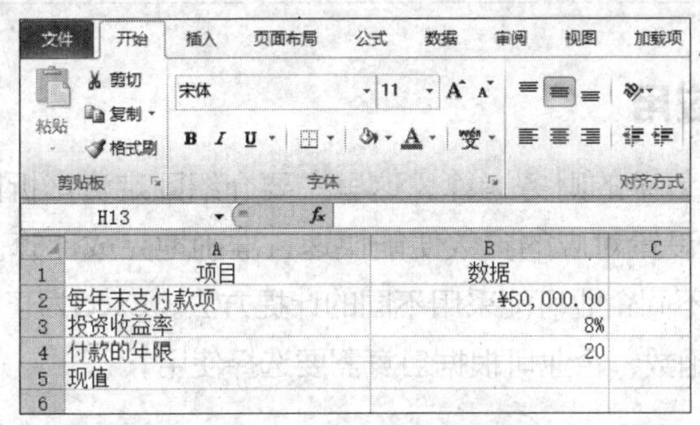

图4-161　输入具体数据

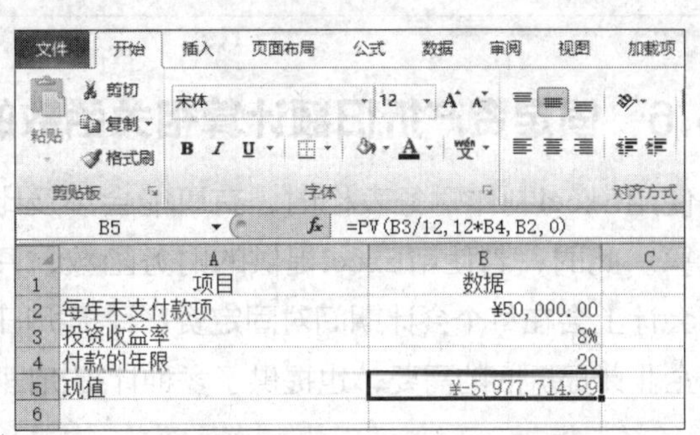

图4-162　确认并返回计算结果

3. PMT函数

PMT函数是一个财务函数，用于根据固定付款额和固定利率计算贷款的付款额。其语法结构为“=PMT(rate,nper,pv,[fv],[type])”。

- rate。该参数指贷款利率，属于必需参数。
- nper。该参数指该项贷款的付款总数，属于必需参数。
- pv。该参数指现值，或一系列未来付款额现值的总额，也叫本金，属于必需参数。
- fv。该参数指未来值，或在最后一次付款后希望得到的现金余额，属于可选参数。如果省略fv参数，则假定其值为0，即贷款的未来值是0。
- type。该参数为数字0或1，用以指示支付时间，属于可选参数。付款时间在期初，type为1；付款时间在期末，type为0。如果省略type参数，则假定其值为0。

需要注意的是，PMT函数返回的付款额包括本金和利息，但不包括税金、准备金，也不包括某些与贷款有关的费用。

名师点拨

应确保指定rate和nper所用的单位是一致的。如果要以12%的年利率按月支付一笔4年期的贷款，则rate应为12%÷12，nper应为4×12。如果按年支付同一笔贷款，则rate应为12%，nper应为4。

假设王某按揭购房贷款额为500 000 元，18年还清，贷款年利率为6%，每月月末还款，试计算每月还款额，其方法如下。

在Excel中输入该笔业务的具体数据，如图4-163所示。选择B5单元格，在编辑栏中输入“=PMT(B2/12,B3*12, 0,B4,0)”，按【Ctrl+Enter】组合键，确认并返回计算结果，如图4-164所示。

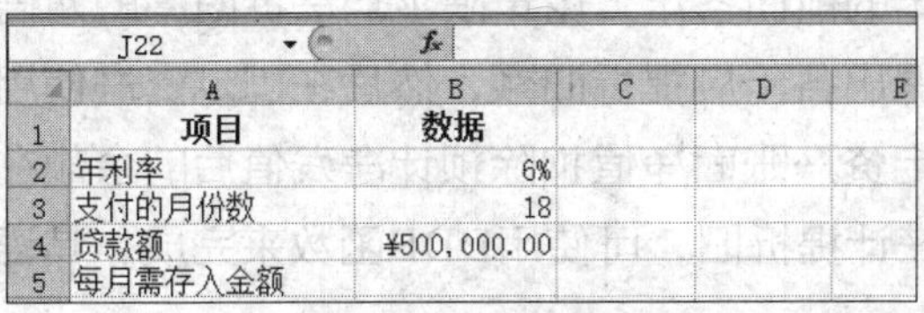

	A	B	C	D	E
1	项目	数据			
2	年利率	6%			
3	支付的月份数	18			
4	贷款额	¥500,000.00			
5	每月需存入金额				

图4-163　输入具体数据

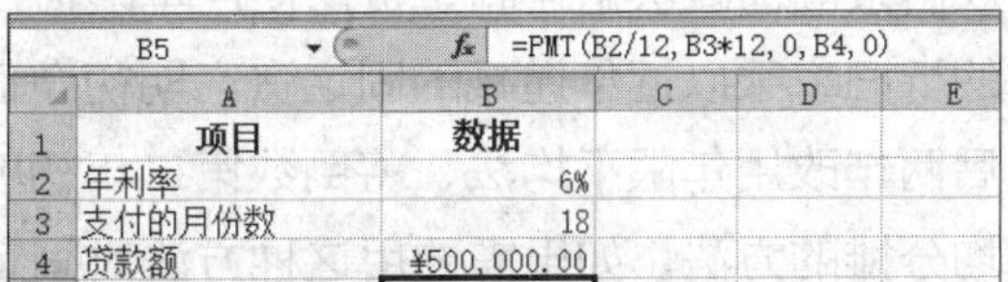

B5　=PMT(B2/12,B3*12,0,B4,0)

	A	B	C	D	E
1	项目	数据			
2	年利率	6%			
3	支付的月份数	18			
4	贷款额	¥500,000.00			
5	每月需存入金额	¥-1,290.31			

图4-164　确认并返回计算结果

名师点拨

Excel中默认将这种每期还款额等代表支出结果的函数设置为负数显示。如果不想以负数的方式返回结果，可以在设置函数时，在“=”后面添加负号“-”，或在某个函数参数前面添加负号“-”，从而人为地将结果调整为正数显示。

4.4.6 固定资产折旧额计算相关函数的应用

使用Excel制作财务表格时，有可能会涉及比较复杂的财务运算，这里主要介绍固定资产折旧额的计算。此时，若使用Excel提供的财务函数，只需设置对应的参数便能快速且准确地完成计算。

会计上会在每个会计期间对固定资产计提折旧，不同企业可能采用不同的计提方法。Excel为了满足不同企业计提折旧的需要，也提供了多种计提折旧的函数，企业可根据自身需要选择使用。

1. SLN函数

年限平均法是指将固定资产的应计折旧额均衡地分摊到固定资产预计使用寿命内的一种方法，它是最简单、最普遍的折旧方法，又称“直线法”。如果需要用这种方法对固定资产计提折旧，可使用SLN函数来完成，其语法结构为“=SLN(cost,salvage,life)”。

- ◆ cost。该参数指固定资产的原值。
- ◆ salvage。该参数指固定资产的残值。
- ◆ life。该参数指固定资产的使用寿命。

假设某企业购入一台设备，设备原值为300 000元，残值为75 000元，使用寿命为10年，使用年限平均法计提折旧，试计算该设备的年折旧额，其方法如下。在Excel中输入该笔业务的具体数据（不含单位），如图4-165所示。选择B5单元格，在编辑栏中输入“=SLN(B2,B3,B4)”，按【Ctrl+Enter】组合键，确认并返回计算结果，如图4-166所示。

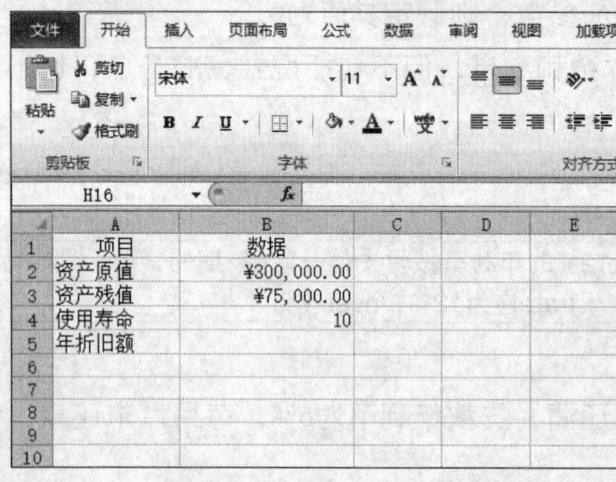

图4-165 输入具体数据

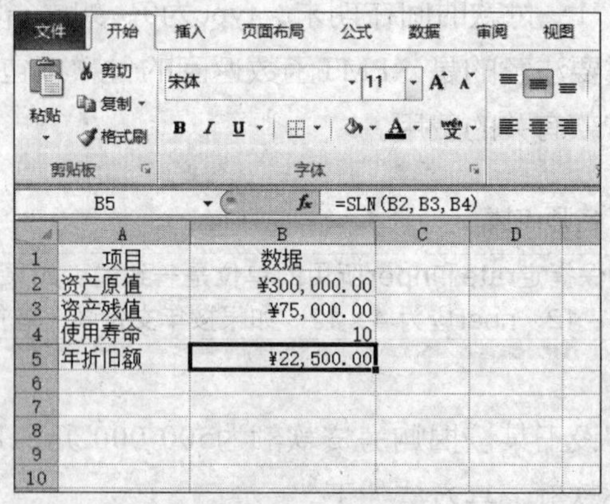

图4-166 确认并返回计算结果

2. DDB函数

双倍余额递减法是在固定资产使用年限最后两年的前面各年，用年限平均法折旧率的两倍作为固定的折旧率乘以逐年递减的固定资产期初净值，得出各年应提折旧额，然后在固定资产使用年限的最后两年改用年限平均法，将倒数第二年初的固定资产账面净值扣除预计净残值后的余额在这两年平均分摊的方法。如果需要用这种方法对固定资产计提折旧，可使用DDB函数来完成，其语法结构为“=DDB(cost,salvage,life,period,factor)”。

◆ cost。该参数指固定资产的原值。

◆ salvage。该参数指固定资产的残值。

◆ life。该参数指固定资产的使用寿命。

◆ period。该参数指折旧的时期，计算时它的单位必须与固定资产使用寿命的单位一致。

◆ factor。该参数指余额递减速率，省略该参数则默认为2（即按双倍余额递减）。

假设某企业购入一台设备，设备原值为24 000元，残值为3 000元，使用寿命为10年，使用双倍余额递减法计提折旧。在Excel中使用DDB函数计算第一个月的折旧额、第一年的折旧额、第二年的折旧额，如图4-167所示。

	A	B	C	D	E
1	项目	数据			
2	资产原值	¥24,000.00			
3	资产残值	¥3,000.00			
4	使用寿命	10.00			
5	第一个月的折旧额	¥400.00			
6	第一年的折旧额	¥4,800.00			
7	第二年的折旧额	¥3,840.00			
8					
9					
10					

图4-167　使用DDB函数计算固定资产折旧额

其中第一个月的折旧额对应的计算公式为“=DDB(B2,B3,B4*12,1,2)”。

第一年的折旧额对应的计算公式为“=DDB(B2,B3,B4,1,2)”。

第二年的折旧额对应的计算公式为“=DDB(B2,B3,B4,2,2)”。

3. SYD函数

年数总和法又称年限总和法，是将固定资产的原值减去残值后的净额乘以一个逐年递减的分数确定固定资产折旧额的一种方法。如果需要用这种方法对固定资产计提折旧，可使用SYD函数来完成，其语法结构为“=SYD(cost,salvage,life,per)”。

◆ cost。该参数指固定资产的原值。

◆ salvage。该参数指固定资产的残值。

◆ life。该参数指固定资产的使用寿命。

◆ per。该参数指折旧的时期，计算时它的单位必须与固定资产使用寿命的单位一致。

假设某企业购入一台设备，设备原值为300 000元，残值为75 000元，使用寿命为10年，使用年数总和法计提折旧。在Excel中使用SYD函数计算第一年的折旧额、第十年的折旧额，如图4-168所示。

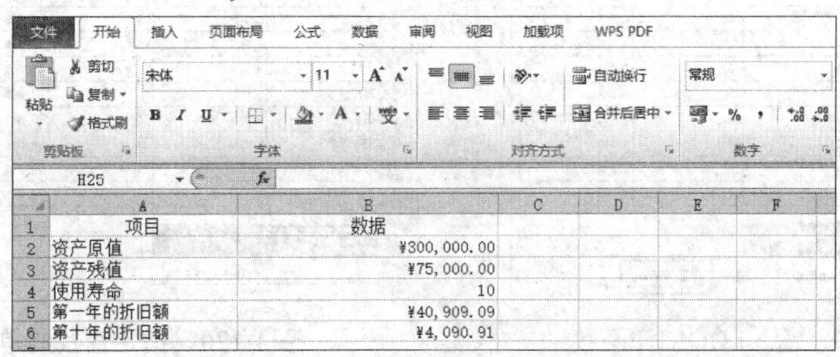

	A	B	C	D	E	F
1	项目	数据				
2	资产原值	¥300,000.00				
3	资产残值	¥75,000.00				
4	使用寿命	10				
5	第一年的折旧额	¥40,909.09				
6	第十年的折旧额	¥4,090.91				

图4-168　使用SYD函数计算固定资产折旧额

其中第一年折旧额对应的计算公式为“=SYD(B2,B3,B4,1)”。

第十年折旧额对应的计算公式为“=SYD(B2,B3,B4,10)”。

【例题 · 单选题】下列关于Excel函数的说法，不正确的是（　　）。

A. 使用年限平均法对固定资产计提折旧，可使用SLN函数来完成

B. SLN函数的语法结构为“=SLN(cost,salvage,life)”

C. SYD函数的语法结构为“=SYD(cost,salvage,life)”

D. 使用年数总和法对固定资产计提折旧，可使用SYD函数来完成

【解析】SYD函数的语法结构为“=SYD(cost,salvage,life,per)”。

【答案】C

4.4.7　查找函数的应用

如果用户通过手动查找数据，在数据量庞大的表格中快速找到某个单元格对应的数据是非常困难的。此时如果用户借助某类查找函数，则能化繁为简，轻松得到需要的数据。

1. LOOKUP函数

利用LOOKUP函数可从单行、单列区域或数组中查找出相应的数据。该函数具有向量形式和数组形式两种语法结构，这里主要介绍更常用的向量形式。

LOOKUP函数的向量形式用于在单行区域或单列区域中查找数值，再返回单行区域或单列区域中相对应位置的数值，其语法结构为“=LOOKUP(lookup_value,lookup_vector,result_vector)”。

- ◆ lookup_value。该参数指需要搜索的值。
- ◆ lookup_vector。该参数指需要搜索的值所在的单元格区域。
- ◆ result_vector。该参数指需要返回的值所在的单元格区域。

下面介绍LOOKUP函数的使用方法，其具体操作如下。

（1）打开“商品折扣表.xlsx”工作簿（配套资源：素材/第4章/商品折扣表.xlsx），选择B14单元格，在编辑栏中输入“=LOOKUP()”，如图4-169所示。

（2）将光标定位到编辑栏中输入的括号内，选择A14单元格作为第1个参数，并以英文逗号结尾，表示将要搜索的就是该单元格中的数据，如图4-170所示。

图4-169　输入LOOKUP函数

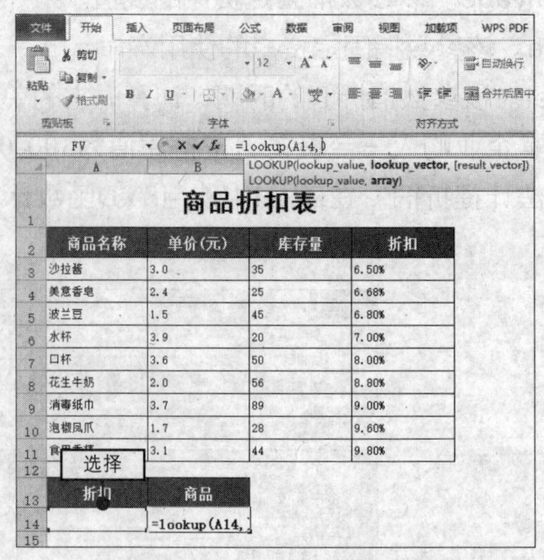

图4-170　指定查找的单元格

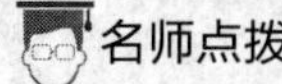

名师点拨

使用LOOKUP函数之前，应首先以搜索区域的数据为标准进行排序，且必须是升序排序，才能保证搜索到正确的结果。

（3）继续选择D3:D11单元格区域作为第2个参数，并以英文逗号结尾，表示该区域为搜索的区域，目的在于查找该区域内是否有数据与前面指定的查找单元格中的数据匹配，如图4-171所示。

（4）继续选择A3:A11单元格区域作为第3个参数，表示如果查找到搜索区域有符合搜索的数据，则返回此区域中该数据对应的数值，如图4-172所示。

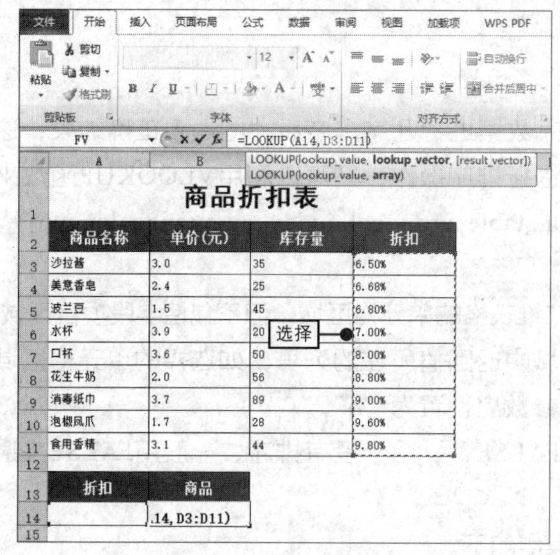

图4-171　指定搜索的单元格区域

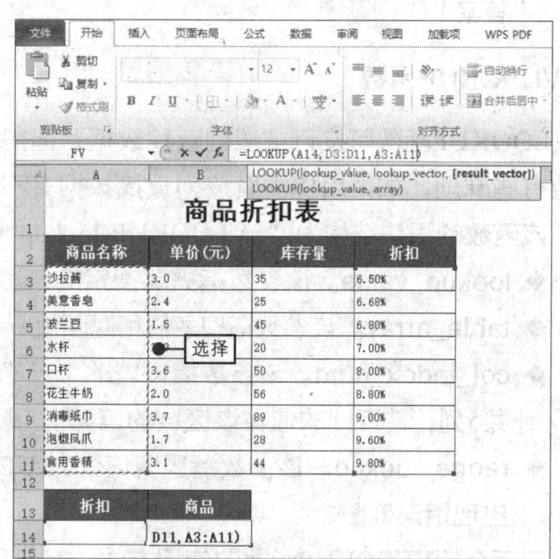

图4-172　指定返回的单元格区域

（5）按【Ctrl+Enter】组合键确认输入，在A14单元格中输入“7%”，确认后便将返回该数据对应的商品名称“水杯”，如图4-173所示。

（6）重新将A14单元格中的数据修改为9%，确认后在B14单元格中又将自动返回该数据对应的商品名称“消毒纸巾”（配套资源：效果/第4章/商品折扣表.xlsx），如图4-174所示。

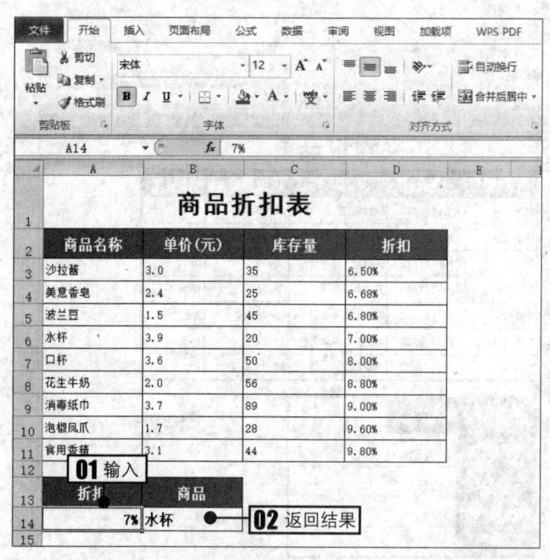

图4-173　搜索商品

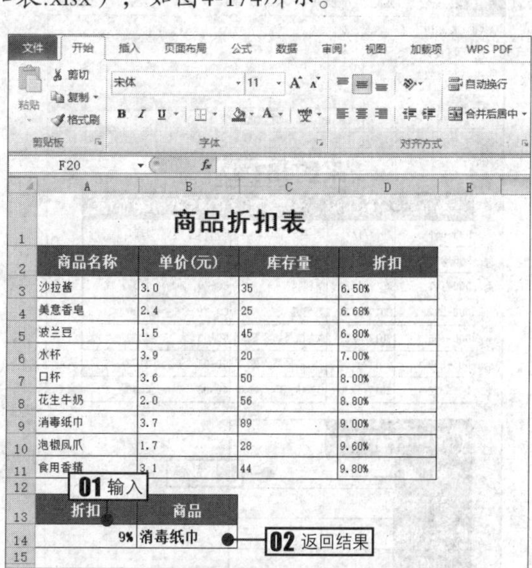

图4-174　继续搜索商品

【例题·单选题】向量形式的LOOKUP函数的参数不包括（　　）。

A. lookup_value，即需要搜索的值

B. lookup_vector，即需要搜索的值所在的单元格区域

C. lookup_result，即需要返回的值所在的单元格区域

D. result_vector，即需要返回的值所在的单元格区域

【解析】LOOKUP函数的向量形式的参数包括lookup_value（需要搜索的值），lookup_vector（需要搜索的值所在的单元格区域），以及result_vector（需要返回的值所在的单元格区域），选项C符合题意。

【答案】C

2. VLOOKUP函数

LOOKUP函数可按行或按列查找数据，但需要对数据进行升序排序后才能得到正确结果，这样不免有些麻烦。如果用户需要按列查找数据又不想进行排序操作，则可以利用VLOOKUP函数来实现，该函数的语法结构为"=VLOOKUP(lookup_value,table_array,col_index_num,range_lookup)"。

- lookup_value。该参数指需要搜索的值。
- table_array。该参数指搜索值和返回值所在二维表格的单元格区域，但不包括字段项目区域。
- col_index_num。该参数指设置的单元格区域中返回值所在的列号，如选择的单元格区域一共5列，待返回的值在该区域的第4列，则该参数应设置为"4"。
- range_lookup。该参数指逻辑值（TRUE或FALSE），由于没有排序，一般用FALSE来避免出现错误匹配。

下面介绍VLOOKUP函数的使用方法，其具体操作如下。

（1）打开"原材料采购记录单.xlsx"工作簿（配套资源：素材/第4章/原材料采购记录单.xlsx），选择B12单元格，在编辑栏中输入"=VLOOKUP()"，如图4-175所示。

（2）将光标定位到编辑栏中输入的括号内，选择C11单元格作为第1个参数，并以英文逗号结尾，表示将要搜索的就是该单元格中的数据，如图4-176所示。

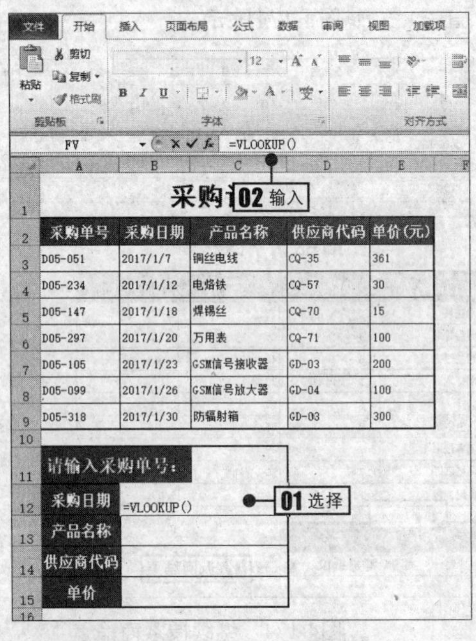

图4-175　输入VLOOKUP函数

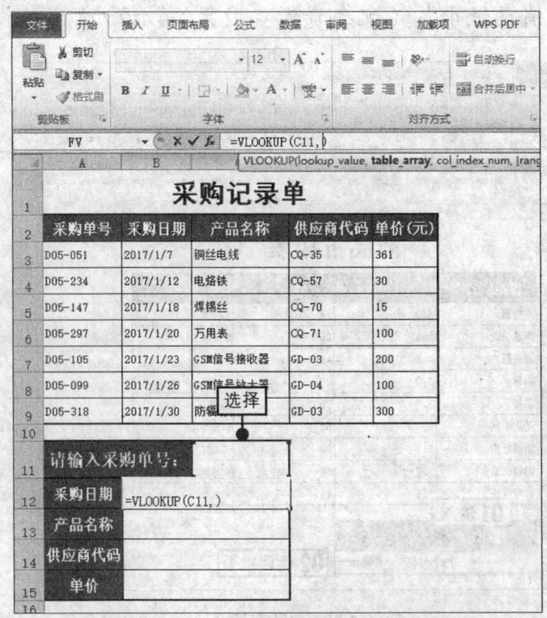

图4-176　指定查找的单元格

（3）选择A3:E9单元格区域作为第2个参数，并以英文逗号结尾，表示该区域为搜索的区域，如图4-177所示。

（4）输入第3个参数“2”，并以英文逗号结尾，表示要返回的数据在前面指定的搜索区域中位于第2列，然后输入第4个参数“FALSE”，如图4-178所示。

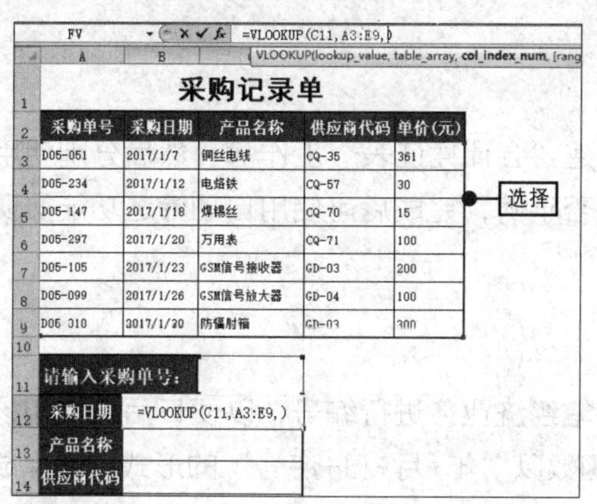

图4-177　指定搜索的单元格区域

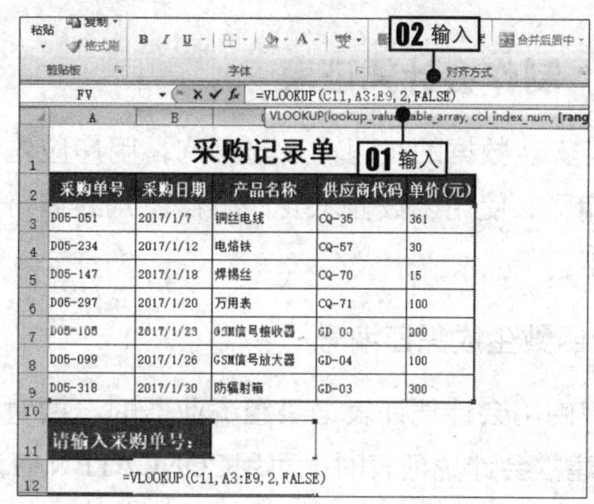

图4-178　指定返回的单元格区域

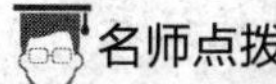

名师点拨

当函数中的参数是固定的时，如只有TRUE和FALSE时，在输入“,”后，Excel会弹出选择参数的下拉列表框，双击所需的选项即可输入对应的参数，这样可以避免手动输入的麻烦并提高数据输入的正确性。

（5）复制B12单元格中的所有函数内容，按【Enter】键确认输入。选择B13单元格，在编辑栏中粘贴函数，并将“2”修改为“3”，表示此单元格中返回的结果位于指定搜索区域的第3列，如图4-179所示。按【Enter】键确认输入。

（6）选择B14单元格，在编辑栏中粘贴函数，并将“2”修改为“4”，表示此单元格中返回的结果位于指定搜索区域的第4列。按【Enter】键确认输入。

（7）选择B15单元格，在编辑栏中粘贴函数，并将“2”修改为“5”，表示此单元格中返回的结果位于指定搜索区域的第5列。按【Enter】键确认输入。

（8）在C11单元格中输入采购单号，如“D05-318”，按【Ctrl+Enter】组合键确认，便可快速返回对应的采购日期、产品名称、供应商代码和单价等数据信息（配套资源：效果/第4章/原材料采购记录单.xlsx），如图4-180所示。

图4-179　复制并修改函数

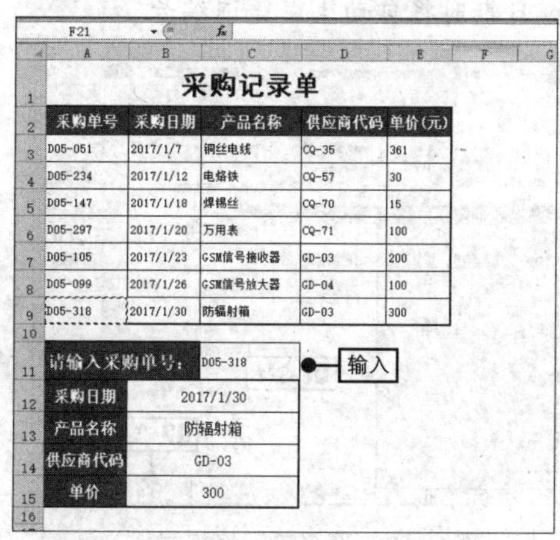

图4-180　搜索结果

4.5 利用Excel处理会计日常经济业务

利用Excel不仅可以进行数据计算、制作报表，还可以处理会计日常经济业务，提高会计工作的效率。本节将介绍利用Excel制作会计凭证表、登记日记账、登记分类账、编制工资明细表。

4.5.1 制作会计凭证表

为了实现数据的快速输入与查询，用户应先创建“会计凭证表”工作簿，然后分别使用函数生成凭证编号、使用函数显示会计科目、判断借贷是否平衡，完成后可使用自动筛选功能实现数据的查询操作。

1. 使用函数生成凭证编号

用户使用会计凭证表记录经济业务时，要对每笔经济业务进行编号，以便日后查找和核对。在Excel中建立会计凭证表时，可用CONCATENATE函数以“年+月+日+序号”的形式自动生成会计凭证的编号，其具体操作如下。

（1）打开“会计科目表”工作簿（配套资源：素材/第4章/会计科目表.xlsx），将其另存为“会计凭证表”，然后分别将“Sheet1”和“Sheet2”工作表重命名为“会计科目表”和“会计凭证表”，在“会计凭证表”工作表中输入相应的表格内容，并设置单元格格式，如图4-181所示。

图4-181 创建“会计凭证表”框架

（2）选择A~D列，设置其单元格格式为“文本”，如图4-182所示。选择E3:E64单元格区域，输入公式“=CONCATENATE(A3,B3,C3,D3)”，然后按【Ctrl+Enter】组合键确认输入，如图4-183所示。之后输入凭证日期时将自动生成凭证编号。

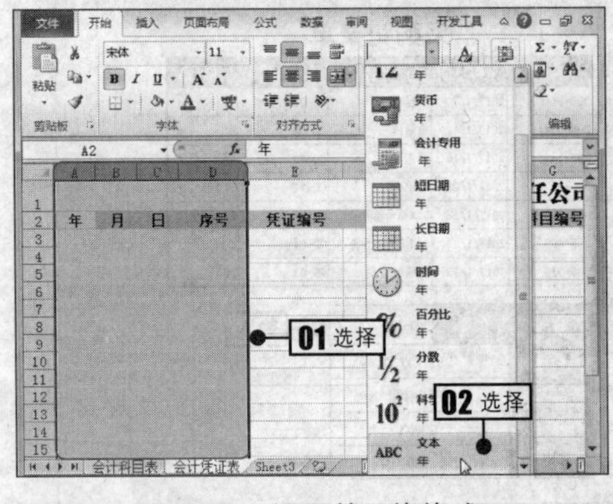

图4-182 设置单元格格式

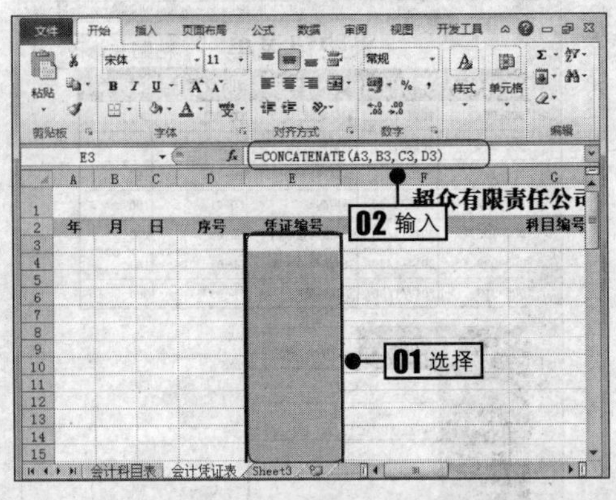

图4-183 输入公式生成凭证编号

知识拓展

CONCATENATE函数最多可将255个文本字符串连接成1个文本字符串，连接项可以是文本、数字、单元格引用或这些项的组合。例如，A1单元格是某人的姓“李”，B1单元格是某人的名“小红”，那么在另一个单元格中输入公式“=CONCATENATE(A1,B1)”就可将这个人的姓名组合起来，即返回结果为“李小红”。CONCATENATE函数的语法结构为“=CONCATENATE(text1,[text2],...)”。

2. 使用函数显示会计科目

在“会计科目表”工作表中已为相应的单元格区域定义了名称（“会计科目表”中A3:A83单元格区域被定义为“科目编码”，B3:B83单元格区域被定义为“会计科目”），下面可先设置数据有效性序列快速输入科目编号，然后使用IF函数和VLOOKUP函数的嵌套函数自动显示会计科目，其具体操作如下。

（1）在“会计凭证表”工作表中选择G3:G64单元格区域，在【数据】/【数据工具】组中单击“数据有效性”按钮，如图4-184所示。

（2）在打开的“数据有效性”对话框的“设置”选项卡的“允许”下拉列表框中选择“序列”选项，在“数据”下拉列表框中选择“介于”选项，在“来源”文本框中输入“=科目编号”，完成后单击确定按钮，如图4-185所示。

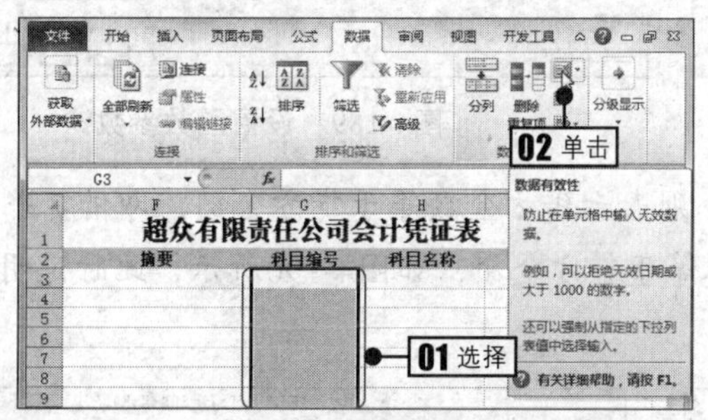

图4-184　单击“数据有效性”按钮

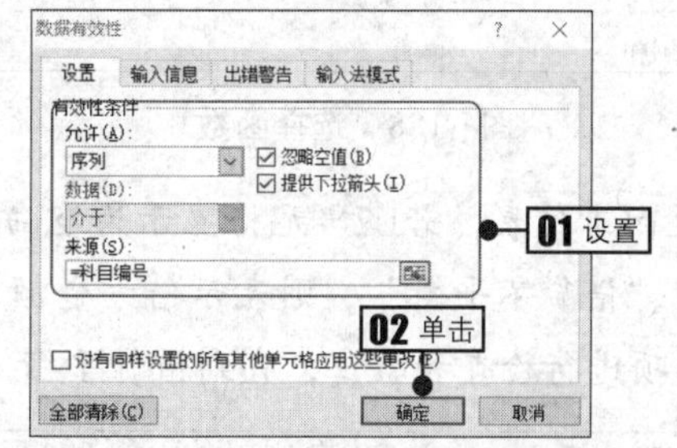

图4-185　设置数据有效性

（3）选择H3:H64单元格区域，输入公式“=IF(VLOOKUP(G3,会计科目,2,0)=0,"",VLOOKUP(G3,会计科目,2,0))”，然后按【Ctrl+Enter】组合键确认输入，如图4-186所示。即可在输入科目代码时自动填入会计科目名称。

（4）依次选择相应的单元格并输入凭证记录，使用了公式的单元格将自动显示相应的数据，完成后调整单元格列宽使其单元格大小适合单元格数据的显示，如图4-187所示。

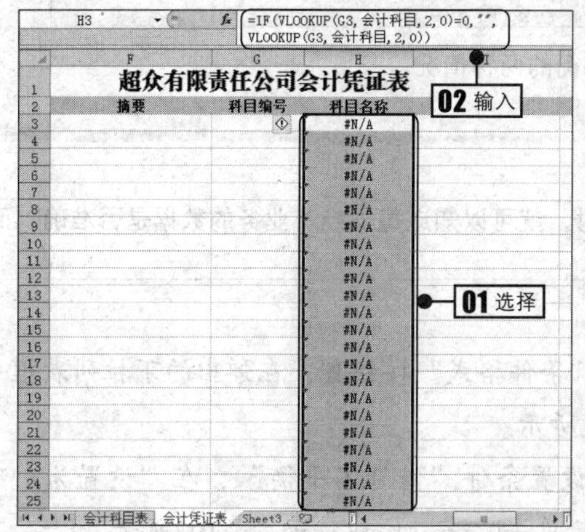

图4-186　输入公式填入会计科目名称

超众有限责任公司会计凭证表

年	月	日	序号	凭证编号	摘要	科目编号	科目名称	明细
2019	07	02	01	2019070201	验收材料	1403	原材料	
2019	07	02	01	2019070201	验收材料	2221	应交税费	应交增值税-
2019	07	02	01	2019070201	验收材料	1123	预付账款	
2019	07	03	02	2019070302	向银行借款	1002	银行存款	
2019	07	03	02	2019070302	向银行借款	2001	短期借款	
2019	07	05	03	2019070503	预收货款	1002	银行存款	
2019	07	05	03	2019070503	预收货款	2203	预收账款	
2019	07	08	04	2019070804	赊销产品	1122	应收账款	材料商1
2019	07	08	04	2019070804	赊销产品	6001	主营业务收入	
2019	07	08	04	2019070804	赊销产品	2221	应交税费	应交增值税-
2019	07	10	05	2019071005	销售材料	1001	库存现金	
2019	07	10	05	2019071005	销售材料	6051	其他业务收入	
2019	07	10	05	2019071005	销售材料	2221	应交税费	应交增值税-
2019	07	10	06	2019071006	以现金支付运费	6601	销售费用	运输费
2019	07	10	06	2019071006	以现金支付运费	1001	库存现金	
2019	07	12	07	2019071207	汇总本月材料耗用情况	5001	生产成本	
2019	07	12	07	2019071207	汇总本月材料耗用情况	5101	制造费用	
2019	07	12	07	2019071207	汇总本月材料耗用情况	6602	管理费用	
2019	07	12	07	2019071207	汇总本月材料耗用情况	1403	原材料	
2019	07	15	08	2019071508	计提折旧费用	5101	制造费用	折旧费
2019	07	15	08	2019071508	计提折旧费用	6602	管理费用	折旧费
2019	07	15	08	2019071508	计提折旧费用	1602	累计折旧	
2019	07	18	09	2019071809	结转销售成本	6401	主营业务成本	
2019	07	18	09	2019071809	结转销售成本	6402	其它业务成本	
2019	07	18	09	2019071809	结转销售成本	1405	库存商品	A产品

图4-187　输入凭证记录

3. 判断借贷是否平衡

使用Excel填制会计凭证表的过程中必须遵守“有借必有贷，借贷必相等”的记账规则进行账务处理，因此为了避免出现借贷不平衡的情况，可使用函数判断借贷是否平衡，并使用条件格式设置当借贷不平衡时突出显示单元格数据，其具体操作如下。

（1）在“会计凭证表”工作表中选择L2单元格，在【公式】/【函数库】组中单击“逻辑”按钮，在弹出的下拉列表框中选择“IF”选项，如图4-188所示。

（2）打开“函数参数”对话框，在“Logical_test”文本框中输入“SUM(J:J)=SUM(K:K)”，在“Value_if_true”文本框中输入“""”，在“Value_if_false”文本框中输入“借贷不平衡”，完成后单击“确定”按钮，如图4-189所示。

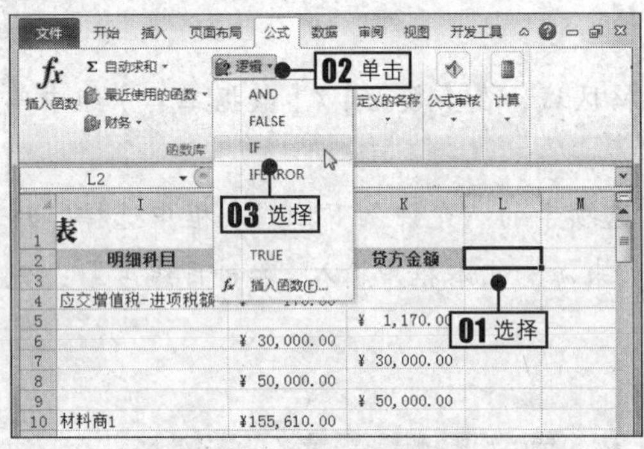

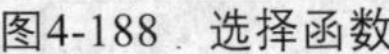
图4-188 选择函数

图4-189 设置函数参数

（3）返回工作表，若L2单元格显示为空白，则表示借方金额等于贷方金额，即借贷平衡，若L2单元格显示为“借贷不平衡”，则表示借方金额不等于贷方金额，如图4-190所示，此时说明金额输入有误，需要逐项进行检查和验证，直到借贷平衡。

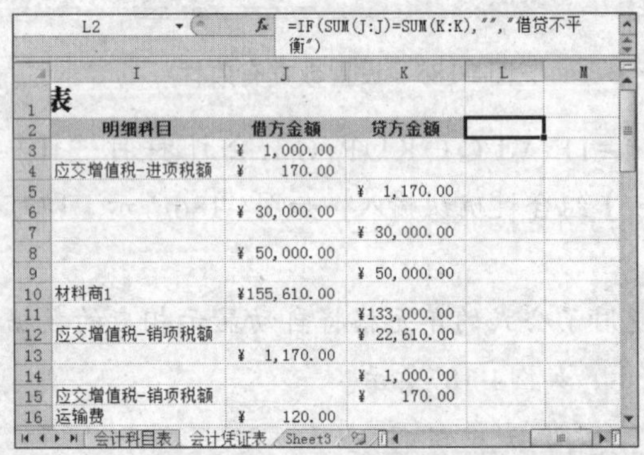

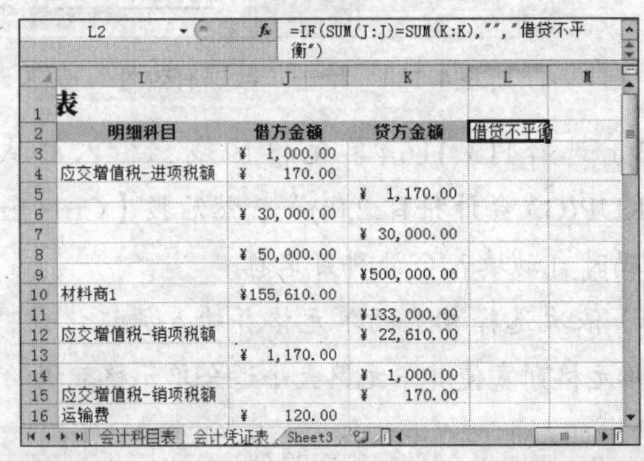

图4-190 判断借贷是否平衡的两种情况

名师点拨

设置了自动提示借贷是否平衡后，当再次输入多项经济业务时，就可以知道每项经济业务的数据是否准确，而无须到最后才发现借贷不平衡，避免了逐项核查数据的麻烦。

（4）选择L2单元格，在【开始】/【样式】组中单击“条件格式”按钮，在弹出的下拉列表框中选择“突出显示单元格规则”下的“等于”选项，如图4-191所示。

（5）在打开的“等于”对话框左侧的文本框中输入设置条件“借贷不平衡”，在“设置为”下拉列表框中选择突出显示颜色，这里保持默认设置，完成后单击“确定”按钮，如图4-192所示。

图4-191　设置条件格式

图4-192　设置条件

（6）返回工作表，若L2单元格的判断结果为“借贷平衡”，则单元格内容不突出显示，若L2单元格的判断结果为“借贷不平衡”，则单元格内容将突出显示（配套资源：效果/第4章/会计凭证表.xlsx），如图4-193所示。

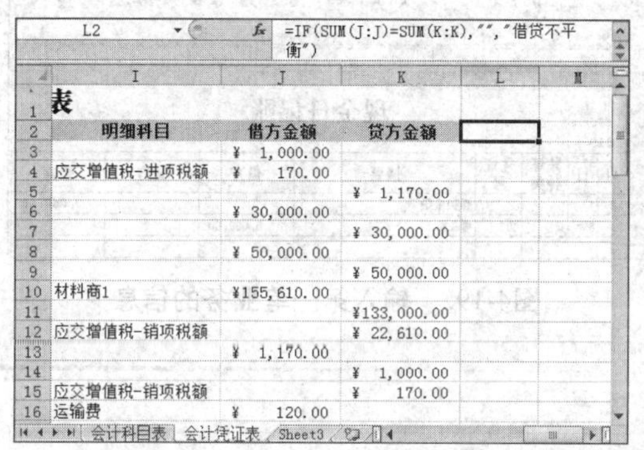

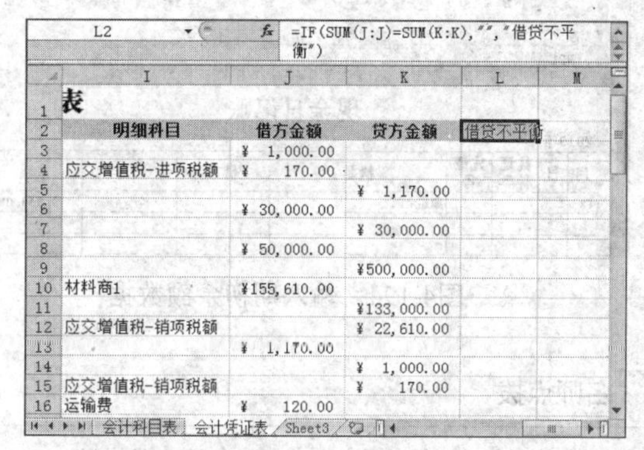

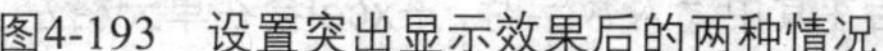

图4-193　设置突出显示效果后的两种情况

知识拓展

在工作表中选择任意单元格，在“条件格式”下拉列表框中选择“清除规则”下的“清除整个工作表的规则”选项可以清除整个工作表中的条件格式；选择设置条件格式的某个单元格，在“条件格式”下拉列表框中选择“清除规则”下的“清除所选单元格的规则”选项可清除所选单元格的条件格式。

4.5.2　登记日记账

日记账是按照经济业务发生或完成的时间先后顺序逐笔进行登记的账簿。设置日记账的目的是使经济业务的时间顺序清晰地反映在账簿中。在我国，大多数企业一般只设现金日记账和银行存款日记账，现金日记账专门记录和反映现金收付业务及结存情况，银行存款日记账专门记录和反映银行存款收付业务及结存情况。本小节将介绍在Excel中登记日记账的方法。

1. 现金日记账

企业一般以一个月作为一个最小的会计期间，按月登记账簿。登记现金日记账，即将所有涉及现金收支的记账凭证中的数据登记到现金日记账中，通过借方、贷方和余额等栏目，清晰反映每一笔与现金相关的经济业务的真实情况。

通过记账凭证是很容易完成现金日记账的登记工作的，具体做法为：找到涉及“库存现金”科

目的记账凭证，将其中需要的数据录入现金日记账中，然后通过公式计算出余额即可。假设某企业某月现金日记账的期初余额为3 860元，该月发生了7笔与现金收支相关的经济业务（素材文件中提供了相关记账凭证资料），下面就利用Excel来完成现金日记账的登记工作，其具体操作如下。

（1）打开“现金日记账”工作簿（配套资源：素材/第4章/现金日记账.xlsx），选择A2单元格，在编辑栏中将“0000”修改为“2019”。

（2）在第4行的单元格中相应位置输入期初余额的相关数据，即表示在12月1日，“库存现金”科目的期初余额为3 860元。

（3）为了使期初余额的相关数据更加突出，这里可以选择A4:H4单元格区域，按【Ctrl+B】组合键将所选对象加粗显示，效果如图4-194所示。

（4）单击“记账凭证12.5”工作表标签，查看其中有关记账凭证的日期、编号等相关数据。切换到“现金日记账”工作表，将单元格的类型更改为“文本”型数据。在第5行中依次输入所查看的记账凭证中的日期、凭证种类、凭证号、摘要、金额等数据，效果如图4-195所示。

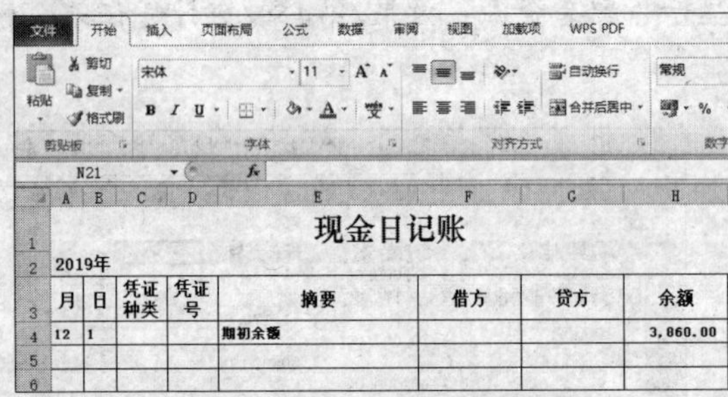

现金日记账

2019年

月	日	凭证种类	凭证号	摘要	借方	贷方	余额
12	1			期初余额			3,860.00

图4-194　输入期初余额数据

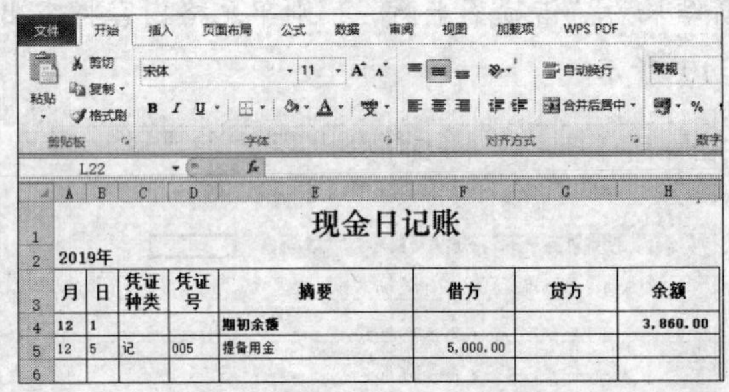

现金日记账

2019年

月	日	凭证种类	凭证号	摘要	借方	贷方	余额
12	1			期初余额			3,860.00
12	5	记	005	提备用金	5,000.00		

图4-195　输入第一笔业务的信息

名师点拨

将单元格设置为文本型数据，然后在其中输入数字时，Excel会在单元格左上角显示绿色三角标识，提醒用户这是以文本的形式存放的数字。如果确认无误，且不需该标识，可选中该单元格，单击左侧出现的按钮，在弹出的下拉列表框中选择“忽略错误”选项即可。

（5）选择H5单元格，在编辑栏中输入“=H4+F5-G5”，表示库存现金的本日余额=上日余额+本日借方发生额—本日贷方发生额，如图4-196所示，按【Ctrl+Enter】组合键自动计算出余额的结果。

（6）按照相同的方法继续根据本月的其他记账凭证登记现金日记账，效果如图4-197所示。

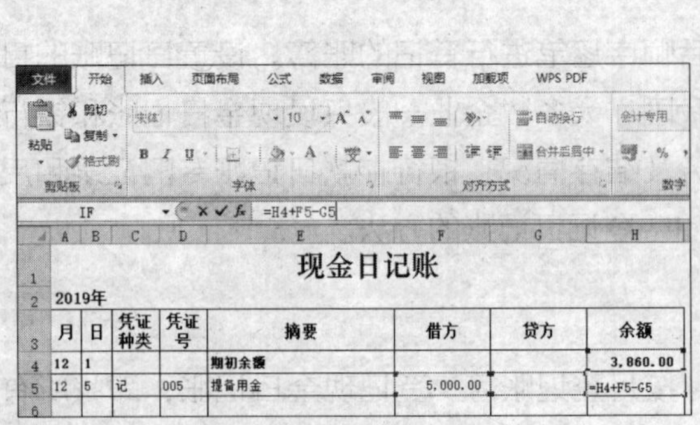

=H4+F5-G5

现金日记账

2019年

月	日	凭证种类	凭证号	摘要	借方	贷方	余额
12	1			期初余额			3,860.00
12	5	记	005	提备用金	5,000.00		=H4+F5-G5

图4-196　设置公式

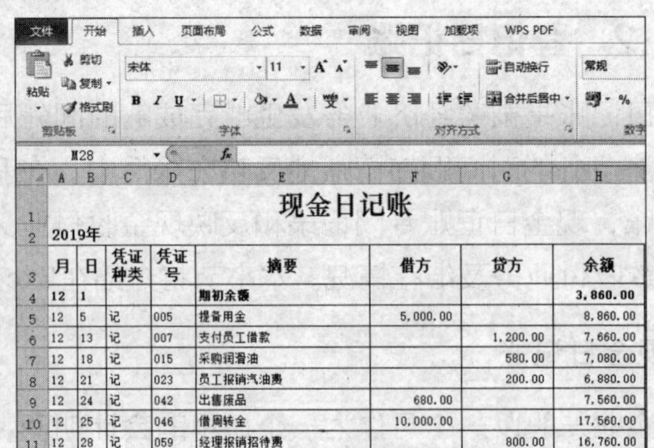

现金日记账

2019年

月	日	凭证种类	凭证号	摘要	借方	贷方	余额
12	1			期初余额			3,860.00
12	5	记	005	提备用金	5,000.00		8,860.00
12	13	记	007	支付员工借款		1,200.00	7,660.00
12	18	记	015	采购润滑油		580.00	7,080.00
12	21	记	023	员工报销汽油费		200.00	6,880.00
12	24	记	042	出售废品	680.00		7,560.00
12	25	记	046	借周转金	10,000.00		17,560.00
12	28	记	059	经理报销招待费		800.00	16,760.00

图4-197　登记其他业务

（7）在第12行中相应位置输入本月合计的相关数据，即12月31日进行本月合计，然后选择A12:H12

单元格区域，按【Ctrl+B】组合键加粗显示。

（8）选择F12单元格，在编辑栏中输入函数“=SUM(F5:F11)”计算本月借方发生额合计数，如图4-198所示，按【Ctrl+Enter】组合键返回计算结果。

（9）选择F12单元格，拖动其填充柄至G12单元格，即可自动计算出本月贷方发生额合计数。

（10）选择H12单元格，在编辑栏中输入“=H4+F12-G12”，表示期末余额=期初余额＋本期借方发生额—本期贷方发生额。

（11）按【Ctrl+Enter】组合键返回计算结果，很明显此结果应当与本月最后一笔现金业务发生后的余额相等，进而可以通过它实现对现金余额的验证（配套资源：效果/第4章/现金日记账.xlsx），如图4-199所示。

记账

2019年

月	日	凭证种类	凭证号	摘要	借方	贷方	余额
12	1			期初余额			3,860.00
12	5	记	005	提备用金	5,000.00		8,860.00
12	13	记	007	支付员工借款		1,200.00	7,660.00
12	18	记	015	采购润滑油		580.00	7,080.00
12	21	记	023	员工报销汽油费		200.00	6,880.00
12	24	记	042	出售废品			7,560.00
12	25	记	046	借周转金	10,00[illegible].00		17,560.00
12	28	记	059	经理报销招待费		800.00	16,760.00
12	31			本月合计	15,680.00		

图4-198　设置借方发生额公式

现金日记账

2019年

月	日	凭证种类	凭证号	摘要	借方	贷方	余额
12	1			期初余额			3,860.00
12	5	记	005	提备用金	5,000.00		8,860.00
12	13	记	007	支付员工借款		1,200.00	7,660.00
12	18	记	015	采购润滑油		580.00	7,080.00
12	21	记	023	员工报销汽油费		200.00	6,880.00
12	24	记	042	出售废品	680.00		7,560.00
12	25	记	046	借周转金	10,000.00		17,560.00
12	28	记	059	经理报销招待费		800.00	16,760.00
12	31			本月合计	15,680.00	2,780.00	16,760.00

图4-199　设置期末余额公式

2. 银行存款日记账

银行存款日记账是用来核算和监督银行存款每日的收入、支出和结余情况的账簿，由出纳人员根据与银行存款收付业务有关的记账凭证，按时间先后顺序逐日、逐笔进行登记，并每日结算出银行存款余额。银行存款日记账的模板结构、登记方法、当日余额以及期末余额的计算和验证都与现金日记账类似，故这里不再赘述。图4-200所示为银行存款日记账的效果（配套资源：效果/第4章/银行存款日记账.xlsx）。

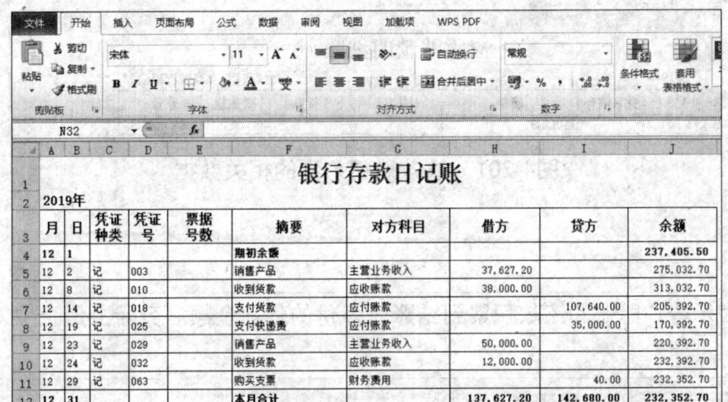

银行存款日记账

2019年

月	日	凭证种类	凭证号	票据号数	摘要	对方科目	借方	贷方	余额
12	1				期初余额				237,405.50
12	2	记	003		销售产品	主营业务收入	37,627.20		275,032.70
12	8	记	010		收到货款	应收账款	38,000.00		313,032.70
12	14	记	018		支付货款	应付账款		107,640.00	205,392.70
12	19	记	025		支付快递费	应付账款		35,000.00	170,392.70
12	23	记	029		销售产品	主营业务收入	50,000.00		220,392.70
12	24	记	032		收到货款	应收账款	12,000.00		232,392.70
12	29	记	063		购买支票	财务费用		40.00	232,352.70
12	31				本月合计		137,627.20	142,680.00	232,352.70

图4-200　银行存款日记账

在图4-200中，票据号数、对方科目这两个栏目也可以出现在现金日记账中，其中票据号数是发生涉及票据的经济业务时才需填制的。例如，提取现金时会涉及现金支票，就需要填写支票的票号。

名师点拨

如果一个企业开立了多个银行账户，则应当按开立的账户和币种分别设置银行存款日记账，即每个银行账户设置一本银行存款日记账。但需要注意，后期登记银行存款总账时应将该企业的多本银行存款日记账汇总得到的数据登记到银行存款总账当中。

4.5.3 登记分类账

分类账包括明细账和总账。在Excel中可以制作明细账和总账模板，以便快速高效地完成分类账的登记。

1. 明细账

明细账是根据明细科目开设的账簿，用于反映企业经济业务的明细和会计信息。明细账的格式有多种，常见的有三栏式明细账、数量金额式明细账和多栏式明细账。其中，三栏式明细账是最基础、最常见的一种格式，主要用于登记只进行金额核算的资本、债权和债务类账户，如“应收账款”“应付账款”“应交税费”等账户。下面以三栏式明细账为例，介绍明细账模板的制作和使用方法。

相对于日记账而言，明细账模板的制作难度主要集中在期末余额的计算以及余额方向的判断上，用户需要结合会计科目的性质和期初余额的方向来综合考虑公式应该如何设计。假设某公司“应收账款——A商贸有限公司”科目的期初余额为贷方10 000元。下面以此为例介绍如何在Excel中制作和使用明细账模板。

（1）打开“明细账”工作簿（配套资源：素材/第4章/明细账.xlsx），选择A2单元格，在编辑栏中将“0000”修改为“2019”，选择H2单元格，在编辑栏中的“：”后面输入2级科目名称“A商贸有限公司”。

（2）在第4行中的相应位置输入期初余额的相关数据，然后选择A4:H4单元格区域，按【Ctrl+B】组合键加粗显示，如图4-201所示。

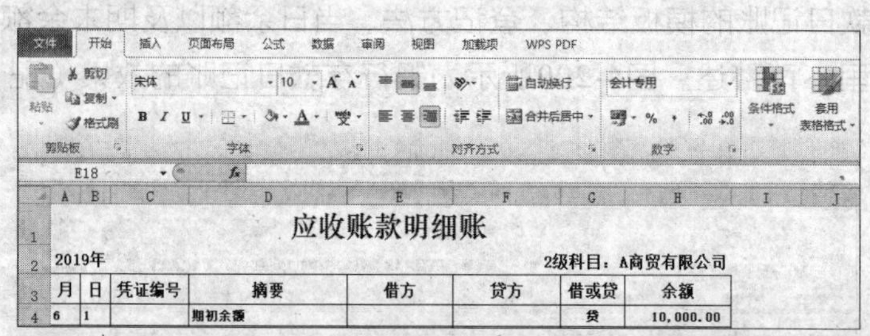

图4-201 输入期初余额的相关数据

名师点拨

应收账款的贷方余额表示客户赊账和还款积累到结账时多付的款项金额。实际上是企业对客户的预收账款，是企业的一笔债务。

（3）切换到“记账凭证06.08”工作表，查看记账凭证的日期、凭证编号、应收账款的发生额及方向，然后复制“摘要”单元格的内容。

（4）切换回“应收账款明细账”工作表，输入该笔业务的日期、凭证编号、发生额及方向，粘贴复制的摘要内容，并按照同样的方法登记其他业务。

（5）在第7行相应位置输入本月合计的基本数据，然后选择A7:H7单元格区域，按【Ctrl+B】组合键加粗显示。

（6）选择E7:F7单元格区域，在编辑栏中输入“=SUM(E5:E6)”，按【Ctrl+Enter】组合键即可同时返回借方发生额和贷方发生额合计数的计算结果。

（7）选择H7单元格，在编辑栏中输入“-H4+E7-F7”，表示期末余额=期初余额+借方发生额合计数-贷方发生额合计数。

名师点拨

明细账期末余额的计算公式应综合考虑科目性质和期初余额方向来设计。“应收账款”属于资产类科目，根据“借增贷减”的规则，其余额应当在借方。如果余额在贷方，应当添加负号表示为负数。因此，期初余额H4前面要加负号。

（8）继续在编辑栏中输入“=ABS()”，将步骤7中的公式放在括号里面作为ABS函数的参数，如图4-202所示，该函数将返回数值的绝对值，从而防止期末余额出现负数的现象。按【Ctrl+Enter】组合键返回期末余额的计算结果。

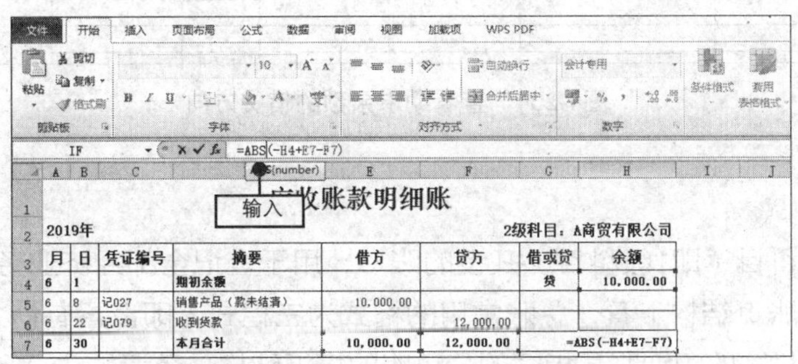

图4-202 输入并设置期初余额

名师点拨

ABS函数就是绝对值函数，可以返回引用数据的绝对值，其语法结构为“=ABS(number)”，有且只有一个参数“number”，其表示引用的单元格地址或常量。

（9）由于返回的是绝对值，所以并不能知道该结果到底为正还是为负，所以还需要另外通过借贷方向来表示。选择G7单元格，在编辑栏中输入“=IF(-H4+E7-F7>0,)”，表示利用IF函数判断期末余额的结果是否大于0。在编辑栏中输入IF函数的真值结果，即“"借",”，表示如果期末余额的结果大于0，则余额方向为借方，如图4-203所示。

图4-203 设置公式

（10）继续在编辑栏中输入“IF(-H4+E7-F7<0,"贷","平")”，将这个IF函数作为前一个IF函数的假值返回结果参数，其表示如果期末余额不大于0，那么就执行这个IF函数的内容。该函数的作用是如果期末余额小于0，则返回“贷”，说明期末余额在贷方；如果期末余额等于0，则结果返回“平”。

（11）按【Ctrl+Enter】组合键返回期末余额的借贷方向（配套资源：效果/第4章/明细账.xlsx），如图4-204所示。

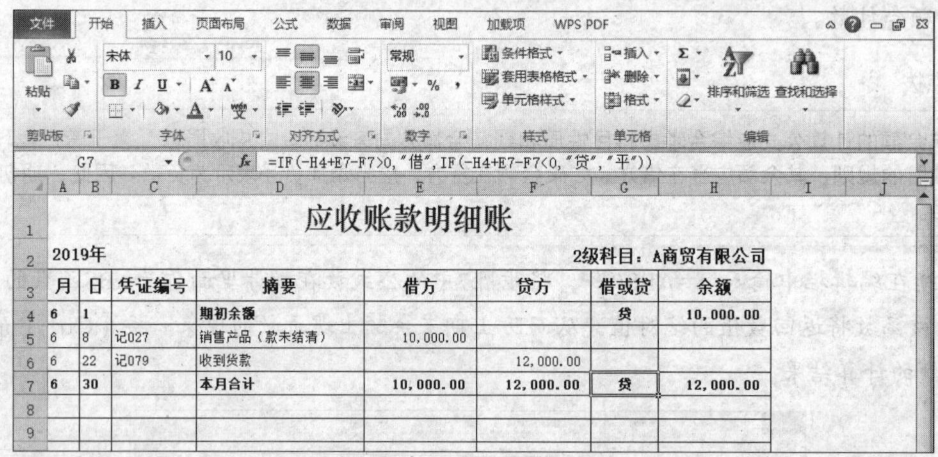

应收账款明细账

2019年						2级科目：A商贸有限公司	
月	日	凭证编号	摘要	借方	贷方	借或贷	余额
6	1		期初余额			贷	10,000.00
6	8	记027	销售产品（款未结清）	10,000.00			
6	22	记079	收到货款		12,000.00		
6	30		本月合计	10,000.00	12,000.00	贷	12,000.00

图4-204　查看期末余额的借贷方向

2. 总账

总账是根据总账科目（即1级科目）开设的账户，用于登记全部经济业务事项，提供总括核算资料的分类账簿。从账页结构上看，总账常用的格式为三栏式，即设置有借方、贷方和余额3个基本金额栏目，这与三栏式的明细账是相同的。总账的模板结构、登记方法、余额的计算和借贷方向的验证都与明细账类似，故这里不再赘述。图4-205所示为库存现金总账的效果（配套资源：效果/第4章/总账.xlsx）。

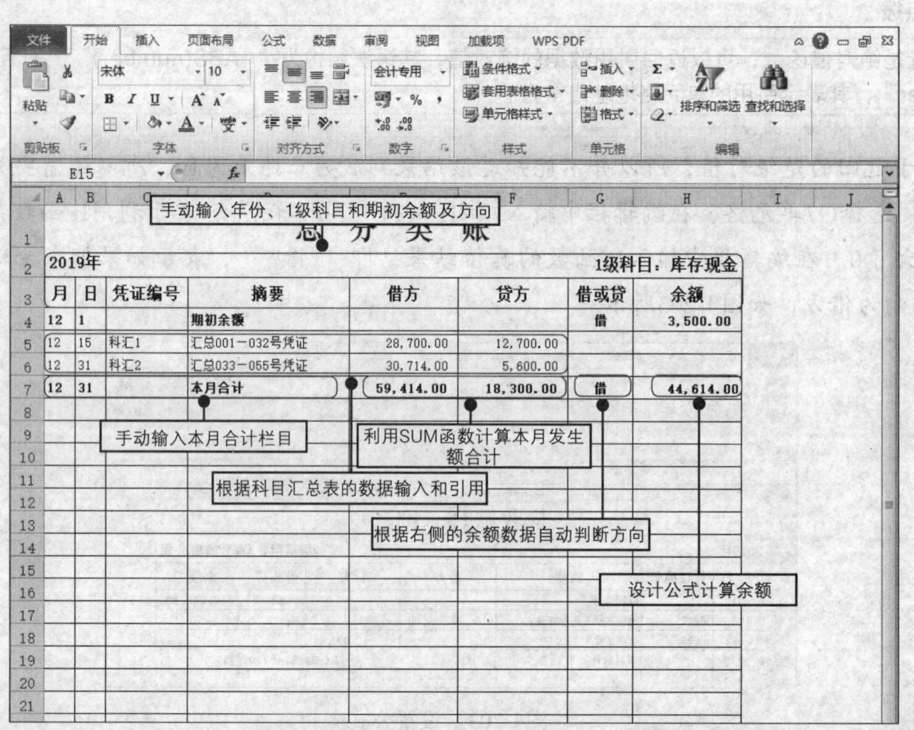

总分类账

2019年						1级科目：库存现金	
月	日	凭证编号	摘要	借方	贷方	借或贷	余额
12	1		期初余额			借	3,500.00
12	15	科汇1	汇总001－032号凭证	28,700.00	12,700.00		
12	31	科汇2	汇总033－055号凭证	30,714.00	5,600.00		
12	31		本月合计	59,414.00	18,300.00	借	44,614.00

图4-205　库存现金总账效果

4.5.4 编制工资明细表

工资明细表又称工资表、工资结算表，一般是按车间、部门编制的，每月一张。企业可以通过工资明细数据统计营业成本，员工可以根据工资表核对自己的工资发放情况。利用Excel强大的计算功能可以最大限度地保证工资计算的准确性，同时还能方便企业对这些数据进行查询、统计、汇总等。下面介绍在Excel中编制工资明细表的方法，同时建立工资速查系统，其具体操作如下。

（1）打开“工资明细表.xlsx”文件（配套资源：素材/第4章/工资明细表.xlsx），选择A4:C19单元格区域，在编辑栏中输入“=”，切换到“员工信息”工作表，选择A4单元格，按【Ctrl+Enter】组合键完成引用，返回对应的序号、姓名、级别信息，按照同样的方法引用“员工信息”工作表的基本工资数据，效果如图4-206所示。

（2）分别在E4:E19单元格区域和F4:F19单元格区域中输入员工本月的提成和奖金数据，如图4-207所示。

序号	姓名	级别	基本工资	提成
1	张俪	A级	¥ 8,640.00	
2	罗阳	C级	¥ 4,300.00	
3	刘明明	B级	¥ 6,380.00	
4	孙俊杰	C级	¥ 4,060.00	
5	陈红	A级	¥ 8,720.00	
6	郭佳伟	C级	¥ 3,820.00	
7	周凯	B级	¥ 6,060.00	
8	李文玲	C级	¥ 3,820.00	
9	邓天翔	B级	¥ 6,380.00	
10	李旭	C级	¥ 3,820.00	
11	陈文杰	B级	¥ 6,220.00	
12	张春兰	C级	¥ 4,380.00	
13	廖旭	A级	¥ 8,720.00	
14	周立伟	B级	¥ 5,820.00	
15	苟婷婷	B级	¥ 6,060.00	
16	王琦	B级	¥ 6,380.00	

图4-206 引用员工信息表数据

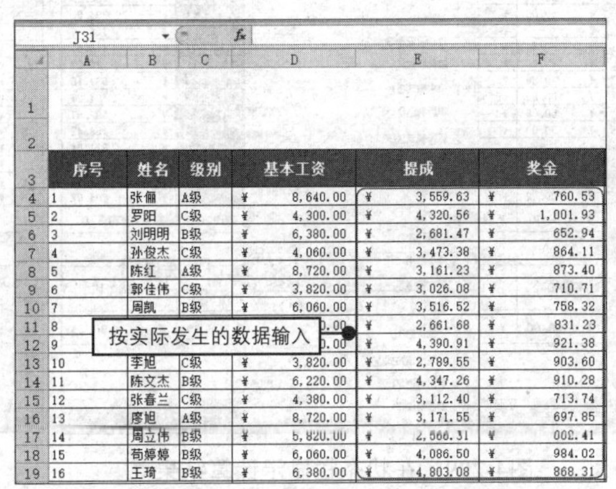

序号	姓名	级别	基本工资	提成	奖金
1	张俪	A级	¥ 8,640.00	¥ 3,559.63	¥ 760.53
2	罗阳	C级	¥ 4,300.00	¥ 4,320.56	¥ 1,001.93
3	刘明明	B级	¥ 6,380.00	¥ 2,681.47	¥ 652.94
4	孙俊杰	C级	¥ 4,060.00	¥ 3,473.38	¥ 864.11
5	陈红	A级	¥ 8,720.00	¥ 3,161.23	¥ 873.40
6	郭佳伟	C级	¥ 3,820.00	¥ 3,026.08	¥ 710.71
7	周凯	B级	¥ 6,060.00	¥ 3,516.52	¥ 758.32
8	[illegible]	[illegible]	[illegible]	¥ 2,661.68	¥ 831.23
9	[illegible]	[illegible]	[illegible]	¥ 4,390.91	¥ 921.38
10	李旭	C级	¥ 3,820.00	¥ 2,789.55	¥ 903.60
11	陈文杰	B级	¥ 6,220.00	¥ 4,347.26	¥ 910.28
12	张春兰	C级	¥ 4,380.00	¥ 3,112.40	¥ 713.74
13	廖旭	A级	¥ 8,720.00	¥ 3,171.55	¥ 697.85
14	周立伟	B级	¥ 5,820.00	¥ 2,566.31	¥ 662.41
15	苟婷婷	B级	¥ 6,060.00	¥ 4,086.50	¥ 984.02
16	王琦	B级	¥ 6,380.00	¥ 4,803.08	¥ 868.31

图4-207 输入员工提成和奖金数据

（3）选择G4:G19单元格区域，在编辑栏中输入“=D4+E4+F4”，表示应发合计为基本工资、提成和奖金之和。按【Ctrl+Enter】组合键确认并返回计算结果。

（4）为H4:H19单元格区域引用“考勤扣除”工作表中“考勤扣除合计”的数据。为I4:I19单元格区域引用“社保扣除”工作表中“社保缴费合计”的数据。

（5）选择J4:J19单元格区域，在编辑栏中输入“=IF(H4=0,G4-I4+200,G4-H4-I4)”，表示应发工资为应发合计减去考勤扣除和社保扣除后的数据，如果考勤扣除数据为“0”，则应当奖励200元全勤奖。按【Ctrl+Enter】组合键确认并返回计算结果，如图4-208所示。

J4 =IF(H4=0,G4-I4+200,G4-H4-I4)

销售部员工工资明细表

2019年5月

序号	姓名	级别	基本工资	提成	奖金	应发合计	考勤扣除	社保扣除	应发工资
1	张俪	A级	¥ 8,640.00	¥ 3,559.63	¥ 760.53	¥ 12,960.16	¥ 60.00	¥ 950.40	¥ 11,949.76
2	罗阳	C级	¥ 4,300.00	¥ 4,320.56	¥ 1,001.93	¥ 9,622.49	¥ 50.00	¥ 473.00	¥ 9,099.49
3	刘明明	B级	¥ 6,380.00	¥ 2,681.47	¥ 652.94	¥ 9,714.40	¥ 60.00	¥ 701.80	¥ 8,952.60
4	孙俊杰	C级	¥ 4,060.00	¥ 3,473.38	¥ 864.11	¥ 8,397.49	¥ 40.00	¥ 446.60	¥ 7,910.89
5	陈红	A级	¥ 8,720.00	¥ 3,161.23	¥ 873.40	¥ 12,754.64	¥ 50.00	¥ 959.20	¥ 11,745.44
6	郭佳伟	C级	¥ 3,820.00	¥ 3,026.08	¥ 710.71	¥ 7,556.78	¥ -	¥ 420.20	¥ 7,336.58
7	周凯	B级	¥ 6,060.00	¥ 3,516.52	¥ 758.32	¥ 10,334.84	¥ -	¥ 666.60	¥ 9,868.24
8	李文玲	C级	¥ 3,820.00	¥ 2,661.68	¥ 831.23	¥ 7,312.91	¥ 140.00	¥ 420.20	¥ 6,752.71
9	邓天翔	B级	¥ 6,380.00	¥ 4,390.91	¥ 921.38	¥ 11,692.29	¥ 30.00	¥ 701.80	¥ 10,960.49
10	李旭	C级	¥ 3,820.00	¥ 2,789.55	¥ 903.60	¥ 7,513.15	¥ 100.00	¥ 420.20	¥ 6,992.95
11	陈文杰	B级	¥ 6,220.00	¥ 4,347.26	¥ 910.28	¥ 11,477.54	¥ 50.00	¥ 684.20	¥ 10,743.34
12	张春兰	C级	¥ 4,380.00	¥ 3,112.40	¥ 713.74	¥ 8,206.14	¥ 90.00	¥ 481.80	¥ 7,634.34
13	廖旭	A级	¥ 8,720.00	¥ 3,171.55	¥ 697.85	¥ 12,589.40	¥ -	¥ 959.20	¥ 11,830.20
14	周立伟	B级	¥ 5,820.00	¥ 2,566.31	¥ 662.41	¥ 9,048.72	¥ -	¥ 640.20	¥ 8,608.52
15	苟婷婷	B级	¥ 6,060.00	¥ 4,086.50	¥ 984.02	¥ 11,130.51	¥ 40.00	¥ 666.60	¥ 10,423.91
16	王琦	B级	¥ 6,380.00	¥ 4,803.08	¥ 868.31	¥ 12,051.39	¥ 100.00	¥ 701.80	¥ 11,249.59

图4-208 计算应发工资

（6）选择K4:K19单元格区域，在编辑栏中输入“=J4-5 000”，表示个人所得税的应纳税所得额等于应发工资扣除个人所得税扣除标准（5 000元）后的数据。按【Ctrl+Enter】组合键确认并返回计算结果。

（7）在状态栏上右击，在弹出的快捷菜单中选择“最小值”和“最大值”命令，使其左侧出现“√”标记，如图4-209所示。

（8）保持K4:K19单元格区域的选中状态，在状态栏中查看最小值和最大值的数据，以确定应纳税所得额的范围，便于确定个人所得税税率和速算扣除数，如图4-210所示。

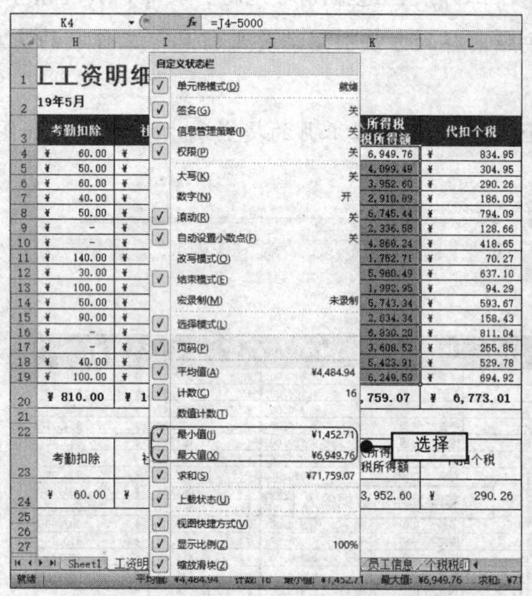

图4-209 在状态栏显示计算结果

图4-210 查看应纳税所得额的极值

（9）切换到“个税税率”工作表，由于所有员工的应纳税所得额范围在1 752.71~6 949.76元，因此对应的税率只有两种情况，如图4-211所示。

（10）返回“工资明细表”工作表，选择L4:L19单元格区域，在编辑栏中输入“=IF(K4<=3 000, K4*3%,K4*10%-210)”，表示应纳税所得额不超过3 000元时，个人所得税应纳税额=应纳税所得额×3%，否则个人所得税应纳税额=应纳税所得额×10%-210。按【Ctrl+Enter】组合键确认，如图4-212所示。

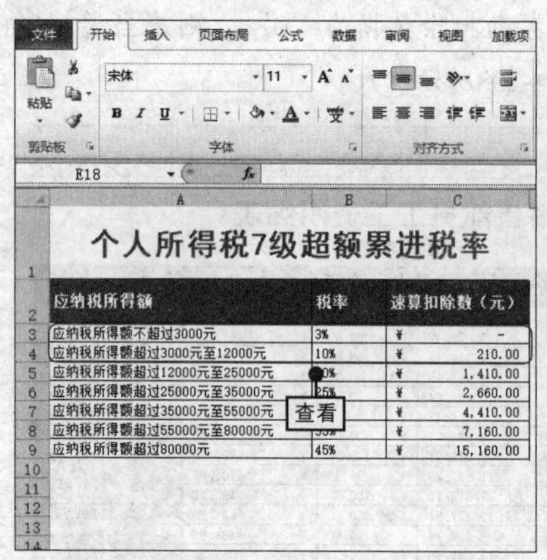

图4-211 查看个人所得税税率

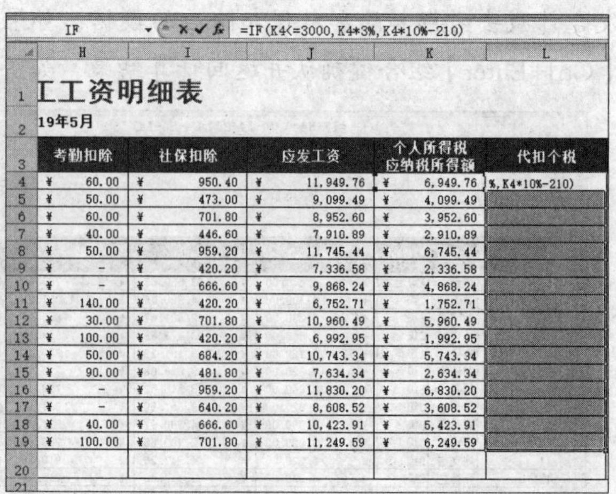

图4-212 设置个人所得税计算公式

（11）选择M4:M19单元格区域，在编辑栏中输入“=J4-L4”，表示实发工资为应发工资减去代扣个税后的数额。按【Ctrl+Enter】组合键确认并返回计算结果，如图4-213所示。

（12）选择D20:M20单元格区域，在编辑栏中输入“=SUM(D4:D19)”，合计各项目金额，按【Ctrl+Enter】组合键确认并返回计算结果（配套资源：效果/第4章/工资明细表.xlsx），如图4-214所示。

M4 =J4-L4

	I	J	K	L	M
1	月细表				
3	社保扣除	应发工资	个人所得税应纳税所得额	代扣个税	实发工资
4	¥ 950.40	¥ 11,949.76	¥ 6,949.76	¥ 484.98	¥ 11,464.79
5	¥ 473.00	¥ 9,099.49	¥ 4,099.49	¥ 199.95	¥ 8,899.54
6	¥ 701.80	¥ 8,952.60	¥ 3,952.60	¥ 185.26	¥ 8,767.34
7	¥ 446.60	¥ 7,910.89	¥ 2,910.89	¥ 87.33	¥ 7,823.56
8	¥ 959.20	¥ 11,745.44	¥ 6,745.44	¥ 464.54	¥ 11,280.89
9	¥ 420.20	¥ 7,336.58	¥ 2,336.58	¥ 70.10	¥ 7,266.49
10	¥ 666.60	¥ 9,060.24	¥ 4,868.24	[illegible].82	¥ 9,591.42
11	¥ 420.20	¥ 6,752.71	¥ 1,752.71	[illegible]2.58	¥ 6,700.13
12	¥ 701.80	¥ 10,960.49	¥ 5,960.49	¥ 386.05	¥ 10,574.45
13	¥ 420.20	¥ 6,992.95	¥ 1,992.95	¥ 59.79	¥ 6,933.16
14	¥ 684.20	¥ 10,743.34	¥ 5,743.34	¥ 364.33	¥ 10,379.01
15	¥ 481.80	¥ 7,634.34	¥ 2,634.34	¥ 79.03	¥ 7,555.31
16	¥ 959.20	¥ 11,830.20	¥ 6,830.20	¥ 473.02	¥ 11,357.18
17	¥ 640.20	¥ 8,608.52	¥ 3,608.52	¥ 150.85	¥ 8,457.67
18	¥ 666.60	¥ 10,423.91	¥ 5,423.91	¥ 332.39	¥ 10,091.52
19	¥ 701.80	¥ 11,249.59	¥ 6,249.59	¥ 414.96	¥ 10,834.63
20					

图4-213　计算实发工资

D20 =SUM(D4:D19)

	A	B	C	D	E	F
3	序号	姓名	级别	基本工资	提成	奖金
4	1	张俪	A级	¥ 8,640.00	¥ 3,559.63	¥ 760.53
5	2	罗阳	C级	¥ 4,300.00	¥ 4,320.56	¥ 1,001.93
6	3	刘明明	B级	¥ 6,380.00	¥ 2,681.47	¥ 652.94
7	4	孙俊杰	C级	¥ 4,060.00	¥ 3,473.38	¥ 864.11
8	5	陈红	A级	¥ 8,720.00	¥ 3,161.23	¥ 873.40
9	6	郭佳伟	C级	¥ 3,820.00	¥ 3,026.08	¥ 710.71
10	7	周凯	B级	¥ 6,060.00	¥ 3,516.52	¥ 758.32
11	8	李文玲	C级	¥ 3,820.00	¥ 2,661.68	¥ 831.23
12	9	邓天翔	B级	¥ 6,380.00	¥ 4,390.91	¥ 921.38
13	10	李旭	C级	¥ 3,820.00	¥ 2,789.55	¥ 903.60
14	11	陈文杰	B级	¥ 6,220.00	¥ 4,347.26	¥ 910.28
15	12	张春兰	C级	¥ 4,380.00	¥ 3,112.40	¥ 713.74
16	13	廖旭	A级	¥ 8,720.00	¥ [illegible]	¥ 697.85
17	14	周立伟	B级	¥ 5,820.00	¥ [illegible]	¥ 662.41
18	15	荀婷婷	B级	¥ 6,060.00	¥ 4,086.50	¥ 984.02
19	16	王琦	B级	¥ 6,380.00	¥ 4,803.[illegible]	¥ 868.31
20	合计			¥ 93,580.00	¥ 55,668.11	¥ 13,114.76

图4-214　计算各项目合计金额

4.6 同步强化练习题

1. 单选题

（1）以下输入方式中，不会被Excel判断为日期型数据的是（　　）。

A. 2019-2-1　　B. 2019/2/1

C. 2019年2月1日　　D. 2019.2.1

（2）利用“序列”对话框可以快速填充的一组数据不包括（　　）。

A. 等差序列　　B. 日期

C. 公式　　D. 等比序列

（3）要在Excel单元格中插入“★”符号，在（　　）中单击“符号”按钮Ω。

A. 【插入】/【符号】组　　B. 【开始】/【单元格】组

C. 【插入】/【文本】组　　D. 【数据】/【数据工具】组

（4）下列说法中，不正确的是（　　）。

A. 按住【Ctrl】键，分别选中工作表标签，此时Excel窗口标题栏上会出现“工作组”字样，表示已选中了多个工作表

B. 选中第一个工作表标签，按住【Shift】键的同时选中另一个工作表标签，此时将选中两个工作表及其中间的所有工作表对象

C. 在任意一个工作表标签上右击，在弹出的快捷菜单中选择“全部选中”命令，可选中工作簿中的所有工作表

D. 选中了多个工作表后，单击未选中的工作表标签可以取消工作组状态

（5）下列关于数据清单的说法中，不正确的是（　　）。

A. 含有数据的单元格区域必须是连续的

B. 不允许出现空行或空列

C. 单元格中的数据必须为文本格式

D. 以列为字段、以行为记录

（6）如果需要删除工作表中的重复数据，则可选择包含重复值的单元格区域，在（　　）中单击“删除重复项”按钮。

A. 【开始】/【数据】组

B. 【数据】/【数据工具】组

C. 【插入】/【数据】组

D. 【公式】/【删除重复项】组

（7）如果要执行自动保存工作簿的操作，可单击“文件”选项卡，选择左侧的“选项”选项，打开（　　）对话框进行设置。

A. “保存”　　B. “自动保存”

C. “高级设置”　　D. “Excel 选项”

（8）在数据有效性验证的提示设置中有其他两种出错警告方式，分别是“停止”和“信息”，其中在输入错误数据后，只是会执行提醒功能，允许用户确认输入或取消输入的警告方式为（　　）。

A. 警告　　B. 提醒　　C. 停止　　D. 信息

（9）要想插入图片后将图片固定在指定单元格中，可以打开“设置图片格式”对话框，单击“属性”选项卡，选中（　　）单选项。

A. 大小和位置随单元格而变　　B. 固定图片

C. 大小和位置固定　　D. 图片不随单元格变化而变化

（10）要批量删除多张图片，可以按【Ctrl+G】组合键打开“定位”对话框，单击“定位条件”按钮，打开“定位条件”对话框，选中（　　）单选项。

A. “对象”　　B. “图片”

C. “有内容单元格”　　D. “当前区域”

（11）在【页面布局】/【页面设置】组中单击“页边距”按钮，在弹出的下拉列表框中的（　　）选项指的是应用页边距区域较小、数据表格区域较大的参数设置。

A. 普通　　B. 宽　　C. 窄　　D. 默认

（12）下列关于页面设置的说法中，不正确的是（　　）。

A. 设置页面纸张包括设置纸张方向（横向、纵向）和纸张大小两项内容

B. 页眉和页脚可以辅助显示表格信息，如表格制作人、制作单位、日期、页码

C. 页眉页脚只能手动设置

D. Excel中的分页符有两种：一种是水平分页符，可以按行分页；另一种是垂直分页符，可以按列分页

2. 多选题

（1）使用“选择性粘贴”功能可以粘贴（　　）。

A. 公式　　B. 格式　　C. 数值　　D. 行高　　E. 批注

（2）下列关于保护工作簿的说法，正确的有（　　）。

A. 在Excel中可以通过设置打开工作簿密码来保护工作簿结构和内容

B. 设置工作簿密码时，需要输入两次密码，以便于确认输入的准确性

C. 设置工作簿密码时，密码不必区分大小写

D. 如果要撤销对工作簿的保护操作，需要输入之前设置的保护密码

E. 设置保护工作簿后，无法重命名工作簿

（3）下列关于高级筛选的说法，正确的有（　　）。

A. 当需要设置多个条件来筛选数据记录时，单击【数据】/【排序和筛选】组中的“高级”按钮

B. 打开“高级筛选”对话框，应在“列表区域”和“条件区域”文本框中分别指定待筛选的数据区域和输入筛选条件区域

C. 利用Excel的高级筛选功能时，首先需要手动输入多个筛选条件

D. 利用Excel的高级筛选功能时，在表格空白区域输入筛选的条件，输入条件的区域可以连续，可以不连续

E. 当需要设置多个条件来筛选数据记录时，可利用Excel的高级筛选功能实现

（4）下列关于数据透视表的说法中，正确的有（　　）。

A. 数据透视表由3个部分组成，分别是行、列、值

B. 创建数据透视表时，只能将其放置到新工作表

C. 无论数据透视表引用数据区域的数据是哪一种格式，数据透视表默认的格式均是常规型数据

D. 打开“值字段设置”对话框，在“值汇总方式”选项卡的“选择用于汇总所选字段数据的计算类型”列表框包括“乘积”选项

E. 数据透视表默认的值字段汇总方式是求和

（5）下列关于SUM函数的说法，正确的有（　　）。

A. SUM函数可以用于计算所有参数的数值之和，其语法结构为“=SUM(number1, number2, number3,...)”

B. SUM函数中，若参数为空白单元格，则将返回“0”

C. SUM函数参数的数量范围为1~30个

D. 若参数均为数值，则直接返回计算结果，如“=SUM(10,20)”将返回“30”

E. 若参数中包含逻辑值，则会将逻辑值TRUE判断为“1”

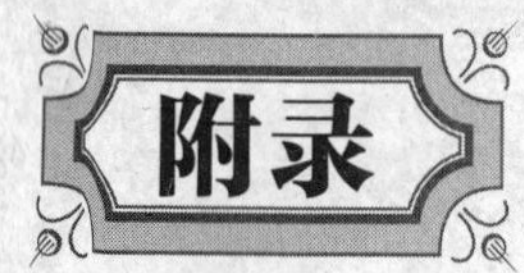

附录 同步强化练习题参考答案及解析

第1章

1. 单选题

（1）A 【解析】账套信息的修改由账套主管负责。

（2）B 【解析】安装用友U8后，首先需要进行的是系统注册。

（3）C 【解析】使用用友U8前，需要以系统管理员的身份进行注册。

（4）A 【解析】设置账套信息后进行的是单位信息的设置。

（5）D 【解析】如果会计科目设置了外币核算，应先录入本币余额，再录入外币余额。

（6）B 【解析】摘要内容不可以为空。

（7）C 【解析】恢复记账需要以账套主管身份登录才能执行。

（8）A 【解析】在建立存货档案时，对于采购的存货，应在“增加存货档案”对话框中“存货属性”栏下选中“采购”复选框，这样才能在采购管理模块调用该存货的档案。

（9）C 【解析】在用友U8中核销付款单应在应付款管理系统中进行。

（10）A 【解析】在手工核销付款单和采购发票时，应在需要核销的付款单和采购发票对应的“本次结算”栏中输入本次需要核销的金额。

（11）B 【解析】操作人员在录入销售发票前要确保企业的开户信息和客户的税号、开户信息已经在系统中设置完毕，否则将不能保存销售发票。

（12）D 【解析】报表可以另存为Excel文件，文本文件和报表文件等。

（13）A 【解析】报表系统中常用的取数函数包括数据合计函数PTOTAL、平均值函数PAVG、计数函数PCOUNT、最大值函数PMAX和最小值函数PMIN等。

（14）C 【解析】“FS”函数的含义是取发生额数据。

（15）D 【解析】在报表中，要打开“定义公式”对话框，除了通过选择【数据】/【编辑公式】/【单元公式】菜单命令外，还可以选择单元格后按【=】键，或者通过单击编辑栏中的“函数”按钮来打开。

2. 多选题

（1）ABCE 【解析】设置账套主管应在系统管理中进行，选项D不符合题意。

（2）AB 【解析】设置客户分类时，应设置的信息包括分类编码和分类名称。

（3）ABCD 【解析】新增供应商档案时，必填的项目包括供应商编码、供应商名称、供应商简称、所属分类、币种。

（4）ABCE 【解析】浮动换算计量单位组只支持1个主计量单位、1个辅计量单位。

（5）ABDE 【解析】固定资产系统中生成的凭证不能在总账系统中进行修改，只能在固定资产系统中修改。

（6）ABCE 【解析】月末结账前应进行的检查包括：检查本月业务是否全部记账，未记账的凭证不能结转；月末结转凭证必须全部生成并记账，否则本月不能结账；检查上月是否已结账，若上月未结账，则本月不能结账；核对总账与明细账、主体账与辅助账、总账系统与其他子系统数据是否一致，若不一致，则总账不能结账；检查损益类账户是否全部结转完毕，如果未全部结转，则本月不能结账；如果总账

系统与其他系统联合使用，则其他子系统必须结账，若未全部结账，则本月不能结账。

第2章

1. 单选题

（1）A 【解析】选项B、C、D报表名错误，正确的报名分别为《增值税纳税申报表附列资料（一）》（本期销售情况明细），《增值税纳税申报表附列资料（二）》（本期进项税额明细），《增值税纳税申报表附列资料（三）》（服务、不动产和无形资产扣除项目明细）。

（2）A 【解析】销售手机适用增值税税率为13%，销售收入5万元对应的销项税额为6 500元。《增值税纳税申报表（一般纳税人适用）》中销售额为不含税销售额。因此，选项A正确。

（3）B 【解析】企业可以手动填写个人所得税报表，也可以通过模板导入数据。

（4）A 【解析】网上申请延期申报操作时，应登录当地电子税务局网站，单击“我要办税”选项卡，然后单击“税务行政许可”按钮。

（5）B 【解析】进行网上申请延期申报操作时，上传附件可以选择本地上传、资料库选择两种方式。

2. 多选题

（1）ABCE 【解析】网上预缴企业所得税涉及报表数据的填写、保存、校验和提交等环节。

（2）ABD 【解析】企业所得税年度申报表基本已实现表间关系的自动计算、自动生成。为保证报表填列的连贯性、准确性，应先填列《一般企业收入明细表》（A101010）《一般企业成本支出明细表》（A102010）、《期间费用明细表》（A104000）、《中华人民共和国企业所得税年度纳税申报表（A类）》（A100000）1～13行相关财务数据并保存，再填列其他报表。

第3章

1. 单选题

（1）C 【解析】进行进货出口数量关联检查时，申报系统将自动对采用相同关联号的进货数量总和与出口数量总和进行对比。

（2）B 【解析】在一般贸易出口退（免）税申报中，进行进货出口换汇成本检查时，系统将根据换汇成本的上限与下限，检查数据的关联号换汇成本是否超出合理范围。

（3）C 【解析】根据税务局要求，企业数据自检时若发现存在不可跳过的疑点，应参考疑点描述撤销申报数据后再次申报。

2. 多选题

（1）ABD 【解析】企业若没有电子口岸设备，进行一般贸易出口退（免）税时应填写的表单包括出口明细申报数据、进货明细申报数据以及退税汇总申报表。

（2）ABCE 【解析】企业若要申请出口退（免）税无纸化，应选择申报系统“备案申请向导”第一步“退（免）税备案数据采集”中的“出口退（免）税备案变更”，选项D不正确。

第4章

1. 单选题

（1）D 【解析】除了“2019-2-1”“2019/2/1”“2019年2月1日”“February1”“Feb-1”这几种日期型数据格式外，其他格式的数据都不会被Excel判断为日期型数据。

（2）C 【解析】利用“序列”对话框可以快速填充一组等差、等比或日期数据，不包括公式。

（3）A 【解析】要想插入一些特殊符号如“★”“△”等，选择需插入特殊符号的单元格或将光标定位到需插入特殊符号的位置，在【插入】/【符号】组中单击“符号”按钮。

（4）C 【解析】在任意一个工作表标签上右击，在弹出的快捷菜单中选择“选定全部工作表”命令，可选中工作簿中的所有工作表。

（5）C 【解析】数据清单的特点有3个：一是含有数据的单元格区域必须是连续的；二是不允许出现空行或空列；三是以列为字段、以行为记录。

（6）B 【解析】如果需要删除工作表中的重复数据，则可选择包含重复值的单元格区域，在【数据】/【数据工具】组中单击“删除重复项”按钮。

（7）D 【解析】如果要执行自动保存工作簿的操作，可单击“文件”选项卡，选择左侧的“选项”选项，打开“Excel 选项”对话框，选择左侧列表框中的“保存”选项，然后在右侧选中“保存自动恢复信息时间间隔”复选框，并设置自动保存的时间，单击“保存”按钮即可。

（8）D 【解析】Excel还提供有其他两种出错警告方式，分别是“停止”和“信息”：前者在输入错误数据后只能重新输入，警告级别最高；后者在输入错误数据后，只是会执行提醒功能，用户可确认输入或取消输入，警告级别最低。

（9）A 【解析】要想插入图片后将图片固定在指定单元格中，可以打开“设置图片格式”对话框，单击“属性”选项卡，选中“大小和位置随单元格而变”单选项。

（10）A 【解析】要批量删除多张图片，可以按【Ctrl+G】组合键打开“定位”对话框，单击“定位条件”按钮，打开“定位条件”对话框，选中“对象”单选项。

（11）C 【解析】普通选项指的是应用Excel默认的标准页边距参数设置，宽选项指的是应用页边距区域较大、数据表格区域较小的参数设置，窄选项指的是应用页边距区域较小、数据表格区域较大的参数设置。

（12）C 【解析】页眉页脚可以手动设置，也可以插入预设的页眉和页脚、自行设置页眉和页脚。

2. 多选题

（1）ABCE 【解析】使用“选择性粘贴”功能可以粘贴列宽，不可以粘贴行高。

（2）ABDE 【解析】设置工作簿密码时，密码应区分大小写。

（3）ABCE 【解析】利用Excel的高级筛选功能时，在表格空白区域输入筛选的条件，输入条件的区域必须连续，D选项不正确。

（4）CDE 【解析】数据透视表由4个部分组成，分别是行、列、值和筛选区域，A选项不正确；创建数据透视表时，可以将其放置到新工作表或现有工作表。

（5）ACDE 【解析】SUM函数中，若参数为空白单元格，则将被忽略，B选项不正确。